MUJERES DEL GRAN PODER

Juan Luis Galiacho

MUJERES DEL GRAN PODER

Elena Cué, Ana Gamazo, Marina Castaño, Alicia Koplowitz, Rosalía Mera, Tita Cervera y otras ricas y poderosas

la esfera de los libros

Primera edición: octubre de 2007
Segunda edición: noviembre de 2007

Avenida de Alfonso XIII, 1, bajos
28002 Madrid
Teléf.: 91 296 02 00 • Fax: 91 296 02 06
Pág. web: www.esferalibros.com

Fotografías de cubierta: Cover, EFE, Alberto Cuéllar/*El Mundo,* Kike Para/*El Mundo,* Chema Tejeda/*El Mundo,* Jaime Villanueva/*El Mundo* y Bernardo Paz/*El Mundo.*
Colaboración en documentación: Cristina Videgain Jiménez
ISBN: 978-84-9734-669-6
Depósito legal: M. 49.413-2007
Fotocomposición: Versal AG, S.L.
Fotomecánica: Unidad Editorial
Imposición y filmación: Preimpresión 2000
Impresión: Anzos
Encuadernación: Martínez
Impreso en España-*Printed in Spain*

Índice

Agradecimientos 11
Prólogo, por Felicísimo Valbuena de la Fuente 13
Introducción 21
1. Alrededor de «los Albertos»: Elena Cué, Margarita Hernández, Adriana Abascal y Marta Chávarri 31
2. El imperio Zara: Rosalía Mera, Flora Pérez y Marta Ortega 69
3. Cristina Macaya, la emperatriz del Mediterráneo 111
4. Carmen Cervera, la preferida de «los reyes» 149
5. Ana Bono, la mujer de un camaleón 195
6. Rosa Barceló, casada con la política 231
7. La *china* del poder: Isabel Preysler 257
8. Las mujeres de Paco Hernando 307
9. Marina Castaño, mujer de un Nobel 331
10. Pitina, una mujer de las de antes 367
11. El poder del dinero: Ana Gamazo 395
12. El club de las chicas de hoy: Nuria González, Mar Flores, Gemma Ruiz 423
13. Teresa Rivero, la unión de la familia 453
Índice onomástico 485

«… Mi salud está en que ella venga y entre.
Porque la veo y ya estoy bien;
y si abre sus ojos rejuvenezco;
y si habla su boca crezco en vigor;
y si la abrazo el mal huye de mí…».

(Del Papiro de Chester Beatty, nº 1)

A la mujer que acompaña al hombre desde el origen.

Agradecimientos

Quiero agradecer de una manera muy especial a una persona que ha llevado la ruta de este libro dedicado a las mujeres que detentan el poder en España. Precisamente, una gran luchadora de los derechos éticos de la mujer, quien me ha hecho comprender desde su punto de vista un mundo tan complejo. Es Eva Estefanía Adán Fernández, mi correctora literaria y la mujer que ha corregido, sin pedir nunca nada a cambio, una parte importante de mi vida.

Tampoco puedo olvidar a otra mujer, una magnífica trabajadora y con un gran futuro en ciernes, Cristina Videgain Jiménez, que ha sido una excelente documentalista y sin cuyo minucioso trabajo muchos de los datos reflejados en este libro no hubieran podido salir a la luz.

De la misma forma quiero recordar de una forma destacada a todos aquellos que han estado de alguna manera presentes en la elaboración de esta obra. En concreto, a Emilio Valero, quien pasó noches en vela leyendo las galeradas; Pedro Sarrión, el salvador de cualquier problema informático; Manuel Ollé Sesé, el impecable letrado que siempre está al quite; Bernardo Paz, el excelente fotógrafo que ensalza mi figura en la solapa del libro; y al catedrático de Filosofía Rafael García Moreno. Pero no quiero olvidar tampoco a mis compañeros de profesión, y grandes amigos, como Yolanda Rodríguez, Carlos Berbell, Manuel Cerdán, Luis Díaz Güell, Aurora González, Carlos A. Pérez, Julián Pérez Olmos, Pedro Pérez y Antonio Rubio, que unas veces con sus conocimientos y otras con sus palabras de comprensión y apoyo han estado siempre a mi lado cuando los he necesitado. Al igual que lo ha estado *mi* catedrático Felicísimo Valbuena de la Fuente, quien no dudó en escribir el prólogo cuando se lo pedí, como tampoco en ofrecerme sus sabias teorías informativas.

Y, por último, a otra mujer: mi madre, Isabel.

Prólogo

Van a leer ustedes las vidas de un puñado de mujeres españolas, famosas y con grandes o no tan grandes fortunas. A primera vista puede parecer que no todas tienen un nexo en común, que se trata de una selección aleatoria por parte del autor. Sin embargo, tiene mucho sentido que Juan Luis Galiacho las haya estudiado. Para justificar mi afirmación, voy a dar un breve rodeo cinematográfico. En 2005, Woody Allen dirigió la película *Match Point,* que podemos considerar, aunque el director y guionista no lo haya mencionado, como una versión de la película inglesa de Jack Clayton titulada *Un lugar en la cumbre* (1959). En ambas, un joven ambicioso quiere cambiar de clase social y, para lograrlo, prescinde de las normas morales. En la de Clayton, la moneda es un grupo de teatro de aficionados; en la de Allen, el tenis. Las dos están situadas en Inglaterra, pero mientras en la de Clayton es una fea ciudad industrial del norte de Inglaterra, en la de Allen es el Londres de la clase alta.

Por otro lado, debo citar a Eric Berne, quien, a mi entender, ha sido el que mejor ha estudiado las coincidencias y diferencias en las vidas de las personas. En uno de sus libros, uno de los más importantes del siglo XX —*¿Qué dice usted después de decir «Hola»?*—, nos sumerge en los llamados «Guiones de Vida» y «Proyectos de Vida». Un Guión de Vida es un Plan de Vida basado en una decisión tomada en la infancia, reforzado por los padres, justificado por acontecimientos subsiguientes y que culmina en una alternativa elegida. Si comparamos los conceptos podríamos decir, grosso modo, que mientras los primeros «se nos imponen», los Proyectos de Vida los elegimos.

En este libro, personajes como Marina Castaño, Ana Rodríguez Mosquera, Isabel Preysler o Nuria González son mucho menos ricas que todas las demás. Sin embargo, su Guión de Vida es muy parecido al de algunas de las mujeres más ricas que aparecen en este libro. Lo que pretendo en este Prólogo es ofrecer un hilo conductor para interpretar unas vidas tan distintas de entrada y luego tan comunes. Voy a intentar analizarlas.

Mujeres en busca de un Proyecto de Vida

Mientras que en nuestra infancia trazamos el Guión de Vida, conforme maduramos podemos construir un Proyecto de Vida consciente, es decir, ser distintos, o muy distintos, de como inicialmente pretendemos ser. Para cambiar sólo hace falta que se den algunas condiciones. Incluso este cambio puede tener lugar en varias fases.

Hay unas cuantas mujeres, de las que Galiacho estudia en este libro, que claramente cambiaron un Guión de Vida por un Proyecto de Vida. Isabel Preysler se dio cuenta de que estaba muy condicionada por las ideas que su familia se había hecho sobre ella. En España, se casó con Julio Iglesias y advirtió que él la trataba como si fuera una niña. Preysler se encontró preguntándose quién era ella realmente. Sólo hizo falta la infidelidad repetida y comprobada de Julio Iglesias para que ella decidiese trazar un Proyecto de Vida. En un primer momento, y llevada por el impulso, se equivocó, casándose con un hombre que la defraudó. Después, corrigió el tiro y se casó con el hombre que ella quería.

Lo mismo le ocurrió a Marina Castaño. Desilusionada con un matrimonio que no la llenaba, se trazó el objetivo de casarse con un hombre de los que los norteamericanos denominan *bigger than life* («más grande que la vida»). Lo consiguió con una persistencia que todavía parece increíble y luego se fijó un gran Proyecto. Mediante las tecnologías de almacenaje se propuso conservar «para los siglos venideros» las obras de Cela. Y mediante las tecnologías de extensión, difundir las obras de Cela a las generaciones actuales y venideras.

Dentro de este apartado, también está Rosalía Mera, la mujer de Amancio Ortega. Su guión es el mismo. Se dio cuenta de que se estaba quedando sin saber quién era, a la sombra de su marido. Sólo hizo falta el hecho de que su segundo hijo naciera con una deficiencia mental, para que ella pusiera en marcha su Proyecto de Vida, que está llevando a cabo, aunque quizá el mayor peligro que le acecha es la influencia excesiva que la historia de sus padres está ejerciendo en ella. Hay personas que se creen originales en sus rebeliones, pero en realidad se parecen a las antiguas tarjetas perforadas de los ordenadores. Tanto si se ven de cara o al revés, siguen teniendo los agujeros de la programación en el mismo lugar.

¿Qué podemos pensar de Tita Cervera? Ha debido de ser una mujer a la que su abuela y su madre, además de quererla mucho, le dieron el «permiso» vital para sentirse hermosa y para hacer algo muy grande en la vida. Hasta lograr esto último, tuvo que hacer varios ensayos, en forma de matrimonios equivocados, amoríos fallidos y películas sin éxito. Pero cuando se le presentó la ocasión, puso en marcha su Proyecto, uno de los más grandes que yo he encontrado en cualquier mujer. Y lo logró. Sin embargo, con Tita Cervera, algunos ricos y la mayoría de los políticos han sido muy cicateros. No le han reconocido sus grandes méritos. ¿Qué calle le han dedicado en Madrid, donde está el Museo Thyssen-Bornemisza? Cualquier día, a falta de esas caricias sociales, puede llevarse el museo a otro país.

El caso de Cristina Macaya también resulta muy atractivo. No logró tener hijos de Plácido Arango, pero puso en marcha su Proyecto de Vida, formando una gran familia con los famosos, a los que llega a proteger, como una madre, cuando caen en desgracia.

Estas mujeres son claramente triunfadoras. Berne escribió estos párrafos tan importantes:

«A un triunfador puede definírsele como una persona que cumple su contrato con el mundo y consigo mismo. Esto es, proyecta hacer algo, dice que se compromete a hacerlo, y a la larga, lo hace. Su contrato o ambición puede ser ahorrar 100.000 dólares, correr una milla en menos de cuatro minutos, o conseguir un Doctorado en Filosofía. Si alcanza su objetivo, es un triunfador. Si acaba endeudado, se tuerce un tobillo en la ducha, o suspende en el primer año de universidad, es claramente un fracasado...

»Un triunfador sabe lo que hará a continuación si pierde, pero no habla de ello; un fracasado no sabe lo que hará si pierde, pero habla de lo que hará si gana. Así pues, basta sólo con unos minutos de escuchar para ver quiénes son los triunfadores y los fracasados en una mesa de juego o en la oficina de un corredor de Bolsa, en una discusión doméstica o en una terapia familiar».

Mujeres detrás del hombre

Por este libro pasan otras mujeres a las que podemos denominar «las mujeres que están detrás del hombre». También son triunfadoras, pero de una manera distinta.

Ana Rodríguez Mosquera ha sido una mujer indispensable para la ambición política de su marido, José Bono. A la vez, no se ha contentado con ser «la mujer de», sino que ha buscado una vida profesional independiente de su marido. Puede ser un patrón excelente, que asegure la estabilidad de la pareja durante muchos años. Sobre todo, al encontrar que su marido acepta una decisión suya a la que, al principio, él no encontraba sentido: la adopción de una niña chilena. También corre el riesgo del hastío de la vida política, si su marido decide regresar a ella.

Rosa María Barceló Martorell es la mujer que está detrás de un político ambicioso, Eduardo Zaplana. Éste se encontró huérfano de padre y madre muy pronto. Sin embargo, supo hallar una familia política que le permitió realizar su Proyecto de Vida en la política. Ha llevado una carrera política fulgurante —Benidorm, Valencia, Madrid—, y de grandes realizaciones en Valencia. Para conseguir llevar a cabo ese Proyecto de Vida, su mujer ha debido de resultar indispensable. Incluso, podemos deducir que el Proyecto de Vida de su mujer ha sido la carrera política de su marido. O dicho de otra manera: convertir a un no-ganador en un triunfador. El mayor riesgo de estas parejas es que, en algunos momentos, al marido alguien le haga ver que sin su mujer nunca hubiera llegado a su meta. Entonces, puede rebrotar el Guión infantil para demostrar a los demás que es capaz de otras cosas. Es cuando pueden cometerse más tonterías y seguir una pauta autodestructiva. Las rivalidades políticas dentro de la propia familia son otra cosa: pueden servir para dar salida a sentimientos represados y lograr una estabilidad distinta.

El caso de María Ángeles Sandoval, mujer de Florentino Pérez, es especial. A Florentino le ha sucedido el mismo caso que a Freud. Los psiquiatras ortodoxos de su tiempo no le admitieron. Entonces, él fundó el Psicoanálisis, con el que triunfó. Florentino fracasó estruendosamente en política, con la llamada «Operación Roca», y buscó una salida distinta a su vida, donde triunfó... casi completamente. María Ángeles también ha querido desarrollar una vida profesional independiente, pero de radio menor. No ha podido dedicar más tiempo a esa vida porque se ha centrado en los hijos, a los que ha querido tener siempre cerca. Compartía esta vida familiar con su marido, que él trasladó a su trato con los jugadores del Real Madrid, resultando esta pauta algo parecido a un desastre. Podríamos decir que Florentino subordinó la política a la moral —conjunto de normas que rigen la conducta de los grupos— y ésta, a la ética —conjunto de normas que rigen la vida individual—. Fracasó, pero es difícil pensar que Florentino no vuelva a intentarlo. Entonces, su mujer tendrá que advertirle de lo fácil que es dejarse llevar por impulsos incontrolados en lugar de por el análisis racional.

Un caso de triunfadora con grandes dotes de intuición es el de Ana Gamazo. Parece que siempre ha tenido claro quién es y, sobre todo, posee esa intuición de saber leer los músculos de la cara, el tono de voz, el lenguaje corporal de las personas y diagnosticar cómo son. Ana Gamazo debió de ser una niña muy intuitiva y no ha dejado de fijarse en el lenguaje no verbal de la gente. Así de simple y así de importante es el asunto. Luego, ha sabido advertir a su marido de los peligros que le acechaban.

Dejo para el final dos casos muy distintos. Los de las mujeres de dos maridos singulares —Amancio Ortega y Francisco Hernando— que han sabido acumular grandes fortunas, pero cuya forma pública de actuar es muy distinta. Uno de los aspectos que más sorprenden al examinar libros sobre grandes fortunas en España es qué pocos grandes empresarios de tiempos del franquismo han seguido desarrollando grandes proyectos durante la Democracia. Sobre todos, destaca Emilio Botín. ¿Y después? Pues bien, Amancio y Francisco supieron salir prácticamente de la nada y construir un megaimperio y un imperio —Amancio es la primera fortuna de España y Francisco es la décima—. ¿Y sus mujeres? Para Amancio, cito el diagnóstico de Galiacho: «En nuestra sociedad casi todos los textos se escriben centrándose en una sola persona, quizá influenciados por la mitología del héroe. Pero no es así. Zara, sin Rosalía, no sería Zara. Amancio Ortega, sin Flora Pérez, no sería él. Y Flora, sin su hija Marta, no sería *Flori*. Mujeres con carácter y personalidad. Si Amancio Ortega fue valiente, sus mujeres no lo fueron menos. Probablemente lo han sido más». Podríamos decir que Flora supo desarrollar un Proyecto de Vida en el que triunfó porque supo unir el crecimiento profesional con la vida familiar. Ha trabajado para crear una gran mujer, su hija Marta. Podríamos decir que la relación de Amancio y Flora y de Flora y Marta han sido simbióticas.

Mientras Amancio Ortega hace recordar, en algunos aspectos, al magnate Howard Hughes en sus últimos años, pero sin sus excentricidades —llevaba una vida prácticamente oculta—, Francisco Hernando es un hombre extravertido, que también pone la política al servicio de la moral —ha fundado agrupaciones políticas para que defiendan sus intereses— y ésta, al servicio de la ética —su familia—. Nos encontramos, también, con un caso parecido al de Florentino. Mujeres que se centran en la familia y que padecen un leve «síndrome de mentalidad de grupo». Es decir, no saben detectar los posibles errores en los que pueden incurrir sus maridos. Con lo cual, no ejercen ese contrapeso crítico que es indispensable en la intimidad auténtica.

Los pasatiempos de los ricos; su tacañería y la generosidad

Queda pendiente estudiar el ocio de los ricos, del que podemos extraer consecuencias interesantes. De momento, pienso que cumplen la misma función que las películas de Hollywood en la época dorada del cine. Las casas, sus interiores, los vestidos de los personajes servían de modelos para los espectadores, que decoraban sus casas y vestían como en las películas. Ahora, los ricos españoles transmiten la moda en las revistas de tiradas millonarias.

Cuando acabé de leer el anterior libro de Juan Luis Galiacho, *Los herederos del Gran Poder*, le comenté que no se había ocupado de uno de los defectos fundamentales de los ricos españoles: su tacañería. En otros países, muchos ricos se dedican no sólo a la beneficencia publicitada, que siempre deja un aroma de sospecha, como si fuera una filantropía muy interesada. Su mayor orgullo es ayudar a los inteligentes que no disponen de medios para estudiar más. O alientan a quienes tienen ideas y quieren investigar. Vuelcan muchos millones sobre centros de enseñanza de diferentes niveles. Y unos se conforman con hacerlo anónimamente, mientras que otros se sienten muy orgullosos con que les dediquen el nombre de un aula. Mis preguntas son muy sencillas: ¿cuántas becas conocen ustedes que lleven los apellidos de ricos españoles? Y los hay muy ricos. ¿Cuántos premios de investigación llevan apellidos de afortunados? ¿Qué ocurriría si, además de hacer unos esfuerzos monumentales para pagar lo menos posible a Hacienda, dedicasen parte de lo que no pagan a fomentar la inteligencia de los capaces? ¿No se sentirían mucho más orgullosos de sí mismos y transmitirían ese orgullo a sus descendientes?

Juan Luis Galiacho recordó lo que yo le había comentado y, cuando ha acabado este nuevo libro, me ha invitado a prologarlo y a decir aquello que le había señalado. Bien, pues ya lo he dicho. Supongo que querrá que escriba algo más. Por ejemplo, sobre él.

Sobre el autor

Conozco a Galiacho desde hace más de diez años y le dirigí la Tesis Doctoral. Tiene las carreras de Económicas y de Ciencias de la Información. Esto le capacita para moverse en los registros mercantiles con una familiaridad que hace creíbles sus libros. En este sentido, él y Carlos Berbell escribieron *Filesa*, que constituye un antes y un después en el periodismo de investigación. ¡Ya quisieran muchos jueces investigar como algunos excelentes periodistas de investigación españoles! Últimamente se está dedicando a la investigación empírica como profesor de la Universidad Rey Juan Carlos, de Madrid.

Les dejo con este excelente libro.

Felicísimo Valbuena de la Fuente
Catedrático de Teoría de la Información
Facultad de Ciencias de la Información
Universidad Complutense de Madrid

Introducción

Actualmente las mujeres están de moda. La tendencia dominante hasta los pasados años noventa de buscar preferiblemente a un hombre para un puesto de consejero en una gran empresa se ha diluido. En todos los sectores de la vida económica española ya existe una protagonista femenina. Aristócratas, empresarias, terratenientes y las denominadas «mujeres de» construyen su poder a partir de la fortuna adquirida por su familia o por su marido a lo largo de los años. Hay otras que, sin embargo, logran ser influyentes aun sin contar con el respaldo de un gran patrimonio económico. Son las que supieron aprovechar su belleza y/o las ocasiones que la vida les brindó en un momento determinado para *hacer su agosto*. Pasaron de ser desconocidas para el gran público a convertirse en el centro de la actualidad, sobre todo, con motivo de sus sonados matrimonios o separaciones.

A finales de los años ochenta se empezó a hablar en España de mujeres empresarias con las hermanas Esther y Alicia Koplowitz, más aún tras su separación de los primos Alberto Alcocer y Alberto Cortina, respectivamente. Las dos se convirtieron en la viva imagen de las mujeres ricas y poderosas en España, pero actualmente no son las únicas. Existe otro tipo de mujeres con una gran influencia y a las que nadie pone cara aunque ostentan el mando.

Son las «Mujeres del Gran Poder», mujeres que constituyen una clase dirigente independiente. Son las representantes de la revolución silenciosa de una casta femenina cada vez con más poder en España. Dominan, gracias a sus maridos, todas las actividades económicas y sociales de nuestro país. Sectores como bancos, compañías de seguros, empresas alimenticias, constructoras, pinacotecas, etc., están bajo su influencia. Su poder no reside tanto en su dinero como en controlar, dominar y utilizar las influencias de sus maridos en la vida cotidiana. Son mujeres con mando en plaza, posición que les ha procurado amistades muy gratificantes que de otra manera nunca hubieran logrado. En este tipo de asociación las dos partes salen beneficiadas. Hoy en día las relaciones personales se han convertido en una de las principales herramientas para prosperar en cualquier carrera profesional e, incluso, en la amorosa. Muchas veces la estabilidad emocional radica en lo abultado de sus cuentas corrientes.

Y aunque algunas de estas «Mujeres del Gran Poder» pretenden pasar inadvertidas, no lo logran. Ni tan siquiera las más discretas, pues todas intentan crear opinión e influir sobre los acontecimientos más relevantes del momento y que van acompañando el devenir de la vida. Para muchas, el precio de la gloria ha marcado, sin embargo, su desdicha en la vida privada. Es decir, su fracaso sentimental. Son triunfadoras en los negocios pero desdichadas en el amor. Han tenido que renunciar a muchas cosas en su pasado para llegar tan alto. Un precio muy caro. Ése es el caso, por ejemplo, de Carmen Cervera o Isabel Preysler.

Este libro surge por la carencia en el mercado de un manuscrito actual que hable de las mujeres que acompañan a hombres ricos, famosos e influyentes. Aquellas que ocupan un lugar preferente como bastión de estos hombres. Algunas de ellas son segundas o terceras esposas, más jóvenes que ellos, quienes han sucumbido ante sus encantos personales y que han dejado atrás sonados y millonarios divorcios. Un conocido ejemplo internacional es el del propietario de la empresa petrolífera Sibneft y actual dueño del equipo inglés de fútbol Chelsea, el magnate ruso Roman Abramovich, cuya fortuna se ha estimado en unos 16.000 millones de euros, de los cuales su ex segunda mujer, Irina, una guapa rusa azafata de aviación, se ha llevado, dicen, cerca de la mitad tras emprender trámites de divorcio. Su existencia es similar a la de otros actuales potentados españoles. Cuando se conocieron él apenas podía permitirse salir a cenar a un restaurante y acababa de divorciarse de su primera mujer. Durante los quince años de este matrimonio, con cinco hijos habidos, su vida cambió, ya que Abramovich se enriqueció gracias a la privatización de las empresas nacionales rusas liderada por el ex presidente Boris Yeltsin. Luego la pareja se trasladó a vivir a Londres y él se convirtió en un gran oligarca ruso. Alguno de sus amigos asegura que el desencadenante de la ruptura matrimonial fue la aparición en escena de otra guapa mujer, más joven, una modelo también rusa, llamada Daria Zholova.

Otro caso muy singular es el del conocido ex primer ministro griego Andreas Papandreu, quien a sus setenta años de edad y después de varios años de escándalos, de esconderse de los fotógrafos, de reclamar una intimidad dificilmente accesible para un político, se casó en segundas nupcias con la azafata Dimitra Liari, treinta y cinco años más joven que él. Papandreu estuvo casado durante treinta y ocho años con la novia de su juventud, Margarita, a la que conoció en los años cuarenta en la antesala de un dentista de Minnesota, cuando era refugiado trotskista en Estados Unidos.

Estos ejemplos, y todo lo que llevan consigo, se han repetido en España en muchas ocasiones y han sido analizados en este libro a través de distintos personajes, como Marta Chávarri, Marina Castaño, Adriana Abascal, Nuria González, etc. Muchas de estas mujeres acaban luego casándose con los ex maridos de las otras, formando un círculo totalmente endogámico. Casi todas las familias de abolengo y poder se interrelacionan y se entremezclan. Asegura la ciencia sociológica que el mundo, a pesar de albergar a más de 6.000 millones de personas, es realmente un pañuelo. Ya en la década de los años sesenta, el sociólogo y profesor de la Universidad de Harvard Stanley Milgran puso de manifiesto, con su llamado teorema de los seis grados de separación, que la gente está mucho más próxima entre sí de lo que uno se cree. Según el profesor Milgran, cualquiera en la Tierra puede estar conectado a cualquier otra persona en el planeta a través de una cadena de conocidos que no tiene más de cinco intermediarios.

Todas las «Mujeres del Gran Poder» suelen ser personas activas, con un perfil muy definido, con características comunes, como una cierta preocupación social y algo de obsesión por las actividades filantrópicas relacionadas con los marginados y los niños. Muchas de ellas dedican parte de su patrimonio a invertir en obras solidarias y a la creación de fundaciones. Una de ellas es Rosalía Mera, una de las cien mujeres más poderosas del mundo y primera mujer del magnate gallego de la ropa, Amancio Ortega, dueño del imperio Inditex (Zara). Otra de ellas, Ana Gamazo, la esposa del financiero Juan Abelló.

En algunos casos también gozan de inquietudes culturales. Mayoritariamente, muestran pasión por el arte, una característica novedosa y una de las caras aficiones de este grupo de grandes fortunas. Aseguran los expertos que los nuevos ricos suelen coleccionar arte especialmente foráneo, eso sí, sin olvidar los excelsos muebles y las preciadas antigüedades. Lo ven como una buena inversión y un símbolo de sofisticación. Una de las recién llegadas a este mundo del arte es Elena Cué, la actual mujer de Alberto Cortina, quien ha copiado de su marido el placer de observar todo lo bueno y caro. Pero, sin duda alguna, la gran dama por excelencia de la pintura en España es Carmen *Tita* Cervera. La baronesa Thyssen logró traer a España la excelente colección pictórica de su marido, del que aprendió todo sobre el mundo del arte, y cuyos lienzos se exhiben hoy en el museo madrileño que ella creó: el Thyssen-Bornemisza.

Además, casi todas ellas figuran en los consejos de administración de las empresas de sus maridos, aunque son puestos poco relevantes, meramente oficiales y no ejecutivos. En algunos casos para evitarles y salvarles de problemas judiciales. Sus principales vehículos de inversión financiera, al igual que los de sus maridos, son las Sicav (Sociedades de Inversión de Capital Variable), una manera particular de esquivar o burlar al Fisco. Estas sociedades, además de conseguir una buena rentabilidad media, ofrecen a sus partícipes grandes ventajas, ya que a diferencia de los fondos, permiten a sus titulares diseñar y modificar tantas veces como deseen su política de inversión. Cuentan también con el añadido de gozar de un tratamiento privilegiado en lo que se refiere al pago de impuestos. Por eso, las Sicav constituyen un preciado eslabón de una cadena formada por las grandes fortunas con el fin de esconder auténticos entramados de ingeniería financiera, donde aparecen sociedades instrumentales en las que figuran estas «Mujeres del Gran Poder». Ellas se han convertido en figuras insustituibles que se pierden en una maraña de sociedades interpuestas, en incalculables tesoros artísticos y en fundaciones sin ánimo de lucro que esconden un imperio económico.

Pero también la esfera política es un campo de batalla de muchas de las mujeres más influyentes de España. Alguna de ellas, las menos estudiadas por la opinión pública, han sido analizadas a lo largo de este libro, como es el caso de Ana Rodríguez Mosquera (esposa de José Bono) y Rosa Barceló (mujer de Eduardo Zaplana). Pero hay otras que han marcado desde hace ya años la vida española. Tal es el caso de Carmen Romero López, esposa del ex presidente del Gobierno español Felipe González. Cansada de ejercer de segunda dama y de ser presidenta consorte del país, decidió independizarse y presentarse a las elecciones al Parlamento por la provincia de Cádiz logrando un escaño en Cortes. O el caso de Ana Botella Serrano, mujer del también ex presidente español, José María Aznar, quien además de tener por yerno a un intermediario comisionista, Alejandro Agag, figura actualmente como teniente de alcalde del Ayuntamiento de Madrid. O el caso, más reciente, de Sonsoles Espinosa Díaz, la esposa del actual presidente del Gobierno José Luis Rodríguez Zapatero. Todas ellas son mujeres que, aunque les gusta aparentar una cierta timidez, poseen un carácter expansivo y explosivo.

Estas féminas, sin excepción, han creado una sólida y cualitativa red de contactos, con el importante valor añadido que ello conlleva. Por ejemplo, Marta Ferrusola Llados, la influyente esposa del ex presidente de la Generalitat de Cataluña, el honorable Jordi Pujol i Soley. Un gen que ha transmitido a todos sus descendientes. Un aspecto que será materia de un nuevo libro, al igual que el relevante hecho de que muchas de las fortunas de nuevo cuño en España están en manos de mujeres, bastantes de ellas miembros de conocidas familias con un histórico e inquebrantable poder. Ése es el caso de Ana Patricia Botín, presidenta de Banesto y que ocupa el puesto 40 en el último listado de mujeres más poderosas del mundo; de Cristina Masaveu, con intereses en la banca, la producción de cemento o en los viñedos; de Carmen Riu, consejera delegada de la cadena de hoteles Riu; etc.

Pero las hay también con una importante formación universitaria a sus espaldas, que han tenido que coger el timón de la empresa familiar por la prematura muerte de su marido, como es el caso de la argentina Helena Revoredo Delvecchio, quien tras fallecer su esposo Herberto Gut Beltrán, víctima de un accidente de circulación, pasó a controlar la empresa de seguridad Prosegur. Revoredo, que domina cuatro idiomas, fue alumna del IESE, la escuela de postgrado de la Universidad de Navarra, y en junio de 2005 recibió la medalla de oro del Fórum de Alta Dirección. Y en julio de 2007, el XX Premio Juan Lladó por «su contribución a la promoción de la cultura y la investigación». Éstos son ejemplos aislados que nada tienen que ver con las mujeres analizadas en este libro.

Dicen los expertos que los ricos siempre fueron pocos y que presumían de serlo desde muchas generaciones atrás. Pero ahora son cada vez más numerosos. Precisamente, España se ha situado ya, por primera vez, entre los diez países con más millonarios del planeta, quizá aupados por la hasta ahora desbocada «fiesta-bonanza» inmobiliaria. Se trata de una nueva generación de supermillonarios forjados al calor del *boom* del ladrillo. Pero si antes la aparente estabilidad emocional era lo que distinguía a los ricos de toda la vida, ahora a los nuevos se les reconoce por el movimiento. Cambian de compañía con suma facilidad, forjando un nuevo club de jóvenes mujeres que tocan el poder fundamentalmente por su belleza. El modelo animal «hembra joven busca macho poderoso», y viceversa, se repite desde hace miles de años en todas las culturas. En resumen, se trata de perpetuarse como especie a través de la reproducción y hacerlo de la manera más eficaz posible.

Las pautas de comportamiento de estos cambios sentimentales son casi siempre las mismas. En los estudios analizados se afirma que, por lo general, la iniciativa de la separación la toman las mujeres y, la del divorcio, el hombre, que desea volver a contraer matrimonio influido por su nueva compañera sentimental que, por lo general, todavía no ha contraído nupcias. También indican los expertos que el divorcio continuará en alza, al igual que las segundas nupcias, entre otras razones porque ambos han dejado ya de contemplarse como hechos estigmatizados. En España tenemos muchos ejemplos, incluso hasta de terceras nupcias, con personajes relevantes en los distintos campos de la vida pública, como Alberto Cortina, Alberto Alcocer, Fernando Fernández Tapias, Camilo José Cela, Miguel Boyer, Francisco Álvarez Cascos, Juan Villalonga, etc. Esto trasciende sociológicamente, aunque sólo sea por el componente simbólico que genera.

Los estudios afirman que los hombres maduros suelen repetir relaciones porque no saben vivir solos, porque necesitan seguridad, rejuvenecen al lado de sus nuevas parejas y, fundamentalmente, porque no se hacen cargo de los hijos habidos en sus anteriores matrimonios. Dicen a su vez que los hombres circunscriben el fracaso de su relación a una elección equivocada de la mujer, mientras que en ellas, el rechazo a una nueva relación se deriva de una desconfianza generalizada hacia todos los hombres. Aunque con el paso del tiempo las cosas se ven de forma distinta. Sin embargo, confluyen los expertos en que las rupturas en los despachos suelen seguir unas pautas que no se diferencian en mucho, salvo, y como es evidente, en el nivel de ingresos de la pareja.

En lo que sí coinciden todos es en que el poder, la influencia y la presencia de la mujer en cualquier sociedad en general, y en la española en particular, siguen aumentando. Los teóricos auguran que en el año 2025 las mujeres ya serán más ricas que los hombres. Según la sociedad americana de estudios The Economist Intelligence Unit estamos en el comienzo de una nueva etapa de «super ricos» y afirma que el número de personas con fortunas superiores a un millón de dólares —sin contar su patrimonio inmobiliario— va a aumentar en un 158 por ciento durante este próximo decenio en los países que conforman el privilegiado grupo del G7. Y muchos de estos «super ricos» serán «Mujeres del Gran Poder», en su día compañeras de potentados con incalculables fortunas.

Pronunciar sus nombres y apellidos es sinónimo de riqueza, de influencia, de abultadas cuentas con tantos ceros que marean y que, año tras año, conocemos gracias a la selecta lista de los más ricos del mundo que publica la revista americana *Forbes*, donde algunas ya se han hecho un hueco (como las hermanas Koplowitz y Rosalía Mera) y otras empiezan a competir.

Esta obra literaria pretende ser una hoja de ruta para introducirse en las entrañas del verdadero poder femenino en España, el poder omnipresente. Quiere ser un manual para conocer y comprender cómo funciona este reducido y poderoso grupo de féminas con influencias y agenda, tanto en los despachos como en la alcoba. Sin valoraciones excesivas, con interpretaciones muy medidas y ajustadas, con datos reveladores y de gran sensibilidad, se trata de poner cara y nombre a estas mujeres que son el bastión de grandes fortunas y que, en algunos casos, han pasado de la noche a la mañana a estar presentes en el Olimpo de los potentados. Aquellas que se han incorporado al estilo de vida de los nuevos ricos en cuanto se les ha dado la opción. Aquellas que se van de vacaciones al hotel más caro y exótico, las que se refieren a la ciudad de los rascacielos siempre en inglés —New York y nunca Nueva York— y quienes sólo buscan casa en Madrid en las cotizadísimas colonias de El Viso, La Moraleja o Puerta de Hierro. Son signos externos que al final las delatan en las fiestas o *saraos* a los que acuden solas o acompañando a sus maridos.

Se trata de un riguroso trabajo que, gracias a La Esfera de los Libros, y a su editora Ymelda Navajo, hoy por fin se puede conocer. El libro *Mujeres del Gran Poder* se ha convertido en el último año, desde que junto a mi compañero y gran amigo Julián Pérez Olmos sacamos al mercado *Los herederos del Gran Poder*, en un apasionante y atrevido reto personal y profesional, que colma, en cualquier caso, una asignatura pendiente: descubrir a esas mujeres que son quienes realmente gobiernan los destinos de sus conocidos y potentados maridos, los llamados «señores del dinero». Es una obra que complementa perfectamente a *Los herederos del Gran Poder*, donde narrábamos el poder de los de siempre, el poder de las grandes familias y su relevo generacional.

En estos últimos tiempos hemos asistido, tanto desde las páginas salmón de la prensa económica como desde las del papel *couché* de la prensa rosa, a los incesantes trasiegos financieros y amorosos de estos personajes, algunos de los cuales se han situado convenientemente en cabeza con el fin de gestionar importantes patrimonios de fincas cinegéticas, edificios y obras artísticas. Lo que se traduce en ingentes cantidades de dinero.

Este libro pretende romper el velo informativo de un núcleo cerrado y, a veces, elitista. Y lo hace valiéndose de una fórmula muy utilizada por los medios de comunicación americanos, como es el periodismo de precisión, que algunos llaman de investigación. Se ha intentado plasmar negro sobre blanco y unificar criterios e informaciones que circulaban dispersas pero que, todas juntas y correctamente contextualizadas, son auténticas revelaciones informativas. Para ello, el autor se ha acercado a los sitios que frecuentan, donde ha compartido confidencias y confesiones con quienes las conocen y presumen de ser sus amigos y amigas. Se trata de corroborar en primera persona en qué círculos se mueven, verificando el entorno tan cerrado que les persigue y en el que algunas habitan como especies protegidas. Precisamente, una de sus características es que no se mezclan con nadie que no detente su mismo poder social, y si para ello tienen que ir en helicóptero desde su mansión al yate lo hacen. Este libro supone, además, un importante avance no sólo porque aporta muchos y valiosos datos sobre las nuevas representantes del poder femenino en España, sino porque por primera vez están todas juntas e interrelacionadas.

Han sido más de veinte los grupúsculos femeninos analizados. Pero, aun con este dato, no están todos los que son, aunque sí son todos los que están. La parrilla de salida del libro *Mujeres del Gran Poder* ya está configurada. Ahora les toca a ustedes definir a estos personajes que en muchos casos encarnan la figura del superviviente, una imagen a medio camino entre los fantasmas del pasado y la consolidación de una nueva clase femenina. Y todo conformado en un triángulo con tres vértices: Poder, Dinero y Amor.

1. Alrededor de «los Albertos»: Elena Cué, Margarita Hernández, Adriana Abascal y Marta Chávarri

Dicen que los primos Alberto Alcocer Torra y Alberto Cortina de Alcocer, más conocidos por *los Albertos*, son hombres poderosos, maduros, brillantes y que en su camino hacia el triunfo y el lujo cambiaron a sus mujeres de toda la vida por otras más jóvenes. Y aunque a lo largo de los últimos años España ha sido uno de los países en donde mejor se ha tolerado el baile de parejas en las esferas del poder, sí merece la pena destacar el hecho de que gran parte de los escándalos financieros que se han vivido en los últimos tiempos aparecen ligados a una modificación en la vida afectiva de sus protagonistas. Fueron precisamente Alberto Cortina y Alberto Alcocer los primeros que revolucionaron el panorama de las finanzas al separarse de sus respectivas esposas, Alicia y Esther Koplowitz. Las consecuencias de la aparición de Marta Chávarri (Lady España 1988) en la vida sentimental de Alberto Cortina fueron incluso destacadas por el prestigioso semanario norteamericano *Times*, tras desatarse en España la conocida polémica en torno a la fotografía que publicó la revista *Interviú* a principios de 1989 y que desvelaba la presunta costumbre de la bella acompañante del financiero de no utilizar ropa interior. A partir de ese momento el escándalo rodeó cualquiera de las actuaciones financieras y sentimentales que emprendieran los Albertos.

Muchos aseguran que este tipo de relación con mujeres más jóvenes vuelve «locos» a sus nuevos compañeros. Lo que sí es claro y notorio es que, tras el matrimonio, el *status quo* económico y social de estas jóvenes varía. Ahora son más o mucho más ricas, más o mucho más famosas, y forman parte de un exclusivo club de señoras de alto *standing*. Suelen ser discretas, elegantes y expertas en las relaciones públicas, y disfrutan de un exquisito cóctel de dinero, belleza e influencias. Son las «nuevas damas» de la gente «guapa».

Una de ellas es Elena Estefanía Cué Castanedo, la tercera y actual mujer de Alberto Cortina, convertida desde hace años en una de las reinas indiscutibles del papel *couché*. Su belleza recuerda a la de la musa italiana Sofía Loren en sus mejores tiempos. Cuando Elena conoció a Alberto tenía novio formal desde hacía siete años, Antonio Gómez, un joven de pelo rubio y ojos azules, perteneciente a una adinerada familia dueña de una fábrica de pintura industrial. Por dos veces estuvieron a punto de casarse, pero siempre era el novio quien aplazaba la boda, pues no se decidía a dar el paso definitivo. Con Cortina parece que el flechazo fue inmediato, hasta el punto de que Elena Cué no se lo pensó dos veces y cortó definitivamente con Antonio Gómez. El maduro financiero y la joven se tomaron muy en serio su relación, que desde un principio contaba con el beneplácito del padre de Elena, el joyero Francisco Javier Cué Gutiérrez, y de su madre, Ascensión Castanedo Gutiérrez.

Elena Cué es hija de una familia acomodada de ascendencia asturiana, de Llanes. De profesión gemóloga, y con veintisiete años menos que Alberto Cortina (que tiene sesenta años de edad)[1], hizo sus primeros pinitos como diseñadora de relojes, además de ser campeona de España de tiro al pichón, una especialidad que practicó durante catorce años. Inició la carrera universitaria de Ciencias Económicas, estudios que pronto aban-

[1] Nació en Madrid el 20 de enero de 1947.

donaría para pasar a trabajar en la joyería de sus padres, propietarios de la empresa Cué Joyeros S.L., situada en el centro comercial La Gran Manzana, de Alcobendas (Madrid), y dedicada al «comercio al por menor de artículos de joyería, relojería, platería y bisutería».[2] Esta sociedad quedó parcialmente escindida en diciembre de 2006 en beneficio de otra sociedad familiar, Argos Cué S.L. En el anuncio público de escisión parcial se indicaba lo siguiente:

> La segregación se hace a favor de la sociedad Argos Cué, Sociedad Limitada, quien adquirirá por sucesión, a título particular, todos los derechos y obligaciones integrantes del patrimonio segregado en los términos y condiciones del proyecto de escisión parcial [...] la sociedad Argos Cué, Sociedad Limitada, aumentará su capital mediante la emisión de nuevas participaciones sociales que serán asumidas por los socios de la sociedad escindida Cué Joyeros, Sociedad Limitada, con arreglo a una norma proporcional.[3]

Como administrador solidario de Argos Cué S.L. figura el hermano de Elena, Rubén Argos Cué Castanedo.

Pero el currículo empresarial del padre de la mujer de Cortina, además de ser un gran jugador de póquer, no termina aquí, pues figura como apoderado de otra sociedad denominada Beverages Triple J S.L., cuyo presidente es el empresario Juan Luis Mato Rodríguez, y que está enfocada al comercio al por menor de «vinos y bebidas de todas clases».[4] Precisamente esta empresa firmó en el verano de 2004 un acuerdo con el equipo de fútbol del Real Madrid para comercializar una bebida para deportistas y otra energética con la marca RealPower y el escudo del club blanco en su etiqueta. Por entonces, el Real Madrid estaba pre-

---

[2] Su capital social es de 60.101 euros.

[3] *BORME*, nº 245, 28 de diciembre de 2006.

[4] Esta empresa tiene su domicilio social en el paseo del Conde de los Gaitanes, en Alcobendas (Madrid), y su capital social es de 318.000 euros.

sidido por el empresario Florentino Pérez, socio de Alberto Cortina en la constructora ACS. El acuerdo se firmó por un periodo de tres años, prorrogable por otros tres, y con una inversión inicial de 1,5 millones de euros. A cambio de la utilización de su imagen, el Real Madrid recibiría una cantidad fija y un porcentaje de la venta de los refrescos.

Elena conoció a Alberto Cortina durante una cacería, una de las pasiones que comparte con el financiero. Su historia de amor se inició a comienzos de 1997 en una de las fincas cinegéticas del ex banquero, de nombre Las Cuevas, donde Elena había sido invitada a una montería. Después fueron localizados y fotografiados en la localidad francesa de Saint-Tropez, durante las vacaciones de verano que pasaron en la Costa Azul. Era ésta la primera vez que se les veía juntos oficialmente y, por ende, la confirmación de una relación que ya era más que un rumor en todos los cenáculos financieros de la capital de España.

Fue precisamente en esta finca de caza mayor, Las Cuevas, con 1.600 hectáreas de terreno y enclavada en los Montes de Toledo en los términos municipales de Hontanar (Toledo) y Navas de Estena (Ciudad Real), donde finalmente se casaron el 10 de junio de 2000. Para esta importante ocasión, Elena Cué lució un vestido de corte sencillo y clásico elaborado por el modista francés Emanuel Ungaro, uno de sus diseñadores favoritos.[5] El diseño consistía en busto y volante en encaje de Calais, con flores bordadas a mano y finas perlas, con cuerpo de sirena, pequeñas mangas y una pequeña cola. La Iglesia católica había decretado la nulidad del primer matrimonio de Alberto Cortina con Alicia Koplowitz y el empresario había obtenido también el divorcio de su segunda mujer, Marta Chávarri, lo que le abría las puertas para contraer matrimonio canónico con la joven tiradora.

[5] Como padrinos actuaron el padre de la novia y la cuñada del novio, Miriam Lapique, quien también vistió un traje de alta costura diseñado por Emanuel Ungaro.

Alberto Cortina de Alcocer, hijo del que fuera ministro de Asuntos Exteriores con el general Franco, Pedro Cortina Mauri, y la joven Marta Chávarri Figueroa, biznieta del conde de Romanones, se habían casado civilmente en diciembre de 1991, también en la finca toledana de Las Cuevas, que quedó en propiedad de Cortina tras su separación de Alicia Koplowitz.[6] A diferencia de su boda con Elena Cué, el enlace con Marta estuvo presidido por grandes exigencias de discreción. Un *secretismo* que, muy a pesar de la novia, se llevó al extremo de cerrar una discoteca de la siempre desértica plaza de Navas de Estena y celebrar la ceremonia a las doce de la noche. Por eso, el efecto sorpresa que logró Isabel Preysler al casarse con Miguel Boyer a las nueve de la mañana de un sábado, un día inhábil para ceremonias nupciales en los juzgados de Madrid, fue superado en este caso gracias a otro tratamiento especial de la magistratura hacia la que fuera su cuñada mientras estuvo casada con Fernando Falcó, marqués de Cubas.[7] El matrimonio Cortina-Chávarri estableció inicialmente su domicilio conyugal en un antiguo palacete restaurado, con 500 metros cuadrados de construcción en su conjunto, situado en los números 19 y 21 de la calle General Arrando, de Madrid, en el barrio de Chamberí, por el que Cortina pagó 150 millones de pesetas.[8] Pero sería en junio de 1995 cuando su relación terminó definitivamente, aunque el primer acuerdo legal de separación no se firmó hasta dos años después. El acuerdo contemplaba un sueldo en torno a un millón de pesetas mensual; otros diez millones de pesetas anuales fraccionados en tres pagos para sufragar sus vacaciones; una casa en el barrio madrileño de Salamanca, al lado de la residencia que ocupan la infanta Elena y Jaime

---

[6] El ex banquero ha convertido una parte de la heredad en una espectacular plantación de viñedos con bodega incluida.

[7] La boda entre Marta Chávarri y Fernando Falcó se celebró en 1982 en el palacio de Mirabel, propiedad de la familia Falcó y situado en la localidad cacereña de Plasencia.

[8] El domicilio pertenecía a los hermanos Francisco, Buenaventura, Paloma y Luis Fernando de Silva y Fernández-Durán, que lo recibieron en herencia.

de Marichalar; y una finca a las afueras de Madrid; además de contar con el pago al servicio doméstico, incluido un chófer y doncellas. Posteriormente, Cortina solicitó el divorcio y logró rebajar las pretendidas condiciones económicas de su ex mujer, esgrimiendo, entre otros conceptos, que Marta Chávarri era una persona joven «capaz de trabajar». Ella recurrió, pero finalmente en el año 2000 se llegó a un pacto de no agresión. Dicen que apalabraron que mientras ella no volviera a casarse recibiría una pensión.

Lo que sí consiguió Alberto Cortina rápidamente fue el divorcio y así pudo celebrar su tercera ceremonia nupcial. Ésta se realizó en la capilla que el ex banquero había mandado construir *ex profeso* en su finca de Las Cuevas, y la fiesta se desarrolló en torno a la piscina y el jardín que rodean la vivienda principal de la heredad, un palacio castellano obra del arquitecto Andrés Revuelta, circundado por tres patios, con balconada de madera incluida. El banquete fue servido por el restaurante Jockey, uno de los preferidos de los Albertos. El menú consistió en nuez de *foie-gras* trufado a la gelatina del oloroso, pularda asada al tomillo con cebollitas glaseadas y crema helada de chocolate con naranjas amargas. Entre los cerca de cuatrocientos invitados, y como siempre que se trata de un enlace de tanta alcurnia, hubo muchas caras conocidas del mundo de la cultura, de la economía y de la política. Por ejemplo, asistió el ex ministro de Defensa del PP, Federico Trillo, y su esposa María José Molinuevo; el ex presidente de la Comunidad de Madrid y actual alcalde de la capital de España, Alberto Ruiz-Gallardón, junto a su mujer Mar Utrera; el ex presidente de Repsol y hermano del novio, Alfonso Cortina, y su mujer Miriam Lapique; el naviero y ex presidente de la Cámara de Comercio de Madrid, Fernando Fernández Tapias, en compañía de su ahora esposa Nuria González; el banquero José María Amusátegui con su mujer Amalia de León; el ya fallecido Camilo José Cela y su mujer Marina Castaño; el empresario Carlos Goyanes y su mujer Cari Lapique; la esposa del ex presidente del Banco Popular, Cristina Mulls de Valls Taberner, con su hija Cristina; y, cómo no, Isabel Sartorius, ex novia del príncipe Felipe de Borbón e íntima amiga de la pareja.

Por aquel entonces, Elena ya se había convertido en una de las jóvenes más bellas y discretas de la sociedad española. Hoy ocupa los primeros puestos en todas las listas de elegancia. Pese a su notoriedad, no le gusta el protagonismo, por lo que aparece en público en contadas ocasiones. Y, en cada una de ellas, deslumbra por su atractivo. Siempre luciendo las últimas tendencias del momento en su indumentaria. Dicen quienes la conocen que le gusta llevar vestidos cortos de vivos colores que resaltan su perenne bronceado de cuidada estética. Para la noche suele apostar por el color negro, los escotes triangulares y las faldas con un poco de vuelo, mientras que durante el día prefiere llevar pantalones y trajes de chaqueta que estilizan su figura. Que lo mismo va en pantalones de cuero estilo años sesenta combinados con una blusa azul, que con un desenfadado vestido de estampados verdes lima. Y que a las fiestas no acude con vestidos de alta costura, sino que prefiere llevar un *prêt-à-porter* de lujo.

Su figura va siempre vestida por diseños de Roberto Cavalli o de John Galliano, el conocido modisto de Christian Dior, con el que mantiene una cierta amistad y con quien pasea por el puerto de Saint Tropez, donde el matrimonio Cortina amarra su nuevo yate americano de veintisiete metros de eslora. Antes utilizaban una goleta del siglo XIX, una reliquia del mar de nombre *Altair*, con la que atracaban a menudo en el puerto deportivo de Cerdeña. Allí, en la isla italiana, al matrimonio le gustaba compartir sus horas con el multimillonario y dueño del equipo Renault de Fórmula Uno, Flavio Briatore, muy amigo de la familia Aznar y socio del *yernísimo*, Alejandro Agag. Pero no sólo del mar y sus yates viven los Cortina-Cué; también utilizan el transporte aéreo, en concreto, el avión Falcon propiedad del financiero, con el que se escapan con asiduidad a *la ville de Paris*, uno de sus escondites preferidos, junto a Nueva York, para ejecutar sus caprichos. Suelen ir a las mejores casas de subastas, a los restaurantes más *chic*, como L'Ami Louis, y a hoteles de lujo como el Carlton o el Crillon. Fue precisamente en esta ciudad, en la embajada de España, donde Cortina contrajo matrimonio con Alicia Koplowitz allá por 1970. Mucho han cambiado desde entonces las cosas.

Hoy, dicen las amigas de Elena, todas ellas de su misma edad, como Nuria González, tercera esposa del naviero Fernando Fernández Tapias, *Fefé*, o Adriana Abascal, segunda mujer del ex presidente de Telefónica Juan Villalonga, y, por supuesto, su íntima Isabel Sartorius, hija del marqués de Mariño y otrora novia del Príncipe de Asturias, Felipe de Borbón, que Elena Cué «vive, más que nunca, pegada a su marido». El matrimonio Cortina-Cué sigue todavía manteniéndose vivo en el escenario público. Tras su separación de Marta Chávarri, Cortina no cayó en el olvido, no fue borrado del mapa y consiguió formar parte del consejo de administración de la compañía Telefónica. Fue gracias a la amistad que mantenía, y todavía mantiene, con su entonces presidente Juan Villalonga y su actual mujer, la mexicana Adriana Abascal, que apenas pisan ya la capital de España y cuando lo hacen no se prodigan en las fiestas sociales, ya que a Juan Villalonga le gusta cada vez menos alternar en sociedad. En mayo de 2000 la pareja Villalonga-Abascal tuvo a su primera hija, Paulina, cuarto descendiente del ex presidente de Telefónica, quien estuvo casado en primeras nupcias con Concha Tallada, la madre de sus primeros tres hijos (Juan, de 28 años, Jaime, de 25, y Andrea, de 21).

Catorce meses después de nacer Paulina, Juan Villalonga Navarro (54 años) y Adriana Abascal López Cisneros (37 años) contrajeron matrimonio civil en una íntima ceremonia celebrada en la mansión situada en la elitista zona de Sunset Plaza Drive, en Los Ángeles (California), una posesión que acababan de adquirir los Villalonga y que en su día perteneció al actor Cary Grant. La novia llegó vestida con un diseño de Christian Lacroix, de corte romántico, y el novio con el tradicional chaqué. A la boda no faltaron, por supuesto, ni Elena Cué ni Alberto Cortina. La joven mexicana enviudó en 1997 del magnate de la televisión de aquel país, Emilio Azcárraga Milmo. Sin embargo, el entonces presidente de Telefónica llegó a conocer a Adriana Abascal cuando ella era todavía la mujer del dueño de la cadena mexicana de televisión Televisa y uno de los hombres más ricos y poderosos de América. Se la presentó Pedro Pérez, entonces presidente de Vía Digital, y Villalonga se enamoró inmediatamente de ella. «Me vuelve loco», dicen que le confesó a uno de sus amigos. Fue en enero de 1998 cuando la relación comenzó a formalizarse. En aquellas fechas, la viuda de Azcárraga viajó a Madrid y se hospedó en el hotel Miguel Ángel. Pedro Pérez acudió a recogerla y, conocedor de la fascinación que su jefe sentía por esta mujer, organizó esa misma noche una cena para ellos. Desde ese instante, Juan Villalonga y Adriana Abascal se convirtieron en una pareja inseparable, tanto que la viuda de Azcárraga empezó a hacerse presente en todos los actos privados y públicos a los que Juan Villalonga asistía por entonces. Dicen que Adriana llegó a estar presente en las reuniones de Telefónica: «Ella se sentaba en el despacho cuando acudíamos para hablar de Telefónica Media o en las reuniones de estrategia del grupo. Se convirtió de pronto en una parte más del equipo de la compañía. Iba con él a Antena 3 Televisión, entraba en los estudios y preguntaba cuántas cámaras se destinaban a cada uno».[9]

Aseguran también que Adriana Abascal es una mujer que, mientras vivió con Azcárraga, siempre estuvo acostumbrada a que «su hombre» fuera literalmente el dueño de vidas y haciendas y que ella compartía su poder. De hecho, cuando consolidó su relación con él, una de las cosas que hizo a continuación fue cargarse a toda la plana mayor de la cadena Televisa. Ella sabía que de otro modo no podría hacerse con el control pleno de la conocida empresa. Dicen que Adriana conquistó al patriarca Azcárraga, un hombre que fue mucho más que el dueño del mayor impe-

[9] *El Mundo*, 25 de junio de 2000.

rio de comunicación de la América hispana, utilizando sus «armas de mujer». De esta forma logró seducir a un personaje de tal carisma que le apodaban *el Tigre*, y que contaba con cuarenta años más que ella. No hay que olvidar que Adriana Abascal, hija de Nieves López Cisneros, fue Miss Veracruz en 1988 y quedó en quinto lugar en el certamen de Miss Universo del año siguiente.

Adriana estuvo siete años junto al magnate de la comunicación, hasta que éste murió en abril de 1997, en Miami, víctima de un cáncer. Lo hizo a bordo de su yate *Eco*, precisamente el nombre de los informativos de Televisa. Dicen que el Tigre murió con la mano de su compañera entre las suyas. Tras su muerte a Adriana le correspondió una importante herencia: el 70 por ciento del dinero recibido por la venta del yate *Eco*, además de tres lujosas casas. Una sita en el número 990 de la calle de Sierra Vertientes, en la lujosa colonia Las Lomas de Chapultepec, en México D.F.; otra, un inmueble ubicado en el número 370 de la calle de Costera Guitarrón, en Acapulco; y, por último, la casa ubicada en el número 2 de Sutton Place, en Nueva York. El valor total de las propiedades se estimaba en torno a 30 millones de euros.[10] A cambio de recibir estas propiedades y con el fin de cerrar el litigio que mantenía con los otros herederos del empresario mexicano, renunciaba a sus derechos sobre acciones de Televisa.[11]

Hoy todos afirman que Adriana es una mujer imponente. Que su única amiga es Elena Cué y que al resto de las señoras de la *beautiful people* española ni las conoce ni le importan. Recientemente, el matrimonio Villalonga-Abascal ha tenido un tercer hijo, Jimena, que se une así a otro hermano, Diego, y a Paulina, la pri-

---

[10] Testamento redactado ante el notario Juan Manuel García de Quevedo, de la ciudad de México, el 19 de enero de 1996.

[11] En el testamento, Azcárraga Milmo dividió sus propiedades en seis partes iguales: una para su primera esposa, Paula Cussi; otra para su hija Alessandra Patricia; otra para su hija Ariana Cristina; otra para su hija Carla Laura Magdalena; otra para su hijo Emilio, y otra para Adriana Abascal.

mogénita. La pareja reside actualmente en Londres, en una casa de tres pisos, en el mismo barrio donde habita la *Dama de Hierro,* Margaret Thatcher. Villalonga, quien fuera íntimo amigo del matrimonio Aznar-Botella hasta su separación de Concha Tallada (por eso no fue invitado a la boda de Anita Aznar), se dedica al negocio de construcción de casas para familias con rentas bajas en países poco desarrollados, aunque también participa como consejero en distintas e influyentes empresas.

También se asegura que Elena Cué conectó con Adriana Abascal con la misma facilidad que lo hizo con Nuria González, la tercera mujer de Fernando Fernández Tapias, *Fefé*. Cuando se conocieron las tres rondaban la treintena. Una edad que las distancia de los proyectos e inquietudes de la mayor parte de las mujeres de los amigos de sus parejas, que pertenecen a otra generación y que son las esposas de toda la vida. Por eso no congenian demasiado ni tienen mucho en común. Elena y Nuria suelen salir a comer o cenar casi a diario, a veces en compañía de sus maridos y, otras, solas. En algunas ocasiones se reúnen con amigas de Elena como Isabel Sartorius, Blanca Suelves, Inés Hermosilla o Inés Sastre. Pero, al margen de estas relaciones, la principal tarea de la señora de Cortina es mantener a punto su cuerpo y su imagen con gimnasio, dietas, cuidados estéticos... todos ellos cuidados proporcionados, en parte, gracias al dinero de su marido, con quien comparte su gusto por el pádel, su afición al arte, a la navegación, a la caza y, sobre todo, a perderse fuera de España.

Parece ser que uno de sus mejores secretos es que apenas habla en público. Que no arriesga para procurar no meter nunca la pata. Que suele sonreír brevemente a los objetivos de las cámaras cada vez que la pillan *in fraganti* o la encuentran en un acto público. Uno de los más sonados fue en la boda de Ana Aznar, la hija del ex presidente del Gobierno español, con el intermediario Alejandro Agag. La relación de la pareja Cortina-Cué con Agag es tan estrecha que pusieron su casa a su disposición para atender y homenajear a todos los invitados extranjeros que acudieron a la boda de Anita Aznar, y a la que ellos asistieron como protagonistas principales. Actualmente, Alberto Cortina mantiene una buena relación con el círculo más íntimo del ex presidente del Gobierno, José María Aznar, a quien también conoce desde hace tiempo. Mientras que su primo, Alberto Alcocer, mantiene una estrecha relación con el rey de España, Juan Carlos I, con quien suele ir de caza muy a menudo.

El matrimonio Cortina-Cué habita una lujosa residencia en la colonia madrileña de El Viso que el ex banquero adquirió en 1994 cuando todavía estaba casado con Marta Chávarri. Se trata de una mansión de cuatro alturas, con 350 metros cuadrados de planta, de estilo francés de principios del siglo XX, que ha sido restaurada y decorada con antigüedades y obras de arte adquiridas en varias casas de subastas, como la prestigiosa sala francesa Tajan. La pareja tuvo el 1 de marzo de 2006, casi seis años después de contraer matrimonio, a su primera hija. Durante los primeros meses de embarazo Elena tuvo malestares y bajadas de tensión. Dio a luz en el hospital San Francisco de Asís, de Madrid. Prácticamente no engordó durante su embarazo y se comenta que la nueva paternidad ha rejuvenecido a Alberto Cortina, suavizando su carácter a veces tosco y huraño. Alejandra es la primera niña para él, aunque tiene nietas mucho mayores en edad que ella. El financiero tuvo con Alicia Koplowitz, con la que se casó en 1970, tres varones: Alberto, de 35 años, Pedro de 34 y Pelayo de 23 años. Y ningún descendiente con Marta Chávarri, cuya estrella nunca lució brillante, ni tuvo la fuerza ni el espíritu necesario para ser la heredera de Isabel Preysler, que era su destino natural.

Los dos primeros hijos del matrimonio de Alicia Koplowitz con el empresario Alberto Cortina de Alcocer, que sólo se llevan un año de edad, ya están inmersos en el control y gestión del extenso patrimonio familiar y pertenecen a la alta sociedad madrileña. El «pequeño» todavía estudia. A su madre, Alicia

Koplowitz Romero de Juseu, marquesa de Bellavista, se le podría otorgar el título, compartido con su hermana Esther, de las *«Rich Women's»* de España. A sus cincuenta y cuatro años de edad, es hoy una de las mujeres con más poder económico en nuestro país, al igual que su hermana. Por eso, desde hace ya varios años, ha figurado entre las personas más ricas del mundo, según la reconocida clasificación de la revista *Forbes*.[12] Su poder económico alcanza en el año 2007 la cifra de 5.000 millones de dólares, situándose en el puesto 158 del ránking mundial, un puesto muy significativo que refleja el incremento que ha tenido su emporio empresarial en los últimos tiempos, ya que en 2006 ocupaba la posición 512 de los personajes más ricos del planeta.

Los descendientes varones de Alberto Cortina tienen ubicado su nuevo emporio financiero en un edificio del paseo de la Castellana de Madrid, en el número 35, en un ala de la planta séptima, propiedad de su madre. Allí, con la ayuda de Óscar Fanjul, comenzaron a diversificar en extremo las inversiones con el fin de rentabilizar al máximo su cartera. Alicia, después de separarse de Alberto Cortina, cambió su residencia del paseo de La Habana, de Madrid, donde vivía, puerta con puerta, con su hermana Esther, por una mansión señorial, de estilo italiano, decorada con colores carmesíes, con tres plantas y un amplio jardín, y situada en la lujosa urbanización madrileña de La Moraleja, en una parcela que había comprado en 1988.

Alberto Cortina y Alicia Koplowitz fueron por primera vez abuelos en el otoño de 1997. Su segundo hijo, Pedro, entonces con veinticuatro años, le daba una nieta fruto de su unión con Bárbara Chapártegui Ormedo, cuyo matrimonio se oficializaría más tarde, el 23 de abril de 1999, en una ceremonia celebrada en una finca a las afueras de Madrid. Los jardines de la heredad albergaron una carpa cubierta donde se celebró la misa oficiada

[12] Según la revista *Forbes*, Esther siempre ha superado a su hermana Alicia en el ránking de los patrimonios más ricos del mundo.

por el padre Florencio, amigo íntimo de la familia. Entre los invitados se encontraba otro gran amigo de ellos, Isidoro Álvarez, presidente de El Corte Inglés. También Alfonso Cortina y Miriam Lapique, tíos paternos del novio; Carlos Koplowitz, primo de Esther y Alicia; y los hermanos del novio, Alberto y Pelayo. La madrina fue Alicia Koplowitz, y el padre del novio, Alberto Cortina, acudió solo al enlace.[13]

El primogénito de la saga, Alberto Cortina Koplowitz, de treinta y cuatro años de edad, marqués del Real Socorro, contraería matrimonio algo más tarde. Fue en el verano de 2003, en Madrid, con Inés Balmaseda Cabanyes, hija del conde de Cumbres Altas, Godofredo Balmaseda. La ceremonia se celebró en la iglesia de la urbanización Puerta de Hierro, donde vivía la novia. Tras la ceremonia, a la que acudieron los familiares y amigos más cercanos a la pareja, los invitados se dirigieron a la residencia de Alicia Koplowitz en la urbanización de La Moraleja donde se sirvió el banquete nupcial dentro de la máxima discreción.

Pero al margen de la pasión financiera, uno de los *hobbies* que Alicia y sus tres hijos heredaron del padre de éstos, Alberto Cortina, fue su pasión por la vida en el campo. Alicia es propietaria de varias fincas ubicadas en Andalucía y en Castilla. Por ejemplo, es dueña de la finca El Hoyo, que compró a Beatriz Abelló en la localidad abulense de Sotillo de la Adrada. También los Cortina-Koplowitz desempeñan una importante y discreta tarea filantrópica. En esta área el representante de la familia es el menor de los hijos, Pelayo, de veintitrés años y estudiante en la Escuela Técnica Superior de Ingeniería (ICAI), institución vinculada a la orden de los jesuitas. Pelayo suele representar a su madre en los

[13] La joven Bárbara Chapártegui llevaba un vestido de boda de seda salvaje color marfil con larga cola que nacía de un fruncido en la espalda; el velo de encaje iba sujeto por una diadema de su abuela, que llamó la atención entre los invitados, engarzada en un bonito recogido, obra del peluquero Llongueras. Mientras, la madrina, Alicia Koplowitz, lució la clásica mantilla española en color claro a juego con el largo vestido en crema y una llamativa gargantilla.

actos de entrega de diplomas o recogida de premios de carácter social. Alicia tiene dos fundaciones bajo su auspicio. Una de ellas es la Fundación Vida y Esperanza; y, la otra, la que lleva su nombre.

El multimillonario patrimonio de Alicia Koplowitz lo heredarán en plenitud sus tres hijos, su verdadero soporte humano. Un patrimonio hoy controlado por el primogénito Alberto, administrador de las sociedades de cartera de su madre, actividad que aprendió al lado de su padre en el Banco Zaragozano.[14] Todo el emporio está liderado por la firma Morinvest, la mayor Simcav (Sociedad de Inversión Mobiliaria de Capital Variable) del mercado español, con un capital invertido a través de ella de unos 600 millones de euros. Invierten en unos quince valores de la bolsa española y su cartera de renta variable extranjera está compuesta por casi cuatrocientas compañías, con inversiones que superan en casi todos los casos el millón de euros. Pero la verdadera cabecera del *holding* empresarial de los Cortina-Koplowitz es la sociedad de participaciones Omega Capital S.L. Es su buque insignia, en el que supuestamente no navegará su hermana pequeña Alejandra Cortina Cué.

Hoy, la pareja Cué-Cortina lleva una vida de ensueño aderezada por el nacimiento de la pequeña y los cuidados que requiere. El primer verano de 2006, con la niña recién nacida, la pareja lo pasó en Mallorca, donde han adquirido una gran mansión en la zona de Sóller. El matrimonio prefirió que su hija tuviera unas vacaciones tranquilas. En otras ocasiones han compartido fiestas y yates en Costa Esmeralda, con Flavio Briatore, Alejandro Agag y Ana Aznar. Pero, para no olvidar sus paseos en alta mar, Alberto Cortina se llevó su yate hasta el puerto de Sóller, donde lo amarró. Los lugareños señalan que Elena Cué se desplazaba en helicóptero desde su mansión veraniega hasta el barco,

[14] Alberto Cortina Koplowitz llegó a figurar como administrador y socio del Banco Zaragozano.

que sufrió ese mismo verano de 2006 el incendio de uno de sus motores. Aseguran que la Cué es paradigma de elegancia y de distinción incluso en alta mar. Suele tomar el sol en la cubierta del yate, ya sea en Saint Tropez como en las Baleares, con unos espectaculares biquinis o unos cortísimos *shorts*. Pero siempre cautivando con su esbelta figura y retocado estilo.

La posesión que el matrimonio ha adquirido en Mallorca se llama Moncaire y tiene cerca de 400 hectáreas de terreno, y vides. En concreto, 530 cuarteradas, una medida agraria mallorquina que equivale unitariamente a 7.103 metros cuadrados. La finca está situada en el pequeño y bello pueblo de Fornalutx, a los pies del Puig Major, en la sierra de Tramontana, y muy cercano al puerto de Sóller.[15] La masía construida dentro de la *possesió* consta de mil quinientos metros cuadrados y goza de jardines, pista de tenis, casa de invitados, etcétera. Dicen por Sóller que en su día la casa sirvió de refugio al cantante Paul McCartney, el conocido integrante de los Beatles, y que también fue utilizada para descanso de Marie Chantal Miller y del multimillonario Aga Khan, amigo del rey Juan Carlos de Borbón.

Los dueños de la finca son la influyente familia británica Harari, con residencia permanente en Londres, propietarios de una importante empresa de inversiones, Harari & Johns, relacionada con el mundo del arte a través de fundaciones y casas de subastas, entre ellas, la elitista sala Christie's. La familia Harari tenía amistad con el ex *beatle* y le alquilaba su masía por una cantidad simbólica. El precio habitual rondaba los cien mil euros mensuales, que incluía el servicio de la casa: cocinera, doncellas, jardineros y los payeses (que se ocupan de la huerta y las viñas). Desde hacía tiempo los Harari querían venderla, pero no encon-

[15] Fornalutx está considerado como uno de los pueblos más singulares de Mallorca por su belleza. Su historia empieza hace más de mil años, pues es una antigua alquería islámica. El poblamiento de la zona se inició después de la conquista y la iglesia actual fue acabada en 1639. Hasta 1813 dependió de la parroquia de Sóller y en 1837 fue reconocido como municipio independiente.

traban al comprador adecuado. Hasta que de pronto apareció Alberto Cortina y dijo: «Me la quedo». El precio total de la espectacular *possesió* se calcula en torno a los 18 millones de euros,[16] aunque la cifra exacta que pagó el financiero madrileño por la propiedad es uno de los secretos mejor guardados de la isla.

Al finalizar el verano de 2006, Elena Cué, que apenas suele ejercer el papel de señora de la casa, decidió hacer una reforma total de la mansión y unos sesenta operarios comenzaron a trabajar a marchas forzadas para cambiar su aspecto y poder ser presentada en sociedad en el verano de 2007. Alberto Cortina eligió esta localidad costera apartada del bullicio mallorquín, a diferencia de su amigo y socio en la constructora ACS, el ex presidente del Real Madrid, Florentino Pérez, que también ha adquirido una mansión en la isla, pero en otro punto distante.[17]

Dicen los conocidos de Elena que su biografía es corta y sin relieve. Que se lleva bien con los hijos de Alberto Cortina, a diferencia de Marta Chávarri, a quien nunca consideraron. Que es una chica de trato agradable, aunque unos dicen que es adorable y otros que es una diva. En lo que sí se ponen de acuerdo todos es en que ha sabido delimitar bien los territorios. Que no aspira a cariños superficiales. Que siempre se rodea de su pequeña corte. Que su supuesta soberbia es sólo timidez. Que no le gusta que se hable de ella. Que no le apasiona aparecer en los medios de comunicación. Que no es una mujer de grandes alardes públicos. Que le priva la comida asiática, sobre todo la japonesa. Que también le gustan los restaurantes italianos caros. Que la pareja suele ir a comer al restaurante Coque, que regenta el restaurador Mario Sandoval, en la localidad madrileña de Humanes. Que les gusta la buena comida y los buenos caldos, cuyo maridaje elige exquisitamente Alberto Cortina. Pero que Elena procura mantener a toda costa la línea.

---

[16] *Elconfidencial.com*, 19 de agosto de 2006.

[17] Véase capítulo 10.

Aseguran también que pocas veces va de compras por Madrid. Que prefiere Nueva York o París. Que no le gusta que se sepa cuánto se gasta en ropa. Que le da reparo el verse sorprendida probándose una prenda. Que le gustan todos los lujos. Que todo lo que compra resulta muy caro. Que no suele utilizar abrigo, aunque en alguna fiesta relevante lo lleva. Que acostumbra llevar zapatos con tacón alto. Que le gustan los zapatos de Manolo Blahnik (los conocidos «manolos») o de Walter Steiger. Que a veces lleva sandalias de vestir de Jimmy Choo. Que siempre sabe cómo impactar en el mundo de la moda. Que su físico gusta también a las mujeres. Que utiliza pareo cuando pasea por los muelles. Que cuando sale casi siempre lo hace en coche y con chófer. Que entre los conocidos del matrimonio se encuentra el magnate australiano de la comunicación Rupert Murdoch, quien fichó recientemente a José María Aznar como asesor de su imperio de comunicación.[18] Que le gusta pasar temporadas vacacionales en Cerdeña, en concreto en Costa Esmeralda, en la urbanización más exclusiva del mundo, que en su día creó el Aga Khan. Que allí suele acudir por la noche a la discoteca Billionaire, la más elitista de la isla italiana, propiedad del *playboy* Flavio Briatore, el amigo italiano de Alejandro Agag y ex novio de la modelo Naomi Campbell. Y que últimamente se dedica a estudiar arte e idiomas. Pero lo que más le preocupa en la actualidad es el cuidado de su hija Alejandra, a la que dedica prácticamente todo su ocio.

Nadie pone ya en duda la estabilidad del matrimonio. El tiempo, como siempre, ha tenido la última palabra para dar o quitar la razón a algunos. Y pese a las dificultades que han sobrelle-

---

[18] Su fortuna personal se calcula en dos billones de dólares, de los que su ex mujer Anna Torv, con quien estuvo casado treinta y un años, se llevó un buen mordisco. Su cuantía se desconoce, ya que se llegó a un acuerdo secreto. Y tan sólo diecisiete días después de firmar el divorcio, Murdoch se casaría con Wendi Deng, una empleada suya treinta y seis años más joven que él. Otro ejemplo singular de hombre maduro unido a chica joven.

vado, han conseguido convertirse en una familia unida y discreta, siempre en la medida de lo posible, y al margen de importantes decisiones judiciales. Últimamente se prodiga menos en fiestas sociales, aunque no puede evitar que la sigan y la fotografíen, como ocurrió en una última fiesta de Navidad a la que acudió toda la *crème de la crème* madrileña.[19] El evento, que se prolongó hasta altas horas de la madrugada, tuvo lugar en un local de moda de Madrid y fue organizado por otra «ilustre», Mayte Arango —hija del conocido empresario Plácido Arango, dueño de la cadena Vips—[20] y por Pedro Gómez Baeza. Elena Cué y su íntima amiga Isabel Sartorius llegaron juntas a la cita. Elena llamó la atención luciendo unos pantalones plisados en color lila con un jersey negro de cuello alto y un chaquetón de piel. Como también lo hizo a finales de abril de 2007, cuando, aprovechando la celebración del torneo Master Series de Montecarlo, la Fundación Amigos de Líbano en Mónaco celebró una cena benéfica para ayudar a los niños que viven en los orfanatos de dicho país mediterráneo. La velada estuvo presidida por el príncipe Alberto de Mónaco y a ella, además de Elena Cué, asistió el tenista balear Rafael Nadal, actual número dos del tenis mundial, quien no dudó en posar junto a la esposa del financiero Alberto Cortina. Para esta ocasión, Elena escogió un vestido palabra de honor en color turquesa en el que destacaban las plumas de marabú de la falda y los cristales de Swarovski en el tejido. Otra de las asistentes fue la modelo Eva Herzigova junto a su novio, el empresario Gregorio Marsiaj.

Un año antes, Elena Cué había asistido a la boda de su íntima amiga Inés Sastre con el barón sardo Alexandro Corrías Fran-

---

[19] Otros invitados a la reunión fueron el empresario Juan Abelló, Elena y Marisa de Borbón, Pilar Medina-Sidonia, Simoneta Gómez-Acebo y su esposo José Miguel Fernández Sastrón, Fátima de la Cierva y su marido Carlos Falcó, o la modelo y presentadora José Toledo y su marido Cristóbal Martínez-Bordiú.

[20] Véase capítulo 3.

chetti.[21] Una boda que se celebró en privado, para ochenta comensales, en Londres. La ceremonia religiosa se llevó a cabo en el Little Oratory, una pequeña iglesia católica situada en Brompton Road, uno de los barrios más exclusivos de la ciudad, y posteriormente los invitados se dirigieron al prestigioso Club 22. Allí tuvo lugar el almuerzo, compuesto por espárragos aderezados con trufa y salsa holandesa; lubina sobre lecho de polenta y verduras de temporada; de postre, *panacotta* de vainilla con frambuesas y frutos del bosque. Acompañado de un pastel nupcial que, una vez partido, fue directamente enviado a un comedor benéfico que diariamente acoge a personas «sin techo» también en la capital británica. La novia, embarazada de varios meses, eligió un vestido de seda y encaje, diseño de Alberta Ferretti. En septiembre de 2007 anunciaba ya la separación del barón Corrías.

A pesar de estas apariciones públicas, dicen sus amigos que su vida social ha cambiado bastante desde que a mediados de marzo de 2003 el Tribunal Supremo condenara a tres años y cuatro meses de cárcel a su marido por un delito de estafa y falsedad en el llamado caso Urbanor. La Justicia persigue a los Albertos por un pleito iniciado hace ya más de diez años que les puede costar más de 50 millones de euros e, incluso, la cárcel. Su caso todavía, a la hora de cerrar este libro, está pendiente del Tribunal Constitucional y están dispuestos a llevarlo, si fuera necesario, al Tribunal Europeo de Derechos Humanos con sede en Estrasburgo. Estos problemas judiciales han unido más que nunca a las familias Alcocer y Cortina. Juntos han decidido aguantar el chaparrón y reconvertirse rápidamente en personajes discretos. Desde su cuartel general en el paseo de la Castellana, de Madrid, han preparado toda la estrategia de su defensa. Esto les ha costado que, después de treinta años comiendo y cenando fuera de casa, apenas se les vea ya públicamente en los lugares donde se reúnen

[21] Alex, de treinta y cuatro años, es hijo de una familia de diplomáticos. Su madre es la actriz italiana Afdera Franchetti, que se casó en 1957 con el actor Henry Fonda.

los pesos pesados madrileños: Horcher, Jockey, Zalacaín, etcétera. Y si lo hacen, lo realizan en los reservados. En sus ratos libres, y ya estratégicamente ajenos a las portadas de la prensa del corazón, se han refugiado en sus fincas de Las Cuevas (Toledo) y El Avellanar (Ciudad Real) o en el mar o en el extranjero. Por eso, cualquier excusa sirve siempre como encuentro familiar.

Cuentan sus amigos que la única vez que la unión y la amistad de los primos Cortina y Alcocer ha estado en peligro ha sido por culpa de sus actuales mujeres, cuyos caracteres chocaron desde el principio y que nada tienen que ver. Así, mientras los primos seguían tratándose y trabajando juntos, sus esposas no cruzaban palabra. Pero tras la sentencia del caso Urbanor, la comunicación entre ambas, quizás previendo lo que se avecinaba, se hizo más fluida. Dicen que hoy Elena no se lleva, ni bien ni mal, con Margarita Hernández, la segunda y actual mujer de Alberto Alcocer Torra, nieto de uno de los más conocidos alcaldes de Madrid.

El financiero Alberto Alcocer, de sesenta y cuatro años de edad,[22] también cambió a finales de la década de los ochenta, y emulando a su primo Alberto Cortina, la compañía de su mujer de toda la vida, Esther Koplowitz, por la de la joven Margarita Hernández. Modificó su rumbo de vida y optó por convivir con una modelo de veintiséis años, por entonces residente en la lujosa urbanización madrileña de Puerta de Hierro. Se daba la coincidencia de que Margarita había sido secretaria particular del financiero catalán Javier de la Rosa, amigo y socio de los primos en muchos negocios. Precisamente, Margarita Hernández y el mayor de los Albertos se conocieron cuando ella trabajaba en la empresa Quail España, propiedad de Javier de la Rosa, iniciándose poco después la relación, que fue llevada con gran discreción por ambos tras la tumultuosa separación de Cortina y Alicia Koplowitz.

---

[22] Nació en Madrid el 17 de diciembre de 1942.

Margarita Hernández Núñez nació el 1 de abril de 1963. Es hija del arquitecto Marciano Hernández Serrano (dedicado a obras municipales) y de Margarita Núñez. Es la tercera de cinco hermanos, los dos mayores varones, de una familia de clase media alta. Estudió en su infancia en el mismo colegio —Santa María del Camino— al que acudieron las infantas Elena y Cristina de Borbón. Después ingresaría en el Mary Ward College, un centro educacional regentado por monjas irlandesas y situado en la calle Castellón de la Plana, en el madrileño barrio de Salamanca, y frecuentado desde hace años por jóvenes de la alta sociedad capitalina con intención de obtener una cierta formación cultural. Bien educada, considerada una niña bien, realizaría posteriormente un curso de secretariado de dirección en este prestigioso centro.

Aunque fue modelo de alta costura en la agencia New Models, su experiencia fue corta, ya que prefirió el mundo de la empresa. Entró a trabajar como secretaria en las oficinas de la sociedad Quail, propiedad del financiero catalán Javier de la Rosa Martí. Allí ejerció sus funciones en el departamento de Relaciones Públicas. Fue en la primavera de 1988 cuando entró en contacto con Alberto Alcocer, veinte años mayor que ella. Su faceta de relaciones públicas fue fundamental en el primer encuentro. Como también lo fue con su primer novio, Pablo García Trevijano, conocido a finales de la década de los ochenta por sus múltiples *affaires* amorosos, entre ellos, con María Vidaurreta, una Lady España y ex mujer del político Jorge Verstrynge. Durante tres años Margarita mantuvo un noviazgo con este aspirante a *playboy*. «Estuvimos saliendo dos o tres años, luego nos hemos seguido viendo de vez en cuando. Es una mujer muy simpática y muy atractiva», Trevijano *dixit*.[23] Cuando se rompió esta relación mantuvo un corto idilio con José Ignacio Benjumea, integrante de la conocida e influyente familia sevillana de los Benjumea. José

[23] Revista *Tribuna*, 20 de noviembre de 1989.

Ignacio, un hombre también maduro para Margarita Hernández, llegó a ser secretario general del consejo del Banco Santander de Emilio Botín. La joven secretaria también llegó a mantener una vinculación esporádica con el primo de Javier de la Rosa, el financiero Javier de la Rosa Maura, con domicilio habitual en Nueva York, que fue quien precisamente la recomendó profesionalmente a su familiar directo.

Dicen sus conocidos que Margarita es aficionada a la pintura —un *hobby* que comparte con su marido Alberto Alcocer— y a la música de jazz. Que cambia su *look* según las ocasiones. Que ha llevado el pelo corto y moreno; y, otras veces, casi siempre, melena rubia larga. Que tiene los ojos azules, la piel blanca y una boca muy sensual. Que cuando conoció a Alberto Alcocer, en el año 1989, éste le regaló de entrada un coche Volkswagen Golf GTI descapotable de color blanco. Que también le obsequió con un reloj Cartier, de oro macizo, y con un viaje paradisíaco. Por eso aseguran que cuando Alberto Alcocer conoció a Margarita tiró la casa por la ventana y empezó a regalar a su novia todo tipo de detalles lujosos. Se daba la coincidencia de que la familia de su entonces prometida acababa de atravesar una dura crisis económica que había obligado a que una de sus hermanas, Cristina, se pusiera a trabajar. Su padre, el arquitecto Marciano Hernández, tuvo que vender su chalet de la calle Fuensalida, en el barrio residencial de Puerta de Hierro, para trasladarse a un dúplex en la calle San Martín de Porres, número 43, en Miraflores, también en la capital de España. El chalet de Puerta de Hierro fue vendido al embajador de Egipto en España.

Fue durante la boda de su hermana Cristina con Álvaro Arrostide, celebrada en diciembre de 1989 en la iglesia madrileña de San Fermín de los Navarros, y oficiada por el sacerdote Francisco Coello de Portugal, cuando saltaron a la luz las primeras fotografías de Margarita Hernández, que en esta ocasión no iba acompañada de Alberto Alcocer, aunque ya era *vox populi* su relación.

Hasta ese momento, Margarita era una perfecta desconocida que frecuentaba los ambientes nocturnos más pijos de Madrid. En su vida no había ocurrido nada fuera de lo normal. Era una chica más, como muchas de su edad y de su condición social. Sólo brillaba por su atractivo y sus cuidadas formas. Era el prototipo de niña bien, predestinada a conocer a un joven de su edad, de buena familia, casarse y formar un hogar. Dicen quienes la conocían que eso era lo que pretendía. Que era muy servicial con todos y que, a pesar de su aspecto de mujer, era muy niña. Por entonces Margarita únicamente decía a sus amigos: «Quiero que las cosas vuelvan a su cauce».[24] Pero la presencia en su vida del entonces presidente de Construcciones y Contratas cambió por completo todas sus expectativas.

Durante los dos primeros años del noviazgo, el financiero y la modelo guardaron celosamente su relación. Era un secreto sólo conocido por unos pocos, y para ello marchaban al extranjero, con el fin de evitar miradas curiosas. Alcocer era un hombre casado. El descubrimiento de sus encuentros tuvo lugar en noviembre de 1989, una vez ya destapado todo el *affaire* de Alberto Cortina con Marta Chávarri. «Nos sorprendió que se viera con Alcocer estando casado, pero ella ya debía saber que el matrimonio tenía problemas de convivencia. Si ha tenido el valor de aguantar todo este tiempo será porque, sin duda, espera un premio. Si casarse con Alberto Alcocer, tal como ahora tiene las cosas, se puede considerar un premio». Así opinaban por entonces sus más íntimos amigos, poco después de salir a la luz pública su relación amorosa con Alberto Alcocer.[25]

La pareja, tras varios años de convivencia, se casó finalmente el 19 de mayo de 1994. Hoy son padres de dos niñas gemelas nacidas a comienzos de este nuevo siglo. La familia vive en una casa

---

[24] Revista *Panorama*, nº 136, 1 de enero de 1990.

[25] Revista *Tribuna*, 20 de noviembre de 1989.

que Alcocer mandó construir a comienzos de los años noventa en el barrio residencial madrileño de Puerta de Hierro. Una mansión con más de dos mil metros cuadrados edificados en un solar que el financiero compró justo cuando se revelaron sus amores con Margarita, y donde por entonces el metro cuadrado de suelo se pagaba a 300.000 pesetas. Fue en esta gran casa de dos alturas y abuhardillada, rodeada de un extenso jardín, donde celebraron por todo lo alto la fiesta del bautizo de sus hijas gemelas en julio de 2002, cuando éstas contaban con siete meses de edad. Dicen que fue una reunión de elegancia y de rostros conocidos. Que fue servida por el restaurante Jockey. Entre las caras conocidas figuraban Ana Botella con su hija Anita y el todavía novio de ésta, Alejandro Agag; la relaciones públicas de la firma Loewe, Marisa de Borbón; la escritora Marina Castaño; la mujer de José Luis Alcocer, Beba Fernández-Longoria; Cari Lapique y Elena Cué, entre otras relevantes mujeres.

Afirman sus amigos que Margarita es una guapa y elegante mujer. Que es muy hogareña. Que no le gustan mucho las salidas. Que ejerce de *madraza*. Que sus hijas, que ahora tienen seis años de edad, han heredado su belleza. Y que ya han comenzado a dar sus primeros pasos en los idiomas, por ahora el francés y el inglés. Quizá con la intención paterna de no ser menos que sus tres hermanas mayores, que también lo hicieron desde muy pronta edad.

Del matrimonio de Alberto Alcocer con Esther Koplowitz Romero de Juseu, celebrado en octubre de 1969, nacieron otras tres niñas: Esther, Alicia y Carmen. Hoy las tres jóvenes son las sucesoras del imperio constructor levantado por el abuelo Ernesto Koplowitz hace más de cincuenta años. Son las herederas de una fortuna actualmente valorada en 5.600 millones de dólares, según la última clasificación del año 2007 de la revista americana *Forbes*, en la que su madre Esther Koplowitz ocupa la posición 137 entre los más ricos del mundo. Ellas son, pues, los nuevos motores de un negocio (el *holding* FCC) que su madre ha logrado salvar con esmero de los tiburones especulativos.[26] Son «las nuevas Koplowitz».

Las tres hijas de Esther mantienen y guardan una excelente relación con el actual marido de su madre, Fernando Falcó, «al que respetan mucho por cómo se está portando con ella», afirman quienes conocen a la familia. Las tres asistieron al enlace privado de su madre con Falcó, que tuvo lugar el 7 de junio de 2003 en la localidad de Ruidera (Ciudad Real). Allí estuvieron junto con su tía Alicia y el hijo del marqués de Cubas, Álvaro Falcó Chávarri, fruto de su matrimonio con Marta Chávarri. El marqués de Cubas se casó con Marta Chávarri el 2 de junio de 1982. Él tenía por entonces cuarenta y tres años y ella sólo veintitrés. De su relación nació en 1983 Álvaro Falcó Chávarri, quien tomó partido por su padre tras el posterior matrimonio de su madre con Alberto Cortina. Álvaro nunca vio con buenos ojos esa relación, ya que ni siquiera asistió a la ceremonia nupcial.

El matrimonio de Falcó y Marta Chávarri se fue a pique a principios de 1989, después de siete años de relación, y tras hacerse públicas las fotografías en las que Marta aparecía con Alberto Cortina, entonces casado con Alicia Koplowitz, la hermana menor de Esther, quien inmediatamente pidió la separación legal. El escándalo, que provocaría drásticos cambios de poder en Grucycsa y en Construcciones y Contratas, estalló el 22 de enero de 1989, cuando dos reporteros de la agencia Scorpio desplazados a Viena tomaron unas fotografías de Alberto Cortina y Marta Chávarri, entonces marquesa de Cubas, saliendo del lujoso hotel Palais Schwarzenberg, el mismo donde se celebró el enlace nupcial entre Mariano Rubio y la escritora uruguaya Carmen Posadas. Cogerlos *in fraganti* no fue una casualidad: parece que los reporteros habían

---

[26] Los propios sindicatos CC.OO. y UGT han afirmado públicamente que Esther Koplowitz nunca ha especulado con la empresa constructora y que, como consecuencia, «ha salvado muchos puestos de trabajo». El 27 de septiembre de 2007 fue reconocida con el Premio Business Leader of the Year Award (Líder Empresarial del Año) en el hotel Waldorf Astoria de Nueva York.

sido ya alertados y que llevaban algún tiempo detrás de la pareja por órdenes superiores. Precisamente, unos días después de ser sorprendidos, la revista *Diez Minutos* publicaría las fotos en portada, y a grandes caracteres, desatando así una polémica con connotaciones no sólo sociales sino también económicas y políticas.

Fue por entonces cuando las tres hermanas Chávarri —Marta, Isabel y María—, hijas del embajador Tomás Chávarri, nietas del marqués de Santo Floro y bisnietas del conde de Romanones, saltaron a la opinión pública.[27] Marta, la mayor (47 años), se convirtió en portada no sólo de la revista *¡Hola!* y del sensacionalista británico *The Sun*, sino en figura relevante de rigurosas publicaciones de Estados Unidos, como *Time* y *Newsweek*. Después de su separación de Alberto Cortina, y hasta la fecha actual, a Marta se le ha relacionado sentimentalmente con muchas caras conocidas, como el escultor inglés Richard Hudson (ex compañero de Marina Castaño)[28], el ejecutivo de banca Javier Salaberri, el *playboy* Philippe Junot, el presentador Jorge Juste y hasta con el empresario Juan Abelló. Cuando Marta empezó a salir con Salaberri, su hermana Isabel (43 años) acababa de romper su matrimonio de nueve años con Miguel Rosillo. Una vez divorciada, en 1998, la segunda hija de Tomás Chávarri de Rivero y la aristócrata Matilde de Figueroa y Gamboa tuvo que desmentir un posible embarazo de su relación con Alejandro Abelló, hijo de Ana Gamazo y Juan Abelló; mientras que la pequeña, María (36 años), conocía los inconvenientes que supone la fama de ser «hermana de», ya que se airearon sus relaciones con jóvenes con apellidos *ilustres*, como Falcó, Conde o Gómez-Acebo, hasta que se unió por fin en matrimonio con Javier Soto, el ex marido de Isabel Sartorius.

Pero fue la separación de sus primeras mujeres, las Koplowitz, lo que cambió el rumbo en la vida de Alberto Cortina y Alberto

[27] Uno de los hermanos varones de Marta Chávarri, Álvaro, falleció en un accidente de moto. El otro se llama Gonzalo.

[28] Véase capítulo 9.

Alcocer. Como consecuencia de estas desavenencias conyugales vendieron todas sus participaciones en el Grupo Construcciones y Contratas (Conycon) para concentrar su capital en el Banco Zaragozano, donde entraron primero como accionistas de un paquete de control y luego como presidentes ejecutivos y miembros de la comisión delegada. Años más tarde, se incorporaron a los consejos de administración de Telefónica, Terra, Dragados, Indra y Ence. Desde entonces han ido amasando una gran fortuna que un día heredarán sus ahora mujeres, hijos e hijas.

Una fortuna invertida en fastuosas propiedades cinegéticas. Los Albertos son unos enamorados de este deporte, la caza, que practican tanto en España como en el extranjero, a través de importantes empresas francesas y húngaras que les localizan los mejores safaris y las mejores piezas, por las que pueden llegar a pagar hasta 60.000 euros. Asimismo, continúan nuevos predios. Por ejemplo, una vez ya casado con Margarita Hernández, Alberto Alcocer adquirió en el año 2003 una nueva finca de caza y labor a escasos kilómetros de la localidad toledana de Villasequilla. Se trataba de una finca de unas 2.000 hectáreas. Para conseguirlo tuvo que comprar hasta 150 fincas limítrofes, una de ellas con once enclaves en su interior. Esta nueva heredad se une así a El Avellanar, finca situada a medio camino entre Castilla-La Mancha y Extremadura, donde posee 4.000 hectáreas con más de 200.000 alcornoques, y a otra más en la provincia de Cádiz. En sus fincas Alcocer comercializa la caza, que vende a tiradores extranjeros. Figura entre los grandes terratenientes de España desde hace ya varias décadas.

En lo único que los Albertos sí que han cambiado es en la ubicación de su cuartel general, otrora en Torre Picasso (hoy centro de poder de Esther Koplowitz). Y lo han situado en un remozado palacete del paseo de la Castellana de Madrid, en el número 9, muy cercano al Ministerio de Administraciones Públicas y al Ministerio del Interior. Allí, en el llamado Palazzo Reale, tienen las oficinas de sus empresas Invernelin y Corporación Financiera Alcor. Ocupan mil metros cuadrados en las plantas tercera y cuarta, esta última destinada a los colaboradores. En la tercera, se encuentran sus despachos, amplios y simétricos, separados por los servicios de secretaría, y rodeados de tonos rojos y grises. En las paredes no falta la pintura abstracta y *pop art*. Los primos son grandes amantes de este arte. Precisamente, Cortina tiene en el compositor José María Cano (un ex miembro del grupo musical Mecano) a uno de sus principales asesores en la compraventa de cuadros. La decoración de la planta noble, basada en tonos muy serenos y un estilo cartesiano, fue encargada a la arquitecta de interiores de la empresa Indra, cuyo presidente Javier Monzón es uno de los tres consejeros que representan a los Albertos en la constructora ACS, una de las más importantes de España y cuyo poder comparten con la familia March y el ex presidente del Real Madrid, Florentino Pérez.

La citada sentencia condenatoria del caso Urbanor (la compraventa de los conocidos solares de la plaza de Castilla de Madrid, donde hoy están las famosas torres KIO), que inhabilita a Alberto Cortina y a Alberto Alcocer para ocupar cargos en empresas que contraten con las administraciones públicas, ha hecho que los primos busquen amparo en sus amigos y mujeres para formar parte de los consejos de administración de sus sociedades participativas. Así, los empresarios participan en ACS mediante diversas sociedades, pero lo hacen principalmente a través de Invernelin Patrimonio S.L., que es propiedad conjunta de los primos, o indirectamente, a través de las sociedades Comercio y Finanzas (de Alberto Alcocer) y Percacer (de Alberto Cortina). Precisamente estas dos últimas sociedades tuvieron movimientos antes y después de conocerse la sentencia del Tribunal Supremo.

Las mujeres de los Albertos, Margarita Hernández y Elena Cué, pasaron a ser apoderadas de las respectivas sociedades de sus maridos.[29] Así, Margarita Hernández figura como apoderada de la empresa Comercio y Finanzas S.A. desde el 17 de marzo

[29] También Felipe Echevarría, presidente del Zaragozano, pasó a ser nombrado apoderado de las sociedades Comercio y Finanzas, Percacer y Cartera Zaragozano.

de 2003, tres días después de conocerse la sentencia condenatoria del Tribunal Supremo contra su marido Alberto Alcocer por el caso Urbanor. Esta empresa es propiedad de Alberto Alcocer Torra, que desde el año 2002 figuraba como administrador único. Su capital social es de 22.626.448 euros y su actividad es el asesoramiento en dirección y gestión empresarial.

Igualmente, Elena Cué aparece también desde ese día —17 de marzo de 2003— como apoderada de la empresa Percacer S.A., con un capital social de 31.149.920 euros y dedicada a la «consulta y asesoramiento sobre dirección y gestión empresarial». Esta sociedad cuenta con participaciones en un ramillete de empresas, como Antilla Holding de Negocios S.A. o Yell Publicidad S.A. En ella, desde el 28 de diciembre de 2005, aparece Alberto Cortina como administrador junto a Ramón Blanco Balín, la mano derecha de su hermano Alfonso Cortina, y al que situaron primero como consejero delegado de Repsol YPF y luego como consejero del Banco Zaragozano. Fue precisamente a través de la sociedad Percacer como el matrimonio Cortina-Cué obtuvo en los primeros meses de 1998 importantes y desmesuradas rentabilidades, que oscilaban entre el 150 y el 200 por ciento, mediante la compraventa de opciones sobre acciones de las empresas Telefónica, Repsol, Argentaria y Fecsa. La División de Supervisión de la Comisión Nacional del Mercado de Valores (CNMV) descubrió en sus investigaciones que la pareja y su amigo Juan Villalonga, ex presidente de Telefónica, obtenían rápidas plusvalías ocultando su identidad y gracias a su información privilegiada, según publicó *El Mundo* el 23 de junio de 2000. Asimismo, como beneficiarios de estas plusvalías aparecían los suegros de Cortina, Francisco Javier Cué Gutiérrez y Ascensión Castanedo Gutiérrez.[30]

Fue en enero de 1998 cuando la CNMV comenzó una investigación sobre esta serie de operaciones conocidas como OTC (*Over the Counter*), que consistían en la compraventa de futuros

---

[30] Diario *El Mundo*, 23 de junio de 2000.

hecha fuera de mercado y llevada a cabo por la Sociedad de Valores Argentaria Bolsa.[31] A los inspectores de la división de supervisión de la Comisión del Mercado de Valores, que por entonces dirigía Jesús Ybarra, les llamó la atención precisamente la alta rentabilidad producida en dichas operaciones. Hasta tal punto que tan sólo 14 clientes obtuvieron un beneficio de 1.070 millones de pesetas desde el 2 de enero hasta el 21 de abril de 1998. Entre ellos figuraban Cortina y su familia política. Los plazos que oscilaban entre la compra y la venta de los títulos no excedían de tres meses y eran adquiridos mediante créditos facilitados por la entidad pública Argentaria.

Actualmente, los Albertos, con un patrimonio personal que supera en cada uno los 500 millones de euros, controlan a través de estas sociedades instrumentales en torno al 15 por ciento del capital social de la nueva constructora ACS, fruto de la fusión de la vieja ACS con Dragados. Sin embargo, dominan unos derechos políticos adquiridos que les hacen controlar alrededor del 18 por ciento de la misma, derechos que provienen de la familia Areces y de Isidoro Álvarez, los patriarcas de El Corte Inglés, quienes siempre han delegado en ellos estas cuestiones de inversión desde los tiempos en que estaban casados con las hermanas Koplowitz, las ahijadas de Areces. Todo se remonta a los tiempos de la empresa Imes, que se encargaba del alumbrado de Madrid.

A su vez, la referida sentencia judicial también les obligó a dejar sus cargos como presidentes ejecutivos del Banco Zaragozano, entidad donde se han formado sus hijos, pero no sin antes vender esta entidad al grupo británico Barclays. En la operación, en la que Alberto Alcocer ya estaba trabajando desde mucho antes de la sentencia del Supremo y que debido a ella se hizo a toda prisa y a un precio inferior al que se estaba pactando, obtuvie-

[31] Un contrato de futuros es un acuerdo negociado en una bolsa o mercado organizado, que obliga a las partes contratantes a comprar o vender un número de bienes o valores (activo subyacente) en una fecha futura y precisa, con precio establecido de antemano. Es decir, se realiza un intercambio determinado en algún momento del tiempo.

ron más de 500 millones de euros por su participación superior al 40 por ciento (consiguiendo unas ganancias del 400 por ciento).

Sin embargo, no cesaron de entrada en todos los consejos de administración de las empresas en las que participan. Así, en el registro mercantil central constaba en el año 2003 que Alberto Cortina era vicepresidente de Parzara S.L., una empresa dedicada a la gestión de terrenos; representante en Catser S.L., una sociedad participada por las mencionadas Percacer y Comercio y Finanzas; consejero delegado de Cartera Zaragozano S.A., otra empresa de intermediación financiera; consejero de Bodegas Vermilion de Valbuena de Duero, S.A., dedicada a la explotación de fincas rústicas y elaboración de vino; consejero de AC Hoteles, la conocida marca hotelera; apoderado de Instalaciones y Montajes Eléctricos y Saneamientos S.A., una empresa de construcción para administraciones públicas; y como apoderado en Corporación Arco.

Por su parte, Alberto Alcocer aparecía como representante de Catser S.L.; como consejero delegado de Cartera Zaragozano S.A.; consejero de Bodegas Vermilion de Valbuena de Duero, S.A.; presidente y apoderado de Puerto de Sotogrande; consejero delegado solidario de Instalaciones y Montajes Eléctricos y Saneamientos S.A.; consejero del Grupo Bodegas Berberana; y como consejero de Sotheby's y Asociados S.A.

Junto a ellos aparece otro reconocido integrante de la saga familiar, el hermano de Alberto Alcocer, José Luis, ya fallecido, quien se casaría en segundas nupcias con Beba Fernández-Longoria, hija de un ex jefe de la diplomacia española en Francia que luego fue nombrado embajador en El Cairo (Egipto), Carlos Fernández-Longoria. Beba, mucho más joven que José Luis Alcocer, es, por tanto, hermana de María Fernández-Longoria, quien a su vez está casada con el empresario de armas libanés Abdul Rahman el Assir, amigo íntimo del rey de España y ex cuñado del millonario árabe Adnan Khashoggi, implicado en la venta de armas norteamericanas a Irán. El Assir se casó en 1976 con Samira Khashoggi, editora de la revista femenina *Alsharkiah*, publicada en El Cairo. Fue en 1985 cuando se divorció de ella, tras conocer a María Longoria, como se la conoce, que por entonces trabajaba de telefonista en su empresa de intermediación en España, de nombre Triad. Se daba también la coincidencia de que Beba Longoria fue en su día secretaria de otro gran amigo de los Albertos, el ya fallecido empresario Enrique Sarasola Lerchundi, a su vez íntimo amigo del ex presidente del Gobierno español, el socialista Felipe González. De hecho, fue *Pichirri* Sarasola quien facilitó a la familia Cortina y Alcocer su salto definitivo al estrellato financiero durante la etapa de Gobierno *felipista*, a través de Cartera Central.

La boda entre Beba Longoria y José Luis Alcocer, que ya se había divorciado de la catalana Marta Rivas Vila, se celebró con todo tipo de lujos en mayo de 1990 en el famoso hotel Crillon de París, situado en plena plaza de la Concordia, y con la asistencia casi al completo de los Cortina y los Alcocer. Dicen que en estos personajes coincide la obtención de una compañía más joven con la necesidad de mantener un *status quo* económico exorbitante a todas luces. En aquellos días Alberto Cortina estaba emparentado con Marta Chávarri y eran ya los protagonistas indiscutibles del mejor culebrón financiero y rosa del momento. De ahí que la prensa les siguiera hasta la misma Torre Eiffel. Cortina siempre compartió con su primo José Luis Alcocer sus secretos de alcoba, era el *celestino* en muchos de los encuentros románticos de los primos, como cuando Cortina se escapó con Marta a la isla de Cancún o se iban de safari a Kenia. En aquellos tiempos, y para despistar a sus perseguidores más persistentes, el avión privado del financiero se desplazaba en un intervalo muy corto de tiempo de un lugar a otro situado a centenares de kilómetros de distancia.

Otro destacado miembro de la saga familiar es Alfonso Cortina, hermano de Alberto Cortina y amigo personal del antiguo ministro de Economía por el PP, Rodrigo Rato. En su día, en junio de 1996, Rato situó a Cortina al frente de la mayor petrolera de España, Repsol. Incluso lo hizo frente a la oposición del entonces responsable de Industria, el catalán Josep Piqué, a quien orgánicamente le correspondía el nombramiento. Dicen que Alfonso Cortina, hoy reconvertido en bodeguero, es uno de los miembros más destacados de la nueva clase de poderosos surgida al amparo del entonces partido gobernante, el Partido Popular. Alfonso está casado con Miriam Lapique, hija mayor de los vizcondes de Villamiranda y hermana de Caritita *Cari* Lapique.

Por Madrid se dice que desde hace años la pareja Cortina-Lapique actúa como elemento aglutinador, columna vertebral o eje central en torno al cual pivotan las relaciones sociales de un selecto grupo de amigos y conocidos continuadores de la *beautiful people*. Aseguran que Miriam Lapique es una anfitriona de las que ya no quedan. Un aspecto que también desarrolla perfectamente su hermana Cari Lapique, que se casó en 1975 con Carlos Goyanes, a quien sólo dos meses antes la Iglesia había concedido graciosamente la nulidad de su matrimonio con la cantante Pepa Flores, más conocida por Marisol, debido a la «inmadurez de los contrayentes».[32] Cari Lapique aportaba a este matrimonio la representación de una marca de ropa francesa (Celine) y su colaboración con una firma de joyería de Barcelona (Mesara). Más tarde, al igual que hacen el resto de supuestos potentados y como reflejo de su poder, la pareja se compraría un gran objeto de ostentación y lujo: a saber, un yate, en este caso de nombre *Carcar II* y adquirido a la empresa Marina Marbella S.A.

Hoy las nuevas mujeres de los Albertos son las principales herederas de unas fortunas que conforman una de las mejores cotizaciones bursátiles de la historia de España. Poseen todo lo que una mujer con ambición puede desear: yates, mansiones, avión privado, fincas que no se abarcan con la mirada, pinacotecas, etcétera. Cientos de millones de euros de capitalización, que les permite mantenerse en lo alto de la escala social utilizando con maestría sus indudables dotes y encantos.

---

[32] Carlos Goyanes se casó con Pepa Flores, *Marisol*, en mayo de 1969.

CUADRO PATRIMONIAL DE BIENES CONOCIDOS

ELENA ESTEFANÍA CUÉ CASTANEDO

Título: tercera mujer de Alberto Cortina.

Propiedades inmobiliarias

- Domicilio familiar en El Viso (Madrid), con cuatro alturas y 350 metros de planta.
- Finca de caza mayor: Las Cuevas, en los Montes de Toledo, con 1.600 hectáreas de terreno.
- Mansión en Fornalutx (Mallorca), con casi 400 hectáreas de terreno.

Empresas

- Figura como apoderada de Percacer S.A. desde el 17 de marzo de 2003, una empresa con un capital social de 31.149.920 euros y dedicada a la «consulta y asesoramiento sobre dirección y gestión empresarial». Esta sociedad cuenta con participaciones en un ramillete de empresas, como Antilla Holding de Negocios S.A. o Yell Publicidad S.A.

Inversiones en obras pictóricas

- Colección particular valorada entre las diez primeras de España.

Joyas

- Innumerables.

MARGARITA HERNÁNDEZ NÚÑEZ

Título: segunda mujer de Alberto Alcocer.

→

Propiedades inmobiliarias

- Mansión en Puerta de Hierro (Madrid), con más de 2.000 metros cuadrados edificados, dos alturas y abuhardillada.
- Finca de caza El Avellanar (Ciudad Real), con 4.000 hectáreas y más de 200.000 alcornoques.

Empresas

- Figura como apoderada de la empresa Comercio y Finanzas S.A. desde el 17 de marzo de 2003. Su capital social es de 22.626.448 euros y su actividad «el asesoramiento en dirección y gestión empresarial».

Inversiones en obras pictóricas

- Colección particular situada entre las diez primeras de España.

ADRIANA ABASCAL LÓPEZ CISNEROS

Título: segunda mujer de Juan Villalonga y viuda del empresario mexicano Emilio Azcárraga.

Patrimonio

Del magnate mexicano de la televisión heredó:

- El 70 por ciento del dinero recibido por la venta del yate *Eco*.
- Tres lujosas casas: una situada en el número 990 de la calle de Sierra Vertientes, en la elitista Colonia Las Lomas de Chapultepec, en México D.F.; un inmueble ubicado en el número 370 de la calle de Costera Guitarrón, en Acapulco (México); y una tercera ubicada en el número 2 de Sutton Place, en Nueva York.

Nota: el valor total de estos inmuebles se estimaba en torno a 30 millones de euros.

Otras propiedades inmobiliarias

- Mansión en Los Ángeles (California), en la zona de Sunset Plaza Drive.
- Residencia en Londres (Inglaterra).

→

MARTA CHÁVARRI FIGUEROA

Título: Lady España 1988. Biznieta del conde de Romanones. Primera mujer de Fernando Falcó, marqués de Cubas, y segunda esposa de Alberto Cortina.

Patrimonio

- El primer acuerdo legal de separación de Alberto Cortina contemplaba el pago de un millón de pesetas mensual; otros diez millones de pesetas anuales fraccionados en tres pagos para sufragar sus vacaciones; una casa en el barrio madrileño de Salamanca, al lado de la residencia que ocupan la infanta Elena y Jaime de Marichalar; y una finca a las afueras de Madrid; además del pago al servicio doméstico, incluido un chófer y doncellas. Posteriormente, Cortina solicitó el divorcio y logró rebajar las condiciones económicas de su ex mujer. Ella recurrió, pero, finalmente, en el año 2000, se llegó a un pacto de no agresión, recibiendo a cambio una considerable pensión.

2. El imperio Zara: Rosalía Mera, Flora Pérez y Marta Ortega

En España, como se ha narrado en el primer capítulo del libro, empezó a hablarse con fuerza de las mujeres empresarias gracias a las hermanas Esther y Alicia Koplowitz, sobre todo, después de su tormentosa separación de los primos Alberto Alcocer y Alberto Cortina, más conocidos por el sobrenombre de *los Albertos*. Las dos se convirtieron en la viva imagen de las mujeres con poder y dinero. Muy pronto comenzaron a ser portada tanto de las revistas de papel *couché* como de las páginas color salmón de los diarios económicos. Pero no eran ni son las únicas elegidas. En nuestro país existe un importante grupo de mujeres empresarias con gran influencia y mando, inaccesibles para los medios de comunicación, que defienden su intimidad por encima de todo y de todos. Ellas reciben los galardones más prestigiosos, se relacionan con los políticos más significativos, se mueven con soltura en el mundo de la cultura, son generosas en el terreno social, representan a menudo la imagen de España fuera de nuestras fronteras y, cuando lo desean, se codean con la *crème de la crème*. Pero nadie les pone cara a pesar de detentar el verdadero poder: el de la riqueza.

Una de ellas es Rosalía Mera Goyenechea, la tercera mujer más rica de España tras las hermanas Esther y Alicia Koplowitz y la 264 del mundo, según la clasificación de la revista *Forbes*. Su patrimonio asciende a 3.400 millones de dólares. Rosalía apareció por primera vez en esta selecta lista en el año 2003.[1] Pero su hoja oficial de servicios ocupa menos de un folio. En ella sólo se destaca que es empresaria y diplomada en Magisterio. Su currículo oficial también es breve, como si pasara de puntillas por la vida. Apenas nadie sabe nada de ella, salvo que fue la primera mujer del hombre más rico de España, Amancio Ortega, el rey del imperio textil Inditex. Rosalía vive con suma discreción, un aspecto que parece innato en ella. Nació en 1944 en el barrio de El Matadero, en la zona antigua de La Coruña, justo detrás de la ensenada del Orzán, una playa situada al lado de la de Riazor. Su padre era empleado de la empresa eléctrica Unión Fenosa y la economía familiar no era muy boyante. «A veces me pregunto cómo es posible que sepa tan poco de los míos. Mi abuelo era rojo y mi padre fue franquista, porque lo reclutaron con dieciséis años... Y ese ambiente de terror, esa especie de silencio, se palpaba en mi casa sin saber por qué», *dixit*.[2]

La suya era una familia modesta cuyo principal aliciente los fines de semana era compartir mesa y mantel con sus vecinos. «En el barrio marginal de El Matadero, en La Coruña, donde nací, había tres o cuatro familias asturianas. Ellas eran una referencia para todos los que vivíamos allí porque tenían un poco más de cultura que nosotros, vivían un poquito mejor y ver cómo se agrupaban y apoyaban mutuamente era admirable. Quizá porque se vieron obligados a vivir en Galicia a causa de la guerra, tenían siempre presente a Asturias, y eso era, sobre todo para mí, muy llamativo. Yo no tenía aldea porque mis padres eran de origen cántabro y vasco, pero ellos sí conservaban Asturias. Los sábados se reunían a cantar, y nosotros con ellos; y con ellos aprendimos el *Asturias, patria querida*. Son recuerdos estupendos», relata Rosalía Mera.[3]

[1] La revista *Forbes* situó en el año 2006 a Rosalía Mera en el puesto 350 de personas más ricas del mundo con una fortuna valorada entonces en 2.200 millones de dólares. En 2005 ocupaba un puesto anterior, el 321, con una fortuna de 2.000 millones de dólares.

[2] Revista *Capital*, nº 70, junio de 2006.

[3] *La Nueva España*, 19 de diciembre de 2006.

A los once años dejó la escuela y empezó a trabajar. Rosalía, a la que de pequeña llamaban Rosi, consiguió un empleo de aprendiz en la tienda de confección y camisería La Maja, situada en la calle coruñesa de San Andrés, y considerada como la cantera de Zara y el ovillo del Grupo Inditex (Zara, Bershka, Stradivarius, Pull & Bear, Massimo Dutti, Oysho...). Allí se encontró con Amancio Ortega Gaona, el encargado del almacén, un chico leonés, introvertido, educado, sencillo, humilde, respetuoso, pero sin una conversación amplia ni una cultura refinada. Rosi era, en cambio, una muchacha de ojos vivos, que destacaba por su figura esbelta y su alegría, lo que le proporcionaba un halo de *glamour*. Pronto enamoró a Amancio Ortega, quien desde su infancia es una persona con amigos contados y poco amante de los actos sociales. Rosi era la persona encargada de probarse los bañadores que se vendían, «porque se trata de una prenda que no se puede comprar sin ver antes cómo sienta», dicen sus entonces compañeros. «Cuando se hicieron novios, Amancio me pidió que fuese otra la que se ocupase de esta tarea y a mí me pareció lógico», cuenta José Luis Quintás, propietario por aquellos tiempos de la citada tienda, que gozaba de gran prestigio en la ciudad.[4] La Maja era un próspero comercio de La Coruña que llegó a tener hasta tres locales abiertos al público y un almacén. Vendía mucho género procedente de Cataluña y estaba regentado por la familia Castro Quintás.

Dicen que la etapa de pubertad de Rosalía fue bastante monótona. Que antes de unirse a Amancio Ortega, Rosalía Mera mantuvo un idilio con un joven asturiano. «Mi primer amor era asturiano, y eso marca. Asturias tiene connotaciones afectivas muy importantes para mí» (*sic*). Tras un noviazgo corto, Rosalía y Amancio se casaron a las cinco de la tarde, hora taurina, del año 1966, en la parroquia de San José. Como regalo de boda sus com-

[4] Xavier R. Blanco y Jesús Salgado, *Amancio Ortega. De cero a Zara*, La Esfera de los Libros, Madrid, 2004.

pañeros de trabajo le regalaron un reloj de oro. El matrimonio tuvo dos hijos, Sandra y Marcos; este último nació con una discapacidad psíquica. Se separaron de mutuo acuerdo veinte años más tarde, en 1986. Eso supuso un antes y un después en la existencia de la tercera mujer más rica de España. «En la vida, una cierra etapas y abre otras. Y yo cerré esa etapa y abrí otras».[5] Dicen que si no se hubiese separado, su vida hubiera sido la que estaba más o menos ya predeterminada. Todos esos años de duro trabajo y de relación con su marido no se habían traducido en ningún éxito personal ni en ninguna visibilidad social. Rosalía era la pieza de un proyecto de otro, sin verse reflejada en un plan compartido. Era mártir de ser quien era: la mujer de Ortega.

Amancio Ortega nació en Busdongo de Arbás, un pueblecito del concejo leonés de Villamanín. Y lo hizo un 28 de marzo de 1936, apenas cuatro meses antes del inicio de la Guerra Civil española. Su madre, Josefa Gaona Hernández, era natural de Valoria la Buena (Valladolid),[6] y su padre, Amancio Ortega Rodríguez, también vallisoletano de nacimiento, era peón de mantenimiento de ferrocarril, lo que obligaba a la familia, dado sus continuos cambios de destino, a ir de un lado a otro sin rumbo fijo. Así, poco después de nacer el niño se trasladaron a Tolosa (Navarra) y luego, ya en 1943, se situaron en La Coruña. Allí, Amancio se crio como un gallego más y comenzó a trabajar en el negocio de la confección. Con sólo catorce años ingresó como chico de los recados en una conocida camisería local llamada Gala y posteriormente pasó, junto con sus hermanos Antonio y Josefa, a la mercería La Maja. El primogénito de la familia Ortega, Antonio, el mejor amigo y el socio más fiel que nunca ha tenido Amancio,[7] gozaba por parte de los dueños de este establecimiento de una predilección especial entre todos los empleados. Su carácter extraver-

---

[5] Revista *Capital*, nº 70, junio de 2006.

[6] Falleció el 7 de enero de 2001.

[7] Falleció en La Coruña en 1987.

tido y apacible convenció al matrimonio Castro Quintás para convertirlo en uno de sus viajantes. Supo establecer los contactos oportunos en el mundo empresarial y cultivó las relaciones sociales. Por su parte, Pepita, como se conoce familiarmente a Josefa, entró después que sus hermanos en La Maja, aunque nunca trabajó en la tienda, sino en el almacén que acababan de abrir los propietarios en la plaza de Santa Catalina. Pero poco a poco el que prosperó en el negocio fue Amancio, que rápidamente ascendió de recadero a dependiente, aprendiendo allí, junto a su mujer, hasta el último secreto del mundo de la confección y de la distribución comercial.

Su primera vivienda fue un piso que adquirieron en el barrio de Monte Alto, en la calle Forcarey número 25, previo pago de 150.000 pesetas, gracias a un préstamo de una caja de ahorros. Muy pronto Ortega se dio cuenta de que trabajando para otros nunca se haría rico. Comprendió que el valor añadido se quedaba en el camino y decidió abandonar La Maja y abrir su propio negocio para fabricar y vender a precios bajos los cucos y las batas de boatiné. Puso de moda una prenda de guata, de entrecasa y abrigada, a la que dio diseño y color, con mezcla de tonos rosas y vivos azules, que tuvo mucho éxito en la década de los sesenta y setenta. Rosalía abandonaría de inmediato la tienda para participar en la creación de este nuevo negocio textil. Junto a su cuñada Primitiva Renedo Oliveros, la mujer de Antonio Ortega, fueron las primeras que cosieron los cucos para abrigar a los bebés y elaboraron las famosas batas de boatiné. En aquellos tiempos no todas las viviendas disponían de una excelente calefacción, por lo que las batas gorditas para estar en casa venían muy bien a la gran masa de la población. Fueron ellas las verdaderas artífices del éxito, las que emprendieron la nueva aventura empresarial.

Mientras tanto, Amancio Ortega se esforzaba extraordinariamente para trabajar en La Maja y, al mismo tiempo, supervisar el trabajo de su mujer y su cuñada en el taller de la calle San

Rosendo. Se trataba de un local de menos de cien metros cuadrados donde se amontonaban cuatro máquinas de coser, entre telas y retales. En menos de un año Amancio Ortega decidió dar otro paso hacia delante en su camino hacia el éxito. Cambió el taller de la calle San Rosendo por un local bajo en el número 61 de la calle Noya, en pleno barrio coruñés de Os Mallos. Allí, en el nuevo negocio, dedicado principalmente a la lencería, la plantilla del personal era también escasa y estaba formada fundamentalmente por sus hermanos Antonio y Josefa,[8] por su madre Josefa Gaona, su cuñada Primitiva Renedo Oliveros y su mujer, Rosalía Mera. Más tarde, ya empiezan a trabajar hasta treinta empleados en una fábrica para mayoristas que diseñaba una bata que se comercializaba con la marca Goa, que tomó para su nombre las iniciales del empresario en sentido inverso. Para ello, en 1963 fue creada la sociedad Goa Confecciones, el germen de Zara España S.A. Sin embargo, llegó un momento en el que también Amancio abandona su trabajo en la tienda y comienza a vender por toda España sus batas de boatiné. Dicen sus entonces vecinos que era un hombre pegado a una maleta. Rosalía y Amancio ya habían cambiado su modesto domicilio y se habían trasladado a vivir al paseo de Ronda, puerta con puerta con toda la familia Ortega. El hermano de Amancio vivía en el séptimo y los padres en el décimo. Y ellos ocupaban dos pisos de las últimas plantas.

En ese periodo, desde 1963 hasta 1975, el negocio de batas y camisones experimenta un crecimiento sostenido. Y como esta primera aventura empresarial tuvo éxito, el matrimonio Ortega se anima a embarcarse en un proyecto mucho mayor. «Nos planteamos que, en vez de comprar productos en Cataluña, a lo mejor los catalanes nos los podrían comprar a nosotros. Creo que no hubo nada de extraordinario», dice Rosalía Mera. Fue así, sin dejar de ser fabricantes, como se convirtieron también en distribuidores y en vendedores, y surge como una necesidad la tienda Zara,

[8] Está casada con Miguel Jove González, quien también trabaja en Inditex.

que abrió en mayo de 1975 su primera sucursal en La Coruña, en pleno ensanche, en la calle Juan Flórez, números 64-66. Allí se vendían los jerseys a 500 pesetas. Hoy es un nombre mundialmente reconocido gracias al Registro de Patentes y Marcas, que le vetó el nombre que inicialmente habían elegido: Zorba. Ya en diciembre de 1975 se abre la segunda tienda Zara en la calle Torreiro, en el corazón de la urbe tradicional coruñesa. Un emplazamiento privilegiado, pues los Ortega ya tenían claro por entonces que debían elegir sitios céntricos donde instalarse. De ahí que siempre hayan centrado en el reclamo de los escaparates las perspectivas de su éxito. Una de sus características, como empresa, es que no han recurrido nunca a la publicidad. Y hasta ya muy entrado el éxito nunca fueron famosos ni conocidos. «La fama mata los proyectos. La fama saca los proyectos del ámbito de lo íntimo. El poder trabajar sin expectativas por parte de los demás permite al sujeto estar mucho más tranquilo y relajado. De esta manera se pueden asumir los fracasos como parte del proyecto, algo que desde luego no te permiten cuando hay demasiadas expectativas. Y lo que está fuera de toda duda es que no hay posibilidad de desarrollarse sin que uno se equivoque», apunta Rosalía.[9]

Su éxito, bajo el anonimato, va creciendo, y sus cuentas corrientes van engordándose. En 1979 había ya seis tiendas Zara en La Coruña, Vigo, Lugo y Orense. El proceso de expansión fue *in crescendo.* Y en junio de 1985 deciden dar otro salto creando Inditex (Industria de Diseño Textil S.A.), empresa cabecera del grupo, con el fin de aglutinar las distintas actividades mercantiles derivadas del negocio de distribución de moda. Tras el fuerte proceso de crecimiento en España en la década de los ochenta, el grupo adquirió velocidad de crucero y tres años después de su creación los Ortega abren su primera tienda fuera de España, en Oporto (Portugal), iniciando así un recorrido cuyo éxito es un

---

[9] Carlos Sánchez, *Dinero fresco*, Temas de Hoy, Madrid, 2004.

caso de estudio a nivel mundial. El imperio Ortega abarca, entre otras, cinco importantes cadenas de moda: tres de creación propia, Zara, Pull & Bear y Bershka, y dos adquiridas a empresas españolas, Massimo Dutti (1985) y Stradivarius (1999). También cobija a otras empresas ajenas a la confección como financieras, distribuidoras, aseguradoras, inmobiliarias e, incluso, promotoras inmobiliarias. Para Luisa Kroll, directora del informe *Forbes* (que realiza la clasificación de las personas más ricas del mundo), «Amancio Ortega representa una de las historias más impresionantes. Ha realizado una maravillosa política de fabricación y distribución, que hace que nuevos productos lleguen a estar a la venta en un plazo de tres semanas desde su finalización». Hoy todo el operativo se mueve desde el polígono industrial de Sabón (La Coruña), donde Inditex tiene situado su cuartel general, en una extensión equivalente a 47 campos de fútbol, sin contar los 30.000 metros cuadrados de nuevas edificaciones inteligentes, cuya construcción ha costado unos diez millones de euros.

Pero mientras que el negocio de los Ortega marchaba a buen ritmo, su matrimonio, en contraste, naufragaba a la misma velocidad. El nacimiento el 1 de mayo de 1971 del segundo hijo de la pareja, Marcos, con una discapacidad psíquica (parálisis cerebral) distancia mucho al matrimonio. Este nacimiento y sus problemas añadidos hacen que Rosalía se aleje del trabajo y de la empresa familiar. «Esos años fueron los más difíciles, los más complejos, los de mayor esfuerzo. Pero a partir de ahí, y a raíz del nacimiento de mis hijos, lo fui dejando todo. Entonces me di cuenta de que aunque tenía sólo veintiocho años era ya muy mayor, llevaba más de la mitad de mi vida trabajando. Y las cosas en Zara iban bien y me dije: "¡Bien, ya no necesito trabajar más!"». Rosalía pasa a dedicarse en exclusiva al cuidado de su hijo Marcos, mientras que su marido se dedica en cuerpo y alma a forjar su imperio. Son años de pura entrega al proyecto empresarial por parte de Amancio. Dicen que trabajando de sol a sol y sufriendo, incluso, un serio revés al querer emular la fórmula de los almacenes donde se vendía de todo, lo que le obligó a volver a empezar desde un principio. Sin embargo, a Rosalía Mera eso ya le importa menos. Cambia radicalmente el proceso de su vida y retoma los estudios que había abandonado en primaria. Empieza a estudiar formación profesional en la rama sanitaria. Y muy pronto se pasa a la de Magisterio.

El auge del imperio empresarial de su marido no afecta en nada a su decisión personal y en 1986 se produce su separación matrimonial. Aunque «miente quien diga que una ruptura no marca», afirma tajante la empresaria gallega.[10] Desde ese año se ocupa y preside la Fundación Paideia, su eje vital, creada para luchar por la reinserción de personas discapacitadas y con minusvalías psíquicas. La Fundación, con sede en el número 17 de la céntrica plaza de María Pita, en La Coruña, concede anualmente un premio con el nombre del hijo del matrimonio, Marcos Ortega Mera. Era un guiño al niño de sus ojos, el menor de sus dos hijos. Paralelamente también realiza actividades de investigación en el campo de la educación y servicios sociales, además de impulsar la economía social o la creación de empresas. Como públicamente ha confesado, hay en ella un antes y un después de Paideia, y la razón de que este proyecto exista la atribuye a una necesidad vital que estaba desde muy pequeña dentro de su cuerpo y que afloró en el contacto con la enfermedad de su hijo. Dicen que un orden moral y ético empuja y sostiene este proyecto, que tuvo al grupo Inditex como soporte inicial de la Fundación, tanto con el tema de personal como del técnico y económico. Así, en septiembre de 1998, la sociedad Zara firmó un convenio de colaboración con la Fundación en virtud del cual se comprometía a aportar una cantidad de 300.000 euros anuales por un periodo inicial de cinco años.[11] Sólo un año después

---

[10] «Crónica», *El Mundo*, 5 de octubre de 2003.

[11] A su vez la fundación es usufructuaria de un inmueble, propiedad de Rosalía Mera, que está arrendado a Zara y por el que esta empresa paga un alquiler que ronda los 12.000 euros.

de cerrar este acuerdo, Rosalía creó el grupo empresarial Trébore, una iniciativa de la Fundación Paideia creada como alternativa para la capacitación y empleo de personas en riesgo de exclusión social. Así, la ex mujer de Ortega aparece como administradora única de Trébore Transporte S.L. (alquiler de automóviles); Talleres Trébore S.L. (servicios prestados a empresas n.c.o.p., es decir, no clasificadas en otras partes), Trébore Planta Joven S.L. (intermediarios del comercio), Talleres Trébore Jardinería S.L. (servicios agrícolas, ganaderos, forestales y pesqueros)... Algunas de estas empresas tienen su sede social en la localidad coruñesa de Padrón, en la calle Esclavitude.

También Rosalía Mera está especialmente implicada en las iniciativas de la ONG Equus Zebra con ramificaciones en Senegal, «por haber vivido la emigración en el seno de mi familia» (*sic*). Fue a partir de 2001 cuando la Fundación de Rosalía cambió de nombre y pasó a denominarse Padeia Galiza, no dependiendo ya para nada de Inditex. Este hecho coincidió también con el tiempo en que Amancio Ortega creaba su propia Fundación, que lleva su nombre y que se situó finalmente en Arteixo, donde está el corazón de su grupo textil.

La otra hija del matrimonio, Sandra Ortega Mera, que estudió en un instituto público, aunque en su infancia pasara por el colegio de monjas Las Esclavas de La Coruña, está muy vinculada a su madre y no trabaja con su padre en la empresa textil. Es psicóloga y actualmente es la vicepresidenta de la Fundación Paideia, a la que dice dedicar muchas horas. Está casada con Pablo Gómez, que sí es empleado de Inditex, muy querido en la casa, donde ejerce de comercial. Juntos tienen tres hijos y ya le han dado a Amancio su primera nieta. Hace unos años Sandra vendió todas sus acciones de Inditex (un 1,99 por ciento), al igual que hiciera su madre, por lo que ingresó la cantidad de 30.330 millones de pesetas. Tanto Sandra como Rosalía mueven la práctica totalidad de sus ingresos a través de sociedades de inversión mobiliaria de capital variable (Sicav), que en poco tiempo se han convertido en el vehículo de inversión favorito de los poderosos, en un nuevo instrumento para esquivar al Fisco. Estas sociedades, además de una gran rentabilidad media, ofrecen a sus partícipes grandes ventajas, ya que, a diferencia de los fondos, permiten a sus titulares diseñar y modificar cuantas veces deseen su política de inversión. Además, gozan de un tratamiento privilegiado en lo que se refiere al pago de impuestos, ya que sobre las ganancias tan sólo se abona un 1 por ciento de impuestos frente al 35 por ciento general. Y permiten que no afloren plusvalías sobre las que tributar, salvo que se vendan participaciones de la misma. La creación de este tipo de sociedades tiene sentido para patrimonios superiores a los 30 millones de euros que invierten, gracias a una información privilegiada, en una buena cesta de valores y fondos. Por eso, las Sicav constituyen otro eslabón más de la cadena que configuran las grandes fortunas creando auténticos entramados de sociedades instrumentales.

En la actualidad, la hija mayor de Amancio Ortega figura como principal accionista y presidenta de la sociedad de inversión Quembre de Inversiones Simcavf S.A., creada en mayo de 2001 con un capital social inicial de 18 millones de euros y con el único fin de reinvertir el dinero recaudado con la salida a bolsa de Inditex. A su vez, Sandra aparece como administradora de Breixo Inversiones Sicav S.A., Soandres de Activos Sicav S.A. y Mateus Inv Sicav S.A. Todas ellas radicadas en la capital de España. También figura como administradora de varias sociedades de su madre: Rosp Corunna S.L, Rosp Corunna Participaciones Industriales S.L., Ferrado Inmuebles S.L, Trébore Transporte S.L., Trébore Planta Joven S.L., Talleres Trébore Jardinería S.L., Cultigar S.L. y Viveros Borrazas S.L.

La ex mujer del fundador de Zara y de todo el imperio Inditex vive y trabaja en La Coruña. Dicen quienes conocen a Rosalía que su vida ha cambiado más en la forma que en el fondo. Que es una apasionada del psicoanálisis, de la tertulia y de la literatura. Que se ha rodeado de la intelectualidad gallega. Que prefiere verse respaldada por catedráticos de Filosofía que por asesores financieros. Que se confiesa de izquierdas y que fue una de las cabezas reconocibles en las manifestaciones convocadas por la plataforma «Nunca Mais» para protestar por la catástrofe del barco *Prestige*. Afirman que en los balcones de la sede de Fundación Paideia, justo enfrente del ayuntamiento coruñés, se colgaron las primeras banderas negras con la franja azul de apoyo a la plataforma. Que todavía sigue siendo una luchadora. «Creo que cada vez soy menos rebelde, a lo mejor es porque ya no soy joven. La rebeldía es una característica de la juventud que todavía no sabe cuál es su guerra. Yo ya no tengo ganas ni tiempo de ser rebelde, pero eso no quiere decir que no sepa por dónde debo ir. Siempre tengo muy claro de dónde vengo».[12]

Aseguran que es contraria a aparecer en los medios de comunicación, pero que de vez en cuando hace alguna concesión: «Me sirven para difundir los valores de la Fundación y me aprovecho de mi posición», *dixit*. Que no tiene miedo a decir lo que piensa. «Con casi sesenta años y una posición como la mía, cómo no voy a decirlo. Aunque no siempre se debe decir lo que uno piensa. La verdad hay que decirla para beneficiar a algo o a alguien. Eso de decir verdades permanentemente, sobre todo en el caso de las mujeres, que tenemos una capacidad analítica muy desarrollada, puede llegar a ser pedante y hasta pretencioso». Que es una mujer segura de sí misma, racional, analítica, crítica, de firmes convicciones, con una opinión forjada de los asuntos más relevantes de la vida. Y con valores muy presentes en su vida, como el esfuerzo y la honestidad.

Aunque dicen de ella que es muy reservada. Que a veces muestra episodios de incontinencia verbal. Que tiene recelo a sentirse utilizada y que a la hora de decidir no descuida la opinión de sus amigos. Que no tiene muchos tics de rico. Que viaja en clase turista. Que le gusta moverse en taxi. Que suele leer mucho.

---

[12] Carlos Sánchez, *op. cit.*

Que lo que más le gusta es la literatura femenina. Aunque en sus momentos más duros de la vida se refugió en Freud y en Lacan. Que hojea la prensa a diario, sobre todo los periódicos económicos. Que le gusta ver la televisión, en particular los programas transgresores, «aunque sean de entretenimiento». Que lamenta que no le enseñaran la lengua gallega en la escuela. Que es una feminista declarada. «Las mujeres tenemos cualidades innatas para dirigir a personas, tomar decisiones, no tener miedo al fracaso, ser flexibles para adaptarnos a los cambios y hacer varias cosas a la vez. La mujer sabe gestionar. Llevar una familia es como administrar una empresa. Pero, aún hoy, las mujeres tienen que demostrar dos veces su valía y la supremacía en los puestos importantes la siguen teniendo los varones».[13] Dicen sus amigos que cuando acudió a Oviedo en diciembre de 2006 para recibir el premio de empresaria singular otorgado por el colectivo femenino Asem se congratuló en público de la campaña de concienciación que postula que «los machos no planchan, pero los hombres sí». Para ella, «si no somos la mujer de alguien, somos raras... porque en el fondo persiste la desigualdad con el hombre».

Afirman que su vida suele ser bastante monótona. Que le place ir a la taberna Os Belés, en el barrio obrero de Montelo. Allí, acude con los amigos de toda la vida y escuchan hasta altas horas de la madrugada a veteranos cantantes que se reúnen en este punto de encuentro. Que le gusta ir de compras a la plaza de San Agustín y a la plaza de Lugo. Que siempre quiere saber los precios del mercado. Que le gusta vestir con un toque *hippie* y desenfadado. Que uno de sus diseñadores preferidos es Custo Dalmau. Que suele llevar el pelo corto. Que para ella la suerte no existe. Que piensa a menudo en la muerte («Pienso en la muerte no como algo malo o bueno, sino como un hecho que ocurre»). Que para ella el tiempo es el único bien que no se compra. Y que «se puede tener mucho dinero y muy poco de otro montón de

---

[13] *La Nueva España*, 19 de diciembre de 2006.

cosas; el concepto es que la abundancia debilita la capacidad de pensar, las relaciones y el potencial de lo que uno puede tener».

Rosalía controla la práctica totalidad del capital social de la Sociedad Rosp Corunna Participaciones Empresariales S.L., su *family office*, con la que en su día entró en el consejo de administración de Inditex y donde estuvo hasta junio del año 2004. Esta sociedad posee hoy el 6,99 por ciento del capital del grupo textil que ella formó. «Es verdad que yo estuve en la génesis. Y en todo proyecto el comienzo siempre es lo más difícil. Pero la trayectoria de Zara ya trasciende hoy a las personas, sean Amancio Ortega o yo misma. Zara es el fruto del esfuerzo, de la tenacidad y también de la oportunidad. A veces la vida nos da oportunidades y el empresario es el que sabe verlas. Y luego está el factor suerte, que también es importante. Pero insisto en que hoy Zara ya nos trasciende».[14] Rosalía Mera recibió, a raíz de la salida a bolsa de Inditex, 92.709 millones de pesetas por la venta de una parte de su paquete accionarial (37.904.348 acciones) aunque conservó ese 6,99 por ciento que le permite ser todavía la segunda máxima accionista del grupo. El tercer accionista principal de este imperio textil es el Chase Nominees, un fondo de inversión gestionado por el banco norteamericano The Chase Manhattan Bank, que en enero de 2003 compró en el mercado el 5,974 por ciento de las acciones de Inditex por un valor entonces de 811,773 millones de euros. El cuarto es otra entidad americana, el State Street Bank and Trust, uno de los mayores bancos depositarios y de custodia del mundo, que logró hacerse con el 5 por ciento en la primavera de 2006.

La sociedad de inversión de Rosalía Mera terminó el año 2006 con unas plusvalías de 36,8 millones de euros y un patrimonio total de 327 millones de euros. De ellos, 19,5 millones están invertidos en deuda pública española. Rosp Corunna Participaciones Industriales S.L. está también situada en la plaza coruñesa de María

[14] *La Opinión de A Coruña*, 24 de diciembre de 2006.

Pita y se constituyó el 29 de mayo de 2001 con un capital que ronda los 1.500 millones de euros. A través de ella, compró el 6 de septiembre de 2006 un 5 por ciento del capital de Riofisa, la promotora de parques comerciales y empresariales controlada por entonces por el constructor Mario Losantos, y en cuyo accionariado también figuraba Esther Koplowitz. Sin embargo, su situación cambió en esta empresa inmobiliaria a comienzos de 2007, ya que el grupo Inmocaral, que controla y preside Luis Portillo, el segundo máximo accionista de la constructora FCC tras la toma del 15 por ciento de su capital, acordó lanzar una Opa sobre el cien por cien de Riofisa tras pactar la compra con su principal accionista: la familia Losantos. Rosalía Mera también figura como administradora de la empresa de alquiler de bienes inmuebles Rosp Corunna S.L., creada en mayo de 2000 en La Coruña con un capital de 907 millones de euros.

Pero la sociedad encargada de gestionar y promocionar las principales inversiones inmobiliarias de la tercera mujer más rica de España es Ferrado Inmuebles S.L.[15] Sus propiedades se reparten por media geografía española. Uno de sus principales inmuebles, por el que pagó cuatro millones de euros, se encuentra en la calle Jorge Juan, en el corazón del barrio madrileño de Salamanca, y fue arrendado en el año 2004 a una de las principales firmas inglesas de moda, la multinacional Karen Millen.[16] Hoy todavía mantiene propiedades conjuntas con su ex marido. Es el caso del pazo El Drozo, en Anceis (Cambre), una típica construcción gallega levantada sobre una superficie de más de 42.000 metros cuadrados, que es una de las residencias que actualmente utiliza Amancio Ortega.

Al margen de estas sociedades, Rosalía Mera mantiene otros medios de canalización privilegiada para sus inversiones: como son las sociedades de inversión de capital variable, tal y como se

[15] Como apoderado de esta sociedad figura José Francisco Leyte Verdejo.

[16] *La Opinión de A Coruña*, 7 de agosto de 2004.

ha comentado en párrafos precedentes. Entre ellas, destacan Breixo Inversiones Sicav, con un capital social inicial de 240.338.000 euros; Soandres de Activos Sicav, con capital de 185.985.012 euros; y Mateus Inv Sicav, con un capital de 15.025.000 euros. Estas tres sociedades, en las que figura como presidenta, gestionan la cartera de valores mobiliarios de Rosalía Mera. Su domicilio está en Madrid, en la calle José Ortega y Gasset número 29.

También tiene participaciones en otras significativas empresas como la farmacéutica gallega Zeltia (5 por ciento), donde hace unos años se embarcó en la difícil singladura de la biotecnología de la mano de su presidente y amigo, José María Fernández Sousa Faro, hermano del presidente de Pescanova. A través de su filial Pharma Mar, Zeltia desarrolla anticancerígenos como el Yondelis, procedente de compuestos presentes en las algas marinas. Por ser uno de los nueve miembros de su consejo de administración (es consejera dominical), Rosalía Mera percibe un sueldo que ronda los 150.000 euros al año. Durante un tiempo compartió sillón con la ex vicepresidenta de la Comisión Europea, la popular Loyola de Palacio, que posteriormente falleció precisamente debido a un cáncer.

Otra de las empresas en las que participa es la sociedad Identificación y Custodia Neonatal (ICN), una empresa que desarrolla un sistema de identificación de bebés basado en la biometría dactilar. También acomete inversiones en el sector audiovisual y cinematográfico, donde controla el 26 por ciento de Milú Films y el 16,3 por ciento de Continental Producciones, una productora liderada por Pancho Casal, por cuyas manos pasa gran parte del cine que se rueda en Galicia.[17] Rosalía ha trasladado todo lo que aprendió durante su estancia ejecutiva en Inditex a otros secto-

---

[17] Pancho Casal es director general y productor ejecutivo de Continental Producciones. Desde este puesto ha realizado más de 300 spots publicitarios y ha producido títulos cinematográficos como *Un rey en la Habana*, *Sé quién eres*, *Finisterre*, *Cuando vuelvas a mi lado*, *Frontera Sur*, etc. También ha producido la serie de televisión, *A Familia Pita II* para el canal autonómico gallego.

res, como por ejemplo al cultivo de plantas ornamentales, donde realiza cultivos in vitro y cultivos tradicionales. Entre sus empresas dedicadas al «cultivo de hortalizas y especialidades de horticultura y productos de vivero» destacan Cultigar S.L. y Viveros Borrazas S.L. Esta última creada en el año 2002 con un millón de euros. También se ha introducido en el comercio al por mayor de flores y plantas a través de su sociedad Plant-Plus Comercial de Plantas Ornamentales S.L. Pero, sobre todo, su empresa estrella en el mercado de patentes industriales es la coruñesa Estela Orvi S.L., la segunda firma en Europa y la cuarta en el mundo, creada en 2004 y donde también figura como administrador el empresario José Sánchez Quintáns. «Es casi imposible que si alguien ha tenido éxito en un sector no aproveche ciertas cosas para aplicarlas en otro», dicen que comenta a diario Rosalía.

Quizá por todo este cúmulo de actividades inversoras, el 1 de diciembre de 2006 el Consejo de Ministros acordó la concesión de la medalla de oro al Mérito en el Trabajo a la empresaria Rosalía Mera.[18] Y es raro que en un mundo empresarial y financiero dominado por hombres sea una mujer la que obtenga esta importante distinción. Rosalía fue a su vez elegida «Gallega del Año» en julio de 2003. Precisamente, uno de sus últimos proyectos ha sido el Centro de Iniciativas Empresariales situado en el polígono industrial de Pocomaco, en La Coruña, en el que ha invertido más de seis millones de euros. Se trata del llamado Centro Mans, que consta de 3.500 metros cuadrados útiles distribuidos en diferentes locales, entre los que hay diversas salas de reuniones y conferencias y un espectacular estudio de grabación, donde se graban bandas sonoras. El proyecto ha recibido sustanciosas subvenciones, tanto de la administración gallega, a través del Igape, como de fondos europeos. Rosalía Mera ha puesto

[18] El Consejo de Ministros otorgó ese día treinta y cuatro medallas de oro al Mérito en el Trabajo. Como compañeros de distinción de Rosalía Mera figuraban el presidente de El Corte Inglés, Isidoro Álvarez; el ex presidente de Iberdrola, Íñigo Oriol, y otro gallego más: el presidente de Caixanova, Julio Fernández Ganoso.

así las bases para crear una gran industria musical en Galicia. «Era una asignatura pendiente».

El estudio de grabación del Centro de Iniciativas Empresariales Mans de La Coruña ya se ha convertido en un referente para los músicos de toda España. Es único en su formato, con la mejor tecnología y capacidad para recoger las composiciones de orquestas de hasta un centenar de miembros. Dicen que está a la altura de los estudios de Praga o Londres, las capitales europeas por excelencia de la música. Las bandas sonoras de películas como *Heroína*, *El próximo Oriente*, *El club de los suicidas*, *Mataharis*, *De Profundis*, etc., ya se han grabado allí. Además, la Fundación Paideia tiene un convenio con la Diputación de La Coruña, Lugo y Orense para facilitar las grabaciones de las agrupaciones musicales de estas provincias. Un nuevo objetivo está en la mente de la fundadora de Inditex: la música pensada como una industria que aproveche el talento de los intérpretes del noroeste español. «Uno tiene que buscar en el mercado una cierta franja, y si crees que es una franjita en la que no hay nada, hay que apostar por ella. Porque el resto está todo inventado. La música es un nicho estupendo de posibilidades en Galicia. Como industria. Talento hay, pero hay que demostrarlo. En Galicia no tenemos tantas posibilidades de generar industria. Ésta es una. Podemos decir: señoras productoras, aquí tienen la herramienta magnífica, está en Galicia, no tienen que salir de España, vamos a crear sinergias, a contratar a técnicos de sonido, a utilizar los músicos de aquí».[19] Otra sociedad donde también ha invertido Rosalía (siempre lo hace a través de Rosp Corunna) es Inusual Comunicación Innovadora S.L., dedicada a la fabricación y comercialización de soluciones de luminotecnia aplicadas a soportes del ámbito de la comunicación y la imagen corporativa. Esta empresa está también participada por el Grupo Gestor de Medios Impacto.

Por eso, hoy ya nadie duda de que Rosalía ha multiplicado sus dedicaciones al tema social al mismo ritmo que sus inversiones

---

[19] *El Faro de Vigo*, 1 de abril de 2007.

en los proyectos más dispares. Su nombre aparece en cualquier conversación entre quienes tengan entre manos un proyecto inversor en Galicia, comunidad de donde apenas ha salido. Su persona ha figurado siempre detrás de determinados proyectos marcadamente gallegos. Así, en el año 2004 penetró en el sector de la acuicultura de la mano de Frigoríficos Fandiño para crear Galician Marine Aquaculture (GMA), dedicada al cultivo del «abalón», la conocida oreja de mar. Juntos construyeron una planta en Muros para la cría y engorde de este molusco gasterópodo marino (el más caro del mundo) que se alimenta de algas y que está considerado una *delicatessen* en los mercados asiáticos, especialmente en Japón. De hecho este país ha sido el principal destino de la producción de la compañía. Pero también a la ex mujer de Ortega se la ha relacionado con la puesta en marcha de nuevas cabeceras de prensa escrita en la zona e, incluso, en operaciones relacionadas con el control de compañías como la eléctrica Unión Fenosa. «Es tremendo que el dinero haga a la gente importante (...) porque el dinero es sólo una herramienta».

Al margen de Rosalía, la vida personal de su ex marido, Amancio Ortega, *un hombre hecho a sí mismo*, también merece un punto y aparte. Ese trabajador coruñés reconvertido en empresario se encuentra entre los diez hombres más ricos del mundo con una fortuna estimada en 24.000 millones de dólares (18.280 millones de euros). Un patrimonio formado a pesar de ser un hombre que no fue a ninguna universidad renombrada ni nunca en su juventud se codeó con los herederos de las grandes fortunas empresariales españolas. Hoy, el dueño de Inditex ocupa el octavo puesto en el ránking por la cuantía de su riqueza.[20] Sólo le preceden los más ricos del mundo: Warren Buffet, Carlos Slim Helu, Ingvar Kamprad, Lakshmi Mittal, Sheldon Adelson y Bernard Arnault. Completan los diez primeros: Li Ka-shing y David

[20] En el año 2006 estaba situado en el lugar 23 con una fortuna valorada en 14.800 millones de dólares. Ortega empezó a entrar en la lista de *Forbes* a partir de 2001.

Thomson. Ésta es la primera vez que un español entra en el privilegiado *top ten*. El siguiente español en este ránking de ricos, pero ya muy lejos de Ortega, es el dueño de la empresa constructora Ferrovial, Rafael del Pino, que ocupa el puesto 79. El tercer español más potentado, según esta lista, sería Enrique Bañuelos (ex presidente de Astroc) en el puesto 95, luego vendría Esther Koplowitz en el puesto 137 y su hermana Alicia en el 158... Así hasta veinte españoles, cuyas fortunas superan a día de hoy los 1.000 millones de dólares (más de 750 millones de euros) y que, por tanto, forman parte de este selecto club de *Forbes* integrado por 793 hombres y mujeres. En el año 2006 sólo diez españoles figuraban en la lista de *Forbes*, por lo que el número de potentados nacionales se ha duplicado en el 2007.

Pero si por cualidades externas hubiera que juzgar al hombre más rico de España, ni el más prestigioso psicólogo lograría desenmascarar su identidad. Dicen que su aspecto físico es anodino, con algo de papada, mediana estatura y grandes entradas en el pelo. Que huye de la ostentación, de los iconos de lujo y de la posición social. Le gusta vestir camisa Oxford, pantalón gris o marrón y zapatos castellanos, un uniforme que repite desde siempre con un desdén hacia el cambio difícil de asimilar en un revolucionario del *prêt-à-porter*. Dicen que muy pocas veces se le pasa por la cabeza ponerse una corbata y que nunca viste como un alto ejecutivo. Que es un hombre discreto, de pocos amigos y muchos conocidos. Que acostumbra a empezar su jornada matinal con un desayuno con zumo y café con leche. Que lo suele hacer en el Club Financiero de La Coruña, en compañía de sus amigos habituales, que le han puesto de apodo «penique».[21] Que siempre son los mismos aunque, de vez en cuando, se incorpora algún nuevo miembro al grupo. Que entre ellos apenas figuran políticos y que en su mismo gremio, el textil, tampoco goza de

[21] Cecilia Monllor, *Zarápolis. La historia secreta de un imperio de la moda*, Ediciones del Bronce, Barcelona, 2001.

grandes amistades, salvo los dueños del grupo Caramelo. Que su gran amigo es José Caramelo, que curiosamente fuera su viajante cuando en 1963 despegó a través de la firma Goa Confecciones. Que siempre que puede ve los partidos del Deportivo, en la tele o en el Estadio de Riazor, donde pasa totalmente desapercibido. Que sus grandes *hobbies* son los caballos y los automóviles (corre una anécdota por la empresa de que consiguió reventar el motor de un Porsche, su marca preferida). Que sólo le quita el sueño Inditex. Que es capaz de sacar a un trabajador de su cama, en pleno sueño, para solucionar un problema que se le ha ocurrido de repente.

Sus amigos destacan de él su intuición, su creatividad, su capacidad de delegar y responsabilizar a cada uno de su trabajo, su entrega total a la empresa y sus ideas democráticas, así como su afición a escuchar. Aseguran que colectiviza todo. En cuanto a los defectos, le imputan una ambición desmedida que no se traduce en vanidad personal, pero sí en el delirio de situar a su empresa, cueste lo que cueste, en el peldaño más alto del podio. También su cabezonería y su mala costumbre de fomentar la competitividad entre el equipo y así avivar piques y rencores entre compañeros. Dicen que le gusta salirse siempre con la suya. Que a pesar de rodearse de grandes talentos de la gestión empresarial sigue teniendo siempre él la última palabra. Que es una persona metódica, ambiciosa y que no soporta perder.

Aseguran sus conocidos que no tiene apenas excentricidades. Que sus hábitos rozan la normalidad más decepcionante, salvo viajar en un avión Falcon 900 de su propiedad. Que su colección de arte no puede competir ni con la de Juan Abelló ni con la de las hermanas Koplowitz, ni con la de Plácido Arango. Que a diario almuerza en uno de los cinco comedores de Inditex con sus empleados, de los cuales no todos son ejecutivos. Que los sábados, único día en que come en casa, lo hace en un *office* anexo a la cocina. Que tiene una cocinera permanente a su servicio. Que le gusta la cocina poco elaborada. Que sus gustos culinarios se centran en los huevos de corral y en las verduras frescas cultivadas en su pazo de Anceis, situado a 12 kilómetros de La Coruña, en el término municipal de Cambre. Se trata de un pazo barroco del siglo XVII, uno de los más hermosos de Galicia, situado en la carretera que une Santiago de Compostela con La Coruña a la altura del lugar de Altamira. En su fachada, que sigue teniendo el aspecto de antaño, destacan los escaques y roeles de la familia Bermúdez de Castro, así como un brazo empuñando un estandarte de los Villardefrancos y un castillo envuelto en zarzas de los Riobóo. Como todo pazo gallego que se precie, el de Anceis tiene capilla y una fuente de piedra, de estilo portugués, con cuatro caras carrilludas de cuyas bocas salen caños de agua. Dicen que si fuera por él, se trasladaría a vivir a Anceis. De hecho, sueña algún día con hacerlo, pero el resto de la familia no se muestra muy conforme. Que también posee un chalet en la localidad pontevedresa de Sangenjo y un apartamento en Marbella. A este último no suele ir casi nunca. Y que rechazó la posibilidad de que la sede de la Fundación Amancio Ortega, futura depositaria de su herencia, estuviera en Holanda, pese a que fiscalmente le favorecía la decisión.

Mucho antes de su divorcio con Rosalía, a la que le correspondió una gran fortuna en el reparto, Amancio Ortega inició una relación sentimental con Flora Pérez Marcote, en sus inicios trabajadora de Inditex. Tras diecinueve años de convivencia, se casaron finalmente en el año 2002 en el pazo de Anceis, una vez que el grupo textil salió a bolsa (mayo 2001). La ceremonia civil, celebrada casi en la intimidad, la ofició el alcalde del pueblo de Cambre, Antonio Varela Saavedra. Parece claro que la clarificación patrimonial y organizativa del imperio Inditex, en los días anteriores a la OPV, era necesaria tanto para que Ortega pudiera sacar su empresa al parqué como para separarse de su primera esposa. Ortega conoció a su actual mujer cuando trabajaba como dependienta en el establecimiento que la firma Zara tenía en la calle coruñesa de Torrerio. Flora era la encargada de esta tienda, la predilecta de Amancio. Su relación con Flora fue paralela con el inicio del declive de su matrimonio. En un último intento por salvarlo, Flori, como es conocida, fue trasladada a la tienda de Zara en Vigo, situada en la calle Roda, donde también ejerció como encargada. Dicen que toda esta operación de «destierro» fue ideada por la hermana mayor de Amancio, Josefa, amiga de Rosalía. Pero ni por ésas la situación se arregló. Amancio Ortega abandonó finalmente el domicilio familiar y se instaló en solitario en un edificio situado en la céntrica plaza coruñesa de Orense, en los números 7-8. Incluso, a veces, llegó a dormir en una habitación que se había preparado en la fábrica.

Tuvieron que pasar unos años, aún casado oficialmente Ortega con Rosalía Mera Goyeneche, para que el empresario comenzara a convivir ya con Flora Pérez Marcote. Dicen de ella sus conocidos que es una chica sencilla, no muy dada a la ostentación. Que es alegre, viva y que no se le escapa detalle alguno que pueda perjudicarle. Que, tras su matrimonio, Flora no tuvo duda alguna en entrar en el consejo de Inditex. Que lo hizo en representación de Gartler, la sociedad patrimonial de Ortega que controla el 59,29 por ciento del grupo textil.

Amancio y Flora tuvieron en 1983 una hija, Marta. La vida de la joven tampoco ha sido siempre un camino de rosas: cuando ella nació, su padre estaba todavía legalmente casado con Rosalía Mera. Flora y la niña vivieron solas en Vigo durante varios años, a la espera de que Amancio arreglase la situación con su esposa legítima. Aquel divorcio se llevó a cabo con una discreción exquisita: nada se supo de los términos del acuerdo y los protagonistas nunca dieron que hablar. Todo se resolvió a puerta cerrada. Una vez que fue posible, Amancio se unió a la madre de su tercera hija y los tres se instalaron en La Coruña, en un piso amplio y céntrico, pero en absoluto parecido a un palacio. Allí pasó Marta su adolescencia. Hoy la casa que ocupa la familia Ortega (un octavo unido a otro piso) forma parte de un complejo inmobiliario edificado por la empresa Álvarez Conchado, de la cual Inditex llegó a poseer un 30 por ciento de su capital. Este dúplex está situado en un barrio de clase media, conocido por Zalaeta, frente a la playa del Orzán, aunque en La Coruña se le denomina *Zaraeta* por el extenso número de ejecutivos y mandos de la empresa textil que viven en él.

La hija menor de Amancio Ortega es el ojito derecho del fundador de Zara y presidente del imperio textil. Marta tiene veinticuatro años, una educación exquisita y una pasión: los caballos. Su disciplina, su constancia y concentración le han llevado a convertirse en una de las principales promesas de la hípica en España. Su pasión por los caballos se la ha transmitido su padre, que es capaz de coger su avión Falcon 900 y desplazarse hasta el Reino Unido para comprar los mejores caballos para su hija. De hecho, por y para su niña, Amancio Ortega construyó el espectacular Centro Hípico Casas Novas, en la finca de Corzo, una antigua factoría lechera, donde invirtió nueve millones de euros. Se trata de una heredad de 30 hectáreas situada en Arteixo (La Coruña), localidad donde reside el imperio Ortega, y donde se celebran desde el año 2000, fecha de su inauguración, algunos de los concursos internacionales más importantes del calendario ecuestre a los que acuden los mejores jinetes. Son muchos los invitados ilustres que acuden al centro hípico del dueño de Inditex. Por ejemplo, es habitual ver a Athina Roussel Onassis, nieta del multimillonario griego Onassis, junto a su marido, el jinete brasileño Doda; o también a una de las amazonas más glamurosas del momento, la princesa Haya de Jordania. O a Cayetano Martínez de Irujo, con quien la heredera de Zara mantiene muy buena relación, al igual que con su esposa Genoveva Casanova.

De ella dicen que es sensata y «muy normal». Pero nadie, ni siquiera la propia Marta, puede olvidar que un día heredará una fortuna y parte del imperio que su padre ha creado. Dicen que hoy Marta, al contrario que hace unos años, vive alejada de los circuitos de la alta sociedad internacional y que aparece muy raramente en las páginas del papel *couché*. Sin embargo, cuando Marta cumplió los dieciocho años, sus padres organizaron para ella una fiesta en el Playa Club, una conocida discoteca coruñesa situada cerca de Riazor, con el fin de presentarla en sociedad. Un aparatoso accidente montando a caballo en vísperas del acontecimiento no fue óbice para que la fiesta se celebrara. Marta se tomó el contratiempo con buen humor y acudió a la cena con su escayola, dos muletas y una silla de ruedas. Era la puesta de largo de la hija menor de Amancio Ortega y allí acudieron herederos de ilustres apellidos recién salidos de la adolescencia. Muchos de ellos pasaron los días previos (Navidad de 2001-2002) alojados en el conocido hotel Atlántico. Marta no iba de blanco ni de azul como marcan las pautas de las puestas de largo: llevaba un vestido negro con un gran escote donde brillaba un gran crucifijo.

Marta Ortega Pérez inició sus estudios en el colegio de los jesuitas de Santa María del Mar (La Coruña). Luego marchó a Suiza y posteriormente a Inglaterra para estudiar la carrera de Empresariales, en la rama de Dirección y Administración de Empresas. Lo hizo en el European Business School, de Londres. Dicen que no es una gran estudiante, que no saca buenas notas, pero que tiene mucha fuerza de voluntad y espíritu de trabajo. Que es tenaz. Que debido a su seriedad aparenta más años de los que tiene. Que domina perfectamente tres idiomas: inglés, francés e italiano. Que se parece mucho a su madre, Flora, tanto físicamente como en su actitud ante la vida. Que con ella comparte los puestos ejecutivos en las sociedades familiares, por ejemplo, como administradora de Inversiones Menlle S.L. o como vicepresidenta de su filial Caroada S.L.[22] Que estas dos sociedades, con unos recursos propios que superan los 250 millones de euros, se crearon pensando en que poco a poco la niña aprendiera a gestionar fuertes inversiones. Antes de la salida a bolsa de Indi-

[22] En estas sociedades, creadas a principios de 2002, la segunda mujer de Ortega, Flora Pérez, figura como presidenta. Como secretario figura José Arnau Sierra, hombre de máxima confianza de Amancio Ortega, a quien representa en el consejo del Banco Pastor.

tex en la primavera de 2001, la propia Marta poseía un 0,99 por ciento de las acciones del grupo textil, por cuya venta percibió 15.067 millones de pesetas.

Fuera de los negocios y de las aulas, sólo se le conoce la afición por montar sus caballos purasangre (entre ellos, *Roxett*, *Loughtown Atlanta* y *Ringwood Mac D*), entrenar y participar en las competiciones de salto de obstáculos, su disciplina preferida. «Yo empecé a montar a los diez años, con amigos. Tenía un pony. A los doce años, mi entrenador, el jinete Tino Torres, me animó a saltar. Y es lo que me gusta, más que otras disciplinas como la doma».[23] Para participar en ellas dispone de un camión Mercedes último modelo, con el que también marcha a Francia, donde ha pasado veranos entrenándose. Durante mucho tiempo Marta acudía a estos lugares con una institutriz inglesa que se ocupaba de atenderla en todas sus necesidades. La heredera menor de Ortega mantuvo al inicio de esta década una activa vida social y se relacionó con lo más granado de la sociedad española. Es amiga de Tamara Falcó, a quien conoció cuando la hija de Isabel Preysler trabajó en Inditex. Quizás arrastrada por estas amistades apareció por entonces en las principales páginas del corazón de los medios de comunicación. Durante un tiempo se dejó ver cogida de la mano del que es su actual novio, Gonzalo Testa Ornat, jinete del Real Club de Polo de Barcelona e hijo de unos conocidos empresarios catalanes. El joven ya ha comenzado a tomar contacto con el mundo inmobiliario. Figura como administrador único de la empresa barcelonesa Agitesla S.L., creada en el otoño del año 2003 y dedicada a «los servicios relativos a la propiedad inmobiliaria y a la propiedad industrial».[24]

Pese a su juventud, a Marta ya se le han atribuido otros varios noviazgos. Uno de los más sonados fue con José Bono Rodríguez, hijo del que fuera primer ministro de Defensa bajo el man-

[23] *La Vanguardia*, 19 de septiembre de 2004.

[24] Su sede social se situó en la calle Valencia, nº 318, de Barcelona.

dato socialista de Rodríguez Zapatero. Se trata de un joven galán de su misma edad, que también tuvo la fortuna de que *papá* le pusiera a su entera disposición, a comienzos del año 2002, un picadero denominado Hípica de Toledo, en esta ocasión a las afueras de la ciudad imperial, donde el omnipresente Bono tiene su emporio político y familiar. Toda la prensa del corazón se hizo eco de este romance entre Marta Ortega y Pepe Bono *junior*, hijo de José Bono y Ana Rodríguez Mosquera, y estudiante de Periodismo y Derecho en el centro privado madrileño Villanueva, institución educativa ligada al Opus Dei. Ambos se conocían desde hacía tiempo, ya que participaban al mismo tiempo en numerosas competiciones hípicas. Estas coincidencias fueron consideradas por muchos como el inicio en el año 2003 de una relación sentimental que luego no fructificó. Otro de los novios de la heredera menor de Ortega fue José María Arias, hijo del presidente del Banco Pastor y sobrino nieto de la condesa de Fenosa, Carmela Arias Díaz de Rábago, otra fortuna gallega.

Se da la coincidencia de que Ortega reforzó su incursión en el mundo financiero comprando en el año 2005 el 5 por ciento del Banco Pastor, una de las entidades financieras principales en el mapa de Galicia, a través de su sociedad instrumental Ponte Gadea. El accionista principal del Pastor es la Fundación Pedro Barrié de la Maza, que comanda la familia Arias Mosquera, que posee un 40,7 por ciento del banco. Amancio y José María Arias Mosquera, presidente del banco, son íntimos amigos. Tanto, que es frecuente verles navegando juntos en la cubierta de alguno de los barcos que cada uno posee amarrados en el puerto de Sangenjo. Pero no era ésta la primera vez que el empresario textil invertía en el sector financiero. Inditex ya participó en el Banco Gallego, del que llegó a ser accionista mayoritario tras comprar el 20 por ciento al Central Hispano. Aquella operación, ideada por el que hasta hace unos años fuera consejero delegado del gigante textil, José María Castellano, trataba de conseguir para la compañía su propio banco, ya que necesitaba de líneas de crédito para financiar su expansión. Con el tiempo la participación se redujo a menos del 5 por ciento y todo quedó en un mero apunte.

Ya se ve que la familia Ortega está bien relacionada con el poder político, económico y empresarial español. Por eso, que se uniera financieramente con Alicia Koplowitz no sorprendió a nadie. Juntos han actuado en varias e importantes operaciones inmobiliarias. Por ejemplo, además de pujar a mediados del año 2001 por la propiedad del hotel barcelonés Arts e invertir en las autopistas portuguesas Brisa y en la constructora Sacyr, controlan juntos la sociedad Proherre Internacional, que gestiona el complejo hotelero Tivoli Forum situado en el corazón financiero de Lisboa, en la avenida Liberdade, equiparable al paseo de la Castellana de Madrid. En el país vecino, su socio principal en estos negocios es el multimillonario portugués Américo Amorim, dueño de la cadena hotelera Accor y accionista de referencia del Banco Popular, de los hermanos Valls Taberner. El círculo de nuevo se cierra. También Alicia Koplowitz y su socio Amancio Ortega compraron a principios del año 2002 un edificio en el centro de Madrid por el que pagaron 60 millones de euros, más de 10.000 millones de las antiguas pesetas. El edificio está situado en los números 7 y 9 de la madrileña calle de Recoletos, y cuenta con más de 8.500 metros cuadrados.

Amancio Ortega ha apostado fuerte por el sector del ladrillo a través de una docena de filiales. De las sociedades de Ortega en el sector, la más importante es Pontegadea Inmobiliaria, con un capital de 36 millones de euros, donde su segunda mujer figura como vicepresidenta. Fundada en enero de 2002, esta sociedad ha invertido 654 millones en inmuebles en los últimos cuatro años. Su principal zona de expansión internacional, además de Portugal, es México. En total, los Ortega han invertido en torno a 1.000 millones en hoteles, edificios de oficinas y locales comerciales. Hace unos meses se introdujeron también en el capital de la inmobiliaria Astroc, que hasta el verano de 2007 presidió el valenciano Enrique Bañuelos, cuya fortuna asciende ya a 7.700

millones de euros, lo que le ha llevado a ocupar la posición número 95 entre los más ricos del mundo, según la revista *Forbes*.[25] Amancio y su mujer invirtieron inicialmente 156 millones de euros en Astroc. Pero, también a comienzos de 2007, y a través de Pontegadea Inmobiliaria, los Ortega se aliaron con otros veinte socios más, entre ellos un grupo de reconocidas cajas de ahorro españolas, para invertir mil millones en la promoción de viviendas en los países del Este (Polonia, Hungría, Chequia, Bulgaria y Rumania). Esta nueva firma de inversión, denominada Azora Europa, está presidida por una mujer, Concha Osácar, una veterana en el sector inmobiliario. Concha ha sido vicepresidenta y consejera delegada de SCH Activos Inmobiliarios. Y en el 2004 creó la promotora Lazora, que hoy es la primera promotora española de vivienda protegida en alquiler.

Y, como es habitual en la familia Ortega, Flora Pérez también ha trabajado en la compañía que preside su marido, en concreto en la firma Bershka, en su departamento de Diseño. Actualmente, y a partir de su matrimonio con Ortega, figura como presidenta de Inversiones Menlle S.A. (gestión de sociedades de cartera); como vicepresidenta de Pontegadea Inversiones S.L. (gestión de sociedades de cartera) y Pontegadea Inmobiliaria S.L. (alquiler de bienes inmuebles); como administradora de Pontegadea Biotecnología S.L. (investigación y desarrollo sobre ciencias naturales y técnicas) y Ponte Gadea S.L. (gestión de sociedades de cartera); como apoderada de Grilse S.L. (alquiler de bienes inmuebles) y de Caroada S.L. (gestión de sociedades de cartera). También controla la sociedad de inversión de capital variable Gramela de Inversiones 2004 (Sicav), a través de Inversiones Menlle, en la que ella y su hija Marta son las accionistas mayoritarias. Precisamente, la sociedad Menlle, con un capital de 2,7 millones de euros, tiene inmuebles arrendados a Inditex, además de

[25] En la última Junta General de Accionistas de Astroc, celebrada en junio de 2007, Enrique Bañuelos anunció su salida de la dirección de la inmobiliaria.

controlar el antes mencionado centro hípico. Pero también Ortega cedió en el año 2003 a su segunda mujer un 1,98 por ciento del capital de su grupo textil, lo que supone casi doce millones de títulos que, de producirse la venta, la convertirían en una de las mayores accionistas de la compañía. Así se contempla en el folleto emitido en su día por la CNMV. Un imperio textil que ha extendido sus tentáculos desde La Coruña a todo el planeta diversificando sus inversiones.

El fundador de Zara y su segunda mujer han ido creando un imperio paralelo con los fondos que genera Inditex. Con todo, su posesión más preciada sigue siendo el 59,294 por ciento (369,6 millones de acciones de la compañía) del grupo de moda, cuyo valor ya supera los 25.000 millones en bolsa. Durante el ejercicio de 2006, Ortega tuvo además un sueldo de 600.000 euros como presidente de Inditex, el mismo que ya se fijó el año anterior. Pero para Ortega su sueldo no es nada al lado de los 247,6 millones de euros en dividendo que le dio durante el último año su compañía. Un imperio que ha sido materia de estudio en las escuelas de negocio de todo el mundo. Su integración vertical, el uso de la tienda como herramienta de márketing, la ausencia casi absoluta de publicidad, la denominada estrategia de la mancha de aceite para abrirse paso en nuevos mercados, el permanente contacto entre sus centros de diseño y las tiendas de todo el mundo, la gran capacidad de respuesta ante los gustos del mercado o el completo *aparato* logístico han sido objeto de elogios recurrentes. Sin embargo, Amancio Ortega ha intentado siempre pasar lo más inadvertido posible. Tardó años en dar a conocer su fotografía (una copia de la fotografía de su documento nacional de identidad publicada por *El Mundo* en 1995 fue su primera imagen pública). No concede entrevistas, no da ruedas de prensa, no acude a las juntas de accionistas. Y pese a todo el entramado de sociedades que conforman sus negocios, Ortega sólo es accionista directo de tres empresas: Gartler, Inversiones Menlle y Pontegadea Inversiones (antes llamada Licidia).

En esta última sociedad, en la que Flora Pérez figura como vicepresidenta, el empresario tiene el 97 por ciento del capital y ha sido la que ha ido asumiendo las participaciones significativas en empresas como NH Hoteles, Banco Pastor y Aguas de Barcelona (Agbar). En la cadena hotelera NH su actuación fue clave para desbaratar la oferta hostil de Hesperia y conformar así un núcleo estable de accionistas para apoyar al equipo gestor. Ortega también tuvo la tentación de entrar en el sector energético cuando el Santander puso en venta el 24 por ciento de Unión Fenosa, que acabó comprando ACS. Dicen que aquella operación frustrada le hizo terminar de perder la confianza en José María Castellano Ríos, que durante años fue su colaborador más cercano.

Además de las participaciones en NH Hoteles, Agbar y Banco Pastor, Pontegadea Inversiones posee también el cien por cien de Ponte Gadea, el *holding* donde se engloban la mayoría de las filiales del imperio paralelo de Amancio Ortega. Ponte Gadea controla dos sociedades de inversión de capital variable (Sicav), unos vehículos de inversiones fiscalmente privilegiados en los que el empresario coruñés depositó la mayor parte de los fondos recaudados con la salida a bolsa de Inditex. Una la gestiona el BBVA, y otra, el Santander. Ambas tienen nombres de caballo, que obedecen a la gran pasión hípica de su hija Marta: Alazán Inversiones 2001 y Keblar de Inversiones. Son dos de las Sincav más grandes de España. Ambas cuentan con un capital conjunto superior a los 1.100 millones de euros. La cartera de Alazán y Keblar está básicamente compuesta por títulos de renta fija y, sobre todo, de renta variable extranjera. Ambas tienen participaciones significativas en bolsa, entre las que destacan el Santander, Endesa, Mapfre, Cintra, Ferrovial, Iberdrola, Fadesa o BBVA.

Tras la salida del grupo textil de José María Castellano, hoy la mano derecha de la familia Ortega en sus negocios es el abogado del Estado Pablo Isla Álvarez de Tejera, que fuera presidente de la tabaquera Altadis. El actual consejero delegado de Inditex comenzó en 1992 a trabajar en los servicios jurídicos del Banco

Popular, entidad de la que fue director general después de dirigir Patrimonio del Estado entre 1996 y 1998. Isla, que nació en Madrid el 22 de enero de 1964, es licenciado en Derecho por la Universidad Complutense de Madrid con el número uno de su promoción. Estuvo destinado en el Servicio Jurídico del Ministerio de Transportes, Turismo y Comunicaciones entre 1989 y 1991 y, tras obtener la excedencia como funcionario, en 1992 se marchó al Banco Popular como responsable de la Asesoría Jurídica. El 24 de mayo de 1996, con tan sólo treinta y dos años, relevó a Juan Antonio Vázquez de Parga al frente de la Dirección General de Patrimonio del Estado, una época en la que todavía dependían de este organismo empresas públicas como Tabacalera y Telefónica. Isla dejó el cargo el 15 de diciembre de 1998 y dos días después se reincorporó al Banco Popular como secretario general. El 31 de junio de 2000 dejó de nuevo el Popular, tras ser nombrado presidente de Altadis (sociedad resultante de la fusión de Tabacalera y la francesa Seita) en sustitución de César Alierta, nombrado presidente de Telefónica. El 14 de mayo de 2005 dejó la presidencia de Altadis para asumir el cargo de consejero delegado del grupo Inditex y el de vicepresidente primero del grupo, tras la dimisión de José María Castellano Ríos.

Este cambio en el imperio Inditex se debía a que era cada vez más evidente que la organización existente no estaba preparada para la creciente complejidad de las operaciones: sus más de 3.200 tiendas abiertas en más de 64 países, repartidas por ocho principales cadenas, empezaban a crear auténticas pesadillas en materia de coordinación. Además, estaba el problema de la sucesión. Durante años Ortega confió en su sobrino político y director general, Juan Carlos Rodríguez Cebrián, pero ahora ya no lo veía en el puesto de mando del grupo. Juan Carlos Rodríguez Cebrián, casado con la única hija de Antonio Ortega Gaona, María Dolores, *Loli*, se reveló pronto como el segundo patrón de Inditex. De toda la familia, era la persona con más ascendiente sobre Ortega. Bastaba con ver el organigrama de la empresa para comprobar quién mandaba en la cocina de la casa. De él dependían y a él se dirigían los responsables de las cadenas. Si algo ocurría en algún sitio del imperio, en cualquier lugar del mundo, el primero en saberlo era él, que luego se lo comunicaba a su tío político. También dependían de él los departamentos de Sistemas, de Recursos Humanos y las áreas de Expansión y Logística. Pero con la llegada de Pablo Isla y una vez que su tío le comunicó la nueva estructura, Cebrián se sintió traicionado y presentó de inmediato su dimisión, que Amancio le aceptó. Meses después comenzaba su camino en solitario y entraba, junto a su mujer, Dolores Ortega Renedo, en el accionariado de la constructora gallega Fadesa, fundada por Manuel Jove Capellán,[26] y que a comienzos de 2007 era adquirida casi en su totalidad por el constructor Fernando Martín, dueño de la empresa Martinsa y ex presidente del equipo de fútbol del Real Madrid.

Pero si hay una gran beneficiada de la llegada de Pablo Isla a la empresa, ésa ha sido Flora Pérez, quien desde ese momento vio incrementados su capacidad de influencia y su poder. Precisamente dos de sus hermanos ascendieron posiciones y figuran ya en los órganos de gobierno de la empresa: uno, en el Comité de Dirección, y otro, en el Comité de Negocio. Pablo Isla incluyó en el primero a Jorge Pérez Marcote, presidente desde noviembre de 2000 de Massimo Dutti; y en el segundo, a Óscar Pérez Marcote, presidente desde 2004 de Bershka, cadena donde hasta entonces ejercía de director comercial.

Por eso todo indica que la verdadera heredera del grupo será la hija de Flora, Marta Ortega Pérez, quien ya ha comenzado el aprendizaje para suceder a su padre. Un aprendizaje desde abajo, primero como dependienta en una de las tiendas de la cadena Bershka que preside su tío Óscar. Y luego en un camino lento y

[26] El gallego Manuel Jove figura en el puesto 249 de las personas más ricas del mundo, según la clasificación del año 2007 de la revista *Forbes*, con un patrimonio de 3.500 millones de dólares.

discreto que le llevará por distintos departamentos comerciales para finalizar al frente de las oficinas repartidas por Europa y Asia. Toda una minuciosa preparación para ser un día la propietaria y presidenta de Inditex. Ya hace unos tres años a Amancio Ortega se le detectó una grave enfermedad, de la que afortunadamente se recuperó. El dueño de Zara quiso agradecérselo al apóstol Santiago y dicen que recorrió a pie 1.000 kilómetros de la Ruta de la Plata, una vía integrada en el Camino de Santiago que une Sevilla con Compostela. La Ruta de la Plata era la antigua calzada romana que comunicaba las ciudades de Mérida y Astorga. Pero, posteriormente, se añadieron tramos que unían Astorga con Gijón y Mérida con Sevilla, siendo así una calzada que cruzaba casi todo el oeste peninsular.

La llegada de Marta Ortega servirá para ir subiendo la cuota femenina en Inditex, ya que hasta este momento entre los nueve miembros del consejo sólo hay dos mujeres: la segunda esposa de Amancio Ortega (consejera dominical) e Irene Miller, una experta financiera que actúa como independiente. Irene, que ocupa un sillón de la empresa textil desde 2001, es licenciada por la Universidad de Toronto y máster en Ciencias Químicas por la Universidad de Cornell. Fue vicepresidenta de finanzas de Barnes & Noble y ha estado en el consejo de administración de empresas como Body Shop o Benckiser.

La carrera de la benjamina de Amancio Ortega ya ha comenzado. Desde finales de diciembre de 2006 es la vicepresidenta de Gartler y Partler 2006, las dos firmas que controlan la mayoría del capital social de la compañía textil con sede en Arteixo. Todo fue estudiado minuciosamente por los asesores de Ortega. El nombramiento de Marta no era ejecutivo, pero el diseño de la composición de los estatutos de ambas firmas garantizan el blindaje accionarial y el control de la propiedad ante cualquier eventualidad. De esta manera, la joven penetraba en el círculo virtuoso en el que ha vivido Zara desde su nacimiento, una noria que al dar vueltas multiplica su tamaño. Actualmente Inditex da empleo a unas 30.000 personas (sin contar los miles de personas que cosen en los talleres contratados). Y en el año 2006 cerró su ejercicio con una facturación de 8.196 millones de euros. El *holding* agrupa a un centenar de sociedades relacionadas con la confección que garantizan la integración vertical completa. Inditex es la única entre las grandes del sector de la indumentaria totalmente verticalizada: Gap y H&M diseñan y venden, pero no fabrican; y Benetton diseña y fabrica, pero los puntos de venta se entregan en franquicia. Ortega es propietario de casi todos sus locales, salvo en casos excepcionales como Alemania o Japón donde opera con *joint ventures*. Es en la región de Asia-Pacífico donde Inditex está llevando a cabo su gran expansión estratégica, que dobla la media global de crecimiento en superficie comercial del grupo. Por ejemplo, en China se abrieron en 2006 las dos primeras tiendas (en Shanghai), además de producirse aperturas en Singapur, Indonesia, Tailandia y Filipinas... así hasta una cifra que supera los sesenta establecimientos. Pero el imperio Ortega no sólo cubre los flecos textiles, sino también la logística, comercialización, construcción, inmobiliaria, finanzas, comercialización y generación energética, concesionarios de automóviles, navieras o gestión de fondos de inversión.

Pero junto a las reinas de este imperio llamado Zara también figuran, en el listado de mujeres poderosas y ricas de España, otras tres coruñesas. Se trata de Carmela Arias y Díaz de Rábago (Banco Pastor), Isabel Castelo d'Ortega y Cortes (Ocaso) y Felipa Jove Santos (Fadesa). Estas millonarias han conseguido sus fortunas mediante empresas familiares y todas han reinvertido parte de sus beneficios en obra social. De las tres, la más desconocida es Isabel Castelo d'Ortega, marquesa viuda de Taurisano, quien tiene su residencia y su trabajo en Madrid y sólo acude a su ciudad natal en verano. La presidenta de Seguros Ocaso, cuya familia configuró su fortuna durante la posguerra española con los seguros de enterramiento, tiene su casa de Galicia en el municipio coruñés de Oleiros, sobre un terreno de 2.500 metros cuadrados. Y su palacete de Madrid en la calle Modesto Lafuente, con quince habitaciones, sobre un terreno de casi 1.600 metros cuadrados.

Su única hija, y por tanto heredera universal, Isabel de Mandaluniz y Castro, está casada con Cristóbal Colón de Carvajal y Gorosabel, marqués de Jamaica y duque de Veragua, uno de los títulos más antiguos de España, y cuyo padre fue asesinado por la banda terrorista ETA. La marquesa viuda de Taurisano tiene tres pasiones fundamentales: sus nietos, su trabajo y la zarzuela. Son conocidas las fiestas que organiza en su palacete madrileño, donde siempre acaba la velada interpretando alguna romanza de una conocida zarzuela. «Ha tenido una voz maravillosa», comentan sus amigos a los que regalaba los discos que ella grababa personalmente.

Por su parte, Felipa Jove ocupó la vicepresidencia de la inmobiliaria Fadesa, junto a su hermano Manuel. Ella vive en La Coruña y está diplomada en Comercio Exterior y Relaciones Internacionales. Comenzó su vida profesional como responsable de una residencia universitaria en esta ciudad. A raíz de la muerte de su hermana María José, la familia constituyó la Fundación María José Jove, de la que Felipa es presidenta. Fue a través de esta Fundación como aparece vinculada al mundo del arte, ya que posee una gran colección de pintura de artistas gallegos y de los siglos XIX y XX. Asimismo, es miembro del Patronato de la Fundación Codespa, una ONG de cooperación al desarrollo.

La más conocida de las tres, y con más raigambre, es la condesa de Fenosa, Carmela Arias y Díaz de Rábago, viuda de Pedro Barrié de la Maza, que fuera presidente del Banco Pastor y de Unión Fenosa. Nacida en febrero de 1920 en La Coruña, estudió Arquitectura en Barcelona. Fue la primera mujer que presidió en España un banco (el Pastor), del que posee el 40,7 por ciento de su capital social. Luego pasó a ser la responsable de la Fundación Pedro Barrié de la Maza, un organismo que se fundó hace más de treinta años con una importante cartera de valores, y fue nombrada presidenta de honor de la eléctrica Fenosa (Fuerzas Eléctricas del Noroeste). Ha recibido gran cantidad de premios en reconocimiento a su labor social, sobre todo, de defensa de la cultura. Entre ellos, la Medalla Castelao de la Xunta, la Gran Cruz de la Orden Civil de la Beneficencia y la Insignia de Oro de la Cruz Roja. En 1996 fue nombrada Gallega del Año y en 2000 ingresó como primera académica de honor en la Real Academia Galega de Ciencias. Bautizada por los expertos como la «dama de las finanzas», es una mujer discreta, sencilla, de frágil salud, pero de fuerte temperamento y personalidad, absolutamente contraria al lujo y la ostentación, y cuya fortuna en bolsa ronda los 1.500 millones de euros. Casi siempre ha residido en el pueblecito coruñés del Pazo de Puebla de Caramiñal, donde es conocida por su generosidad. Sobre todo, por haber financiado la escuela-guardería del pueblo y contribuir económicamente con la asociación de amas de casa y con la comisión de festejos. «La gente del pueblo siempre le ha pedido ayuda de todo tipo: económica, laboral o familiar. Es una mujer que ha hecho bien a todo el mundo», afirman los vecinos de este pueblecito coruñés. La condesa de Fenosa ha donado todos sus bienes a la Fundación Barrié de la Maza, que es su heredera universal.

Al estudiar estos casos siempre surgen interrogantes: ¿por qué motivo alguien que es inmensamente rico sigue trabajando? ¿Es por vanidad o porque busca el prestigio social? ¿Será que en el fondo lo que quiere es ganar más dinero? A esta pregunta, Rosalía Mera le contestaba al periodista Carlos Sánchez: «No hay una respuesta única. Hay un poco de todo. Un poco de vanidad tampoco está mal, siempre que esté legitimada. Construirse una identidad a través del hacer, además de ser una responsabilidad social y cívica, ayuda a sentirse bien íntimamente. Lo que hace que un empresario continúe con su trabajo son los compromisos adquiridos y el propio concepto de creación; el empresario ama su creación y, al igual que ocurre en las familias, uno nunca deja de tutelar a los hijos».

En nuestra sociedad casi todos los textos se escriben centrándose en una sola persona, quizá influenciados por la mitología del héroe. Pero no es así. Zara, sin Rosalía, no sería Zara. Amancio Ortega, sin Flora Pérez, no sería él. Y Flora, sin su hija Marta, no sería *Flori*. Mujeres con carácter y personalidad. Si Amancio Ortega fue valiente, sus mujeres no lo fueron menos. Probablemente lo han sido más.

CUADRO PATRIMONIAL DE BIENES CONOCIDOS

ROSALÍA MERA GOYENECHEA

Título: primera mujer de Amancio Ortega.

Patrimonio

- Es la tercera mujer más rica de España tras las hermanas Esther y Alicia Koplowitz y la 264 del mundo, según la clasificación de la revista *Forbes*. Su patrimonio asciende a 3.400 millones de dólares. En el año 2006 ocupaba el puesto 350, con una fortuna valorada entonces en 2.200 millones de dólares. En 2005 ocupaba un puesto anterior, el 321, con una fortuna de 2.000 millones de dólares. Rosalía apareció por primera vez en esta selecta lista en el año 2003.

Propiedades inmobiliarias

- Innumerables. Entre ellas destaca el Pazo de Anceis, situado a 12 kilómetros de La Coruña, en el término municipal de Cambre. La sociedad encargada de gestionar y promocionar sus principales inversiones inmobiliarias es Ferrado Inmuebles S.L.
- También posee dos terrenos en Oleiros (La Coruña) de 9.500 y 3.000 metros cuadrados, respectivamente.

⟶

Empresas

- Trebore Transporte S.L. (alquiler de automóviles).
- Talleres Trebore S.L. (servicios prestados a empresas «ncop»).
- Trebore Planta Joven S.L. (intermediarios del comercio).
- Talleres Trebore Jardinería S.L. (servicios agrícolas, ganaderos, forestales y pesqueros).
- Ferrado Inmuebles S.L. (dedicada a la gestión inmobiliaria).
- Cultigar S.L. (cultivos hortofrutícolas).
- Viveros Borrazas S.L.(cultivo de hortalizas y especialidades de horticultura y productos de vivero).
- Plant-Plus Comercial de Plantas Ornamentales S.L.(comercio al por mayor de flores y plantas).
- Estela Orvi S.L. (mercado de patentes industriales).
- Inusual Comunicación Innovadora S.L. (fabricación y comercialización de soluciones de luminotecnia).
- Centro de Iniciativas Empresariales Mans de A Coruña (estudios de grabación).

Nota: algunas de estas empresas tienen su sede social en la localidad coruñesa de Padrón, en la calle Esclavitude.

Principales instrumentos financieros

- Rosp Corunna S.L.
- Rosp Corunna Participaciones Industriales S.L.
- Quembre de Inversiones Simcavf S.A.
- Breixo Inversiones Sicav S.A.
- Soandres de Activos Sicav S.A.
- Mateus Inv. Sicav S.A., con un patrimonio de 334 millones de euros.

Nota: casi todas ellas radicadas en la capital de España.

Acciones

- Segunda máxima accionista del grupo Inditex, con un 6,99 por ciento.
- Compró un 5 por ciento del capital de Riofisa, la promotora de parques comerciales y empresariales.

⟶

- Dispone de un 5 por ciento de la empresa farmacéutica gallega Zeltia.
- Participa en la sociedad Identificación y Custodia Neonatal (ICN), una empresa que desarrolla un sistema de identificación de bebés basada en la biometría dactilar.
- Controla el 26 por ciento de Milú Films y el 16,3 por ciento de Continental Producciones, empresas vinculadas al sector audiovisual y cinematográfico.

Fundaciones

- Fundación Paideia, creada para ayudar a las personas discapacitadas y con minusvalía psíquica. Su sede está en un edificio de su propiedad en la céntrica plaza coruñesa de María Pita. Rosalía creó el grupo empresarial Trébore, una iniciativa de la propia Fundación Paideia

Flora Pérez Marcote

Título: segunda mujer de Amancio Ortega.

Propiedades inmobiliarias

- Dúplex situado en el barrio de Zalaeta, frente a la playa del Orzán, en La Coruña.
- A través de la sociedad Menlle, con un capital de 2,7 millones de euros, tiene inmuebles arrendados a Inditex.
- Controla el Centro Hípico Casas Novas, en la finca de Corzo, una heredad de 30 hectáreas situada en Arteixo (La Coruña), localidad donde reside el imperio Ortega. Invirtieron nueve millones de euros en ella.

Empresas

- Presidenta de Inversiones Menlle S.A. (gestión de sociedades de cartera).

- Vicepresidenta de Pontegadea Inversiones S.L. (gestión de sociedades de cartera).
- Vicepresidenta de Pontegadea Inmobiliaria S.L. (alquiler de bienes inmuebles).
- Administradora de Pontegadea Biotecnología S.L. (investigación y desarrollo sobre ciencias naturales y técnicas).
- Administradora de Ponte Gadea S.L. (gestión de sociedades de cartera).
- Apoderada de Grilse S.L. (alquiler de bienes inmuebles).
- Apoderada de Caroada S.L. (gestión de sociedades de cartera).

Principales instrumentos financieros

- Gartler.
- Partler 2006.
- Gramela de Inversiones 2004 (Sicav).
- Inversiones Menlle.

Acciones

- En el año 2003 pasó a dominar un 1,98 por ciento de Inditex, lo que supone casi doce millones de títulos.
- A través de Pontegadea Inversiones (antes llamada Licidia), y junto a su marido Amancio Ortega, ha ido asumiendo participaciones significativas en empresas como NH Hoteles, Banco Pastor y Aguas de Barcelona.

Yates

- *Valoria*: tiene 40 metros de eslora y está valorado en unos seis millones de euros.

3. Cristina Macaya, la emperatriz del Mediterráneo

Dicen en Mallorca que si no has sido un invitado de Cristina López Mancisidor Gordillo, más conocida por Cristina Macaya (en referencia a su primer marido, ya fallecido), no eres nadie. Que si no has estado de fiesta en Es Canyar, no has pasado por las Baleares como un personaje estrella. Esta mansión, situada en la localidad de Establiments, en el interior de la isla, a menos de 15 kilómetros de la capital, Palma, se ha convertido en el refugio más visitado por la *jet set* internacional y la denominada, en su día, *beautiful people*. Pero no es fácil ser uno de sus invitados habituales. Por esta casa «tan acogedora», restaurada con un lujo exquisito para compartirla con el que fue su acompañante durante casi veinte años, el empresario mexicano de origen asturiano Plácido Arango, han pasado personajes tan diversos como el ex presidente americano Bill Clinton, los actores Jack Nicholson y Kirk Douglas, o los ex presidentes españoles Adolfo Suárez y Felipe González. Dicen que Cristina es una anfitriona perfecta. Quizá más que Isabel Preysler, pero además pasada por el *savoir faire* de París, las últimas tendencias de Nueva York, y por las *Selecciones del Reader's Digest*.

Cristina López Mancisidor Gordillo es una mujer familiarizada con la prensa rosa, poseedora de una gran fortuna y con una intensa vida social. Dicen que su nombre es mención obligatoria para todo el que pretenda entrar en los más selectos salones de Mallorca, París, Nueva York y ahora también de Marruecos. Su agenda es la más completa y deseada de toda España. Pero ¿quién es y cómo ha llegado hasta la cima esta enigmática dama? La personalidad de esta mujer, de madurez hermosa y elegante, sofisticada e influyente, es un misterio. Poco se sabe. Si uno pregunta en Palma a qué se dedica Cristina Macaya, nadie lo sabe decir. Dicen que, en realidad, se dedica a invitar a gente. Que es una señora que, por sus relaciones sociales nacionales y, sobre todo, internacionales, introduce a cualquier persona que le caiga bien en el privadísimo mundo de los «muy ricos». «Me gustan mucho mis amigos, tener mi casa abierta para ellos y hacer que se sientan a gusto», Cristina *dixit.*[1]

Hoy todavía mantiene en el anonimato su gran patrimonio, gracias a sus sociedades inversoras en el extranjero que le dirige su hijo Javier, el economista de la familia. Su única profesión conocida es la de decoradora de interiores. Aunque en algunos asientos registrales de sus propiedades aparece como una señora «sin profesión especial». Entre sus logros laborales figura el haber decorado el salón bar del hotel Château Eza, en la Costa Azul francesa, cuyo restaurante ha sido galardonado como uno de los establecimientos más románticos del mundo en la encuesta *Romantic Hideaways* de Barbara Brass.[2] También ha trabajado en la decoración del Gran Hotel La Florida, en Barcelona, sobre las faldas del Tibidabo. Pero su gran puesta en escena y su riqueza llegó de la mano del dueño de la cadena Vips, el asturiano Plácido Arango Arias, un personaje bien parecido, con *caché*, con el que estuvo unida sentimentalmente durante diecisiete años. Después de este tiempo, a pesar de no estar casada oficialmente, ella pasaría por la caja registradora y la relación se rompió de forma

[1] *El Mundo*, 9 de abril de 2006.

[2] El hotel está situado en la localidad de Eze Village, en la Costa Azul francesa, en la rue de la Pise.

extraordinariamente generosa por parte del mecenas y coleccionista. Dicen que a Cristina Macaya le dio 2.000 millones de pesetas, la casa de las Bahamas, la residencia madrileña, el piso de Nueva York y varias obras de arte de su infinita colección.[3] Afirman sus amigos que en ese momento Plácido Arango le dijo: «Esto es lo que te ha tocado, pero aparte te enseñaré a multiplicarlo». Por entonces su domicilio oficial estaba situado en la urbanización La Moraleja, de Madrid, en la calle Camino de la Fuente, número 17.

De esta manera, Cristina y sus cuatro hijos, fruto de su matrimonio con Macaya, han podido seguir disfrutando de todo lo que habían tenido mientras la pareja funcionaba. «La pareja es lo perfecto, pero estar sola no es la soledad, es la libertad». Desde entonces, todo su empeño parece estar encaminado a demostrar que hay vida después de Plácido Arango, además de probar su capacidad para reunir a gente importante de todo el mundo, por méritos propios, sin depender de la agenda y las influencias de su acompañante. Un millonario apasionado del arte.

Hoy, Cristina, a la que de joven llamaban *Buba* y que desciende por línea materna del corsario francés Jean Lafitte[4], vive a caballo entre sus pisos de Nueva York, Suiza y Madrid, sus cacerías en Portugal e Inglaterra, sus incursiones en Marruecos y sus largas estancias en su gran heredad de Mallorca, donde tiene establecido su cuartel general. «Mi casa de Mallorca me da paz. Y en cuanto puedo dejo Nueva York o Madrid y me vengo para aquí». Se trata de una extensa finca de nombre Es Canyar (El Cañaveral) situada entre los términos municipales de Establiments y Puigpunyet, a menos de 15 kilómetros de Palma y hacia el interior de la isla. Allí, en las estribaciones de la sierra de Tramontana, tiene decenas de hectáreas de monte y numerosos naranjos (dicen que hay más de cinco mil árboles), que se alinean majestuosa-

[3] *Época*, nº 728, 8 de febrero de 1999.

[4] Saint Malo, 1781-1819.

mente en bancales de piedra, rodeados de pinos, silencio y bruma. Todo ello cercado con un alambre de espino. Sobre esta heredad se ha construido una inmensa mansión rústica de estilo toscano. La casa, rodeada de árboles frutales, palmeras, pinos, cascadas de agua con flores de loto, está compuesta de múltiples habitaciones con ventanales altos, con ascensor interior, un grandioso porche desde el cual se ve la franja azul del mar y un patio interior, donde ofrece los ágapes. El edificio, situado sobre la ladera de una montaña, consta de cinco alturas y fue restaurado por el decorador Toni Obrador, miembro de la *jet set* local y compañero de Cecil Sandberg, otra relaciones públicas de la isla, hermana de Marianne, la ex mujer del malogrado locutor televisivo Joaquín Prat. El interiorista Toni Obrador fue quien también redecoró el conocido hotel Son Net, propiedad del multimillonario empresario americano David Stein, amigo y socio de Cristina Macaya.

La entrada de Es Canyar está presidida por una escultura abstracta en hierro de Xavier Corberó. Las buganvillas, el agua remansada en el estanque, la impresionante logia mallorquina y la sombra que proporcionan decenas de árboles centenarios dan idea al visitante del lugar paradisíaco en el que se encuentra. Como los artistas de Mallorca siempre se han llevado muy bien con ella, son numerosas las obras de Ramón Canet (pintor mallorquín de la estela de Tàpies), Jakober, Carbonero, Menéndez Rojas, Costa, Martí, Sirvent, Canyelles y Coll que decoran sus paredes, espacios también recubiertos de frescos estucados de Mendi, en un perfecto maridaje con la exquisitez de los muebles, piezas exclusivas de marcado carácter mallorquín. Éstos son algunos reflejos del mecenazgo que ejerce la conocida como «Dama del Valle», que vive envuelta en un halo de elegancia y clasicismo. En lo alto de la colina que rodea la parte trasera de la mansión, Cristina ha construido una casa para que sus amigos artistas e intelectuales, que no son pocos, encuentren inspiración entre la quietud del paisaje y el olor de la flor de azahar. Todo ello cuidado por unas empleadas de servicio doméstico vestidas con una especie de pijama médico blanco, como si fueran enfermeras del confort. Además de gozar de un espléndido bar en cada una de las habitaciones, donde puede encontrarse la bebida más exótica. Dicen que en casa de Cristina Macaya hay más bares que en el barrio madrileño de Alonso Martínez, emulando a una canción de Sabina.

Durante los últimos diez años, Es Canyar se ha visto ampliado de forma espectacular. A la estructura original se le han añadido patios, jardines y una explanada cubierta de cristal, originalmente concebida para la celebración de la boda de su hija mayor, Sandra, con Fernando Ballvé, una fiesta para mil personas que hizo historia en la isla y que muchos aún comentan. Ese invernadero *chic* ha sido hasta la fecha el escenario escogido para numerosas cenas y bailes, y un punto de encuentro obligado de la *jet* internacional.

Otras propiedades que Cristina tenía en Mallorca fueron vendidas posteriormente. Alguna al todopoderoso presidente de la entidad crediticia BBVA, Francisco González. Se trataba de dos parcelas en la Urbanización Puig de Marmacen, *carrer* número 10 (antes *carrer* Puig de Marmacen), en la zona de El Puerto de Andratx. Una de las parcelas, la número 124, tiene una superficie de 1.315 metros cuadrados; la otra, la número 125, consta de 1.292 metros cuadrados. Las dos fincas fueron compradas por Cristina López Mancisidor el 5 de mayo de 1989 por el precio global de 23.984.400 pesetas, cantidad recibida por los vendedores antes del acto notarial.[5] Estas fincas luego fueron aportadas por Cristina López Mancisidor a la sociedad Conimprosa S.A., con domicilio en López de Hoyos, 25, Madrid. La operación consistía en hacerse con 24.998 acciones de esta sociedad a cambio de entregar las dos parcelas junto con 1.013.600 pesetas en metálico.[6] Posteriormente, las parcelas, junto con sus construcciones,

---

[5] Registro de la propiedad número 5 de Palma de Mallorca, Finca 17.197.

[6] Posteriormente la sociedad Conimprosa, ya con domicilio en la calle Manuel Marañón número 28, la vendió a la entidad Sigla Ibérica S.A., vinculada a la familia Arango, y con domicilio en el mismo lugar. Esto se realizó el 29 de diciembre de 1993.

que están enclavadas en un lugar paradisíaco a la entrada del bonito puerto de Andratx, fueron vendidas al banquero Francisco González.

La sociedad que rige las principales propiedades de Cristina Macaya en las Baleares se llama Prosinco S.A. Su domicilio social está en su mansión Es Canyar, en Establiments. Esta sociedad se constituyó el 5 de abril de 1990 y su capital es de 1.143.125 euros. Su actividad es «la producción agraria combinada con la producción ganadera». Como administrador de esta empresa figura Cristina Macaya junto a José Ramón Nachón Herrera. Éste es un hombre vinculado a su ex amor Plácido Arango, dueño de la cadena Vips y Bobs, en la que Nachón figura como socio. También figura como administrador en las empresas Colima S.A., Progourmet, Fun Fitnes España S.A., Restaurantes Wok S.L., Restaurantes y servicios Reyse S.A., Lúculo S.A., Parador del Duratón S.L., Playa Alta S.L., Rompla S.L., Far Stream S.L., etcétera, todas ellas vinculadas a la familia Arango.

Pero ¿quién es el hombre que puso en órbita a Cristina Macaya? Se trata de Plácido Arango Arias, nacido en Tampico, Taumalipas (México) el 15 de mayo de 1931. Es hijo de unos emigrantes asturianos, originarios de la zona de Salas, situada a unos 40 kilómetros de Oviedo en dirección a La Coruña. Plácido se inició en México en la carrera de Medicina, pero la abandonó nada más comenzar. Nunca había sido un gran estudiante. Luego se matriculó en la titulación de Económicas por el Instituto Tecnológico de la ciudad azteca, donde se graduó. En este país se inició como empresario con la ayuda de su padre, un fabricante de hilados y tejidos. En 1957 creó, junto con dos hermanos, la cadena de distribución Aurrera, primera empresa de hipermercados en México, que más tarde se convirtió en el grupo Cifra. Fue en 1965 cuando llegó a España, y donde ya fijaría su residencia, manteniendo la doble nacionalidad. En España montó también la cadena Aurrera que luego vendería al grupo Galeprix (Galerías Preciados), para introducirse en el mundo hotelero y de restauración. Apostó por un nuevo concepto de restaurante-cafetería-tienda. En 1969 abrió el primer Vips y creó el grupo Sigla S.A., empresa operadora donde se engloban las cadenas de establecimientos Vips y los antiguos Bobs. En el año 2000 este grupo cambió su denominación social y pasó a llamarse Grupo Vips, que incluye, entre otras, marcas como El Bodegón, Bice, Teatriz, TGI Friday's, Ginos, Rugantino, Tattaglia, Paparazzi y Lucca, y los establecimientos Laeñe, Tío Pepe, Rood, Mood e Iroco. Además, en 2005 el grupo adquirió la cadena de restaurantes The Wok.[7]

Fue en 1990 cuando Plácido Arango entró como consejero del Banco Bilbao-Vizcaya, en cumplimiento del mandato realizado por el entonces gobernador del Banco de España, Mariano Rubio, su amigo, para resolver la crisis abierta en la entidad tras el fallecimiento del banquero y presidente del Vizcaya, Pedro de Toledo. En el año 2000, tras la fusión del BBV con Argentaria, continuó como consejero de la entidad. Pero en marzo de 2002 renunció al cargo al alcanzar la edad de jubilación. En ese mismo año el Banco de España inició un expediente a varios directivos del BBVA por gestionar cuentas en paraísos fiscales. El juez Garzón le imputó en la denominada «operación Alico» la constitución de fondos de pensiones por parte del BBV en favor de los consejeros y directivos del banco. Sin embargo, en octubre de 2003 fue exculpado del delito de apropiación indebida. Entre sus muchos galardones se encuentra la Gran Cruz de Isabel la Católica, el título de Hijo Adoptivo de Asturias, la Gran Cruz de la Orden del Mérito Civil y el 15 de noviembre de 2001 recibió la Medalla de Oro del Spanish Institute de Nueva York, por su patrocinio de las artes hispanas.[8]

Al margen de los negocios económicos, Plácido Arango es un enamorado del arte y la cultura. En 1980 entró ya a formar parte

---

[7] Esta sociedad fue creada en marzo de 2005, con un capital social de 500.000 euros y con domicilio en la calle Edison, nº 4, de Madrid.

[8] En 2005, el Gobierno de Colombia le galardonó con el Premio Colombia es Pasión por contribuir de manera sustancial al mejoramiento de las relaciones entre España y Colombia.

del patronato de la Fundación Príncipe de Asturias, siendo elegido presidente en 1987, un cargo que dejó en 1996. Es amigo personal del rey Juan Carlos. También pasó a pertenecer al patronato del Centro de Arte Reina Sofía, al de la Real Academia de las Bellas Artes de San Fernando y al del Museo del Prado. En la actualidad es miembro del patronato del Metropolitan Museum of Art de Nueva York. Dicen que Plácido Arango es uno de los cinco grandes coleccionistas de arte en España. Que una de sus grandes pasiones es la pintura. Que es poseedor de cuadros de Goya, Chillida, El Greco, Murillo, Zurbarán, Tàpies, Rufino Tamayo, Diego Rivera, Guinovart y Picasso, entre otros. Piezas buscadas una a una, que gusta de revisar una y otra vez, y a las que se añaden esculturas de Henry Moore, Louise Bourgeois, Juan Muñoz, Cristina Iglesias... Hoy está considerado como el poseedor de la mejor colección de obras de arte de México. Además, tiene una colección de Crónicas de Indias. Y en 1992 donó la primera edición de los *Caprichos* de Goya al Museo del Prado.

Todo comenzó hace cincuenta años, cuando, recién casado, en México, compró unas discretas pinturas para decorar su casa. Luego fue sustituyendo éstas por escogidos cuadros, esculturas, muebles antiguos, libros inéditos, etcétera, que cuidadosamente adquiere en galerías de arte. Su larga experiencia le permite manejarse con soltura entre los grandes marchantes. Nunca habla de lo que ha pagado por sus tesoros. Dicen que por las noches se levanta, linterna en mano, para buscar la firma de un artista novel y descubrirla luego en un catálogo para que la pieza deseada no caiga en manos de otros competidores. No obstante, su millonaria colección no permanece cautiva y sus obras son cada día más accesibles al público, pues no se resiste a las constantes peticiones de préstamo de museos y galerías. Eso implica que mucha gente ya ha visto su célebre Dalí (*Violetas imperiales*),[9] que viajó al Guggenheim de Nueva York en 2006 formando parte de la

[9] Obra rubricada por Dalí en 1938.

exposición de pintura española «De El Greco a Picasso». Como también sus preciados bodegones, que se exhibieron en la National Gallery, de Londres, a mediados de los años noventa, en la muestra «Spanish still life». Recientemente, Arango cedió una selección de sus obras de los siglos XVI al XIX al Museo de Bellas Artes de Oviedo.

Pero no sólo posee un extenso patrimonio artístico, también lo tiene en propiedades inmobiliarias. Es dueño de varias viviendas en España, México y Nueva York. Desde la década de los años ochenta se unió a Cristina Macaya, con la que no tuvo hijos. En cambio, sí que tiene tres descendientes de su primer matrimonio en México con Teresa García Urtiaga: Plácido, Mayte y Francisco, éste conocido por *Pacho* y dedicado al mundo de la canción, donde obtuvo cierto renombre. Quien figura actualmente al frente de los negocios familiares es Plácido Arango García Urtiaga. El primogénito nació en 1959 en México y es titulado en Administración de Empresas por la Universidad de Boston (Estados Unidos). Fue en 1991 cuando, junto a su hermana Mayte, se incorporó a la compañía familiar, siendo los dos nombrados en 1995 vicepresidentes del grupo. Pero, desde mayo de 2005, Plácido Arango (hijo) es el presidente del Grupo Vips, al que ha unido sus acciones en Starbucks España y Starbucks Francia, quedando así a su cargo un total de unos trescientos establecimientos de toda la cadena repartidos por Europa.[10]

Pero lo que desconocen muchos de los «ilustres» amigos de la familia Arango e invitados de Cristina Macaya es que esta enigmática dama, cuyo horóscopo aries refleja muy bien su temperamento, fue durante la década de los años ochenta vicepresidenta de Cruz Roja España, y no presidenta, como ella misma presume y sus fichas biográficas indican. A lo largo de casi diez

---

[10] En total el grupo hostelero contaba a finales de 2005 con unos 300 establecimientos en 18 ciudades de España y Francia que obtuvieron unas ventas totales de 340 millones de euros.

años ocupó varios cargos y fue la imagen de esta institución benéfica. Primero fue directora del Departamento de Promoción y Recaudación de Fondos y organizadora del famoso «Sorteo de Oro» de Cruz Roja, logrando que los ganadores de dicho sorteo tuvieran los mismos beneficios que los de la Lotería Nacional, con la consabida carencia en la tributación; después sería nombrada directora del Departamento de Relaciones y Cooperación Internacional; y ya en 1986 llegó a la vicepresidencia de la entidad, con la que también colaboró a nivel internacional.[11] Tampoco saben algunos que en el año 2006 recibió el Premio Women Together de Naciones Unidas por su trabajo para «mejorar la vida de los hijos de las mujeres presas».[12] Según la ficha de la organización Women Together, en la que figura como responsable su amiga la catalana de origen judío Joana Caparrós, este premio se le concedió igualmente «por su constante apoyo a proyectos sociales, como el Proyecto Hombre, y por su trabajo en pro de la paz en el Foro Mediterráneo». Sería la primera dama panameña, Vivian Fernández de Torrijos, la encargada de entregarle dicho premio en abril de 2006 en la sede de las Naciones Unidas, en Nueva York. En su discurso la señora de Torrijos indicó que se lo daba a «una española que pone su fortuna al servicio de los más pobres y está muy involucrada en las cárceles españolas». Junto a Cristina Macaya también recibieron el galardón la reina Rania de Jordania, la senadora Hillary Clinton, la directora del Instituto Valenciano de Arte Moderno Consuelo Císcar, la modelo Karolina Kurkova, la cantante Shakira, la actriz Angelina Jolie, la escritora brasileña Nélida Piñón, la activista política Kerry Kennedy y la diseñadora de joyas Elsa Peretti.

---

[11] Cristina Macaya ocupó los distintos puestos directivos en Cruz Roja España durante los mandatos de Enrique de la Mata Gorostizaga y de Leocadio Marín Rodríguez.

[12] En el año 2000 se crearon los Premios Women Together para homenajear a un grupo de mujeres que por su trabajo, dedicación y esfuerzo destacasen en su actividad a la vez que aportaban su energía para conseguir un mundo mejor.

Asimismo, muchos desconocen que tiene el mismo gusto que el banquero Emilio Botín, que la financiera Violy McCausland, que el modisto Óscar de la Renta o que la empresaria Alicia Koplowitz, por citar algunos influyentes nombres que revisten su casa con telas pintadas a mano por el conocido decorador madrileño Pin Morales, especializado en el diseño de muebles, telas y alfombras. Morales es también famoso por haber llevado la dirección artística de películas de consagrados directores como Pedro Almodóvar, Luis García Berlanga o Gonzalo Suárez.[13]

Como puede atisbarse, el entorno que rodea a Cristina López Mancisidor Gordillo, viuda de Macaya desde los 28 años, es poco común. «A mí todo me ha pasado muy deprisa: me casé a los 19 y enviudé a los 28». Es madre de cuatro hijos emparentados por espléndidos matrimonios, que le han dado ya dieciséis nietos. Su hija Sandra se casó con Fernando Ballvé, un rico heredero dueño de la empresa cárnica Campofrío y de Telepizza; su hijo Javier se vinculó con la poderosa familia venezolana Cisneros, que compraron la sociedad Galerías Preciados de Rumasa a precio de saldo y la revendieron a precio de oro; un riquísimo financiero libanés de Nueva York es otro de sus yernos, y su hija pequeña, María, selló su compromiso con Fernando Rodés, hijo del financiero catalán Leopoldo Rodés Castañé, miembro fundador del *lobby* denominado Instituto de la Empresa Familiar, ex vicepresidente del Banco Urquijo y socio de la familia mallorquina de los March.

La boda de María Macaya con Fernando Rodés Vilà en la finca mallorquina de Es Canyar fue todo un acontecimiento social en la isla. Más de 150 invitados disfrutaron de la velada hasta la madrugada. Entre ellos estaba Plácido Arango, que ha ejercido de

[13] Ha llevado la dirección artística de las siguientes películas: *Patrimonio nacional* y *Nacional III*, dirigidas por Luis García Berlanga; *Entre tinieblas*, *Qué he hecho yo para merecer esto* y *Matador*, dirigidas por Pedro Almodóvar; y *El jardín secreto*, dirigida por Gonzalo Suárez. También ha creado distintas telas en exclusiva para Casa y Jardín, así como para AMITEX y Arte España. Y diseñó el telón del Teatro Principal de Alicante.

padre para ella. Pero las estrellas indiscutibles de ese día fueron los actores Catherine Zeta-Jones y Michael Douglas, que también poseen una mansión en Mallorca entre los términos de Valldemossa y Sóller, y que como buenos amigos de Cristina Macaya no dejaron pasar su invitación.[14] Como tampoco lo hizo el ex jefe de la Casa Real Sabino Fernández Campo o la buena amiga de la familia, Cristina Valls Taberner, otra heredera del gran poder, hija de Javier Valls Taberner, ex presidente del Banco Popular. La joven Cristina decidió rechazar un prometedor futuro en el negocio bancario familiar y prefirió montar en 1997 su empresa de complementos y regalos, la ya célebre cadena de tiendas Chris & Cris. El negocio lo creó junto a su madre, Christina Muls Delassue, una mujer que dicen que tiene una gran personalidad. Hoy la primogénita de Javier Valls no piensa dar marcha atrás. Dicen sus amigas que presume de ser su propia jefa y de hacer lo que le da la gana. Con su madre se lleva poco más de veinte años. Y forman un clan. Aseguran que ambas mantienen desde siempre una relación de complicidad. Dicen que en el negocio es la madre, de un temperamento a veces difícil y hosco, la que maneja a la clientela. Y Cristina, hija, es la financiera, la que lleva el control económico y la gestión. Chris & Cris ya ha abierto varias tiendas en Madrid y en Barcelona; y exporta a Suiza, Portugal, Francia y Estados Unidos.

El yerno de Cristina Macaya, Fernando Rodés, de cuarenta y siete años, es consejero delegado del grupo Havas (uno de los líderes mundiales en el sector de la publicidad),[15] y en septiem-

[14] La mansión mallorquina de Michael Douglas se llama S'Estaca y fue antaño una de las residencias del archiduque Luis Salvador de Austria.

[15] Sustituyó en marzo de 2006 a Philippe Wahl. Havas es el sexto grupo publicitario mundial y cuenta con tres divisiones: Euro RSCG Worldwide, con sede en Nueva York; Arnold Worldwide, en Boston; y Media Planning Group (MPG), la división de medios con sede en Barcelona. Hasta el primer trimestre de 2005 también estaba presente en el accionariado de Havas la familia March, que llegó a controlar el 4,2 por ciento del capital a través de Corporación Financiera Alba. Tras sucesivas ventas, en 2005 se desprendieron del 0,63 por ciento que les quedaba. Una venta que les permitió obtener unas plusvalías de 6,6 millones de euros.

bre de 2006 fue nombrado presidente de la Fundación Creafutur, una institución catalana en la que ha entrado en representación de la conocida escuela de negocios Esade, con la que está vinculado. Fernando Rodés ocupaba con anterioridad a su entrada en Havas el cargo de consejero delegado de Media Planning Group. La familia Rodés cuenta con una participación en este importante grupo publicitario en torno al 2,6 por ciento, lo que le ha permitido obtener dos puestos en el consejo de Havas, ocupados por Fernando y por su padre Leopoldo Rodés.

Pero la que inició la celebración de bodas en Es Canyar fue la hija mayor de Cristina Macaya, Sandra, que celebró allí su matrimonio con Fernando Ballvé, copropietario de la empresa de embutidos Campofrío (junto a su hermano Pedro) y accionista de referencia de Telepizza, en la que llegó a ser presidente. Al evento celebrado en 1991 acudió la flor y nata del empresariado español como Plácido Arango, Emiliano Revilla, Miguel Boyer, Carmen Posadas, Marisa de Borbón e Isabel Preysler, entre otros. Actualmente, el matrimonio, con seis hijos nacidos fruto de él, se ha roto. La pareja está en trámites de divorcio, en una gran batalla por el enorme patrimonio que está en juego. Por eso, este litigio se convirtió durante 2006 en el divorcio del año, dada la envergadura de la fortuna, en juego, la relevancia pública del empresario y la falta aparente de sentimientos tras una vida en común.

Dicen que durante estos años el empresario y Sandra Macaya amasaron un enorme patrimonio compuesto por una mansión en la urbanización madrileña de La Moraleja, una casa en la localidad invernal suiza de Gstaad, otro piso en el Central Park de Nueva York, diversas propiedades en Marbella, inversiones en la República Dominicana, vehículos deportivos, un yate de unos treinta metros de eslora..., es decir, un sinfín de bienes de alto *standing*. Sin embargo, casi todo estaba registrado a nombre de Fernando Ballvé, ya que la pareja se casó en separación de bienes y luego el empresario exigía que todo figurara a su nombre o al de sus sociedades. Dicen que los hijos del matrimonio, con un alto nivel de vida detrás, tomaron partido por su madre y no aceptaron la custodia de su padre.

Tras su separación, Fernando Ballvé, de cincuenta y cuatro años, se relacionó posteriormente con Isabel Sartorius, doce años menor que él, que en su día se convirtió en una de las españolas más populares gracias a su noviazgo juvenil con el príncipe Felipe de Borbón. Dicen que Fernando, con su pelo completamente blanco y su fisonomía, podía pasar por el padre de la ex novia del Príncipe, quien sigue conservando un aspecto muy juvenil. Casualmente, Isabel Sartorius era buena amiga de ambas familias y mantenía una amistad de toda la vida con la pareja. El romance, tras aproximadamente un año de relación, se rompería finalmente. La que un día pudo llegar a ser reina de España, no ha tenido suerte en el amor. Isabel Sartorius, hija del marqués de Mariño, tiene hoy una hija que nació en 1997 fruto de su unión con Javier Soto, el actual marido de María Chávarri, con la que tiene dos hijos en común.

María Chávarri se casó con Javier Soto el 18 de octubre de 2003 en la finca familiar de El Guadalperal.[16] Ella, anteriormente, había estado relacionada sentimentalmente con apellidos tan ilustres como Falcó, Conde, Gómez-Acebo y con otros integrantes —siempre— de su círculo social, como Fernando Olaso; con éste mantuvo un noviazgo de cinco años. María Chávarri, que estudió producción cinematográfica en Estados Unidos, es hija de los

[16] El padrino de la boda fue Tomás Chávarri. La novia vistió un diseño de la modista Belén Molinero, que iba rematado por dos impresionantes broches de diamantes, que en su día pertenecieron a la emperatriz Eugenia de Montijo, antepasada del novio. Los testigos por parte de la novia fueron, entre otros, su tía materna Natalia Figueroa, esposa del cantante Raphael; sus hermanos Marta, Isabel, Gonzalo y Fernando Chávarri; su tía Cristina Chávarri; y su prima Sofía Figueroa. Por parte del novio actuaron como testigos: su padre el conde de Requena y su hermano Hernando; sus tíos maternos, el duque de Peñaranda y el marqués de Valderrábanos; sus tíos paternos José, Jaime y Fernando de Soto López-Dóriga; Carlos Fitz-James Stuart, duque de Huéscar y su hermano Fernando Martínez de Irujo, marqués de San Vicente del Barco; sus primos Miguel Bárcenas Fitz-James Stuart y Gonzalo de Soto Aguirre.

ya fallecidos marqueses de Mariño, Matilde Figueroa Gamboa (1975)[17] y el embajador Tomás Chávarri (2006), que fuera representante del Gobierno español en Arabia Saudí, París y Bangkok, entre otros destinos.[18] Dicen sus amigas que «María es una persona dulce, discreta y que transmite mucha paz». Es nieta del marqués de Santo Floro y bisnieta del conde de Romanones. Cuatro de sus mejores amigas son Verónica Corrales, Patricia Marañón, Paula Dicenta y Eva del Pino, además de Maxi Habsburgo, Javier Antoñanzas y Nicolás Vallejo-Nágera, *Colate*, que en aquel momento salía con la presentadora de televisión Patricia Pérez y que más tarde mantendría un romance con Eugenia Martínez de Irujo, para terminar unido a la cantante mexicana Paulina Rubio, ex de Ricardo Bofill hijo. El círculo entre ellos se estrecha. Siempre caras conocidas.

Por su parte, Sandra Macaya, una mujer que, según dicen sus amigos, posee mundo, cultura, estudios universitarios y una belleza espectacular para sus cuarenta años ya cumplidos, parece querer encaminar su vida por el lado profesional y no sentimental. Actualmente lleva la franquicia de moda de la firma Toton Comella (TCN) y ya ha abierto varias tiendas en Madrid (barrio de Salamanca) y en Palma de Mallorca.

Pero en lo que nadie tiene dudas ni existen discrepancias es en que Cristina Macaya es una perfecta anfitriona. «Gozo de una vida buena, soy afortunada [...] me muero de ganas de hacer cosas y preocuparme por los demás».[19] Las fiestas «*made in* Macaya» son el acontecimiento de la temporada en Mallorca. Son eventos lúdico-festivo-económicos, porque siempre se reúnen los mismos poderosos con la finalidad última de hacer negocios. Han llegado a concentrarse en ellas más de quinientos invitados, que llenaban los patios y jardines de Es Canyar. Una de las fiestas estre-

[17] Matilde era hermana de Natalia Figueroa, esposa del cantante Raphael.

[18] Tomás Chávarri, que murió en enero de 2006, estaba casado en segundas nupcias con Carolina Tieu, con quien tuvo dos hijos, Carlos y Fernando.

[19] *El País*, 13 de agosto de 2006.

llas de Macaya fue la bautizada como la «Fiesta de Rosa», ya que todas las señoras debían llevar un vestido de este color y los caballeros debían lucir esmoquin. Hace unos veranos, esta típica fiesta, a la que acudieron personajes como el ex presidente del Banco Hispano, Claudio Boada, uno de los líderes de la denominada *beautiful people*, el ex alcalde de Madrid y ex ministro de Transportes con la UCD, José Luis Álvarez, o el ganadero Samuel Flores, gran amigo del rey Juan Carlos, sirvió para despedir la soltería de su hijo Javier. Éste, un destacado economista, fue colocado en su día en la banca americana J. P. Morgan gracias a la intermediación del ex banquero Mario Conde, que también posee una mansión en Mallorca. El ex presidente de Banesto ha veraneado siempre que ha podido en su mansión familiar de Pollença, de nombre C'an Poleta, propiedad de su mujer Lourdes Arroyo.

El currículo profesional del único hijo varón de Cristina Macaya es extenso. Es muy reconocido internacionalmente. Javier Macaya es el fundador, dueño y presidente de la sociedad Athelera LLC, una consultoría de inversiones bancarias con sede en la ciudad de Nueva York. Es también el cofundador, socio y director de Violy, Byorum & Partners LLC, un banco inversor latinoamericano. También figura como director de MPG USA, Fun & Basics y MiCash y como consejero independiente de la Corporación GEO, un grupo que desarrolla viviendas en México.

Javier está unido sentimentalmente a Claudia Susana Cisneros Fontanals, hija del matrimonio, actualmente separado, formado por la cubana Ella Fontanals y Oswaldo Cisneros. Es decir, una heredera de la rica familia venezolana Cisneros, ex propietaria de Galerías Preciados, en concreto, es sobrina de Ricardo y Gustavo Cisneros, los patriarcas «españoles» de esta influyente familia que lideró en su día «don» Diego Cisneros. Esta rica estirpe venezolana alquila normalmente lujosas mansiones en la elitista urbanización de Son Vida para sus veraneos en Mallorca. También disponen de un yate de bandera inglesa de nombre *Mi Alicia*, que es utilizado por Cristina para sus paseos con sus amigos por aguas de las Baleares. Este yate de Ricardo Cisneros estuvo también anclado en el río Guadalquivir durante la Feria de Sevilla de 2001, y a bordo llevaba ilustres invitados como Juan Abelló y su mujer Ana Gamazo, o Plácido Arango y la propia Cristina Macaya, su ex, que se presentó de improviso y a última hora... Cristina es como si fuera de la familia.

Tanto es así, que en marzo de 2005 prestó su casa mallorquina para celebrar la boda de sus amigos Ricardo Cisneros Rendiles y Anabella Siso Behrens. Ambos aportaban seis hijos al matrimonio: Ricardo cuatro y Anabella dos. Este encuentro mallorquín era en realidad una especie de segunda boda, sin oficiante y sin el consabido «sí quiero», ya que Anabella y Ricardo se habían casado el 18 de febrero de ese año en Quinta Ojo de Agua, en el Country Club, de Caracas, ante algo más de cuatrocientos invitados. A la fiesta mallorquina acudieron todos los de siempre y de gala. Entre ellos, el ex compañero de Cristina Macaya, el empresario Plácido Arango, que sigue acudiendo a determinadas fiestas de ella; el naviero Fernando Fernández Tapias, *Fefé,* y su mujer Nuria González; el ex presidente del BBV, Emilio Ybarra; la peletera canaria Nelsy Chelala; las hermanas Miriam y Cari Lapique con sus respectivos maridos, Alfonso Cortina y Carlos Goyanes; el marqués de Griñón; Isabel Preysler, ésta sin Boyer (enfermo de gripe); Marita March, una de las integrantes de la rica familia March; y el ya fallecido editor Jesús de Polanco y la que era por entonces su mujer, Mari Luz Barreiros.

Cristina había acondicionado con antorchas el largo camino que une la entrada de su posesión con la casa. En el interior, mesas adornadas con velas y flores. El menú, servido por la Escuela de Hostelería de Palma de Mallorca, consistió en unos aperitivos de fritura y, después, consomé frío al caviar, ensalada de bogavante y chuletitas de cordero. De postre, helado de vainilla y pastel de chocolate. La fiesta se cerró como le gusta hacerlo a Macaya, con baile por sevillanas y, de madrugada, unas lentejas estofadas, su plato preferido.

Ricardo Cisneros es el hermano menor de Gustavo Cisneros, el gran magnate de la comunicación y el segundo hombre más rico de Iberoamérica (el primero es el mexicano Carlos Slim Helú, gran amigo de Felipe González). En España, la familia Cisneros se hizo conocida al comprar Galerías Preciados, la empresa de Ruiz-Mateos que fuera expropiada por el entonces superministro Miguel Boyer, que ya andaba enamorado de Isabel Preysler. Gustavo Cisneros, considerado en su país como la mano derecha del ex presidente Carlos Andrés Pérez, compró esta empresa al Estado por algo más de 700 millones de pesetas y la vendió después al grupo inglés Mountleigh por 30.000 millones. Una perfecta operación. Quizá por eso, Gustavo es también uno de los primeros nombres en aparecer en la agenda de Cristina Macaya. Ésta acude con frecuencia a la mansión madrileña que posee el magnate venezolano, junto a su mujer Patricia Phelps, en la calle de Antonio Maura, muy cerca del parque de El Retiro. Un piso que en su día fue, curiosamente, el hogar conyugal del editor Jesús Polanco y su entonces compañera, Mari Luz Barreiros. Por allí asoman a menudo un selecto grupo de amigos cuyo nexo común es la afición a la caza. De nuevo, entre ellos Juan Abelló y su mujer Ana Gamazo. Precisamente en su día se relacionó, y mucho, a Cristina Macaya con Juan Abelló. Incluso se habló del divorcio del financiero. Este supuesto romance llenó las páginas de los periódicos y las revistas en 1995, pero finalmente no cuajaría.[20] Desde su separación de Plácido Arango, muchos han sido los romances que se le han adjudicado a Macaya. Todos ellos auspiciados en su gran facilidad para enamorarse. Entre ellos, hasta el de un florista.

Para todos ellos, la casa de la Macaya, como popularmente se la conoce, es un fortín. Sus invitados, siempre que ella quiera, se ven protegidos. Existe una gran dificultad para que los *paparazzi* consigan introducirse en la heredad, lo que casi garantiza

[20] *El Mundo*, 4 de abril de 1995.

la privacidad de algunos invitados alérgicos a los flashes. Entre ellos, Isabel Preysler y el ex ministro de Economía Miguel Boyer, pero únicamente cuando no les interesa. Así ocurrió durante el verano de 1996, en el que sólo abandonaron la finca mallorquina de Es Canyar para asistir a una comida en la posesión que Luis Sánchez Merlo y Giovanna Marone Borbón, prima del rey Juan Carlos, tienen en la localidad mallorquina de Alaró, en el interior de la isla, a unos 20 kilómetros de Palma. Allí, en los jardines de esta mansión, degustaron una paella de considerables dimensiones. Este matrimonio con connotaciones reales también es asiduo a las fiestas de Macaya.

Otro conocido familiar del rey Juan Carlos que descansa en Mallorca y que está en la lista de Cristina Macaya, además de la hermana del Rey, Pilar de Borbón, y del resto de la familia Gómez-Acebo, es la relaciones públicas Elena de Borbón, casada con José Miguel Garrigues Walker. Esta pareja posee propiedades en la zona de Santa Ponça, en cuyo club marítimo tienen atracada una embarcación rápida de nombre *Walter Six*, en la que ha llegado a navegar el cotizado *playboy* Philippe Junot, ex de Carolina de Mónaco. En su día, Junot, también proclive a estas fiestas, paseó su figura junto a Marta Chávarri, otra habitual en lucir su «estirada» silueta por las playas de Mallorca.

Pero si Cristina Macaya es la anfitriona de la *jet* aristocrática, a nivel político el perfecto anfitrión en Mallorca es el arquitecto Pere Nicolau, en cuya casa de la urbanización La Mola, en Andratx, han descansado desde el ex presidente del Gobierno Felipe González con su mujer, Carmen Romero, hasta el que fuera su vicepresidente, Alfonso Guerra. Precisamente, Felipe González ha sido otro de los invitados a los saraos de Cristina Macaya, quien también ha mantenido una relación muy estrecha y afectuosa con el ex presidente Adolfo Suárez y su familia, a quienes ayudó a instalarse en la isla cuando eligieron Mallorca para descansar y luchar contra la desgracia que empezaba ya a entrar en sus vidas. Hasta tal punto llegó esta amistad que en el verano de 1995 Cristina dejó a la familia Suárez la «Torre» que ella disfrutaba en la localidad de Andratx, en un lugar paradisíaco junto a la bahía, y que luego, como se ha mencionado, fue vendida al banquero Francisco González.

Dicen que, al igual que su dueña, Es Canyar es una casa generosa. Que sus paredes son testigos de infinidad de negocios, fiestas y curiosos descansos de caras muy conocidas. Por Es Canyar lo mismo pasa Michael Douglas —a quien suele dar asilo en la época del año en que su casa está ocupada por su ex mujer, Diandra— que el príncipe Michael de Kent, primo de la reina de Inglaterra, o su consuegro Leopoldo Rodés; es decir, lo mismo pasan aristócratas que banqueros, políticos que actrices, empresarios de poder que farandulistas de la moda. «Yo no doy *parties*, organizo fiestas para mi familia y mis amigos [...] Aquí, en mi casa, se sienten libres, nadie agobia a nadie. Cuando sales, deseas ver gente distinta. A mí me divierte cenar con desconocidos al lado y me encanta escuchar. No es que no me guste hablar de mí, es que me interesa más la vida de otros que explicar la mía».[21]

Por su casa mallorquina han pasado personajes tan singulares como el bailarín Nacho Duato, la modelo Nati Abascal, el abogado José María Mohedano, el llamado *chevalier servant* de la dueña de la casa (en castellano popular, *el mandao*), o el escritor mexicano Carlos Fuentes, Premio Cervantes de Literatura y miembro de la bohemia de lujo, junto a su esposa, Silva Lemus. También han estado el ex presidente americano Bill Clinton y su hija Chelsea, que curaron viejas heridas entre sus paredes. O el ya fallecido Roberto Goizueta, que fuera presidente de Coca-Cola. Por no citar a Jack Nicholson, Kirk Douglas, Jim Hoaglan, Barbara Walters y Evelyn Rothschild, o al músico Van Morrison, que dicen que se dejó allí hasta el sombrero y las gafas. Todos ellos han visitado este reconocido rincón de Establiments. Y todos quieren colarse de nuevo en esas fiestas.

[21] *El País*, 13 de agosto de 2006.

Se cuenta por Mallorca que en una celebración exclusiva logró reunir, entre otras personalidades, al Premio Pulitzer Jim Hoagland, editorialista de *The Washington Post*, y a la entrevistadora de la cadena ABC, Barbara Walters, junto con el magnate británico Evelyn Rothschild. También que en uno de estos eventos lúdico-financieros fue donde la locutora Marina Castaño se quitó el luto por la muerte de su marido, el escritor Camilo José Cela, gracias al escultor Richard Hudson, con el que bailó hasta el alba al son del grupo flamenco Arte y Compás.[22] La fiesta aconteció año y medio después de la muerte del Premio Nobel. La eventual pareja de Marina Castaño, el inglés Richard Hudson, está afincado la mayor parte del año en Mallorca y es otro de los amigos de Cristina Macaya, con quien comparte la afición en la decoración de interiores de las casas. Luego se relacionaría con Marta Chávarri. De nuevo, todos con todos. Sin variación en el círculo.

En lo único que cambian es en su currículo. En el de Cristina Macaya figura un dato diferente y revelador: aportar dinero para causas sociales. Por ejemplo, en una de sus fiestas, celebrada el 17 de agosto de 2002 en Es Canyar, logró reunir a 620 invitados, que sufragaron en una sola noche un centro de jóvenes del denominado Proyecto Hombre. El precio de la fila cero era de 150 euros, el mínimo por cubierto. Se trataba de la primera fiesta benéfica que se celebraba en la historia social de Mallorca para recaudar fondos contra la drogadicción. Cristina está comprometida con el Proyecto Hombre a través del sacerdote Bertoméu Catalá, que preside la estructura nacional de la organización desde su parroquia en la localidad mallorquina de Puigpunyent, una iglesia situada muy cerca de la mansión de Es Canyar. En la preparación de este evento social colaboró también el millonario empresario americano David Stein, propietario de un grupo de hoteles de lujo único en el mundo (Stein Group), en el que figura el elitista hotel mallorquín de Son Net. Cristina Macaya suele tra-

[22] Véase capítulo 9.

bajar codo con codo con él en algunos de sus proyectos hoteleros.

El introductor profesional de Cristina Macaya nació en la ciudad de Nueva York en 1948. Fue en 1982 cuando David Stein se inició en la promoción inmobiliaria en Monarch Beach (California), un complejo comunitario de un billón de dólares, formado por un campo de golf, un club de tenis, un Beach Club, el hotel Ritz-Carlton y el hotel St. Regis Resort, con espacio para oficinas, tiendas y 2.750 viviendas. En 1989, tras finalizar el complejo de Monarch Beach, el empresario creó el Grupo Stein en Europa. Junto a Jordi Robinat fundó MedGroup, una empresa inmobiliaria, en España, donde también se asoció el multimillonario George Soros, y de la que fue presidente hasta 1999, momento en que la abandonó para centrar los esfuerzos en la promoción y puesta en marcha de un grupo de pequeños hoteles de lujo situados en el norte del Mediterráneo y en selectas capitales europeas. Durante su trayectoria profesional también ha sido presidente del Pacific National Bank, en California, y ha participado en la producción de películas y programas televisivos. Desde 1994 es presidente de la fundación Robert F. Kennedy Memorial Foundation, en Washington D.C.

Los encargos profesionales de David Stein a Cristina Macaya han sido varios. Su nombre figura, gracias a ellos, en un puesto estelar de muchos libros de decoración. Por ejemplo, un encargo que éste le transmitió fue que decorase las suites del Gran Hotel La Florida, ubicado sobre las faldas del Tibidabo en Barcelona. Ocho de las suites, de un total de setenta y cuatro habitaciones, fueron diseñadas especialmente por Cristina Macaya en colaboración con otros renombrados artistas internacionales como Rebecca Horn, Ben Jakober, Yannick Vu, Hans Duettmann y Patricia Keller. Estas suites ofrecen espectaculares vistas panorámicas sobre la ciudad de Barcelona y el mar Mediterráneo. La presidencial está compuesta por dos habitaciones, un salón y dos cuartos de baños, decorados por Cristina Macaya. Dicen que ha jugado con la luz y las vistas espectaculares sobre la Ciudad Condal a través de inmensas vidrieras. También aseguran que ha añadido gotas de frescura a la suite gracias a sus tonos plateados, grises y lavanda.

Sin embargo, estos trabajos no le impidieron seguir con sus viajes y ampliar su agenda de contactos. Así, en marzo de 2006, junto a un distinguido grupo de personalidades españolas, entre las que se encontraba el entonces presidente de la Comunidad Autónoma de Baleares, Jaume Matas, el entonces concejal del PP en el distrito Centro de Madrid, Luis Azúa, y su gran amiga la diseñadora de modas, Elena Benarroch, viajó a Colombia atendiendo una invitación formulada por la embajada de este país en España. Dicen que el viaje tenía como objetivo «estrechar lazos entre las autoridades españolas y colombianas». Los invitados visitaron la zona cafetera y la ciudad de Cartagena de Indias «en busca de proyectos de desarrollo turístico que pudieran resultar de su interés». Por eso, todos afirman que Cristina Macaya es uno de los personajes más relevantes de la auténtica *jet set* internacional.

Dicen que fundamentalmente es *amiguera*. Que su generosidad la pone al alcance de los demás. Que piensa que reconocerse anfitriona es una frivolidad. Que la palabra «mecenas» le suena pretenciosa. Afirman también que es la mejor amiga de sus amigos. Que quiere a su gente tanto «en las duras como en las maduras». Que si quiere, quiere siempre. Que le gusta estar rodeada de gente guapa, importante y famosa. Que sus fiestas llevan todas firma. Que no escribe diarios («Lo guardo todo dentro de mí, tengo memoria fotográfica... No escribo memorias ni las escribiré»). Que es muy poco ordenada. Que hace las cosas antes de pensarlas. Que reflexiona *a posteriori*. Que se acuesta tarde. Que se duerme al amanecer con el televisor encendido. Que le gusta el buen vino tinto. Que siempre está con un cigarro en la boca. Que a su lado no falta un paquete de tabaco ni un encendedor. Que le gustan los animales. Que en su finca tiene perros malteses. Que le priva ir de cacería. Que allí se reencuentra con mucha gente conocida. Que las cacerías le sirven para ampliar su agenda de contactos. Que comparte a menudo «sus paraísos». Que sus conocidos le mandan aviones para que vaya a una fiesta a California o a un safari en Kenia.

Aseguran sus amigos que le gusta mucho lucir joyas, collares, sortijas, botonaduras de coral y plata, anillos de turmalina... Dicen que es hermosa y elegante. Que tiene esa clase de distinción que hace que cualquiera se sienta importante sólo con hablar con ella. Que le gusta ir vestida con sedas blancas para sus citas veraniegas informales. Que sus ojos son de color de miel. Que por ello su mirada es dulce. Que tiene un estilo entre frívolo y mundano, algo que caracteriza a ciertas mujeres de la alta sociedad. Que le gusta mucho bailar sevillanas, una melodía con la que ameniza todas sus fiestas. Que pone música de jazz en su casa como hilo musical para relajar a sus invitados. Que le gusta sobresalir en las fiestas. Que en ellas adora ser la estrella, como ocurrió en la organizada por Dior en la Bolsa de Madrid para presentar un lápiz labial, y donde impactó con un chaquetón reversible en astracán verde botella contrastado con enormes topacios en sortija y anillos. Allí fue la estrella junto a la actriz Monica Bellucci y el actor norteamericano Edward Norton, que se encontraba en la capital promocionando su película *El ilusionista.*

Dicen que una de sus mejores amigas es Marina Castaño, a quien promociona siempre que puede entre sus amistades. Desde que murió Cela, la locutora gallega ha reducido su círculo de conocidos, incluidos los del PP, aunque sigue teniendo como gran valedora a Cristina Macaya. Otra de sus amigas del alma es Carmen Martínez-Bordiú, a cuya última boda en Sevilla con el ex atleta José Campos no dudó en acudir en junio de 2006. Pero si por algo Cristina Macaya comenzó a ser conocida en España fue por ser la gran anfitriona de la llamada *beautiful people.*

Hoy la *biuti* se ha desintegrado, aunque todavía en círculos restringidos no resulta demasiado difícil identificar a la última hornada de gente guapa del país. Especialmente a sus mujeres, para quienes el último modelo de reloj Bulgari y el abrigo de visón rasurado de Elena Benarroch, la llamada peletera de la *beautiful*, se han convertido en complementos indispensables de su indumentaria. Pero actualmente no corren buenos tiempos para la llamada gente guapa que hizo su agosto al calor de los sucesivos gobiernos socialistas de Felipe González. Todo bajo el manto del poder y el dinero.

Este grupúsculo de poderosos, cuya presencia permanente en *saraos* de alto copete creó moda en las páginas del papel *couché*, era habitual en las fiestas de Cristina Macaya. No faltaban casi nunca. Un selecto grupo formado por gente como Manuel de la Concha, el ex síndico de la Bolsa de Madrid y luego directivo de Ibercorp, que tuvo que dejar de frecuentar los lugares de moda por las descalificaciones que recibía tras la conocida estafa financiera. O por su socio Jaime Soto, que también se retiró a sus aposentos después de que en febrero de 1999 se suspendiera el juicio del famoso caso Ibercorp, al llegar a un acuerdo el fiscal con las defensas de los acusados. O por personas hasta entonces de reconocido prestigio, como Mariano Rubio, ex gobernador del Banco de España, que nunca se recuperó de su paso por la prisión de Alcalá Meco.

El ex gobernador del Banco de España parece que comenzó su carrera hacia el enriquecimiento fácil, mediante sus inversiones en bolsa, tras llevar a cabo su segundo enlace matrimonial con la escritora uruguaya Carmen Posadas, mucho más joven que él. Hasta ese momento Rubio destacó como una persona exageradamente honesta de quien no se podía esperar un desenlace semejante al que terminó viviendo. Dicen algunos que fue el trastorno de la edad frente a la juventud de su nueva esposa.

Mariano Rubio Jiménez, ex gobernador del Banco de España, nació en Burgos en 1931 y falleció el 4 de octubre de 1999 en la madrileña clínica de La Luz, donde había sido ingresado horas antes aquejado de un cáncer de colon en fase terminal. Tenía sesenta y siete años. Licenciado en Ciencias Económicas y miembro de la Asociación Socialista Universitaria (ASU), estuvo destinado en París como funcionario de la Organización de Cooperación y Desarrollo Económico (OCDE). Volvió a España para hacerse cargo de la dirección del gabinete de Política Económica del Ministerio de Hacienda. En 1965 fue nombrado subdirector del Servicio de Estudios del Banco de España. Y en 1973 asumió la dirección de Enagas. De 1977 a 1984 fue subgobernador del Banco de España. Y ya en 1984 sustituyó a José Ramón Álvarez Rendueles al frente del banco emisor. En 1992 tuvo que dimitir por su implicación en el caso Ibercorp, la gran estafa financiera de la década de los noventa donde se encontraba implicada casi toda la denominada *beautiful people.*

Fue precisamente Macaya quien les cobijó en sus desgracias. Cuando Mariano Rubio salió de la cárcel por el caso Ibercorp, lo primero que hizo fue visitar Es Canyar y recuperarse de «sus heridas». Si para algunos Mariano era un hombre proscrito, para Cristina era un amigo de siempre. Y aunque algunos de sus huéspedes miraban para otro lado para evitar a un hombre mal visto, Cristina aguantó el tipo. Fue precisamente en la piscina de esta villa en la que se tomaron las primeras fotografías de Mariano Rubio bañándose junto a la escritora uruguaya Carmen Posadas tras su salida de la cárcel. También en el verano de 1997 el matrimonio volvió a Es Canyar para visitar a su amiga. Y ya en esta ocasión sí salieron a navegar en el yate dispuesto por su anfitriona, con moto acuática incluida, donde practicó sus habilidades la escritora uruguaya.

Carmen Posadas Mañé nació el 13 de agosto de 1953 en la ciudad de Montevideo, Uruguay, en el seno de una familia acomodada. Hija de un diplomático y una restauradora, es la primogénita de cuatro hermanos: tres niñas y un niño (Gervasio). Desde 1965 reside en Madrid, después del traslado a España de su familia cuando ella era todavía una niña. La profesión de su padre le llevó a vivir en diversos países, como Argentina, Gran Bretaña o la Unión Soviética, donde se casaría en 1972 con Rafael

Ruiz del Cueto. De su matrimonio nacieron sus dos hijas, Sofía (1975) y Jimena (1978). Tras su boda abandonaría los estudios (en primero de carrera) para vivir en Madrid junto a su esposo hasta comienzos de los ochenta, cuando se separaron definitivamente. Tras pasar por Londres, donde su padre Luis Posadas ejercía de embajador del régimen derechista que encabezaba la Junta de Generales del Uruguay, trabajaría como secretaria y periodista. Posteriormente escribiría un libro titulado *Escena improbable* (1985), basado en entrevistas a significados personajes españoles, como el entonces prófugo José María Ruiz-Mateos, al que desde ese día le unió una buena amistad.[23]

También ese libro le sirvió para conocer mejor a uno de sus amantes, el torero vallisoletano Roberto Domínguez. «La idea de escribir este libro no surgió durante una cena, como cabría esperar, sino a lo largo de un viaje a Valladolid. De ahí veníamos Lucrecia y yo después de asistir a una corrida de toros, y es difícil precisar en qué momento o por qué la conversación se desvió de comentar la faena de Roberto Domínguez a un proyecto literario», dice en el prólogo de *Escena improbable.*

Carmen Posadas había acudido junto a unos amigos, al acabar la citada corrida de toros, a la finca que el torero tiene a las afueras de Valladolid. A partir de ahí surgió un flechazo. El noviazgo se mantuvo desde finales de 1984 hasta mediados de 1985. Fue una amistad un tanto «guadiana», donde el teléfono ejercía de principal vínculo. Tras la ruptura del fugaz noviazgo, Roberto Domínguez no volvió a ver a Carmen Posadas hasta el año 1986. Fue en Londres. Allí había acudido el torero para olvidarse de todas sus amarguras y depresiones. Había dejado temporalmente los toros. Estaba bastante hundido y entró en un colegio mayor de Oxford para aprender inglés. Los fines de semana eran para Roberto su gran evasión. Cogía su bicicleta de carreras y se marchaba a Londres. En la capital londinense coin-

[23] El libro se publicó en la editorial Taular en abril de 1985.

cidió de nuevo con Carmen Posadas, que vivía con su familia. Dolores, la hermana de la escritora, cuyo marido era el encargado de las bodegas vallisoletanas Riscal, fue la celestina de la nueva relación. «Siempre me he considerado amigo de Carmen y todos estos chismes me duelen por ella. Desde luego que ha existido una época en la que salíamos juntos, pero cuando yo llegué a Londres todo había acabado ya», afirmó en su día el torero al autor del libro.

Una vez finiquitada la relación con Domínguez, la guapa uruguaya, ya vinculada con determinados sectores del poder (dicen que gracias a sus pinitos periodísticos), conocería al entonces gobernador del Banco de España, Mariano Rubio. No tardaría mucho en contraer con él segundas nupcias. Fue el 1 de octubre de 1988. El enlace, que intentaron que fuera secreto, se celebró en la embajada de España en Viena, con un posterior ágape en el elitista Palais Schwarzenberg de la capital austriaca. Ese mismo año, Carmen también presentaría en Televisión Española el programa *Entre líneas*, que le hizo ser conocida entre el gran público, al margen de desfilar luego como modelo para la diseñadora Lucía Bosé.

Pero Carmen Posadas, tras su fulgurante llegada al poder, a través de su unión matrimonial con la *beautiful people*, también comenzó a ser reconocida por su carrera literaria. Hasta entonces había escrito guiones de cine y televisión y dos novelas con pseudónimo (una de ellas *rosa*, de la que nunca ha querido dar a conocer el título). Fue en 1991 cuando publicó su primera novela exitosa, *¿Quién te ha visto y quién te ve?*, y un año antes una colección de cuentos que repitió en 1998 bajo el título de *Nada es lo que parece*. Ese mismo año de 1998 obtuvo el Premio Planeta con *Pequeñas infamias*, lo que le dio el empujón definitivo.

Fue en junio de 2004 cuando la escritora vivió otro momento de felicidad máxima. Su hija Sofía Ruiz del Cueto, de profesión médica estética, contraía matrimonio con Jaime Abarca Corrales, en una multitudinaria ceremonia que tuvo lugar en la iglesia de Santa Ana, en la localidad manchega de Castellar de Santiago.

Con motivo de este enlace, la escritora y su primer marido volvían a coincidir; y es que, a pesar de su ruptura matrimonial, acaecida hace años, dicen que siguen manteniendo una estrecha relación de amistad. Carmen Posadas apareció en la boda luciendo un vestido en tonos marrones y verdes, con un prominente escote y mangas transparentes. La conocida escritora estuvo acompañada en todo momento por su hija Jimena. Entre los invitados se encontraban los de siempre, así como la empresaria Cristina Valls-Taberner y la directora del Club Siglo XXI, Paloma Segrelles, que mantiene una estrecha relación de amistad con la familia Posadas. Sofía, acompañada por su padre y padrino, Rafael Ruiz de Cueto, llegó en una calesa tirada por caballos, vestida con un diseño de la modista Teresa Palazuela. Un vestido de tirantes y escote de barco que dejaba al descubierto la espalda, con un velo engarzado en el moño. Al finalizar la ceremonia, los novios fueron agasajados por un grupo de mariachis entonando las clásicas canciones rancheras. La música nunca puede faltar en los actos de la *biuti*.[24]

Una *beautiful people* que vivió sus peores momentos en la primera mitad de los años noventa cuando recibía a las visitas en la cárcel de Alcalá Meco. Por esas fechas, la titular del juzgado número 21 de Madrid, la magistrado María Paz Redondo, concluía la instrucción del sumario de Ibercorp y dictaba auto de procedimiento abreviado contra los integrantes de la famosa lista de vendedores de sistemas financieros, entre ellos, Mariano Rubio, Manuel de la Concha, Jaime Soto, Miguel Boyer e Isabel Preysler.[25] Atrás quedaban las cenas y los fiestorros de los felices años ochenta. Las reuniones de postín en casa de unos y otros. La férrea y aparentemente inquebrantable amistad entre los inte-

[24] Junto a su hija Sofía ha escrito el libro *La hernia de Viriato: recetario para hipocondríacos*, Temas de Hoy, Madrid, 2002.

[25] Mariano Rubio y su esposa, Carmen Posadas, declararon en el Juzgado de Instrucción nº 21 el día 19 de mayo de 1992. Un día después, bajo una gran expectación pública, lo hicieron Miguel Boyer e Isabel Preysler.

grantes del clan. Y es que Miguel Boyer no sólo había sido íntimo de De la Concha, sino que su relación de muchos años con Mariano Rubio había estado siempre reforzada por la experiencia común de la cárcel. Rubio dio por primera vez con sus huesos en Carabanchel en 1959. Boyer, en 1962, cuando sólo tenía veintitrés años. Acusado de propaganda ilegal y militancia clandestina, cumplió cinco meses de prisión preventiva en la galería de presos políticos. Eran los tiempos en que todavía había gente entre la llamada *beautiful* convencida de que tan magnífica relaciones públicas como Isabel Preysler, políglota y cosmopolita, sería «el complemento ideal» para un candidato a la presidencia del Gobierno.

La ruptura entre los Boyer y Manuel de la Concha se produjo tras el sonado divorcio entre éste y Paloma Giménez Altolaguirre. «El divorcio más caro de la historia de España (900 millones de pesetas)», según titulaba la prensa de entonces. No es ningún secreto que los Boyer tomaron partido por Paloma en contra de Isabel Falabella, la nueva mujer. Una separación que hizo añicos a toda la familia De la Concha-Giménez Altolaguirre. De los cinco hijos, dos (Paloma, la mayor, y Manolo, el único varón) se alinearon en el bando de su padre, mientras que las otras tres (Beatriz, casada con José Segimón, Elena, casada con Alfonso Aguilar, y Cristina, soltera) lo hicieron por la madre. Paloma Giménez Altolaguirre volvería a casarse, esta vez con el arquitecto Juan Carredano.

Pero ¿quién era esa mujer que había propiciado el divorcio hasta entonces más caro de la historia de España y que resquebrajó el clan de la *biuti*? Se trataba de María Isabel Falabella García, nacida en Chile, hija de diplomáticos, que con tan sólo ocho años de edad llegó a España. Estudió Psicología en la Universidad Complutense de Madrid. Pero por la profesión de su padre marchó a Tánger, donde conoció a su primer marido, el magnate de origen judío José Salama Ubago, con el que ha tenido cinco hijos. Una de sus hijas, Beatriz, se casó con el escritor Fernando

Sánchez Dragó. Otra, Cristina, fue la compañera durante un tiempo del periodista Pedro Piqueras.

José Salama Ubago ha estado unido a la poderosa familia March, ya que fue consejero del Banco de Progreso, cuyo vicepresidente, Leopoldo Rodés Castañé, el consuegro de Cristina Macaya, fue uno de los veintinueve invitados que acudió a la boda de Mariano Rubio, ex gobernador del Banco de España. La familia Salama, a su vez, domina uno de los más importantes *holdings* españoles de exportación e importación, el grupo Transáfrica, con implantación en Canadá, Rusia y países del norte de África. En 1967, el matrimonio Salama-Falabella compró una extensión de terreno de 2.594 metros cuadrados en una de las principales arterias de la urbanización Puerta de Hierro, entonces incipiente. El precio que pagaron fue tan sólo de 201.000 pesetas. Poco tiempo más tarde se construyeron un lujoso chalet con nueve dormitorios y ocho cuartos de baño. En 1982, José Salama e Isabel Falabella decidieron proceder de mutuo acuerdo a la disolución de su sociedad de bienes gananciales, a su liquidación y adjudicación de bienes, entre los que ese chalet pasó a formar parte del patrimonio de esta última como residencia habitual. Asimismo, también pasó a su poder el chalet de verano, valorado entonces en 75 millones de pesetas, situado en la urbanización ibicenca de Cala Lisa, en Santa Eulalia.

Fue a partir de 1983, escasos meses después de su separación de José Salama, cuando Isabel comenzó a mantener relaciones con el financiero Manuel de la Concha, casado desde 1961 con Paloma Giménez Altolaguirre. Sería finalmente el 28 de junio de 1988 cuando Isabel Falabella y Manuel de la Concha contrajeran matrimonio oficialmente en los juzgados madrileños. El posterior ágape se celebró en la mansión de Isabel Falabella en Puerta de Hierro. Sólo faltaron Miguel Boyer e Isabel Preysler, amigos íntimos de la primera mujer de Manuel de la Concha. Los que no faltaron fueron el ya fallecido Ramón Mendoza, entonces presidente del Real Madrid y que colocó en su día a Manuel de la

Concha en la directiva blanca; Juan Abelló y su esposa Ana Gamazo; Fernando de Asúa Álvarez, ex presidente de IBM y socio de Ibercorp; el ex ministro de Defensa, Eduardo Serra; el ex ministro de Economía, Juan Antonio García Díez; el entonces presidente del Banco Hispano-Central, José María Amusátegui; y Mariano Rubio y Carmen Posadas, sus grandes amigos. Tres cocineros y dieciséis camareros se ocuparon del menú, a base de ensalada, bogavante, carne y frambuesas, servido por el restaurante Jockey.

Pero al margen de lujos y extravagancias, Isabel Falabella ha sido una melómana toda su vida. Sus ídolos son Mozart, Rostropovich, Ivo Pogorelich y Cristóbal Halffter. Su afición le llevó en 1983, por indicación del catalán Jordi Roch, entonces presidente de la Federación Internacional de las Juventudes Musicales, a hacerse cargo de la presidencia de las Juventudes Musicales de Madrid, en la que ha volcado gran parte de su tiempo. Ha organizado conciertos extraordinarios, presididos en algunas ocasiones por la reina doña Sofía, con maestros como Rostropovich, Ivo Pogorelich, Krystian Zimerman, Iona Brown y orquestas como la Royal Philarmonic o la Orquesta Nacional de Lituania.

Sin embargo, no fue ella la primera dama en romper el clan de la *beautiful people*. El primero de ese famoso clan de Ibercorp en abandonar a su mujer fue Jaime Soto López-Dóriga, por entonces un brillante y atractivo ejecutivo. Era consejero delegado del Banco Hispano Americano cuando Alejandro Albert ostentaba la presidencia, y estaba casado con Pilar Alonso Allende Aguirre, una vizcaína de familia rica, propietaria de tierras en Lejona (Bilbao) y con la que tuvo cuatro hijos. El matrimonio se rompería en 1981.[26] Nada más separarse de Pilar Alonso, Jaime

[26] Auto de separación dictado por el Juzgado de Primera Instancia nº 10 de Madrid, con fecha 3 de enero de 1981, según certificación expedida por el Registro Civil de Berango (Vizcaya) donde se inscribió su matrimonio. Más tarde, el 16 de noviembre de 1985, el Juzgado de Primera Instancia nº 23 de Madrid dictaba sentencia de divorcio.

Soto ya mantuvo un romance con Patty Galatas, una de las íntimas amigas de Isabel Preysler. Pero finalmente se casaría con Marina Fernández de Córdova y Hohenlohe, marquesa de Bay. Se daba la coincidencia de que Marina era la hija de su buen amigo el duque de Arión y, por ende, sobrina de los hermanos Carlos y Fernando Falcó, por lo que era sobrina política de Isabel Preysler y Marta Chávarri. De la relación matrimonial entre Soto y Marina han nacido dos varones: Beltrán y Miguel. Los dos mantienen una estrecha relación con el príncipe Felipe de Borbón. Además, el heredero al trono español es íntimo amigo de los hermanos de su madre, Fernando y Joaquín Fernández de Córdova. Precisamente, el Príncipe de Asturias fue testigo en la boda de Joaquín con Diana Langes Svarovski que se celebró en Austria en el año 1996.

La unión de Jaime Soto y Marina Fernández de Córdova también produjo un incremento de su emporio inmobiliario. En diciembre de 1986, en pleno apogeo del pelotazo financiero y del grupo Ibercorp, Soto compraba para su esposa tres locales de oficinas en la calle Ramón de la Cruz, de Madrid, esquina con Núñez de Balboa, para lo que solicitó un crédito hipotecario de 60 millones de pesetas al Banco Hispano, del entonces presidente Claudio Boada, otro destacado miembro de la *beautiful*. En estos locales Marina Fernández de Córdova instaló su tienda de antigüedades que lleva su nombre, y que regentaba la sociedad Marina Córdova S.A., cuya administradora única era la propia Marina Fernández de Córdova.[27] También en su finca de 1.700 hectáreas en la zona toledana de Anchuras, heredad conocida con el nombre de El Cijaral, el matrimonio ha organizado sonadas cacerías a las que han acudido personajes del clan como Alberto Cortina y Cristina Macaya.

Nadie pone en duda ya que Cristina López Mancisidor Gordillo es una de las representantes del poder mallorquín, aunque

[27] Marina Fernández de Córdova llegó a figurar como administradora única de varias sociedades de Jaime Soto como Donra S.L., Marina Córdova S.A. y Docarce S.L.

no naciera en la isla. Hoy se ha convertido en la reina de la sociedad mallorquina tanto de invierno como de verano. Y aunque hay otras con más poder económico, éstas nunca llegan a su relieve social, a pesar de ser mallorquinas y de oro. Por ejemplo, la hotelera Carmen Riu o la matriarca del clan March, María del Carmen Delgado Roses. Estas dos isleñas podrían «colarse» en cualquier fiesta de las mujeres más ricas de España.

Carmen Riu Güell es una empresaria turística heredera del gran poder de su familia. Nieta del fundador de la cadena hotelera que lleva este nombre, gestiona hoy todos los negocios de la saga tras la inesperada muerte de su padre. Figura como consejera delegada de Riusa II y administradora de un gran número de compañías, además de formar parte de la Fundación Campaner. Por su parte, María del Carmen Delgado Roses es todavía, a pesar de su avanzada edad, la gran controladora del clan de los March. Casada con Juan March Servera, descendiente de chuetas, los judíos conversos mallorquines, e hijo del gran patriarca que fue Juan March Ordinas, asumió en 1973, cuando falleció su marido víctima de un cáncer, el mando de esta parte de la familia. El matrimonio tuvo cuatro hijos: Gloria, Leonor, Carlos y Juan. Estos dos últimos son quienes llevan hoy el control de todos los negocios familiares. Juan es la cabeza visible del grupo, pero la gestión del día a día recae sobre su hermano Carlos, que pasa por ser el auténtico ejecutor del actual imperio financiero de los March. Fue en 1973 cuando Juan (por entonces con treinta y tres años) y Carlos (con veintiocho) cogieron las riendas de un grupo sumido en aquellos momentos en el desorden. Dicen que desde ese día Carlos es el corazón y Juan el cerebro. Y lo que nadie discute, aparte de la austeridad de la que hacen gala, es que ellos dos, y nadie más, toman todas las decisiones del grupo, aunque sus dos hermanas también figuren como accionistas de las empresas familiares. Por ejemplo, Juan y Carlos tienen, cada uno, el 34,44 por ciento del capital de la Banca March, y Gloria y Leonor el 15,56 por ciento cada una.

En el penúltimo listado de descendientes de los poderosos March también figuran destacadas mujeres. Así, Juan March Delgado se casó con María Antonia Juan, con la que tuvo cinco hijos: Carmen, María, Leonor, Catalina y Juan. Mientras que Carlos March Delgado contrajo nupcias con Conchita de la Lastra, de cuyo matrimonio nacieron tres hijos: Juan, Carlos y Gadea. Por su parte, su hermana Gloria se casó con Ignacio Villalonga Jáudenes, y es madre de tres hijos: Ignacio, Álvaro y Juan Carlos. La otra, Leonor, se unió en matrimonio a Francisco Vilardell Viñas, con quien tiene tres hijos: Mercedes, Carmen y Javier. Los cuatro hermanos guardan una cordial relación. Y dicen sus amigos que no mantienen rivalidad ni celos. Todo por salvar el patrimonio familiar.

Entre los nuevos March se postula como próximo líder Juan March Lastra. Es hijo de Carlos March y está casado con María Herrero, hija de Ágatha Pidal e Ignacio Herrero, biznieto del fundador del Banco Herrero, y perteneciente a una de las familias más acaudaladas de Asturias. La boda se celebró en septiembre de 2001 en la catedral de Oviedo con más de medio millar de invitados, entre ellos los principales representantes de los poderes económicos, como el ex presidente del BBV Emilio Ybarra, el financiero Juan Abelló y su esposa Ana Gamazo, o el ex presidente del Real Madrid, Florentino Pérez. Y, como fiel imagen de los March, vive a caballo entre Madrid y Mallorca, donde su abuela Carmen le ha dejado en herencia la finca de origen medieval de Son Fiol, en la localidad de Llubi. Los March también poseen una mansión junto a la plaza de Cort, donde se ubica el Ayuntamiento de Palma de Mallorca. Pero su gran *possesió* es la finca de Sa Vall, la más grande de Mallorca, con 37 kilómetros cuadrados, entre los términos municipales de Ses Salines y Santanyi, al sur de la isla. La heredad es propiedad de la matriarca María del Carmen Delgado Roses; en ella se cultivan cactus, tiene varios lagos privados y uno de los mejores jardines botánicos de Europa, con esculturas del colombiano Pedro

Botero. La finca está gestionada por la sociedad de la familia Surisla S.A.

Pero al margen de esta destacada rama familiar, también están los descendientes del *tío Tomeu*, Bartolomé March Servera, el otro hijo del patriarca Juan March Ordinas, quien de joven fue apartado de las finanzas familiares y se decantó por el arte, fundamentalmente renacentista. En 1976 constituyó su propia fundación, que lleva su nombre y que marcha al margen de la de sus sobrinos. Bartolomé March Servera estuvo casado con Maritín Cencillo y González Campo, condesa de Pernia. El matrimonio tuvo cuatro hijos: Leonor, Juan, Marita y Manuel. La primogénita, Leonor March Cencillo, contrajo matrimonio con el ingeniero Javier Chico de Guzmán y Girón,[28] VI duque de Ahumada, IX marqués de las Amarillas, Grande de España y descendiente del fundador de la Guardia Civil, con quien tuvo dos hijos: Javier y Ana María. El primogénito, Javier, nació en Madrid el 3 de enero de 1971 y está dedicado a los proyectos agrícolas y medioambientales, aunque también pertenece al Patronato de la Fundación Bartolomé March. En diciembre de 1977 se casaba con Maya Royer Ruiz-Fernández. Cinco meses antes hizo lo propio su hermana Ana María, nacida en Madrid el 9 de enero de 1975 y estudiante de Empresariales. Ésta se unía en matrimonio con un representante de la más antigua nobleza de España. Se trata de José María Castillejo de Oriol,[29] VII conde de Floridablanca, V marqués de Aldana, dos veces Grande de España, X Conde de Armíldez de Toledo, Caballero de la Orden de Malta y, sobre todo, íntimo amigo del Príncipe de Asturias y miembro del llamado «clan de Becerril», grupo de jóvenes empresarios y políticos afines al PP de José María Aznar.

La segunda mujer de la saga March Cencillo y tercera integrante de la dinastía es María Dulce, conocida como *Marita*, que

[28] Nacido el 23 de mayo de 1944 en Madrid.

[29] Nacido el 28 de marzo de 1962 en Madrid.

contrajo nupcias con Alfonso Fierro Lopera, de la familia Fierro, otro de los emporios industriales más importantes de España, antiguos propietarios de Fosforera, y con quien tuvo cuatro vástagos: Bibiana, Juan, Alfonso y Bartolomé. La primogénita es vocal de la Fundación Bartolomé March y se dedica a las exposiciones, fundamentalmente de fotografía artística. Los March han sido siempre una familia pegada al poder y cuyo instrumento para llegar a él ha sido el dinero logrado a base de compras y ventas por razones de oportunidad. Una auténtica saga empresarial que de generación en generación ha sabido acrecentar su fortuna en los últimos cincuenta años, casi siempre bajo el manto de una mujer.

Hoy, muchos de estos nombres, convertidos en referencia del poder económico español, han estado ya en Es Canyar. Han gustado del poder de convocatoria de Cristina López Mancisidor. La verdadera anfitriona de la *jet set*. Una mujer de mando en plaza.

CUADRO PATRIMONIAL DE BIENES CONOCIDOS

CRISTINA LÓPEZ MANCISIDOR GORDILLO

Título: viuda de Macaya y ex compañera de Plácido Arango.

Patrimonio

- Tras su separación de Plácido Arango dicen que percibió 2.000 millones de pesetas, la casa de las Bahamas, la residencia familiar madrileña, un piso en Nueva York y varias obras de arte de su excelente colección de pintura.

Propiedades inmobiliarias

- Mansión de nombre Es Canyar, en Establiments (Mallorca).
- Domicilio familiar en La Moraleja (Madrid).

→

- Piso en Nueva York.

Nota: otras propiedades suyas fueron vendidas; entre ellas, unas parcelas al presidente de la entidad crediticia BBVA, Francisco González. Se trata de dos edificaciones en la Urbanización Puig de Marmacen, en la zona del Puerto de Andratx (Mallorca).

Empresas

- Prosinco S.A. Su domicilio social está situado en su mansión de Es Canyar, en Establiments. Se constituyó el 5 de abril de 1990 y su capital es de 1.143.125 euros. Su actividad es «la producción agraria combinada con la producción ganadera».

Inversiones en obras pictóricas

- Importante colección particular.

4. Carmen Cervera, la preferida de «los reyes»

Su verdadero nombre es María del Carmen Rosario Soledad Cervera Fernández y nació en Barcelona un 23 de abril de 1943. Sin embargo, todos la conocen como Tita Cervera o baronesa Thyssen,[1] y algunos, los más osados, como Tita Barker, en honor a su primer marido, el actor americano Lex Barker, del cual enviudó. Ha llegado a decir que nunca había planeado su vida, pero que «el destino estaba marcado y uno no puede evitarlo». De lo que no hay duda es que ella, una mujer pintoresca y popular, creyente en el tarot, no lo ha evitado y, muy al contrario, sí que ha sabido sacarle el mayor partido posible a un devenir que pronto se convirtió en una historia de cine con romances, aventuras y sueños de grandeza, lo que le ha permitido estar en el candelero toda su vida. Su carrera está plagada de luces y sombras, donde prima la ambición y la eterna búsqueda de poder. Una historia que a Tita le gusta escribir de puño y letra, siempre envuelta en bulos. «Nos encanta crear bulos», *dixit.*[2]

Precisamente, su juventud está rodeada de grandes secretos y oscurantismos. Su biografía oficial afirma que su padre era inge-

---

[1] Realmente se le debería nombrar como la baronesa viuda de Thyssen, no como la baronesa Thyssen.

[2] Revista *Época*, nº 339, octubre de 1992.

niero industrial y que su abuelo poseía el título de marqués de Valladolid. Dice también su historia que Carmencita (Tita) logró estudiar en los mejores colegios de la Ciudad Condal: el Liceo Francés, los Sagrados Corazones y la Escuela Americana de Barcelona, para más tarde desplazarse a Suiza e Inglaterra, países donde aprendió varios idiomas, entre ellos el francés, el inglés, el alemán y el italiano. Sin embargo, sus estudios profesionales se limitan a simples cursos de preparación de piano, decoración y arte dramático. Una biografía juvenil hermética y nada transparente.

Muchos dicen que nació en un barrio humilde de la Ciudad Condal, que su padre no era ingeniero industrial sino taxista, que su madre trabajaba como portera de un inmueble de Barcelona y que su abuelo, de aristócrata, nada de nada. Ya con el paso de los años, Tita rectificó y llegó a decir que el título nobiliario pertenecía a un tío materno. Las investigaciones del autor del libro atestiguan que el marquesado de Valladolid ni existe ni está vacante en ningún registro nobiliario. Así lo ratifica el propio Instituto Nobiliario y Heráldico español, como también el libro *Relación de títulos nobiliarios vacantes y principales documentos que contiene cada expediente que de los mismos se conserva en el archivo del Ministerio de Justicia.*[3]

Lo que sí parece cierto es que tenía un hermano de nombre Guillermo,[4] que sus padres se separaron cuando ella tenía cinco años y que fue en 1961 —con sólo dieciocho años, unos dicen que sin el apoyo familiar y otros que fue su madre, Carmen, la auténtica celestina y cerebro de sus ambiciones— cuando alcanzó por primera vez la fama al ser la ganadora del concurso de belleza Miss Cataluña y, posteriormente, ese mismo año, el de Miss España. Con dichos títulos optó al de Miss Europa, podio que también alcanzaría, y al de Miss Universo, en cuya elección en Miami logró

---

[3] María Teresa Fernández-Mota, Editorial Hidalguía, Madrid, 1984.

[4] Ya fallecido, al igual que su padre y su madre.

quedar tercera. Fue ahí cuando comenzó su carrera pública. «Desde pequeña me gustaba estar rodeada de cosas bonitas. Soñaba con historias románticas y encontrar un príncipe azul».[5]

Su vida ha estado repleta de desengaños, pero también de agradables sorpresas y éxitos, basados principalmente en su belleza y simpatía. Dicen sus amigos que su sonrisa sempiterna, junto a sus larguísimas piernas y su cabellera rubia (a veces morena), son sus principales cartas de presentación. Pero, sobre todo, como ha demostrado a lo largo de su dilatada carrera, su mejor arma ha sido siempre el saber estar en el lugar oportuno y con la gente apropiada.

Y así fue como llegó a conocer a quien luego sería su marido, el actor Lex Barker, el llamado «rey de la selva», conocido por su emblemático papel de Tarzán en el cine americano. Tita cuenta que le abordó en un avión que iba de Barcelona con destino a Suiza en los días previos a la Navidad de 1963 y que le pidió un autógrafo. «Viajaba en el avión con mi madre cuando divisamos al que por entonces era mi ídolo; mi madre me animó a pedirle un autógrafo... [dice la leyenda que con la excusa de ser para una imaginaria hermanita menor]».[6] Allí surgió la chispa del amor. A «Tarzán» le gustó la chica y se quedó con el número de teléfono de su admiradora. Tras un pequeño noviazgo, fue en 1965 cuando contrajo nupcias con Barker, primero por lo civil en Suiza y luego por la Iglesia en España. Tita contaba con tan sólo veintidós años y él con cuarenta y seis, veinticuatro más que ella. «Nunca me sentí mujer con hombres de mi edad. Siempre me han gustado que fueran muy hombres y con una experiencia en la vida», ha llegado a afirmar Carmen.[7] Una mujer que a partir de entonces, quizá por jugadas y azares del destino caprichoso, contrajo matrimonio cada diez años (1965, 1975 y 1985).

[5] Revista *Época*, nº 814, octubre de 2000.

[6] Revista *Época*, nº 339, octubre de 1992.

[7] Magazine de *El Mundo*, nº 259, 12 de septiembre de 2004.

Tita se casó con Lex Barker el 6 de marzo de 1965 en Ginebra. La revista *¡Hola!* se hizo eco de la noticia el 13 de marzo, en su número 1.072, en el que titulaba así: «Carmen Cervera, Miss España 1964, contrae matrimonio con el actor Lex Barker (Tarzán)». ¿Miss España 1964?, pero ¿no fue en 1961?... Claro, que contando que fue coronada con tan sólo dieciocho años de edad, hace suponer que se presentó no sólo, según ella dice, en contra y a escondidas de su familia, sino también en contra de las normas: era menor de edad. En la España de la época franquista estaba fijada en veintiún años. Por eso *¡Hola!*, en la revista de su cincuenta aniversario, recupera la noticia, pero esta vez Carmen aparece ya como Miss España 1961.

Lo que sí es verdad es que hacía realidad su primer sueño: compartir el *nido de amor* con el mito de los adolescentes de los años sesenta. Nacido el 8 de mayo de 1919, en Rye (Nueva York), su verdadero nombre era Alexander Crichlow Barker Jr. Y antes de conseguir la popularidad gracias al segundo mejor Tarzán de la historia del cine (según los expertos), había estudiado arquitectura y trabajado en numerosas películas de serie B. Era elegante, guapo, esbelto y fornido, y nunca pasaba desapercibido por su buena postura. Era descendiente directo del fundador de Rhode Island y del gobernador de Barbados, sir William Henry Crichlow; dicen que tal vez por ello le iban como anillo al dedo las películas de capa y espada. Su carrera cinematográfica tuvo un paréntesis por culpa de la Segunda Guerra Mundial, donde participó activamente. A su regreso, la compañía RKO le tomó como uno de sus galanes preferidos. Posteriormente, su popularidad le llevó hasta Europa, triunfando en países como la vieja Yugoslavia o Italia. En el país alpino tuvo la suerte de obtener un papel importante en una obra maestra: *La dolce vita*, de Federico Fellini. También en España hizo sus pinitos en películas del Oeste, donde fracasó, como en *Aoom* (1970), de Gonzalo Suárez.

Pero antes de casarse por quinta vez, y en esta ocasión con Tita Cervera, su vida estuvo llena de romances con las mujeres más guapas del momento. En su lista figuran exuberantes bellezas del escenario. Una de ellas fue la actriz Arlene Dahl, con la que se casaría en 1951 y de la que se divorciaría un año después. Arlene Dahl nació en Minneapolis, Minnesota (Estados Unidos), el 11 de agosto de 1928. Debutó en Broadway y Hollywood en la década de los cuarenta, convirtiéndose en una de las bellezas más notables de la Metro Goldwyn Mayer. En su lista cinematográfica destacan sus papeles dentro del género de la aventura y del western, como *The outriders*, *El secreto del pirata*, *Rifles de Bengala*, *Viaje al centro de la Tierra*, etcétera. En sus últimos años de vida abandonó el cine para dedicarse al mundo de la lencería y los cosméticos. Llegó a casarse en seis ocasiones. Entre sus maridos también destaca el galán latino Fernando Lamas, con quien tuvo un hijo, Lorenzo Lamas, que triunfó en la serie televisiva *Falcon Crest*.

Otra de las mujeres de Lex Barker fue Lana Turner. Con esta mítica actriz se casó en 1953, y se divorciaría de ella cuatro años más tarde. En una de sus biografías[8] se afirma que llegó a violar a la hija de la Turner, cuyo verdadero nombre era el de Julia Jean Mildred Frances Turner.[9] La actriz nació el 8 de febrero de 1921 en Wallace, Idaho (Estados Unidos), y fue principalmente conocida gracias a su imponente físico. Entre sus grandes títulos figuran *El extraño caso del Doctor Jekyll*, *Quiero a este hombre*, *Senda prohibida*, *El cartero siempre llama dos veces*, *Los tres mosqueteros* o *Cumbres borrascosas*, papel por el que fue nominada a un Oscar. Contrajo siete matrimonios. Entre sus maridos también figuran el músico Artie Shaw, el actor Steve Crane o Fred May. Murió el 29 de junio de 1995 en California, víctima de un cáncer, a la edad de setenta y cinco años.

Dicen los biógrafos que la suerte no favoreció en exceso a Barker en ninguno de sus matrimonios, pero que jamás se privó de

---

[8] Reiner Boller y Christina Böhme, *Lex Barker. Die Biographie,* Schwarzkopf and Schwarzkopf Verlag, Berlín, 2003.

[9] La mencionada hija de Lana Turner se llama Cheryl Crane y era fruto de su segundo matrimonio.

nada, ni de nadie. Junto a Carmen Cervera vivió casi ocho años. El actor decidió divorciarse de Tita, pero el destino llamó a la puerta de Lex, antes que los abogados tocasen la de Carmen. Fue un 11 de mayo de 1973, cuando Lex Barker fallecía víctima de un infarto mientras caminaba en solitario por las calles de Nueva York. Tres días antes había cumplido cincuenta y cuatro años. Su salud era ya débil. Siempre se resintió de las heridas que sufrió en la Segunda Guerra Mundial. Luchó contra los alemanes, fue hecho prisionero y, debido a sus graves heridas, le pusieron un cristal en la nariz y un hueso de platino en la cabeza.

A su muerte, Tita, todavía oficialmente su esposa, heredó una cuantiosa fortuna. Fue la primera en su currículo profesional. De ahí proviene su mansión familiar de Más Mañanas en la Costa Brava, al lado de un acantilado, y en la localidad gerundense de Sant Feliú de Guixols. Hasta este refugio y lugar preferido de Tita[10] consiguió llevar las cenizas de su marido para esparcirlas por las aguas del Mediterráneo, en contra de la voluntad de su familia política. Ésta sería la primera vez que Tita tendría problemas con sus hijastros. Sin saberlo, se iba a convertir en una especialista en herencias y pleitos. Así, Christopher L. Barker, el hijo de cuarenta y siete años del fallecido actor, denunció que Tita se quedó con la mayor parte del patrimonio de su padre, estimado entonces en al menos dos millones de dólares. Tita había conseguido la herencia gracias a un acuerdo extrajudicial celebrado en Ginebra a comienzos de los años setenta. Ella lo niega: «Si su hijo se siente engañado, es su propia familia quien tiene la culpa. Nunca vi una peseta de Lex. Y Christopher me amenazó con escribir un artículo desfavorable sobre mí a menos que le pagara dinero».[11]

---

[10] Su apego por esta localidad gerundense le llevó en el año 2004 a iniciar las obras del Museo Carmen Cervera Thyssen-Bornemisza, que se instalará en el antiguo hospital de Sant Feliú de Guixols y donde se expondrán un total de 120 obras de la colección de la baronesa; entre ellas, los lienzos de Casas, Nonell, Mir y Anglada Camarasa, en un fondo museístico de 350 cuadros.

[11] *The Wall Street Journal*, 10 de junio de 1999.

No era nada nuevo. La vida de Tita ya era muy conocida. Todos sabían que pocos días después de la muerte del actor, y dicen que para recuperarse de su soledad en tierras de América, Carmen pasó gran parte de su tiempo alternando con la *jet set* y recopilando una larga lista de novios. Continuaba así con su vida plagada de lujos y extravagancias, e imparable en su afán por destacar. Uno de sus pretendientes fue un viejo amigo de su esposo, el inversor americano Kirk Kerkorian, principal accionista de la Metro Goldwyn Mayer. Fueron varios meses de amistad que nunca llegaron a fructificar en un proyecto de boda. Sí que lo haría un año más tarde con el productor y actor venezolano Espartaco Garibaldi Borga Santoni, aunque, a pesar de la ostentación y el boato de su matrimonio, éste nunca fue considerado como válido. El casamiento se produjo el 28 de febrero de 1975 en un juzgado de la Corte Suprema de Nueva York. Como padrinos figuraron, por parte del novio, su padre Ernesto Borga Calíbrese (un italiano que pertenecía a la masonería) y el productor bilbaíno Manuel Renedo; por parte de la novia, su madre Carmen Cervera y su buena amiga Gigi Sisdell. Tras la ceremonia, oficiada por el juez Sand di Falco, se celebró un *lunch* para los más íntimos en el neoyorquino club Cabalero. *Chuchi*, como Santoni la llamaba, lucía un diseño con blusa y pantalón blanco de Christian Dior, y él, como buen dandi, vestía vaqueros, jersey y camisa blanca con cuello de pico largo, de las de la época.

Tras su glamurosa unión con el *playboy* venezolano y fruto de su extensa y dilatada relación con el mundo del cine, Tita logró con celeridad su segundo gran objetivo, que Barker siempre le había prohibido en vida: el ser actriz en Hollywood. «Lex nunca lo consintió. Me quería para él y sabía de antemano lo que significaba compartir la vida con una actriz». Con Espartaco fue muy diferente. Así, debutó en la película *Verano sangriento*, dirigida por Mario Siciliano, junto a conocidos actores americanos en el *affiche*, como Lee Van Cleef, John Ireland y Robert Windmarck.[12] Luego inter-

[12] Su producción fue italo-española, rodada en Roma y en la Costa Brava.

vendría en películas como *Nunny slide*, *Objetivo matar* y *Misile X*, esta última junto a Peter Graves y Curd Jürgen. Sus sueños se iban convirtiendo en realidad, aunque su carrera cinematográfica sólo alcanza la cifra de 18 películas. Muy pronto se convertiría en una actriz ocasional, con muy pocos escrúpulos a la hora de aceptar papeles. Algunos de ellos pertenecen a la época del destape en España, con títulos como *El calzonazos* o *La tía de Carlos*; otros de talante más popular, junto al campechano Paco Martínez Soria (*¡Se armó el belén!* o *Es peligroso casarse a los sesenta*). Aunque tampoco faltaron, eso sí, en un número muy reducido, las de tono más serio, por ejemplo, junto a Paul Naschy (*La maldición de la bestia*).

Coincidiendo con la caída en picado del aventurero Espartaco Santoni como productor de cine, abandonó definitivamente la gran pantalla. «Lo pasé bien ese año y medio que estuvimos juntos, porque en ese momento creía en él y le quería. Lo pasé bomba», ha llegado a decir.[13] Fue en febrero de 1976, y celebrando su aniversario de boda con Tita en el domicilio madrileño conyugal, cuando Santoni fue detenido por la policía acusado de estafa y falsificación en documento público. El venezolano, nacido en junio de 1932 en la localidad de Carúpano y con reconocida fama de vividor, inició a partir de entonces un camino sin retorno. Atrás quedaban títulos cinematográficos muy conocidos en su palmarés de actor y productor, como *Falstaff*, *La corista*, *Pelusa*, *La comparsita*, *Han robado una estrella*, *Héroes de blanco*... Tras abonar una fianza de un millón de pesetas de entonces para sacarlo de la cárcel de Carabanchel, donde estuvo preso treinta y cinco días, Tita solicitó de inmediato el divorcio. Dicen que asesorada por su madre y al darse cuenta de que Santoni le estaba llevando sin remisión a la ruina económica como también al descrédito social, tras dilapidar gran parte de la herencia que Carmen había conseguido al enviudar de Lex Barker.

En junio de ese mismo año Espartaco fue de nuevo detenido y procesado. Después de pasar veinte días en Carabanchel, logró salir

[13] *www.novarevista.com/famosos.*

tras la entrega de otra fianza de un millón de pesetas. Había sido denunciado por vender los derechos de las películas *Infamia*, *Los espectros* y *Pepita Jiménez*, sobre los que pesaban trabas económicas y no podían pasar a manos de terceros. Asimismo, su empresa Emanus Films S.A. tenía un expediente de quiebra. El *playboy* venezolano finalmente huyó de España y se instaló en Venezuela, donde la Interpol no logró capturarlo. Tita vivió por entonces las horas más bajas de su agitada biografía, ajena al protagonismo que le depararía en el futuro el destino. En los trámites de separación averiguó que su matrimonio con Espartaco nunca había tenido validez, al estar casado éste con la guapa actriz mexicana Tere Velázquez, con quien contrajo matrimonio en 1961 y tuvo dos hijos (uno de ellos la *famosa* Paola Santoni). Era, por tanto, un bígamo.[14]

Ya con diecisiete años, Espartaco inició su larga lista de conquistas. Por entonces se casaría en Venezuela con María de los Ángeles Seijo, una catalana con la que compartía aula en la Facultad de Derecho y con quien tuvo dos hijos. Tres años más tarde, en 1958, se casó con la folclórica Marujita Díaz, quien le introdujo en el mundo del cine. Tras su fracasada unión con Carmen Cervera, contrajo nupcias de nuevo en Venezuela en 1980 con la diseñadora de joyas Natividad de las Casas, hija de un rico petrolero. Terminó su azarosa vida en la Costa del Sol, en Marbella, donde se volvió a casar, primero con Carolina Zapata y luego con una joven malagueña, Eva Medina. Allí, a la sombra de su condenado ex alcalde Jesús Gil y Gil, regentó varios locales nocturnos, fue director del recinto portuario de la ciudad y, cómo no, promocionó los pisos del edil.[15] Antes de fallecer a causa de una dolencia pancreática (3 de septiembre de 1998), publicó sus

[14] Tere Velázquez nació en 1943 y murió en 1998. Pertenecía a una conocida familia de actores, iconos del cine mexicano.

[15] Entre los pagos que recibió Espartaco de Gil destaca uno de diez millones de pesetas de la empresa municipal marbellí Explotaciones Hoteles del Club Marítimo de Marbella S.A., pago que investigó el Tribunal de Cuentas, ya que no se detallaba ningún tipo de servicio como contraprestación.

intimidades con Carmen Cervera en una polémica biografía titulada *No niego nada.*[16] En ella afirmaba, por ejemplo, que discutía a menudo con la madre de Carmen, su otro yo. Ésta se mostró desde el inicio en contra de la relación que su hija mantenía con el *playboy.* Decía que la madre quiso incluso acompañarles en su luna de miel por Río de Janeiro y que, ante la rotunda negativa de él, las dos finalmente cedieron. También aseguraba que Tita llevaba tiempo buscando quedarse embarazada. Y que, incluso, comenzó un tratamiento en los últimos meses de relación con Espartaco para lograr tal fin.

Fue durante el periodo de separación de Santoni cuando la vida de Carmen de nuevo se disloca. Empieza a degustar la noche. Y comienza a salir con un destacado mánager español, Manuel Segura, conocido por entonces como uno de los «reyes de la publicidad», con el que mantuvo un idilio de dos años, fruto del cual aseguran muchos de sus conocidos nacería su hijo Alejandro Borja.[17] También se rumoreó en su día que el niño fuera fruto de su relación con el doctor Alfonso Abril, por entonces un conocido *playboy* de la noche de Madrid unido a Mariví Dominguín, prima del conocido torero Luis Miguel Dominguín, con el que también mantuvo un sonado romance.[18]

Tita ha seguido manteniendo muy buenos contactos con la práctica totalidad de sus ex novios. En concreto, con Manuel Segura. Fue en el otoño de 1988, ya casada con el barón, cuando salieron a la luz unas fotografías de los dos juntos cogidos de la mano. Las instantáneas fueron realizadas en la entonces discoteca madrileña de moda El Portón, propiedad del banquero Mario Conde. Tita había acudido a la fiesta organizada por su amigo

---

[16] Ediciones Capriles, Barcelona, 1990. Después publicaría la segunda parte: *Digan lo que digan*, Ediciones B, Barcelona, 1991.

[17] *Tita Cervera, una historia sin título*, de la periodista Concepción Calleja González, Belacqua, Barcelona, 2004.

[18] El doctor Alfonso Abril se casaría después por lo civil en el verano de 1988 con Paloma Segimón. Lo hizo primero en Miami y luego en Madrid.

Óscar Álvarez Ossorio y allí coincidió con su ex. Carmen no dudó en saltar a la palestra informativa para desmentir los insistentes rumores sobre su vuelta a la noche (llegaron a bautizarla como *Tita de noche*): «Cuando ya me iba me encontré con Manuel y me dio la mano para subir la escalera. Tiraron la foto y decidieron que yo estaba haciendo *manitas* con él. Además, si yo quisiera salir una noche con un señor me iría a otro sitio, no a una fiesta llena de famosos y fotógrafos... Iba a ir yo allí a hacer manitas». Para continuar diciendo: «Antes de ser infiel, yo me descaso y me caso otra vez, como siempre he hecho». Meses más tarde afirmaba: «Siempre he dicho que para ser infiel hay que tener arte. Y que cuando hay una familia por medio hay que pensárselo muy bien [...] Si se tiene al hombre que se quiere al lado, que hace todo por ti, como es mi caso, infidelidad, no. ¿Y cuándo sí? Bueno, cuando no hay amor».[19]

Fue el 24 de julio de 1980 cuando nació Borja, su único hijo biológico, al que dio sus apellidos de soltera. Tita acababa de romper su relación con Manuel Segura, del que afirman sus amigos que «se portó muy mal durante su embarazo, incluso con infidelidades anteriores que ocasionaron la ruptura». Fue en la fiesta de coronación de Carmen como Lady España cuando se volvieron a encontrar, se saludaron y dicen que todo quedó olvidado. Años más tarde, en diciembre de 2004, Borja fue precisamente testigo de la boda de Manuel Segura con Paz Pastor, celebrada en la iglesia de San Agustín de Guadalix (Madrid), adonde también acudió la ya baronesa viuda.[20]

Cuenta una biografía de los Thyssen que, en pleno embarazo de Borja, el ginecólogo le aseguró a Carmen que la criatura sería niña y que Tita no dudó en comprar el ajuar del bebé todo en color rosa. No fue un chasco. Otra vez el destino jugó a su favor,

---

[19] Revista *Panorama*, nº 111, julio de 1989.

[20] Tita llevaba un vestido de seda de color rosa y estola de piel a tono. Borja vestía chaqué. Los padrinos de la boda fueron Josy Binstock y Manuel Pastor, padre de la novia.

porque su vida a partir de entonces sí sería de color de rosa. Fue en septiembre de 1981, tras el periodo de lactancia de Borja, cuando otra vez su devenir cambió por completo. Un giro de 360 grados. De nuevo, su sapiencia para estar en el lugar concreto y con la gente precisa le llevó a «enamorarse» de otro rey, en este caso, del «rey del acero», en referencia a su importante *holding* de empresas metalúrgicas en la cuenca del Ruhr. Se trataba del aristócrata holandés de origen húngaro-alemán, Hans Heinrich Thyssen-Bornemisza de Kaszon, a quien conoció casualmente durante una fiesta celebrada en la isla italiana de Cerdeña en casa del joyero suizo Manfred Horowitz.

«Nunca olvidaré la forma en la que *Heini* me miró, y desde ese momento ya nunca más quiso separarse de mí. Me miró tan intensamente que pensé que estaba mirando a alguien detrás de mí. Me miró como mira un cuadro que quiere comprar. En aquel momento tomó la decisión de que yo iba a ser para él. Ocurrió una noche de verano con luna llena en Cerdeña, en la casa de unos amigos comunes. Yo no pensaba ir a aquella cena, porque tenía previsto mi regreso para ese día, pero al no encontrar billete de avión me quedé. Fue un destino que estaba escrito y un flechazo total. ¿Tan rápido? Sí, me invitó a cenar al día siguiente y yo, como soy tímida, le dije que aceptaba si iba con unos amigos. Él me respondió que con los que quisiera».[21] La soltura en el dominio de idiomas de Tita facilitó los posteriores encuentros. «Si no hubiera sabido inglés ni francés, no habría conocido a mi marido». El barón no sabía nada de español, aunque sí dominaba perfectamente el holandés, el alemán, el inglés y el francés.

A lo largo de cuatro años mantuvo con Heini una especie de noviazgo que fructificó en matrimonio en 1985, al obtener el barón el divorcio de su cuarta esposa, la brasileña Denisse Shorto. Sólo transcurrieron dos días desde que el barón consiguió el permiso y la boda se celebró a toda prisa en su castillo

[21] Magazine de *El Mundo*, nº 259, 12 de septiembre de 2004.

de Daylesford, en el condado de Gloucester, en una pequeña ciudad que tiene por nombre Moreton-in-Marsh, situada a 140 kilómetros de Londres.[22] Los padrinos fueron la duquesa de Marlborough y el duque de Badajoz, Luis Gómez-Acebo, cuñado del rey Juan Carlos. Al enlace, que fue celebrado en la intimidad, sólo asistieron cuarenta y cinco escogidos invitados. Entre ellos, el magnate americano de la industria del automóvil, Henry Ford, los dueños de la firma Sotheby's, el matrimonio Taubman, la millonaria Anne Getty o el joyero suizo Manfred Horowitz. La pareja llegaba al casamiento con un amplio repertorio sentimental a sus espaldas. Tita, con una larga lista de amoríos y un hijo, sin padre reconocido. Y el barón Thyssen con cuatro hijos y cuatro sonados divorcios, en los que primó la infidelidad. El primero fue con la princesa austriaca Teresa de Lippe-Weissenfeld, con la que se casó a los veinticuatro años y sólo estuvo con ella tres: «Era una mujer difícil. Quería ser el centro de todo. Además, trataba de enemistarme con mi familia».[23] El segundo, con la modelo inglesa Nina Dyer, que se divorciaría del barón a los dos años para casarse de nuevo y, tras una vida atormentada, se suicidó en 1956 con barbitúricos y con sólo treinta y seis años de edad. El tercero fue con la modelo escocesa Fiona Campbell-Walter, hija de un almirante, con la que estuvo ocho años cuajados de infidelidades, entre ellas, con el hijo del multimillonario griego Aristóteles Onassis. Y el cuarto, con la modelo brasileña Denisse Shorto, veinte años más joven que él, de quien el barón llegó a comentar que «se ha dedicado a sacarme todo el dinero del mundo».

Este último divorcio fue muy complicado desde el punto de vista legal. La tensión se palpó cuando la brasileña intentó chantajear al barón amenazándolo con sacar a la luz unas fotografías de Tita semidesnuda, escenas que publicaría la revista *Interviú* con

[22] Este castillo, situado cerca de Oxford, fue más tarde vendido por el hijo mayor del barón, Georg, cuando éste se hizo cargo de los negocios familiares.

[23] Revista *Época*, nº 339, octubre de 1992.

el título: «Carmen Cervera por vez primera».[24] En la portada del semanario se veía a una Tita reluciente, con la mirada perdida y sensual, con un cierto toque de inseguridad, con el pelo mojado, su media melena morena, y con un pecho al descubierto, como si el tirante del bañador en un descuido y en complicidad con el observador quisiera mostrarnos la belleza natural y oculta de su cuerpo. Luego, en el interior, con otro título: «Carmen Cervera conquistada por el cine», se escondía el secreto mejor guardado. No olvidemos que transcurría el año 1977, en plena Transición después de morir Franco. Por el precio de 50 pesetas se podían ver dentro varias fotografías, posadas, mucho más atrevidas y provocativas. Tita iba solamente ataviada con una braga leopardo. En unas fotos flexionada; en otras tumbada. De tal forma que se veía con claridad su cara y sus pechos. En el interior aparecía otra fotografía con los senos al descubierto y una mano haciendo de visera, como si el sol la cegara. Las instantáneas se habían tomado en una maratoniana sesión en su serpenteada piscina de la mansión de Sant Feliú de Guixols. Pero ni este presunto chantaje, ni la publicación de las instantáneas, preocuparon en demasía al barón.

Finalmente, tras cuatro años de luchas intestinas con la modelo brasileña, se llegó a un acuerdo. Por cierto, muy costoso económicamente. Fueron más de diez millones de euros (1.738 millones de pesetas), repartidos en varias propiedades en la Costa del Sol y Cerdeña, un lote de 124 piezas de joyas valoradas en cerca de seis millones de euros, un yate de lujo y una yeguada en Londres. Pero, por fin, Tita ya tenía luz verde para su casamiento. Y así ocurrió.

Fue el 16 de agosto de 1985. Una fecha que Carmen nunca borrará de su memoria, ya que pasaba a ser oficialmente la nueva baronesa Thyssen-Bornemisza y, por ende, una de las mujeres más ricas y famosas de Europa, añadiendo a su patrimonio una de las

[24] Revista *Interviú*, nº 67, 25-31 de agosto de 1977.

colecciones de arte más importantes y mejores del mundo, en la que se hallan representados los pintores más destacados a lo largo de varios siglos. Tita pasaba a compartir riqueza, *glamour,* poder y relieve social con el barón, además de conseguir una estabilidad para su hijo, a quien el barón adoptó. Eso sin contar con una extensa flota automovilística (por ejemplo un Rolls Royce), un avión privado (un Falcon-20), una fabulosa colección de alfombras y disponer de ocho mansiones entre Inglaterra, Francia, Suiza, Jamaica y España. Aunque su residencia oficial la fijó en Lugano (Suiza), en la mansión conocida como Villa Favorita, una inmensa residencia que pertenecía al padre del barón y que hoy en día Tita quiere vender. Se trata de un palacete del siglo XVII con 36.000 metros de jardines frente al lago Lugano, al que bordea la heredad en cerca de un kilómetro, y valorado en unos 35 millones de euros. Fue adquirido por los Thyssen en 1932 a un príncipe ruso.

Este nuevo impulso social logró que, sólo un año después de su boda, la *jet set* española la volviera a admitir en su círculo. De nuevo brillaba. Tita fue nombrada por esta *fauna* como Lady España[25] y más tarde con el título de Sirena Costa Brava (año 1988). Pasaba de ser considerada como una intrusa, apestada y vividora, calificativos provenientes de su matrimonio con Espartaco Santoni, a ser una de las caras más deseadas en las fiestas de la alta sociedad y en los círculos sociales, donde ya se le acogía con respeto, pudor y miedo. Conseguía hacer realidad los sueños que su imaginación creaba. Hasta llegó a realizar un spot publicitario para el Gobierno socialista de Felipe González donde daba rienda suelta a su dimensión patriótica. Se trataba de 45 segundos sabiamente aprovechados por la baronesa para elogiar en inglés su famosa colección de arte, la historia, la geografía y la gastronomía española. El spot, luego exhibido en Europa,

[25] Este título honorífico de origen italiano también lo han llevado la duquesa de Alba, Marta Chávarri, Charo Llerena, Vivian Tablada, Marina Danko, María Vidaurreta, Laura Valenzuela, etcétera.

Extremo Oriente y Australia, fue rodado en su mansión marbellí de Mata Mua, cuyo nombre hace referencia al cuadro de Gauguin que ella posee. Volvía a ser la *Carmen* de España, maquillada por ella misma y vestida para la ocasión de largo y tules por el modisto francés Balmain. Se trataba del mismo vestido, un voluminoso traje blanco de lunares con reminiscencias del siglo XIX, que días antes lució en la fiesta de cumpleaños del millonario árabe Adnan Khashoggi, también celebrada en la Costa del Sol. Su *speach* en inglés, de 73 palabras, comenzaba así: «Hola, mi nombre es Carmen Cervera, baronesa Thyssen. Mi marido y yo hemos decidido traer nuestra colección a España, porque éste es un país que ha hecho del arte una forma de vida...». La campaña, patrocinada por Turespaña, tenía como responsable precisamente a su ex novio, Manuel Segura, que en su condición le regaló un reloj de oro.[26]

Tita asumía otros papeles. Dejaba ya de lado sus oscuros movimientos en el cine, sus desnudos y sus anécdotas, a cambio de su pasión por el arte y las subastas. Y, por supuesto, por los diamantes y zafiros. Casi todas las joyas que luce Tita provienen de regalos de Heini. «Yo tenía alguna joya cuando me casé y a veces compro alguna poco importante, lo que yo llamo "joyas de verano". Las demás me las regala mi marido», *dixit*. Una de sus preferidas es la conocida por *Estrella de la Paz*, un espectacular diamante de 180 quilates que le regaló *ad hoc* el barón, al ser un capricho muy especial de Tita, ya que ésta lo había querido adquirir años antes en Ginebra en uno de sus viajes a Europa con su primer marido, el actor Lex Barker, con el que invernaba en la localidad suiza de Klosters. El diamante estaba valorado en aquella época en tres millones de dólares.

Su vida, como se observa, iba por un camino muy diferente al de sus orígenes. Había pasado de ser reconocida tan sólo por su belleza natural a su consideración por el poder y el dinero

[26] En la lista de elegidos por Turespaña también figuraban Plácido Domingo, Severiano Ballesteros, Laura del Sol, Montserrat Caballé y Julio Iglesias.

adquirido. «Sin dinero no hay poder y en muchas ocasiones el prestigio también viene dado por el poder».[27] De nuevo el destino le había reservado el mejor papel posible para ella: ser la baronesa Thyssen, que enseguida comenzó a interpretar sin descanso las veinticuatro horas del día. Ella lo tenía asumido: «Siempre salgo de casa arreglada, por si me toman una foto».

Así, en 1988 ya interviene personalmente en las negociaciones que el barón mantiene con el Gobierno de Felipe González para que la colección Thyssen se instale definitivamente en Madrid, en lugar de Suiza o Nueva York. La intermediación de Carmen es clave, como también lo fue para constituir una pinacoteca en el palacio de Pedralbes, en Barcelona, con 75 cuadros provenientes de la colección privada del barón. Gracias a su gestión, el Estado español adquiriría cinco años después 775 cuadros de la colección Thyssen, integrada por unas 1.700 obras, previo pagó de 338 millones de dólares (42.227 millones de pesetas) a la empresa de la familia Thyssen, Favorita Trusted Limited. En reconocimiento a su labor, Tita recibió de manos del rey Juan Carlos, en un acto celebrado en el veraniego palacio de Marivent (Palma de Mallorca), la Orden de Isabel la Católica y la Medalla de Oro al Mérito a las Bellas Artes.[28] Había logrado que la colección pictórica, la segunda colección privada más importante del mundo tras la personal de la reina Isabel de Inglaterra, no se dispersase entre los herederos de su marido, como deseaba su primogénito Georg Heinrich Thyssen, un discreto jurista que reside en Mónaco, que suele acudir a su oficina con náuticos y una chaqueta deportiva arrugada, y que fue nombrado director general del Thyssen-Bornemisza Group (TGB) a mediados de los años ochenta tras la jubilación de su padre. Heini JR., nuevo barón Thyssen-Bornemisza de Kaszon, está casado con la austriaca Katherina von Meran, hija del conde Von Meran, y es padre de un niño, de nombre Simon.

---

[27] Revista *Época*, nº 814, octubre de 2000.

[28] 8 de agosto de 1988.

Pero el gran proyecto de Tita, un plan largamente perseguido por algunos y temido por otros, se consumó el 8 de octubre de 1992, al inaugurarse oficialmente el Museo Thyssen-Bornemisza en el palacio de Villahermosa. Un recinto de 18.000 metros cuadrados, situado frente al Museo del Prado de Madrid, que cambió su *look* bancario gracias al diseño del arquitecto Rafael Moneo y a una inversión de 4.300 millones de pesetas. Esa misma noche los Thyssen mostraban su felicidad e invitaban a una cena de gala a noventa privilegiados en su propio museo. El menú, servido por Jockey, era muy simple: sopa de melón, puntas de espárragos gratinados de queso de Roncal y pollo de perdiz a la española. Días más tarde se celebró otro gran evento de inauguración en la conocida rotonda del hotel Palace de Madrid, a escasos metros del Museo Thyssen. Era la primera vez en la historia de este emblemático hotel que se servía una cena privada en su rotonda. La heroína de Barcelona lograba hacer realidad otro sueño: ser reconocida socialmente.

Su imparable ascenso popular —no se perdió evento alguno en su relanzamiento— hizo que en el año 2000 ingresase ya en la Real Academia de las Bellas Artes de Cádiz, al igual que lo haría su hijo Borja seis años más tarde.[29] Ese mismo año de 2000 firmó también la prestación, por un periodo de once años, de su colección particular al Estado español; con la condición de ampliar el museo con dos nuevos edificios colindantes, aspecto que se consumó en 2004.[30] Entre sus lienzos particulares se encuentran varios Degas, Monet, Gauguin, Renoir, Picasso, Matisse, etcétera.

Sin embargo, no todo eran parabienes, éxitos y grandes dotes de felicidad. Dos años antes, el 27 de abril de 2002, moría en su residencia de Sant Feliú de Guixols el barón Thyssen, a los ochenta

[29] Borja no se presentó a la sesión de apertura de 2006, ni a recoger la medalla correspondiente. Lo hizo por él su madre. Los otros dos nuevos miembros sí que acudieron al evento. Se trataba del bailarín Ángel Corella y de la pintora Pilar de Arregui.

[30] Los arquitectos de la ampliación del museo, con una inversión pública de más de 36 millones de euros, fueron Manuel Baquero y Francesc Pla.

y un años, víctima de un infarto provocado por una enfermedad cardiorrespiratoria de la que había sido tratado en la clínica Teknon de Barcelona y que ya en 1994 le llevó a estar quince días en coma en un hospital de París. El barón, que era enterrado en el pabellón familiar situado en el castillo de Schloss Landsberg (en Alemania), dejaba una fortuna valorada en unos 3.100 millones de euros, algo más de 500.000 millones de pesetas.

Tres meses antes de fallecer había logrado por fin un acuerdo entre todos los herederos. Atrás quedaban los varios años de pleitos y litigios por la fortuna del barón. El temor a una guerra por su legado le había perseguido toda la vida. Hay que significar que las luchas por el dinero han sido frecuentes en esta dinastía familiar. No en vano, su padre y su tío protagonizaron también un largo conflicto tras la muerte del abuelo August Thyssen-Hütte. Éste es el pilar de la fortuna de los Thyssen, hoy en gran parte en manos de Carmen Cervera.

El abuelo August nació pobre, en el seno de una familia campesina. A los veinte años pidió un préstamo de 20.000 marcos y compró una pequeña empresa laminadora. Pronto se percató de la enorme riqueza en hierro y acero de la cuenca del Ruhr. Y diez años después ya había transformado toda la región y había creado la firma Thyssen y Compañía. Era el mayor productor de carbón y dueño de empresas cementeras. Cuando se desató la Primera Guerra Mundial, ya producía un millón de toneladas de hierro y acero al año, y empleaba a 50.000 personas. Poseía, además, sus propios barcos, una red ferroviaria y varios muelles. Sus tentáculos se extendían por Alemania, Francia, Bélgica y Holanda, e, incluso, por India y Rusia. Dicen sus biógrafos que, a pesar de su enorme fortuna, estipulada entonces en 100 millones de dólares, no era muy opulento en sus formas y que era bastante avaro. Vestía ropa barata, conducía un coche viejo, tenía una modesta oficina y comía con sus trabajadores. Su afición por el arte le viene de la amistad con el célebre Rodin, de quien adquirió seis de sus esculturas. Su lema estajanovista «Si paro, me oxido» lo llevó a rajatabla hasta sus últimos días. El reloj se le paró en 1947, a los ochenta y cuatro años, víctima de una neumonía.

Su patrimonio quedó entonces en manos de dos de sus hijos, Fritz y Heinrich (padre del barón), cuyas relaciones no eran nada buenas. En 1930 ambos decidieron romper su relación laboral. Dividieron su herencia en dos partes y corrieron suertes diversas. Fritz se quedó con las fábricas de acero y las minas de carbón y coqueteó con el nazismo, a cuya causa aportó 100.000 marcos de oro. El dinero llegó al partido de Hitler y a las Freikörper por Erich Ludendorff, de quien era amigo.

A diferencia de su hermano, y debido al peligro nazi, Heinrich sacó parte de su fortuna de Alemania y se marchó a Holanda. Se quedó con las navieras, el puerto de Rotterdam, las empresas de gas y dos bancos comerciales. Allí, en 1921, nació su hijo Heini, en la localidad de Scheveningen, muy cerca de La Haya. El barón fue el último de cuatro hijos fruto del matrimonio de su padre con Margarita Bornemisza, una aristócrata húngara. En 1907, el empresario industrial Thyssen, y no Von Thyssen, como se les llama erróneamente, recibió por línea de adopción colateral el título y las armas de la antigua baronía húngara de Bornemisza de Kaszon, que adjuntaron a su apellido original.

Fue a la muerte de su padre en 1947, y con sólo veintiséis años, cuando Heini se convirtió en el heredero del vasto imperio. Su currículo estudiantil hasta entonces no era muy brillante. Había realizado sin mucho éxito estudios de Derecho, Economía, Arte y Literatura Francesa. Al tomar las riendas de los negocios lo primero que hizo fue vender la industria pesada e invertir en otros sectores como la electrónica, las telecomunicaciones, el petróleo, el transporte naval, etcétera, es decir, diversificar los riesgos. Lo segundo, marcharse a Suiza, donde a partir de 1952 ya poseía la nacionalidad helvética. Y tercero, instalar sus empresas fuera de Europa, castigada con la Segunda Guerra Mundial, y establecerlas en Canadá y Estados Unidos. Su fama de duro negociador le ayudó. Así, instaló en California una empresa dedicada a la fabricación de plataformas marítimas y terrestres para la perforación de pozos petrolíferos; en Nueva York situó una empresa de ordenadores... y así sucesivamente. Actualmente todas las empresas, trescientas esparcidas por todo el mundo, están agrupadas bajo las siglas del *holding* Grupo Thyssen-Bornesmisza (TGB), con sede en el paraíso fiscal de Hamilton, capital de las islas Bermudas, una colonia británica miembro de la Commonwealth.[31]

El abuelo y el padre del barón eran muy aficionados al arte, y de ahí le viene su pasión de coleccionista. Pero también de ahí proviene otro foco de luchas familiares, en este caso entre el barón y sus hermanas por el control de la colección pictórica: 380 obras de arte clásico que había recopilado su padre en vida. Heini pretendía, al contrario que sus hermanas, que la colección de su padre no se desperdigara. Para evitarlo, les compró la parte de las obras que les había correspondido en el reparto de la herencia.

Años después le volvería a pasar lo mismo con sus hijos. El barón nunca había sido un buen progenitor; sus hijos crecieron ajenos a la convivencia familiar, y él mismo lo reconoció públicamente: «No soy un buen padre. Los bebés no me gustan nada. Los niños me interesan de los cuatro hasta los catorce años. Después se vuelven todos locos».[32] Sin embargo, en este caso la sangre, tras derramarse, no llegó al río. Los Thyssen firmaban, después de un duro pleito judicial, un pacto de no agresión familiar.

La batalla judicial comenzó en enero de 1997, cuando el barón se querelló contra su hijo mayor Georg por su gestión al frente del grupo y le reclamó 264 millones de euros (en torno a 44.000 millones de pesetas) por los beneficios pactados y no cobrados. En este acuerdo se estipulaba que el barón se reservaba, de por vida, un 30 por ciento de los beneficios, asegurándose un mínimo

---

[31] Esta rama de los Thyssen no mantiene relación empresarial alguna con el consorcio alemán de locomotoras de alta velocidad Thyssen AG, ni con los propietarios de la empresa de ascensores Thyssen-Boetticher. Estos grupos pertenecen a otras familias. Como ya se ha comentado, las divisiones a lo largo de los años han sido muchas en esta dinastía.

[32] Revista *Época*, nº 603, septiembre de 1996.

de 15 millones de dólares, que posteriormente se elevarían a 20. Los herederos siempre habían mirado con recelo a la quinta esposa de su padre, Carmen Cervera, omnipresente en todos los negocios del barón. Y ni los cuatro hijos naturales de Heinrich Thyssen ni sus ex mujeres habían escatimado descalificaciones hacia Tita cuando se declaró la guerra por la herencia.

Las descalificaciones contra el adversario fueron hirientes. Por ejemplo, su hija Francesca, presidenta de la Fundación Arch, una organización benéfica internacional dedicada a la recuperación de obras de arte dañadas por guerras y pillajes,[33] llegó a afirmar al *Sunday Times* sobre Carmen Cervera que: «*La Cenicienta* no se escribió por casualidad. El síndrome de la madrastra malvada ha destruido a un sinnúmero de familias. La madrastra de la Cenicienta es un angelito comparada con ella. Le ha comido el coco a mi padre».[34] La baronesa no se quedaba tampoco callada. Contraatacó a sus hijastros afirmando que el primogénito, Georg, no era hijo natural de Heinrich Thyssen, sino de su cuñado, el ya fallecido Ivan Batthyany. Y que su hija, Francesca, sólo le visitaba cuando necesitaba dinero. «Mi marido dice que no les caigo bien porque sus madres no hicieron nada mejor que ir a la peluquería».[35]

Los enfrentamientos fueron tales que un día, la baronesa, de carácter pasional y con un *pronto* a veces incontrolado, se presentó en Mónaco, donde reside Georg Thyssen, para exigirle que le pagara de inmediato a su marido los 70 millones de dólares que le debía por los acuerdos firmados en su día e infringidos. La bronca fue mayúscula, dicen que entre portazo y golpetazo. Una carta del primogénito deja constancia de la gran tensión vivida aquel día:

---

[33] También es miembro del consejo asesor de la casa de subastas Phillips, de Pury & Luxembourg.

[34] 28 de septiembre de 2000.

[35] *El Periódico de Catalunya*, 18 de marzo de 1996.

Querido padre, como debes saber, tu esposa ha estado aquí y, de nuevo, ella sólo tiene cosas negativas que decir de mí, y de los otros hijos [...] Considero que es una lástima que ella no tenga respeto por nosotros y por lo que tú has creado. Sus exigencias y su presión intentan infringir el acuerdo de la herencia y los principios de los *trust* y los pactos [...] Estoy dispuesto a estudiar contigo nuevas fórmulas para mejorar las cosas, con la condición de que sean sensatas y que se realicen dentro de las estructuras que tú has creado.[36]

Y así fue. Finalmente se lograron superar los primeros escollos. Y reunión tras reunión, un hijo tras otro, el barón consiguió que el reparto de su botín se cerrara definitivamente en Basilea (Suiza) el 15 de febrero de 2002. Casualmente, dos meses antes de su muerte. No obstante, el legado del barón escondía una sorpresa. Sus herederos no pueden tocar el capital de su *trust* de empresas hasta el año 2043, aunque sí pueden disfrutar de sus beneficios, que cada año se sitúan en torno a los 100 millones de dólares de media. Los beneficiarios de su multimillonaria fortuna eran sus cinco hijos: Georg Heinrich, de 57 años, nacido de su primer matrimonio con la princesa Teresa de Lippe-Weissenfeld; Francesca, de 49 años, casada con el archiduque y heredero al trono imperial de Austria, Carlos de Habsburgo,[37] y Lorne, de 44 años, productor cinematográfico convertido al islam y con residencia en Beirut y en París,[38] ambos hijos de la modelo inglesa Fiona Campbell; Alexander, de 31 años, residente en París, dedi-

[36] *La Clave*, 31 de junio de 2002.

[37] Carlos de Austria, presidente del Movimiento Paneuropeo, piloto del ejército austriaco y primogénito de Otto de Habsburgo, llegó a ser presentador de un programa de la televisión de su país titulado *Who is who*, una especie de *Ruleta de la fortuna*. Se le vinculó con la farándula. Fruto de su matrimonio en 1993 con Francesca Thyssen, que le lleva tres años de edad, tiene tres hijos: Eleonor, Ferdinand y Gloria.

[38] Primero intentó abrirse camino como actor profesional. Luego se introdujo en la producción en circuitos minoritarios. Ha producido la película *The Labyrinth*.

cado a la vida contemplativa y fruto de su matrimonio con la brasileña Denisse Shorto (el único vástago que, por consejo de sus abogados, no rubricó ese día el acuerdo); y Borja, de veintisiete años, el hijo de Tita Cervera, a quien el barón adoptó en 1984 en una ceremonia celebrada en la catedral de San Patricio, en Nueva York. En esta ceremonia también se le bautizó, teniendo como padrinos a Anne Getty y al duque de Badajoz, Luis Gómez-Acebo.

Borja salía así claramente favorecido, al heredar del barón en torno a 620 millones de euros y treinta cuadros, entre ellos, un Goya titulado *Mujer y dos niños en la fuente*, valorado en 120 millones de euros. Pero, al margen, era también el principal heredero de la fortuna incalculable de su madre, que sólo en cuadros se estima que asciende hoy a más de 150 millones de euros. Entre ellos el *Mata Mua*, de Gauguin (valorado en unos 18 millones de euros); *The lock*, de Constable; *La pequeña palmera*, de Dufy; *La maison dans les roses,* de Monet; *La solitude. Souvenir de Vigen*, de Corot, etcétera. Este último cuadro fue un regalo de Napoleón a su esposa Josefina. Pero, además, la baronesa cuenta con obras de Zurbarán, Zuloaga, Jan Brueghel el Viejo, Luca Giordano, Canaletto... En su colección, de más de seiscientas obras, abunda la pintura del siglo XIX y comienzos del XX, aunque también tiene múltiples retratos, una modalidad que siempre le ha gustado. Entre ellos, cuenta con varios lienzos de Ricardo Macarrón y más de sesenta obras de la pintora argentina Mercedes Lasarte de Hokanson, a la que conoce desde los tiempos en los que estaba casada con su primer marido, el actor Lex Barker.

Todas las obras de arte que el barón no vendió a España están agrupadas en la sociedad de cartera denominada Art Trust, con un valor aproximado de 750 millones de dólares, y cuya principal beneficiaria es Tita Cervera. Otra de las sociedades de cartera donde Tita aparece como beneficiaria es la denominada Vlaminck Trust. Se trata de un fideicomiso creado meses antes de comenzar el pleito familiar en Las Bermudas, con la principal finalidad de continuar la causa si el barón falleciera antes de su conclusión.

Fue precisamente al morir el barón cuando Carmen cogió definitivamente el timón de la Fundación Thyssen-Bornemisza (actualmente es vicepresidenta vitalicia del Patronato y de la Fundación del Museo Thyssen, cuyo activo contable ronda los 400 millones de euros). Tita se convertía en la cara visible de la colección pictórica. De esa manera continuaba con sus inversiones artísticas, sin olvidar, por supuesto, las inmobiliarias, que están tasadas en más de 300 millones de dólares. Las ventajas de las inversiones de los potentados en obras de arte, con respecto a las efectuadas en bienes inmuebles, suelen ser bastante más satisfactorias desde el punto de vista fiscal. Y, por tanto, su visión no sólo está relacionada con la mera satisfacción artística.

Hoy nadie duda de que Tita Cervera le debe todo lo que sabe y todo lo que tiene a su «gran amor», el barón Thyssen, a quien se dedicaba con esmero, a pesar de sus enormes, inefables y constantes melopeas. «Fui contagiada por él», ha llegado a afirmar. Por su parte, el barón no dudaba en reconocer la valía de Tita a sus amigos: «Me es fiel y me soporta. Se preocupa por mí. Las otras no hicieron nada por mí». Dicen sus conocidos que sólo ella podía entrar en su despacho sin llamar a la puerta y que él le dio todo lo que ella le pidió, hasta darle los apellidos a su hijo Borja.

Borja Thyssen-Bornemisza es hoy un fornido y alto chico. Mide 1,90 y es un especialista en kárate. El heredero de Carmen ha sufrido recientemente no sólo un cambio radical en su físico (ha dejado el kárate por las pesas), sino también en su personalidad. De niño mimado ha pasado a ser un supuesto gestor de empresas.[39] De pequeñito, su soledad de «príncipe» la pasaba

---

[39] Al margen de los negocios familiares, también es accionista de locales de copas. Uno de ellos está en Barcelona, y lo regentaba el hijo del fallecido escritor José Luis de Villalonga, de nombre Fabrizio, con cuya familia se enemistaron los Thyssen.

viendo durante horas y horas la televisión o películas de Walt Disney, como *El pato Donald*, *Mickey Mouse*... Su abuela Carmen, a quien Borja llamaba «Mami», fue su única compañera y su primera maestra en la escritura y la lectura. Su madre seguía al barón allá donde fuera o un negocio les requiriera; por eso también situó a su lado a una institutriz, una ex monja que velaba por él. Desde muy joven Carmen quiso introducir a su hijo en el mundo del arte, por lo que le llevó a recibir innumerables cursillos sobre esta materia. Al niño se le podía ver acompañando a su madre por los pasillos de los distintos museos del mundo, por los que Tita y el barón deambulaban a la captura de nuevos lienzos. «Quiero que se empape bien del mundo de la pintura, quiero que me ayude en todo lo que se refiere a la colección Thyssen», ha declarado su progenitora siempre que se lo han preguntado.

No obstante, académicamente Borja no ha sido ninguna lumbrera; más bien todo lo contrario, un mal estudiante. Tras pasar sin éxito por varios colegios de Suiza y Madrid, ha gozado de los máximos caprichos estudiantiles, siempre rodeado de profesores particulares. Luego pasó por universidades privadas, donde el acceso es más sencillo, para estudiar cursos de gestión económica, carrera que no ha terminado, aunque, afortunadamente para él, domina varios idiomas, como el inglés, el francés y el italiano. De su madre no ha heredado su sonrisa, pero sí en cambio ha aprendido la extremada timidez y seriedad de los Thyssen, que últimamente parece haber perdido.

Hoy, Carmen y Borja disfrutan de las diferentes residencias que posee la baronesa: Jamaica (la más antigua), Ibiza, Sant Feliú de Guixols, Marbella, etcétera, todas en perfecto estado y con un numeroso servicio doméstico preparado ante cualquier aparición inesperada. Repartida la herencia del barón, las casas de París y Londres salieron a la venta. Unas dieciocho piezas de la mansión de la capital del Sena se subastaron en Londres, obteniendo por ellas 3,2 millones de euros. Se incrementaba así el patrimonio líquido acumulado por Tita Cervera y su hijo, quien hoy se dedica a coleccionar grabados.

Pero su residencia oficial está fijada en Madrid, en la elitista urbanización de La Moraleja, en un espacio que cuenta con 40.000 metros cuadrados de jardín, con lago propio, palmeras, etcétera. El jardín de la casa es tan grande que muchas de las capitales de provincias no tienen un parque público de sus dimensiones. Está situada en la calle Camino del Golf, en un lugar elevado, y su valor se estima en torno a 30 millones de euros. La mansión, con forma de pagoda tailandesa, techos rojos, una gran piscina al aire libre, piscina climatizada, canchas de *squash* y de tenis, huerto, palomar, terrazas para todas las épocas del año y un sinfín de habitaciones... es uno de los muchos lugares donde la baronesa y su hijo *matan* su tiempo libre.

El solar fue adquirido en 1987 por 1.200 millones de pesetas del valor de entonces. La compra se realizó tras desechar previamente otro enclave de La Moraleja, que posteriormente compró otra dama a la sombra del gran poder, Isabel Preysler, y su marido Miguel Boyer. «El solar era pequeño para nosotros. Yo necesito como mínimo 10.000 metros cuadrados, porque hemos vendido la granja que Heini tenía en Inglaterra, donde llueve a todas horas, y tengo que construir una casa en la que mi marido se sienta a gusto. Necesitamos una casa más grande», llegó a decir en 1988. Estas afirmaciones no se ajustaban a la realidad, ya que por entonces se dijo que el vendedor del solar,[40] el empresario naviero Fernando Fernández Tapias, más conocido por *Fefé*, había pedido por él 250 millones de pesetas y que, cuando la baronesa fue a adquirirlo de acuerdo con el precio fijado, el luego presidente de la Cámara de Comercio de Madrid le dijo que no podía aceptar su oferta porque la operación estaba ya cerrada con Isabel Preysler, quien se había anticipado y había

[40] El solar tenía 5.041,71 metros cuadrados y en él se levantaba una vivienda unifamiliar de 1.440 metros cuadrados.

dado una señal como compromiso (20 millones de pesetas en *cash*). La guerra entre dos mujeres a la sombra del poder comenzaba y hoy todavía perdura. La batalla en el número de cuartos de baño en su residencia la ganó la Preysler, con dieciséis; Tita sólo construyó seis. «Eso de los dieciséis me parece exagerado y hasta aburrido». Antes de adquirir su definitiva casa en Madrid, la pareja se acomodaba en sus viajes a la capital de España en una lujosa suite del hotel Villamagna, en el paseo de la Castellana.

Transcurridos los años, Carmen tiene actualmente como vecina en La Moraleja a otra señora del gran poder, la empresaria Alicia Koplowitz, cuya mansión se eleva todavía más que la de la baronesa.[41] Ambas sólo comparten la afición por los cuadros y los animales abandonados. En la mansión de los Thyssen ha llegado a haber al mismo tiempo doce caniches, dos gatos, dos loros y multitud de conejos, muchos de ellos silvestres. Su raza preferida de perros es la yorkshire, y en concreto, una de sus perras favoritas es conocida por *Juanita*. Es en La Moraleja donde Tita tiene su coto privado, en el que los moradores de las fastuosas mansiones pagan su anonimato envueltos en fuertes medidas de seguridad. Grandes setos, pinos y encinas milenarias protegen de la vista las lujosas casas. Cámaras de vídeo, guardias de seguridad y enormes mastines advierten al visitante de que allí vive alguien importante. Todos callan. Los jardineros, los carteros, los repartidores. Nadie conoce a nadie en esta restringida zona, que un día allá por la década de los sesenta fue un frondoso bosque.

Pero la lista de propiedades no termina aquí, ya que Borja, un amante de los coches de lujo, las motos Harley Davidson, los yates y el mar, también dispone de residencia propia en Ibiza, donde pasa buena parte de su descanso estival. Se trata de una de las mejores mansiones de la isla, valorada en unos 12 millo-

[41] Véase el libro de Juan Luis Galiacho y Julián Pérez Olmos, *Los herederos del Gran Poder*, La Esfera de los Libros, Madrid, 2005.

nes de euros, de diseño vanguardista, casi toda acristalada, lo que proporciona mucha luz a la vivienda (que cuenta con grandes espacios, gimnasio y un espléndido jardín). Borja Thyssen no ha modificado apenas la estructura encargada por su anterior propietario, un empresario alemán que residía muy poco tiempo en ella. La casa, de unos dos mil metros cuadrados, cuenta con un amplio salón en el piso inferior y dormitorios y baños en la planta superior. Minimalismo y amplitud, ésas son sus peculiaridades. Sin olvidar sus magníficas vistas al barrio de Dalt Vila, el más antiguo de Ibiza, o a la colina de Roca Lisa.

Además, Borja también disfruta de una vivienda adyacente dentro del complejo residencial que su madre mantiene en la Costa Brava, donde la baronesa ha instalado definitivamente su cuartel general, por lo que es común que se recluya allí en busca de su independencia, hoy compartida con su actual mujer, Blanca Cuesta, que se define como «su enfermera particular». Curiosamente, el hijo de Carmen, quien desde siempre ha sido portada en las revistas del corazón, también se prodiga en el papel *couché*. Y, a pesar de que siempre va protegido por guardaespaldas, no le importa ser el objetivo de los flashes de los *papparazi*, siempre acompañado de su más perenne conquista: Blanca Cuesta.

Esta extravertida modelo de Tarrasa (Barcelona), de veintiocho años (un año mayor que él), conoció a Borja en Sant Feliú de Guixols durante el verano de 1998 «gracias a un flechazo». Un amigo común, que era el socorrista de la piscina del complejo náutico donde Borja atracaba su barco, les presentó. Dicen que su primer encuentro fue en altamar, a bordo del yate de Borja. Que éste la impresionó a base de una cena de exquisitos mariscos preparados por el cocinero de Tita. Gracias a su relación con el heredero de la baronesa Thyssen, la chica ha desfilado en la pasarela Gaudí luciendo bañadores de Dolores Cortés. Sin embargo, su carrera profesional es muy escasa y sin relieve alguno. Antes de ser modelo, había estudiado la carrera de Enfermería y llegó a trabajar en el servicio de urgencias como auxiliar clínica, continuando así con la tradición familiar, ya que su padre era médico cirujano y su madre enfermera.[42] También hizo sus pinitos en el mundo de la publicidad apareciendo en la portada de la revista barcelonesa *Bar-ona*, que se define como la revista urbana del nuevo milenio. Lo que más le gusta de su cuerpo son sus piernas y caderas, «por no entrar en cosas más obvias como tetas y culo» (*sic*). A la modelo, que apenas lee, le gusta vestir pantalones tejanos muy bajos de cintura, camisetas «blancas» y zapatos con grandes tacones. Entre sus marcas preferidas destacan Dsquared, Dolce&Gabbana y en bolsos la firma Chloé. O al menos de eso presume.

Sin embargo, Blanca saltó a la fama, al igual que hizo en su día su futura suegra, al salir semidesnuda en la portada de la revista *Interviú* gracias a unas fotos tomadas también en la Costa Brava.[43] Fue en marzo de 2004 y tras aumentarse el pecho. Dicen que la operación de senos fue un regalo de la familia Thyssen. «Si lo hace todo el mundo, ¿por qué no lo puedo hacer yo?», llegó a decir la modelo. Sin embargo, esta aparición pública no gustó nada a la baronesa viuda. Desde ese momento, dejaron de ser «amigas». Las comidas en restaurantes de lujo y las compras en tiendas exclusivas junto a ella desaparecieron. Borja y Blanca han mantenido una relación muy tormentosa antes de formalizar su matrimonio. Sobre todo, en el periodo comprendido entre septiembre de 2004 y enero de 2005, donde rompieron todos sus vínculos. La modelo regresó a la rutina del hogar paterno en Tarrasa. Pero parece que la idea no le convenció mucho y pronto volvió al regazo de Borja, que la recogió encantado. Tanto que por ella se realizó dos tatuajes en su cuerpo: uno que ocupa su hombro y brazo derecho, y que representa el símbolo de Blanca en el horóscopo chino (un enorme tigre), y otro en la pierna con el nombre de su chica en japonés.

---

[42] Aparte de Blanca, el matrimonio Cuesta tiene otros tres hijos.

[43] Revista *Interviú*, nº 1.454, 8-14 de marzo de 2004.

Hoy las cosas han cambiado. En diciembre de 2006, Blanca, cuya vida «es un *hobby*», volvió a salir desnuda luciendo sus atributos personales en una revista y en su familia política no se armó tanto revuelo. Se trataba de la publicación GQ, donde además realizaba unas declaraciones fuera de tono.[44] Por ejemplo, se confesaba defensora a ultranza de los vídeos pornos caseros, «pero, eso sí, en privado». También afirmaba que en su relación con Borja es él quien lleva los pantalones, pero «soy yo quien se los bajo [...] A mi novio le hace gracia que los demás puedan ver, pero no tocar». Después de esto, hay quien todavía afirma que en la familia Thyssen prima la normalidad. «Cuando una pareja lleva estos años de noviazgo es normal que vaya pensando en casarse y tener hijos. Nuestra relación está muy consolidada», ha llegado a afirmar el heredero de la baronesa, quien en su día le regaló a Blanca un *caprichito*: un Porsche de color rojo, que se unía a otros caprichos más diarios como son el champán francés, de marca, junto a latas de caviar iraní.

Regalos que aumentarán cuando nazca su primer hijo («un bebé totalmente buscado y deseado», dice Blanca), cuyo alumbramiento fue anunciado en exclusiva en la revista *¡Hola!,*[45] en un reportaje acompañado de imágenes de la pareja en la mansión de Ibiza. Como también fue proclamado su enlace nupcial para el otoño de 2007. «Nos hace mucha ilusión que nuestro hijo nazca con sus padres ya casados. La boda será por la Iglesia y creemos que en régimen de separación de bienes». La pareja, que ha adquirido una nueva casa en Ibiza, se prometió el 29 de enero de 2007 en el restaurante Botafumeiro de Barcelona. Como regalo de pedida, Borja le ofreció a su novia un anillo con un diamante de Birmania. La historia, como se observa, se repite.

Dicen que la complicidad entre Borja y su madre, al igual que la que mantuvo Tita con doña Carmen, es total. Es la voz en la

---

[44] Revista GQ, nº 118, enero de 2007.

[45] Revista *¡Hola!*, nº 3.295, 18 de julio de 2007.

sombra de su conciencia. Dicen que los Thyssen-Cervera no tienen secretos el uno para el otro, a pesar de las últimas desavenencias con motivo de la boda de Borja. Esto permite que, cuando el joven sale de noche o de viaje de placer con Blanca, también aparezca en escena la baronesa, sola o acompañada. Así, en febrero de 2005 *Diez Minutos* publicaba un amplio reportaje donde se podía ver a dos parejas juntas: Borja con Blanca y Tita con un antiguo profesor de kárate de su hijo, el salmantino Javier Báñez, de cincuenta y cuatro años de edad, ex director técnico de la Federación Madrileña.[46] Éste conocía a la baronesa desde 1992, fecha en la que fue contratado para dar clases particulares a su hijo. Luego se convertiría también en el monitor particular de la baronesa. Según la revista, juntos habían realizado un viaje por las elitistas playas de Punta del Este (Uruguay), finalizando el periplo en Marbella (Málaga), donde los Thyssen poseen una mansión en la urbanización Santa Margarita, en la «Milla de Oro». Según *Diez Minutos*, ya con anterioridad se les había visto juntos, primero de compras por Madrid y en 1998 navegando por la costa gerundense de Sant Feliú de Guixols. Una amistad de más de trece años.

Pero la última aparición sonada de Carmen Cervera fue en mayo de 2007, como también lo hizo un año antes, cuando abanderó una manifestación reivindicativa junto a miembros del Partido Comunista, como los actores de la familia Bardem, para frenar el proyecto del Ayuntamiento de Madrid de la remodelación del eje Prado-Recoletos, donde se encuentra ubicado el museo. Tita, que llegó a amenazar con encadenarse a un árbol y comenzar una huelga de hambre, se oponía a la presunta tala de 750 árboles situados frente a su museo, de los cuales unos cuarenta son centenarios. Finalmente, el alcalde de Madrid, Alberto Ruiz-Gallardón, paralizó temporalmente el proyecto de ensanche de la vía para vehículos y abrió un plazo para presentar alegaciones y alternativas a dicho proyecto municipal. La baronesa había amenazado

[46] *Diez Minutos*, nº 2.792, 25 de febrero de 2005.

con quitar de Madrid su colección privada, una de las pinacotecas más visitadas de la capital de España, y llevársela a Suiza o Inglaterra. Ya en su día, la *Dama de Hierro*, Margaret Thatcher, les hizo una buena oferta. Además, no era la primera vez que la baronesa daba un aviso a navegantes. Lo hizo al poco de firmar el acuerdo con el Estado español, que en la actualidad está renegociándose: «Por supuesto, dentro de diez años, tiempo que tienen que estar las obras en Madrid, se pueden considerar otras ofertas».[47]

Su profecía o amenaza parecía cumplirse en el presente. Las negociaciones para que su colección de arte cedida al Estado hasta 2013 se quede definitivamente en España han ocupado en los últimos tiempos buena parte del esfuerzo de la entonces ministra socialista de Cultura. «Hemos avanzado y hay la mejor disposición por nuestra parte y la de la baronesa. Sí puedo decir que sobre este asunto no hemos parado de trabajar ni un solo minuto», afirmó Carmen Calvo. De nuevo Tita se ponía el mundo por montera y parecía volver a sus orígenes reivindicativos por las calles de Barcelona, donde solía mostrar su orgullo. El 5 de mayo de 2007, en vísperas de las fiestas patronales de San Isidro y de unas elecciones municipales, lo enseñaba en la capital de España, subida a la fuente Apolo del paseo de Recoletos, donde arremetía duramente contra el arquitecto portugués Álvaro Siza, encargado del nuevo proyecto del eje Prado-Recoletos. Y lo hacía atada a una gran maceta y rodeada de los miembros de la Plataforma SOS Paseo del Prado. Desde siempre la baronesa viuda se ha llevado bien con los ecologistas (ninguno de ellos protestó por las talas de árboles de sus mansiones) y con los denominados políticos de izquierda. Entre sus amigos se encuentran el ex ministro de Cultura, Javier Solana, hoy Mister Pesc,[48] y el ex vicepresidente

[47] *Tribuna*, nº 9, junio de 1988.

[48] Mister Pesc es el Alto Representante de la Unión Europea para la Política Exterior y la Seguridad Común. Es, a su vez, secretario general del Consejo de la Unión Europea.

del Gobierno socialista de Felipe González, Alfonso Guerra, con el que años atrás mantenía largas conversaciones sobre arte.

Dicen que a Carmen Cervera no le importan las críticas, ni los dimes ni diretes, a los que ya está muy acostumbrada (al menos eso afirman sus amigas). «Si ve que puede salir fea en una foto, ni la mira; si hay una crítica mala, ni la lee». Quizá por ello haya vuelto a dar otro golpe de mano. Fue el 8 de julio de 2006, a la edad de sesenta y tres años, al adoptar a dos niñas mellizas en California (Estados Unidos), vulnerando, en teoría, la legislación de la Comunidad de Madrid, que exige que medien cuarenta años de edad como máximo entre el adoptado y adoptante en el momento de la adopción. Su numeroso equipo de letrados ha intentado evitarle los consabidos problemas jurídicos. Por ahora han conseguido esquivar todas las trabas administrativas, dicen que amparados en la nacionalidad suiza de la que disfruta Carmen desde su matrimonio con el barón, y que también mantiene su hijo Borja. Las niñas poseen también la doble nacionalidad, en este caso, la estadounidense y la española.

Los bebés se llaman María del Carmen, en reconocimiento a ella misma, y Guadalupe Sabina, por su devoción a la Virgen de Guadalupe y por una de sus abuelas. Ahora, Carmen pasa casi todo el tiempo de que dispone junto a las niñas, a las que quiere dar una formación artística similar a la de su hijo Borja desde muy pequeñito. Se trata de otro sueño cumplido, ya que Carmen siempre afirmó que le hubiera gustado tener hijas en sus matrimonios. Ya a mediados de la década de los noventa la baronesa quiso adoptar tres niñas chinas, pero la grave enfermedad del barón se lo impidió. La adopción de bebés por parte de personajes famosos o significativos en la estela internacional es cada vez más común y más polémica. Basta con señalar la controversia generada por la adopción de un bebé de Malawi (África) por parte de la cantante Madonna y su marido Guy Ritchie. O el intento de la actriz Penélope Cruz por adoptar a un niño huérfano de la India, deseo que no pudo concretar al no estar casada. En España, otros famosos sí que lo han conseguido; por ejemplo, la fallecida artista Rocío Jurado y el torero Ortega Cano; las presentadoras Isabel Gemio y Anne Igartiburu; la ex diputada de ERC Pilar Rahola; el cocinero Karlos Arguiñano; la modelo Judith Mascó; el ex ministro socialista José Bono; o las cantantes Isabel Pantoja y Sara Montiel, por citar algunos ejemplos.[49]

Dicen sus amigas que, aparte del cuidado de sus dos nuevas hijas gemelas, a cuyos padres biológicos de alquiler conoce, sus aficiones hoy en día son la pintura (le gusta pintar, como a su difunto padre) y cuidar con esmero los amplios jardines de sus mansiones. También le gusta jugar al billar, deporte que practicaba al lado del barón. Además, afirman que es muy creyente: «Rezar me ha ayudado mucho en mi vida. Tengo mucha fe, porque con fe aguantas muchas cosas». Tanto es así que al comienzo del siglo XXI hizo a pie parte del Camino de Santiago, dicen que hasta 138 kilómetros. Sin embargo, también consideran que su fuerte temperamento, que le lleva «a ser ella misma» y a tomar muchas decisiones sin consultar con sus fieles allegados, le ha privado de gozar de un círculo privilegiado de relaciones en la capital de España. Tal vez por eso no fue invitada a la boda del príncipe Felipe de Borbón con la periodista Letizia Ortiz. Fue una de las grandes y sonadas ausencias en la lista de invitados de la Casa Real, lo que fue objeto de todo tipo de comentarios y rumores, algunos de los cuales afirmaban que no era bien vista por ciertas personas de Palacio. «No guardo rencor. Creo en la bondad y a mí me la pegan siempre», ha llegado a manifestar.

En una ocasión, ya casada con Heini, le preguntaron a Tita quién era el personaje más fascinante que había conocido. A lo que la baronesa respondió que el rey Juan Carlos de Borbón: «Le admiro profundamente por su simpatía y por su prudencia».

---

[49] Entre los actores de Hollywood que tienen hijos adoptivos figuran: Angelina Jolie, Tom Cruise, Nicole Kidman, Steven Spielberg, Michelle Pfeiffer, Sharon Stone, Isabella Rossellini, Meg Ryan, Diane Keaton, Calista Flockhart, Linda Ronstadt, etcétera.

Nadie entendía su ausencia en la ceremonia nupcial. Máxime dada la vieja amistad que unía a los Thyssen con la Casa Real. Precisamente el padre del rey Juan Carlos, don Juan de Borbón, era un viejo *colega* de correrías del barón, como también lo era Luis Gómez-Acebo y de Estrada, duque de Badajoz, casado con Pilar de Borbón y Borbón, hermana del Rey. El duque de Badajoz, además de padrino de la boda del barón con Carmen Cervera, fue durante muchos años su principal socio en sus negocios en España, hasta que le sobrevino la muerte en Madrid el 9 de marzo de 1991 a causa del agravamiento de un cáncer linfático que le fue diagnosticado en Nueva York en 1984. Gómez-Acebo sirvió durante muchos años de enlace a Heini en casi todas sus incursiones en la península Ibérica. Entre sus principales negocios se encontraban los de maquinaria agrícola (a través de la empresa Vicon España),[50] las fábricas de bombas para extracción de líquidos (con la sociedad Mibsa y Halberg)[51] y la construcción de urbanizaciones de lujo. Entre sus principales pretensiones inmobiliarias figuraba, por ejemplo, reconvertir el palacete construido para la Exposición Universal de Barcelona de 1929 en las faldas de Montjuich, que luego sirviera de centro territorial a TVE, en un hotel de superlujo, que se llamaría Gran Hotel Miramar, bajo la supervisión del arquitecto catalán Ricardo Bofill. Sin embargo, la Generalitat de Jordi Pujol impidió finalmente su construcción, a pesar de tener la autorización del ayuntamiento de la Ciudad Condal. Dos de las empresas del barón para estos menesteres fueron Miramar Suits y Pensa Trade, ésta dedicada a la decoración de hoteles.[52] Otro de sus negocios inmobiliarios fue la construcción de la urbanización Marbella Sierra Blanca, en la Costa del Sol. Se trataba de la construcción de quinientos chalets, la mitad de ellos adosados.

---

[50] Empresa de maquinaria agrícola fundada en Palencia en 1968. En 1982, su anterior propietario, el holandés Herbert Vissers, la vendió al Grupo Thyssen-Bornemisza (TBG).

[51] Situada en Pozuelo de Alarcón (Madrid). También utilizaba la denominación social de Sihi.

[52] En Miramar Suits figuraban como socios del barón el magnate alemán Edmond Rothschild, el promotor Oriol Regás, el editor Juan Grijalbo y el entonces presidente de NH, Antonio Catalán.

Pero los negocios más rentables de los Thyssen en España fueron los vinculados con la compraventa de petróleo. Para ello tenían montado un gran despacho en el número 39 de la calle Fortuny, de Madrid, en el primer piso. Allí, a lo largo de 900 metros cuadrados, se ubicaba la delegación española de tres importantes empresas del *holding* del barón: Pensa Oil Limited, dedicada a la venta de crudo y fundada en el paraíso fiscal de Jersey y en la que el duque de Badajoz figuraba como apoderado; Marpen, la empresa intermediaria en fletes petroleros; y Lambert Brothers, utilizada para la compraventa de buques y el alquiler de plataformas petrolíferas.

Tanto la hermana del rey Juan Carlos como su marido, el duque de Badajoz, eran frecuentes visitantes de las mansiones y de los yates (una de las embarcaciones de referencia era el *Destiny*) que poseían Heinrich Thyssen y Tita Cervera, con quienes no sólo compartían mesa y mantel. Por ejemplo, en los años ochenta el barón le llegó a regalar al cuñado del rey Juan Carlos una embarcación valorada entonces en 80 millones de pesetas. El yate fue bautizado en homenaje a Pilar de Borbón como *Doña Pi*. Incluso, dicen sus allegados, que al decirle el duque al barón que no tenía medios para pagar al capitán del yate, éste le contestó: «No te preocupes, Luis, que el capitán está pagado por diez años». También resulta noticiable que el asesor personal de los duques de Badajoz, Juan Cristóbal Jiménez Quesada, fuera utilizado como intermediario para la búsqueda de la vivienda de los Thyssen en La Moraleja. Por todo esto, muchos dicen que el verdadero valedor para que la colección pictórica de los Thyssen se quedara por fin en España fue Gómez-Acebo y no Carmen Cervera, a pesar de sus buenos oficios. Tanto que el domicilio madrileño de los duques de Badajoz sirvió en varias ocasiones de lugar privado de encuentro de los Thyssen con miembros de la Casa Real española, entre ellos el propio monarca. Como también fue invitado en alguna ocasión el ex presidente del Gobierno, Felipe González, y su mujer, la diputada Carmen Romero.

Todas las negociaciones con el Estado español por parte del barón fueron llevadas personalmente por el abogado inglés Paul Coleridge, el español Jaime Retondo y el cuñado del rey Juan Carlos I, Luis Gómez-Acebo.

Nadie tampoco olvida que a la restringida fiesta de inauguración de la mansión de los Thyssen en La Moraleja (Madrid) en el otoño de 1988 acudió casi en pleno la Familia Real española: don Juan de Borbón, los Reyes y los duques de Badajoz, quienes formaban parte de la treintena de invitados seleccionados. Por eso tampoco nadie ya duda que quien también jugó un papel decisivo fue el ya fallecido conde de Barcelona. El padre del rey de España conoció a Heini en Marbella mucho antes de que éste se casara con Carmen Cervera. Juntos habían disfrutado de algunas travesías en yate y de cenas veraniegas hasta altas horas de la madrugada embebidos en el Mediterráneo. Desde que en su día se iniciaron las conversaciones para que la colección más importante del mundo en manos privadas quedase enclavada en Madrid, don Juan mantuvo varias reuniones con su viejo amigo de mar. Lo visitó en sus diferentes residencias. Incluso en una de sus visitas, la celebrada el 1 de mayo de 1987, el barón envió su propio avión para recoger al padre del Rey y llevarlo hasta Jamaica, donde se ubicaba una de sus mansiones. Allí, en el Caribe, con la presencia de Tita Cervera, pasó don Juan casi doce días de relax intentando convencer a Thyssen de que España era el lugar adecuado para colocar su colección. En otras ocasiones era la pareja la que visitaba al padre del Rey en Mallorca y acudía a su conocido yate *Giralda*, atracado como de costumbre en el Club de Mar de la bahía de Palma. Allí también solían amarrar los yates o goletas que alquilaban los Thyssen durante el periodo estival. Una de las embarcaciones fastuosas que utilizaron fue un velero de tres palos y 61 metros de eslora, de nombre *Jessica*, propiedad del controvertido millonario argentino Carlos Perdomo, amigo del rey Juan Carlos e investigado por la Justicia, y por cuyo uso pagaron la cantidad diaria de 600.000 pesetas de entonces. Todo un lujo.

Actualmente, el ritmo social de la baronesa viuda tampoco ha decaído. Dicen sus amigos que los negocios, las subastas (no suele utilizar marchantes) y los trajines legales no impiden a Tita Cervera dormir la siesta, trasnochar o madrugar. Que no conoce la palabra aburrimiento. Que va al mercado de vez en cuando, sobre todo en Sant Feliú de Guixols, y que hace personalmente la compra de la semana. Que le gusta regatear, al igual que en las subastas, donde intenta ser muy disciplinada en las pujas. Dicen que la gente la saluda y la para por la calle, algo que no le molesta («Los pelotas son parte de mi vida», *dixit*). Que todavía algunos comerciantes le sueltan piropos. Que le hubiera gustado ser bailarina y no empresaria (precisamente uno de sus mejores amigos es el bailarín Ángel Corella). Que le encanta escuchar a Plácido Domingo. Que le gusta el color siena, del que pintó las paredes del Museo Thyssen en contra de la opinión del arquitecto Moneo. Que las paredes de sus mansiones se quedan muchas veces en blanco, porque los cuadros van de aquí para allá. Que sus bañeras reproducen cuadros que posee. Que en ciertas zonas de sus aposentos se puede leer el letrero «en esta casa se prohíbe fumar», a pesar de que Tita siempre ha fumado como «un carretero».

También dicen que no le gusta cocinar, pero sí le da placer comer, y que lo hace bastante bien, aun manteniendo una figura envidiable. Que bebe el vino con gaseosa. Que no quiere que nadie le maquille y rechaza los consejos de los profesionales. Que le gustan los azules acerados y las pieles brillantes. Que se peina sola y acude de vez en cuando a la peluquería. Que suele utilizar postizos en el pelo. Que se pone muchos lazos y cintas. Que selecciona muy bien su calzado; fruto de ello fue el premio que recibió en 2002 como la Mujer Mejor Calzada de España.[53] Que es muy caprichosa y adquiere todo lo que le gusta. Que casi siempre compra con tarjeta

[53] Este premio lo otorga el Museo del Calzado de Elda. También lo han recibido la cantante Marta Sánchez, la periodista Ana Rosa Quintana, la actriz Concha Velasco, y hasta Terelu Campos y Anne Igartiburu. Por su parte, el barón Thyssen siempre encargaba sus omnipresentes mocasines a una tienda especializada de Londres.

de crédito. Que no suele llevar mucho dinero en efectivo. Que prefiere que le deban a deber. Que le gusta vestir diseños que ella misma idea, cuyos bocetos luego da a sus modistos preferidos (en vida del barón el sastre habitual viajaba desde Milán para tomarles medidas). Que entre sus miles de modelos se encuentran lo *más de los más*, desde Versace, Christian Dior, Scherrer, Sonia Rikyel, Chanel, Gianfranco Ferré, la firma Tocor,[54] etcétera. Que muchas veces encarga los trajes por videoconferencia, sin salir de casa. Y que las combinaciones en sus vestimentas no son lo más apropiadas.

A su vez aseguran que le encanta enseñar las rodillas. Que es muy perfeccionista. Que hace gimnasia todas las mañanas. Que su vida privada es sólo suya. Que es muy terca. Que suele conquistar todo lo que se propone. Que le gusta, de vez en cuando, vivir experiencias religiosas. Que tiene pavor a la muerte. Que confía plenamente en su horóscopo, Tauro. Y que, a pesar de su edad (ya sobrepasa con creces los sesenta años), sigue convencida de que su espíritu la mantiene joven. Por eso quizá no utiliza en demasía la cirugía estética. «Estoy en contra de la cirugía, yo creo que las arruguitas tienen su encanto. Además, no me da miedo la vejez por perder belleza, sino por no poder valerme por mí misma». No obstante, según relata Espartaco Santoni en sus memorias, Tita y su inseparable madre decidieron acudir, tras la muerte de Lex Barker, a una prestigiosa clínica de estética para realizarse un *lifting* que les rejuveneció. También desde hace ya años acude a un reconocido centro de belleza para seguir unos tratamientos en los que se emplean masajes eléctricos. «Las arrugas importan menos que la flaccidez» (*sic*).

Uno de los pocos sueños que todavía no ha materializado la conocida *starlette* de Barcelona es lograr un título nobiliario propio; por ejemplo, un marquesado o un ducado. Y si puede ser de Valladolid, mejor, porque así conseguiría lo que su abuelo intentó sin éxito en su día. Por eso no tiene reparo en afirmar que «si el Rey

[54] Esta casa barcelonesa también vestía a la mujer del ex presidente del COI, Bibis Samaranch, ya fallecida.

decide darme un título nobiliario, porque considere que mi dedicación a España lo merezca, yo estaré encantada y se lo agradeceré infinitamente». Ya a finales de los años ochenta, los oficios del duque de Badajoz ante su cuñado el rey Juan Carlos no dieron el resultado apetecido. Gómez-Acebo quería a toda costa conseguir un título para Carmen por su labor en pro de que la colección Thyssen se quedara en España. Su mediación levantó ampollas en determinados círculos de la sociedad española. «Todavía no sé el porqué del revuelo. En Inglaterra dan títulos de *sir* a personas como Paul Getty, que ha hecho donaciones menos significativas, por lo que entiendo que en nuestro caso sería una forma de agradecimiento que nosotros nunca nos atreveremos a solicitar».[55] Las gestiones de la Casa Real no fructificaron. Dicen que por culpa de algunas maledicencias (por ejemplo, su entonces ostentación de nueva rica). Al menos, en el año 2006 se contentó con recibir el Premio Good Life, que otorga la firma Davidoff a los valores humanos y a la buena vida. Hoy, Tita no duda en afirmar a quien le escuche que «quien hable mal de mí es porque no me conoce».

Los que han trabajado para ella afirman que tiene un trato personal adecuado. Que es campechana, que tiene un gran sentido común, que está dotada de una inteligencia natural para las cosas fundamentales, que siempre tiene una palabra de agradecimiento, pero que «exige mucho y no se le escapa ningún detalle». Por su parte, la baronesa siempre se ha justificado diciendo que «procuro ser normal, entre otras cosas porque debemos dar ejemplo a quien trabaja con nosotros. No soy tacaña, pero tampoco me gusta despilfarrar».

No opinan lo mismo de ella otros personajes con los que ha mantenido variados pleitos. Por ejemplo, a comienzos de los años noventa mantuvo un litigio con el artista Juan de Ávalos, el escultor del Valle de los Caídos, por una escultura que Tita quería que éste le hiciera para inmortalizarla al lado de la colección privada del barón. Después de tres años de trabajo, una docena de bocetos

[55] Revista *Panorama*, agosto de 1990.

y escuchar las sugerencias de la baronesa y de su madre, Ávalos le hizo un desnudo casi helénico sobre mármol rosa de Estremoz por un coste de unos 25 millones de pesetas. Sin embargo, este precio fue objeto de una agria pelea. La baronesa Thyssen quería una suculenta rebaja. Aunque para ella lo único que no se puede comprar con dinero es el tiempo: «Es el mayor lujo que se puede permitir un ser humano».

Y precisamente el tiempo y el destino siempre han jugado a su favor. Dicen que constantemente ha tenido suerte, pero ella replica: «La suerte hay que buscarla, y es preciso ser tenaz para conseguirla». Por eso, gracias a su perseverancia y a saber situarse en el lugar adecuado, Tita es hoy una mujer rica y famosa a la sombra de uno de los grandes poderes de Europa: el de los Thyssen-Bornemisza.

Coincide que bajo su nombre de nacimiento no consta ninguna sociedad en el registro mercantil español. Utiliza para inscribir sus sociedades el nombre de María del Carmen Thyssen-Bornemisza de Kaszon. Una de ellas es Tiamo Productions S.L., donde figura como administradora única, y que está dedicada al «comercio al por mayor de aparatos eléctricos y material radioeléctrico y electrónicos (instrumentos musicales, discos)», así como al «comercio al por mayor de artículos de propaganda y regalo». Se constituyó en mayo de 1993 con un capital de 6.010 euros, fijando su sede social en el propio domicilio que Carmen Cervera tiene en la urbanización La Moraleja, de Madrid. Esta sociedad, a su vez, participa en el capital de otra, de nombre Tiamo Marítima S.L., dedicada al «alquiler de embarcaciones». A través de esta empresa, que antes se llamaba Tiamo Collections S.L., Tita adquiere y alquila sus yates de recreo. Su representante, como en casi todas ellas, es el abogado Jaime Rotondo Russo, al que en su día, tras morir el barón, se vinculó sentimentalmente a Carmen Cervera. «Eso tiene muy mala sombra. Cuando una se queda viuda lo pasa muy mal y no tiene ganas de que le cuelguen sambenitos amorosos. Han hablado de un abogado español e imagino que deben referirse a Jaime Rotondo, el único abogado que conozco, que nos fue presentado a Heini y a mí por el duque de Badajoz hace veinte años. Se convirtió en nuestro abogado y ahora lo es de mi hijo y mío. La mujer de Jaime, Beatriz, y yo nos reímos, pero la verdad es que duele, porque al morirse un ser que quieres te quedas como en el limbo, flotando, y no estás para bromas de este tipo», afirmaba por entonces la baronesa viuda.[56] Hoy este letrado, que se incorporó en 1971 al Colegio de Abogados de Madrid, se ha convertido en el administrador del *family office* de Carmen Cervera, con despacho en la calle Monte Esquinza de la capital de España, en el que están ubicadas las sedes de muchas sociedades instrumentales.

Allí, por ejemplo, está situada la oficina de Tiamo Marítima S.L., creada también en 1993, pero con un capital social de casi seis millones de euros.[57] Como la de Imigolf S.L., donde figura como apoderado Borja Thyssen-Bornemisza Cervera. Esta empresa, que es utilizada por Tita para el alquiler de bienes inmuebles, fue constituida en 1991 con un capital de tres millones de euros.[58] Sus accionistas son tres sociedades instrumentales de la familia situadas en paraísos fiscales: Imiberia Anstalt (40 por ciento), Calle Golf Dret Anstalt (35 por ciento) y Espim Anstalt (25 por ciento). Por eso, nadie duda ya que aquella miss de Barcelona se ha reconvertido hoy en heroína (para muchos), aprovechada (para otros), dentro de una película con miles de millones de euros de presupuesto a sus espaldas.

Un cuento de hadas con un final feliz. Una historia de leyenda que se ha ido construyendo añadiendo cosas a la realidad, unas verdaderas y otras inventadas. Así es Tita Cervera.

---

[56] *ABC*, 8 de septiembre de 2002.

[57] Su capital social escriturado es de 5.703.005, 06 euros. El abogado Jaime Rotondo fue ratificado como administrador único de esta sociedad el 14 de febrero de 2007.

[58] Jaime Rotondo es administrador único, y como apoderado también figura Luis Bauer Céspedes, «otro hombre de la casa», que es a su vez el apoderado de la empresa inmobiliaria Xalupa de L'Emporda S.L., con domicilio en la urbanización Punta Brava, de Sant Feliú de Guixols (Gerona), donde reside Carmen Cervera. El capital de esta sociedad inmobiliaria es de 1,7 millones de euros.

CUADRO PATRIMONIAL DE BIENES CONOCIDOS

MARÍA DEL CARMEN ROSARIO SOLEDAD CERVERA FERNÁNDEZ

Título: baronesa viuda de Thyssen. Fue la quinta mujer de Hans Heinrich Thyssen-Bornemisza. También Lady España y ex mujer del actor Lex Barker.

Propiedades inmobiliarias

Tasadas en más de 300 millones de euros.

- Más Mañanas, mansión en Sant Feliú de Guixols (Gerona) valorada en 20 millones de euros.
- Villa Favorita, mansión en Lugano (Suiza). Se trata de un palacete del siglo XVIII con 36.000 metros de jardines frente al lago Lugano, al que bordea la heredad cerca de un kilómetro, y valorado en unos 35 millones de euros.
- Domicilio familiar en La Moraleja (Madrid), un espacio que cuenta con 40.000 metros cuadrados de jardín, lago propio, palmeras, etc. El solar fue adquirido en 1987 por 1.200 millones de pesetas y está tasado hoy en 30 millones de euros.
- Residencias en Jamaica, Estados Unidos e Inglaterra.

Empresas

Las principales sociedades mercantiles en propiedad de Carmen Cervera tienen su sede fuera de España.

En nuestro país utiliza para controlar sus sociedades el nombre de María del Carmen Thyssen-Bornemisza de Kaszon. Participa en:

- Tiamo Producciones S.L., donde figura como administradora única, está dedicada al «comercio al por mayor de aparatos eléctricos y material radioeléctrico y electrónico (instrumentos musicales, discos)», así como al «comercio al por mayor de artículos de propaganda y regalo». Se constituyó en mayo de 1993 con un capital de 6.010 euros, fijando su sede social en el propio

→

domicilio que Carmen Cervera tiene en la urbanización La Moraleja de Madrid.

- Tiamo Marítima S.L., dedicada al «alquiler de embarcaciones».
- Tiamo Collections S.L., a través de la cual adquiere y alquila sus yates de recreo.
- Imigolf S.L., para el alquiler de bienes inmuebles. Fue constituida en 1991 con un capital de tres millones de euros Sus accionistas son tres sociedades instrumentales de la familia situadas en paraísos fiscales: Imiberia Anstalt, Calle Golf Dret Anstalt y Espim Anstalt.

Principales instrumentos financieros

Figura como principal beneficiaria de:

- Art Trust: sociedad de cartera valorada en 750 millones de euros.
- Vlaminck Trust, fideicomiso creado en su día por el barón Thyssen para proteger su herencia.

Fundaciones

- Vicepresidenta de la Fundación Thyssen-Bornemisza, con un material neto inmovilizado valorado en 330 millones de euros.

Inversiones en obras pictóricas

- Colección particular de más de 600 obras valorada en más de 150 millones de euros. Destacan cuadros como *Mata Mua*, de Gauguin (valorado en unos 18 millones de euros); *The lock*, de Constable; *La pequeña palmera*, de Dufy; *La maison dans les roses*, de Monet; *La solitude. Souvenir de Vigen*, de Corot, etc. Además cuenta con obras de Zurbarán, Zuloaga, Jan Brueghel el Viejo, Luca Giordano, Canaletto...

Joyas

- Innumerables. Entre ellas destaca el diamante *Estrella de la Paz*, de 180 quilates, valorado en 2.300.000 euros.

5. Ana Bono, la mujer de un camaleón

Se llama Ana María Albina Rodríguez Mosquera, aunque todos la conocen como Ana Bono, en referencia a su marido, el político socialista José Bono Martínez, con quien lleva casada veintisiete años. Los encasillamientos y los apodos le disgustan y mucho. «Nunca he sido la sombra de mi marido. He asistido a actos públicos como mujer del presidente de Castilla-La Mancha y del ministro de Defensa, y lo he hecho encantada, pero Ana Bono es mi hija».[1] Ella, una mujer de fuerte carácter, individualista y con una personalidad muy diferente a la de su esposo, siempre ha pensado que el primer apellido que debe llevar una persona debe ser el materno, «porque es el que no admite la más leve duda: la madre es indefectiblemente la madre, el padre, a veces…». La mujer del ex ministro se ha convertido hoy en día en un rostro habitual de la prensa del corazón como reconocida empresaria, ya que regenta la franquicia de la famosa firma de joyería y regalos Tous en toda Castilla-La Mancha. Pocos socialistas han presentado a su familia y han enseñado los salones de su casa en la revista *¡Hola!* como ellos. Este hecho, unido a sus habituales apariciones públicas en destacadas fiestas y *saraos* sociales, ha ocasionado que Ana Bono figure en los medios de comunicación más que otras esposas de políticos.

---

[1] Revista *Telva*, nº 812, diciembre de 2006.

Pero ¿cómo ha llegado hasta aquí Ana María Albina Rodríguez Mosquera? Ana nació en Guatemala el 21 de abril de 1958. Es hija de inmigrantes gallegos de familia acomodada. Su padre era un ingeniero industrial que marchó a Guatemala en busca de trabajo, ya que en España, al ser hijo de un militante republicano, no tenía nada fácil su existencia durante el régimen del general Franco. Sin embargo, en su familia nunca ha predominado una única línea política. Mientras que su abuelo paterno estuvo condenado a muerte en la cárcel por sus ideas republicanas, su abuelo materno, que era maestro nacional, fue alcalde durante la dictadura franquista, y toda su familia materna es de ideología derechista. Cuando Ana contaba con doce años de edad, sus padres se trasladaron a vivir a la República Dominicana y ella marchó al sol del Caribe. Pero al cumplir los quince años, sus progenitores la enviaron con su abuela a La Coruña para buscarle nuevos horizontes. Desde entonces ella se considera una coruñesa de pro.

Tres años después de su llegada a Galicia vería por primera vez a José Bono. Sin embargo, este primer encuentro no sirvió de flechazo. «Los dos estábamos en el PSP (Partido Socialista Popular) de Tierno Galván. Pero lo que sucedía era que él me lleva ocho años y, aunque ahora no se notan, cuando tú tienes dieciocho, un señor de veintiséis te parece muy mayor... y no prendió la chispa». Sería mucho más tarde cuando la llama del amor prendería. «Fue tres años después, un día que quedé con unas amigas que estaban en casa de Pepe. Entonces fue cuando nos enamoramos. Ahí sí se produjo el flechazo, porque, de verdad, fue un flechazo...». Cuenta Bono, en uno de sus múltiples libros propagandísticos, que formalizaron el noviazgo en 1980 durante las fiestas de la romería de Albaladejo, un pueblecito de Ciudad Real de 1.600 habitantes situado en el límite geográfico con las provincias de Albacete y Jaén. Dice Ana que el político ya tenía la misma labia de hoy en día. «Puedo decir que me persiguió mucho, Pepe es muy persistente».[2]

[2] Revista *¡Hola!*, nº 3.255, 20 diciembre de 2006.

Tan sólo fueron seis meses de noviazgo. «Cuando el amor llega a tu vida, ¿por qué vas a esperar?» (*sic*).

Por entonces, el PSP venía de fusionarse con el PSOE, y a la joven guatemalteca le quedaban aún casi dos años para acabar la carrera de Ciencias Políticas y Sociales. El matrimonio se celebró finalmente el 20 de diciembre de 1980. Bono vivía por entonces a caballo entre Albacete y Madrid. Sus ingresos de 105.500 pesetas, según confesó a la prensa local, le permitían tener un piso propio en la ciudad manchega —que le costó tres millones y medio de pesetas— y vivir holgadamente en Madrid en un piso compartido «con un paisano». Más tarde, al año de casarse, compraría una vivienda en Madrid de 173 metros cuadrados.

Paralelamente, Ana había conseguido su primer trabajo como funcionaria en el Ayuntamiento de Madrid, en aquella época liderado por los denominados centristas. «Cuando me vine a Castilla-La Mancha pensé en no dejar mi trabajo. Y lo que hice fue pedir la excedencia con la intención de volver, porque cuando me pidieron en el partido [fue Alfonso Guerra] que viniera a hacer campaña con Pepe como candidato del PSOE en Castilla-La Mancha me dijeron: "No te preocupes, que no vamos a ganar"...». Pero desde ese año, 1983, ya nunca más volvería a trabajar a la capital de España. «No pude seguir porque me resultaba imposible compatibilizar vivir en Toledo con ir a trabajar todos los días a Madrid».

Una vez ya establecida en Castilla-La Mancha, empezó a trabajar en distintas editoriales y luego en el propio Partido Socialista. Su marido, el presidente, la introdujo como socióloga en la sede regional de este partido en Toledo; eso sí, retribuida. Se especializó en sectores sociales marginados y durante todos estos años figuró dentro del organigrama socialista, en el denominado Gabinete de Relaciones con la Sociedad. Su sueldo, antes de abandonar su marido la presidencia de Castilla-La Mancha, donde ha estado veintiún años, rondaba los 20.000

euros.[3] Hoy es cooperante activa de organizaciones no gubernamentales (ONG's) como Greenpeace, Fundación Vicente Ferrer, Proyecto Hombre, ANADE (Asociación Nacional de Alternativas Dramáticas y Expresivas, de la que es presidenta y fundadora) y Mensajeros de la Paz (presidenta de honor). Precisamente, es muy amiga del fundador de esta última ONG, el padre Ángel García Rodríguez, con el que visitó a comienzos del año 2003 varios países de Iberoamérica, como Panamá, Perú o El Salvador.[4]

Pero lo que, sin duda alguna, más gusta y atrae a Ana María Albina Rodríguez es la moda y el diseño. Siempre ha apostado por ello. Nada más aterrizar como presidenta consorte de Castilla-La Mancha, en 1983, se dedicó a la promoción de la moda de esta región. Algunos apuntan que «desinteresadamente»; otros, que no. Su actividad más sonora en el mundo de la moda fue con el Salón Greco de Toledo. Ya en 1999 era presidenta de honor del Comité de Moda de Castilla-La Mancha, dicen que con «el fin de impulsar a los creadores de esta comunidad». Actualmente, en el ropero de Ana Rodríguez predominan las prendas diseñadas por los modistos de Castilla-La Mancha, que se caracterizan, dice ella, «por su austeridad y su color». También en abril de 2003 amadrinó la nueva marca de ropa de mujer Soberbia, que fabrica la Federación Empresarial de Castilla-La Mancha de Economía Social (Fecmes)[5] y que viste a varias de las presentadoras de la cadena televisiva regional Castilla-La Mancha Tele-

---

[3] La esposa de Bono declaró oficialmente en 2002 haber percibido por su trabajo en el PSOE en ese año un total de 19.967 euros.

[4] La ONG Mensajeros de la Paz, de carácter laico, se constituyó en 1972 y se hizo acreedora del Premio Príncipe de Asturias de la Concordia en 1994.

[5] El proyecto empresarial de Soberbia nació en el año 2001 con el apoyo de la Junta de Comunidades de Castilla-La Mancha. Se pretendía crear una marca propia, desde el diseño a la confección, pasando por el patronaje, para acabar en la comercialización en su propia tienda. El 17 de marzo de 2005 esta firma abrió su primera tienda, ubicada en el centro comercial Luz del Tajo, de Toledo, donde la mujer de Bono también tiene uno de sus negocios de joyería y complementos.

visión, como es el caso de Irma Soriano. Además, la firma Soberbia fue la encargada de diseñar y confeccionar los uniformes de las azafatas de FITUR en 2004, y estuvo presente también en varios programas de Televisión Española.

Hoy en día, la mujer del ex ministro de Defensa marcha en solitario con sus proyectos. Regenta, como se ha mencionado, la franquicia en Castilla-La Mancha de la conocida marca Tous, propiedad de Salvador Tous y de su mujer Rosa Oriol. Este matrimonio catalán lleva desde los años setenta diseñando joyas para mujeres y varones, negocio que han ampliado a los regalos de moda y complemento. Ana Rodríguez Mosquera se dedica a montar y gestionar joyerías de esta firma por toda Castilla-La Mancha. Inicialmente inauguró dos en Toledo y otra en Albacete, pero piensa abrir nuevas tiendas. La última fue en Talavera de la Reina. El nuevo espacio comercial de Tous se abrió al público el 4 de mayo de 2007 y está situado dentro del gran centro que El Corte Inglés inauguró ese mismo día en la ciudad de la cerámica, en medio de una gran expectación. La marca que representa la esposa de Bono cuenta con un espacio muy destacado en la primera planta de El Corte Inglés.

Pero donde Ana suele estar más presente es en las tiendas de Toledo; a la de Albacete va muy de vez en cuando. Esta última está situada en la calle de Tesifonte Gallego, número 12, la arteria principal de la ciudad manchega, en el centro comercial Calle Ancha. A su inauguración acudieron también muchos de los habituales de la prensa del corazón, como la duquesa de Montoro, Eugenia Martínez de Irujo. Para controlar todo lo que de este negocio albaceteño consigue, que es mucho, constituyó en febrero de 2007 la sociedad Ópalo 81 S.L.,[6] con un capital social de 3.006 euros. Como administrador junto a la mujer de Bono, aparece el perenne socio Pablo Canego Muñoz, y su hija Amelia Bono figura como apoderada.

---

[6] Su domicilio social está situado en el mismo local del negocio de Albacete.

En la ciudad imperial, sus dos negocios se encuentran separados: uno, en el casco antiguo, en la calle Hombre de Palo, número 17; el otro, en el centro comercial Luz del Tajo, situado en la avenida Río Boladiez, muy cerca de la Nacional 400.[7] Esta dinámica tienda de Ana Rodríguez está situada en la primera planta del centro comercial, muy cerca de la entrada principal del mismo, y entre los locales de la firma Torero y la zapatería de Isabel García. Ana Bono ha querido marcar una pequeña diferencia entre ambas tiendas: una va más dirigida al público joven, en general; la otra, más seria, sobria y elegante, para un público mayor que visita la ciudad monumental. Las joyas Tous son sencillas y elegantes, con diseños en oro, plata, acero e incrustaciones de piedras preciosas y semipreciosas; también predomina la bisutería. El «protagonista» principal de estas tiendas es indiscutiblemente el «osito Tous», el más famoso después de Winnie The Pooh. Diseñado por Rosa Oriol, se ha convertido en el punto clave del éxito de esta reconocida marca en el mundo de la joyería.

La familia Tous lleva tres generaciones en el mundo de los negocios. Todo comenzó con una relojería en los años veinte. Pero fue en los años setenta cuando los joyeros Salvador Tous Ponsa y su esposa Rosa Oriol Porta dieron un giro al negocio familiar y empezaron a diseñar en su sede de Manresa (Barcelona) una nueva gama de productos totalmente innovadora que ha llegado hasta Japón. Hoy en día a este negocio familiar se han incorporado las hijas del matrimonio: Rosa, Alba, Laura y Marta, dando lugar a una de las empresas familiares (femeninas) de mayor expansión mundial de los últimos años.

A través de la alianza suscrita con Ana Rodríguez, los empresarios catalanes han encontrado en esta comunidad autónoma un escaparate magnífico para la venta de sus productos. Y si a las ven-

---

[7] El centro comercial se encuentra entre el barrio de Santa Bárbara y el polígono industrial.

tas normales se unen las institucionales (a muchos organismos públicos), el negocio resulta más redondo. La alianza se selló con la constitución de la empresa Tous Toledo S.L. Fue el 4 de diciembre de 2003. La mujer de Bono —éste por entonces todavía presidente de Castilla-La Mancha— se convirtió en administradora de dicha sociedad, cuyo capital inicial era de 50.400 euros y cuyo domicilio social se encontraba en la misma tienda que Ana Rodríguez mantiene en el casco viejo de Toledo. Su actividad: «Comercio al por menor de artículos de joyería, relojería, platería y bisutería. Incluyendo reparación». Su principal accionista era la empresa familiar de los Tous, denominada Tous S.L., dedicada a prestar servicios a las empresas «ncop».[8] De este modo, paso a paso, el patrimonio familiar del matrimonio formado por Ana Rodríguez Mosquera y José Bono, casados en régimen de gananciales, seguía creciendo.

Esta actividad comercial se unía a otra que tampoco ha descuidado Ana Rodríguez Mosquera: la inmobiliaria. Una de las empresas donde ella también figura como administradora es la conocida por el nombre de Ahorros Familiares SAJA S.L., cuyo capital social asciende a 658.000 euros. Se constituyó el 5 de marzo de 2004 y su actividad está dedicada «a los servicios relativos a la propiedad inmobiliaria y a la propiedad industrial». Su domicilio social se encontraba inicialmente, según figura en el Registro Mercantil, en la propia mansión familiar de los Bono en Olías del Rey (Toledo). Luego, la empresa se trasladaría al madrileño barrio de Salamanca, en concreto a la calle del Conde de Peñalver. Junto a Ana Bono aparece como administrador de esta sociedad Francisco García Herrera, que figura como presidente en ese mismo domicilio de otra empresa denominada Gestoría Montalvo II S.L., dedicada a los «servicios de gestión adminis-

[8] En marzo de 2006, la familia Tous decidía «voluntariamente» la disolución de la empresa Tous Toledo S.L., con NIF B45549813, y siguió trabajando bajo los epígrafes de otras empresas del grupo como Tous Franquicias S.A., Tous Perfumes S.L., La Canterana S.L., etcétera.

trativa». Pero la principal coincidencia es que el anterior administrador de esta sociedad inmobiliaria de los Bono, Francisco Javier Montalvo Llanos, también lo ha sido de otro de los grandes negocios de la familia del conocido político socialista: el centro hípico de Toledo, que regenta la sociedad mercantil Hípica Almenara S.L., de la que han sido consejeros la esposa y los hijos del ex ministro de Defensa. Por tanto, el círculo de negocios queda así cerrado entre la familia Bono y el empresario Francisco Javier Montalvo Llanos, vinculado hoy a todo tipo de negocios geriátricos en la Comunidad de Madrid; hay que significar que los viajes de la tercera edad han sido siempre uno de los principales propósitos electorales de José Bono.[9]

Son varias las propiedades inmobiliarias que el matrimonio Bono tiene repartidas por España. Además del ostentoso centro hípico a las afueras de la ciudad imperial, cuyo nombre comercial es Hípica de Toledo, figuran en su declaración oficial: tres viviendas en Madrid, dos en Toledo y una en Albacete. En la localidad natal del político socialista, Salobre (Albacete), éste posee una vivienda de 196 metros cuadrados y dos fincas rústicas de dos hectáreas, todo ello herencia de sus padres. Ya en el año 2002, Ana Bono declaraba oficialmente una cantidad de 13.029 euros en concepto de arrendamientos de alguna de sus viviendas. Y su plan de pensiones ascendía en ese año a un total de 16.536 euros. Mientras que su marido declaraba por entonces ingresos por valor de más de 115.000 euros, a los que había que sumar otros 21.593 euros de un plan de pensiones y 11.992 euros más de saldo medio en diversas cuentas bancarias.[10]

---

[9] Entre las sociedades vinculadas a Francisco Javier Montalvo aparecen: MJK Asesoría Geriátrica S.L., Red de Residencias de Mayores S.L., Centro de Mayores Murcia-Abanilla S.L., Edad Dorada 1 S.L., Confort Señor Residencial S.L., Confortedade S.L., Consultoría Europea de Gestión y Estudios de Residencias de Mayores S.L., etcétera.

[10] Según consta en su declaración de bienes publicada el 27 de octubre de 2003 en el *Diario Oficial de Castilla-La Mancha*, Bono ganó en 2002 un total de 70.638 euros por su condición de presidente de Castilla-La Mancha, a los que hay que sumar una indemnización

Desde que alcanzó la presidencia de la Junta de Castilla-La Mancha en 1983 fijaron su residencia en el Palacio de Fuensalida, de Toledo. Allí se han criado sus tres hijos. El que fuera despacho presidencial durante veintiún años, de altísimos muros y techos de rico artesanado, con una señorial chimenea incluida, había sido en su día dormitorio de Carlos V, cuando Toledo era capital de la corte. Pero tras la llegada a Madrid de José Bono para encargarse de la cartera de Defensa en el Gobierno de Rodríguez Zapatero, el matrimonio adquirió una vivienda de lujo en la capital de España, según publicó *elsemanaldigital.com*. Se trataba de un piso de trescientos metros cuadrados, en la madrileña calle de Pintor Rosales, una de las zonas residenciales más caras y privilegiadas de la capital de España, y paralela a la calle Ferraz, donde el PSOE tiene su sede central. La vivienda puede valer entre dos y tres millones de euros, o sea, entre los 300 y 500 millones de pesetas. Ya con anterioridad, en el año 2000, el matrimonio Bono había adquirido otra vivienda más pequeña en Madrid, de 95 metros cuadrados.[11]

Sin embargo, el matrimonio Bono comenzó su expansión inmobiliaria a comienzos de los noventa. Fue en 1992 cuando compraron una vivienda de 142 metros cuadrados en la ciudad de Toledo, a la que más tarde, en 1995, sumaron una gran parcela de 1.870 metros cuadrados de superficie en la urbanización Los Olivos, de Olías del Rey, situada a unos 10 kilómetros de Toledo capital. Dicen que la construcción de su magnífica mansión de Olías del Rey se financió, en parte, con el dinero de la venta de varias fincas heredadas de la madre de Bono, y así consta en su propia declaración de bienes publicada en el *Diario Oficial de Castilla-La Mancha*.

---

de las Cortes regionales de 15.757 euros, dividendos por la producción de aceituna por importe de 1.354 euros y un montante significativo de 27.218 euros por arrendamientos y colaboraciones en medios de comunicación.

[11] En el año 2001 hipotecó una de sus viviendas en la capital de España por importe de 272.034 euros (más de 45 millones de pesetas).

Es en esta casa, de 401 metros cuadrados construidos, situada en la calle Alcántara sin número, rodeada de chalets, de terrenos aún sin construir y de concesionarios de firmas, donde se sitúa el cuartel familiar del matrimonio Bono-Rodríguez. Sus altos muros, sus frondosos setos, la decena de farolas que iluminan su entorno y las cuatro cámaras de seguridad, convierten la mansión en una pequeña «fortaleza», defendiéndola de miradas de curiosos, aunque todos saben que es la casa del ex ministro y ex presidente de la Junta de Castilla-La Mancha José Bono. Aun así, no han dudado en presentarla en reportajes para las revistas *¡Hola!* y *Telva*, quizás presionados por los rumores que el pasado verano asaltaron a la familia sobre su separación matrimonial.

El gran salón principal de la casa acoge múltiples y amplios tresillos de colores tierra y otoñales. Sus paredes están decoradas con cuadros. Uno de éstos, el que preside la chimenea, es un retrato de Ana Rodríguez firmado por Francisco Zelva. Desde la amplia terraza, anexa a este salón, se pueden ver los jardines que rodean la casa. Muchos de los bonsáis que tienen en ellos son regalo del ex presidente del Gobierno, Felipe González Márquez. Conocido es el *hobby* del ex líder socialista por el cuidado y mimo de bonsáis, que regala como presente cuando va de visita. «Cada vez que Felipe González viene a casa me regala una joya, un bonsái o una escultura, es muy cariñoso», Ana Rodríguez *dixit*.[12] Al lado del jardín se sitúa un invernadero que se inunda de vivos colores por los rosales y geranios que en él cultivan.

Esta casa de Olías del Rey fue adquirida al cien por cien por José Bono Martínez, por aportación en escritura pública otorgada en Madrid ante el notario Miguel García Gil el 22 de febrero de 2006 (siendo ministro de Defensa) e inscrita en el Registro de la Propiedad nº 2 de Toledo el 19 de junio de 2006 (ya habiendo cesado como ministro de Defensa el 27 de abril de 2006). Está

---

[12] Revista *Telva*, nº 812, diciembre de 2006.

tasada para subasta en 300.500 euros. Sobre ella pesa una hipoteca del Banco Popular por valor de 652.493 euros (más de 108 millones de pesetas), dicen que para financiar las obras de mejora en el centro hípico de la familia Bono.

Este centro ecuestre, denominado Hípica de Toledo, se localiza en el kilómetro 7,2 de la carretera N-400 que va de Toledo a Ocaña. «Como en Toledo no había instalaciones hípicas, un día compramos unos terrenos e hicimos una cosa pequeña, que después fue creciendo y creciendo. Hoy tenemos una escuela hípica en la que hay 48 ejemplares, unos son de tanda [para aprender] y otros de personas que alquilan las instalaciones», según Ana Rodríguez. Unas grandes puertas de color verde dan entrada a la hípica, que se comunica con una gran avenida cuidadosamente asfaltada, de dos carriles, con señales de tráfico, aceras y badenes. A la derecha se encuentra un gran aparcamiento preparado para dar cabida a sesenta camiones de transporte de caballos, y a la izquierda zonas variadas en las que pastan los caballos. Al final de la avenida se encuentra otro aparcamiento para los turismos de los usuarios y empleados del centro, con rayas pintadas para delimitar las plazas.

Un edificio enorme alberga las cuadras, la oficina, la cafetería, los guardarneses... Otro inmueble acoge viviendas para los trabajadores y, por último, la familia Bono se ha construido una casita para su descanso. En las proximidades del refugio se encuentra el edificio que alberga las cuadras de concurso, hecho de obra y no móvil, como suele suceder en este tipo de instalaciones. También hay una pista de concurso con una enorme grada patrocinada por Medio Ambiente Gestión de Castilla-La Mancha.

Fue a finales de 2003 y comienzos de 2004 cuando las máquinas y los empleados del promotor Francisco Hernando Contreras, más conocido como Paco *el Pocero*[13], entraban a trabajar en el complejo hípico de la familia de Bono con el fin de acondi-

[13] Véase capítulo 8.

cionar el recinto por encargo del entonces presidente castellano-manchego. Este episodio coincidía en el tiempo con el respaldo del ejecutivo manchego al proyecto del *Pocero* en Seseña (Toledo). Lo hicieron a través de una de las empresas de Hernando, ONDE 2000 S.L., según la denuncia que ha presentado Izquierda Unida ante la Fiscalía Anticorrupción, que incluye fotografías y vídeos de los camiones de Hernando dentro de las propiedades de la familia Bono. Este informe de Izquierda Unida fue sacado en privado por determinados grupos de influyentes socialistas molestos por algunas faltas de tacto de José Bono con el Gobierno de Rodríguez Zapatero, en concreto, por su rechazo a ser candidato a la alcaldía de Madrid. Dicen que una de las personas que más ha usado este informe de la «unión profesional» entre Bono y Paco *el Pocero* es la ministra de Medio Ambiente Cristina Narbona.

La familia Bono se ha defendido indicando que pagó las obras a Contreras a precio de mercado. Aseguran que pagaron 600.000 euros (100 millones de pesetas) y que pueden presentar las facturas. Aunque las primeras sombras planean ya en cuanto a la forma de pago porque cuentan que se emitieron dos facturas: una a la sociedad de la familia de José Bono (Hípica Almenara S.L.) por valor de 150.000 euros; y otra, de 450.000 euros, «a otras empresas y patrocinadores», pero sin concretar quiénes eran los patrocinadores que abordaban la cuantía de los trabajos. El coordinador general de Izquierda Unida, Cayo Lara, comprobó *in situ* que estas obras se estaban realizando en marzo de 2004, siendo todavía José Bono presidente de Castilla-La Mancha. «Contrató a mi empresa, como podría haberlo hecho con cualquier otra», aseguró el constructor Hernando en su día al diario *ABC*. Casualmente, ONDE 2000 es una empresa que se dedica a «obra nueva» y no a hacer reformas en edificios, según la información que facilitó al autor del libro su departamento comercial. Los técnicos consultados opinan que las obras están más cerca de los tres millones de euros que de los 600.000 euros que dice Hernando que le pagó la familia Bono y que hoy está investigando la Fiscalía Anticorrupción.

Dicen que el político socialista, durante cinco legislaturas ininterrumpidas presidente de Castilla-La Mancha, conoció al constructor Hernando por primera vez en la fiesta del Corpus en Toledo, en junio de 2002, y que les presentaron el ex ministro del PP, Eduardo Zaplana, y el ex portavoz del Gobierno de Aznar, el publicista Miguel Ángel Rodríguez.[14] Hay que resaltar que Bono siempre ha tenido muy buenas relaciones con determinados personajes del Partido Popular como Zaplana y Alberto Ruiz-Gallardón, actual alcalde de Madrid. Con ellos se ha reunido en secreto en algunas ocasiones en los salones privados del hotel Hesperia, situado en el paseo de la Castellana de Madrid.[15]

La sociedad que regenta el centro ecuestre de los Bono se llama Hípica Almenara S.L. Se constituyó el 14 de mayo de 2001 con un capital social de 15.000 euros. Éste se completó con «aportaciones» a dicha sociedad de José Bono y de Ana Rodríguez. En su nota registral se dice textualmente:

> Don José Bono Martínez y Doña Ana María Albina Rodríguez Mosquera suscriben cuarenta participaciones sociales cada uno por valor de 6.000 euros, cantidad que desembolsa cada uno, mediante la aportación que hacen a la sociedad de los siguientes bienes de los que son dueños en pleno dominio, valorados en 12.000 euros.

---

[14] Cfr. *www.prnoticias.com* de 10 de agosto de 2006. A raíz de este primer encuentro, fue cuando Hernando presentó posteriormente su proyecto del PAU de El Quiñón, tras convencerle del bien que sería para Castilla-La Mancha la llegada del desarrollo urbanístico y empresarial a Seseña (Toledo). El 19 de noviembre de 2002 entregó oficialmente el proyecto ante la Junta de Castilla-La Mancha.

[15] Una de estas citas secretas, con Eduardo Zaplana, se produjo el 11 de diciembre de 2005. Comenzó alrededor del mediodía y duró hasta las 13.15 horas, cuando ambos abandonaron cada uno por su lado el citado hotel Hesperia. Los dos llegaron a la reunión en solitario, sólo acompañados por sus respectivos guardaespaldas. Zaplana vestía totalmente de sport, con pantalón de pana color crema haciendo juego con un jersey del mismo color. Bono, sin embargo, vestía de oscuro con chaqueta, pero, eso sí, sin corbata.

Se trataba de un vehículo valorado en 9.595 euros (el coche de Ana Rodríguez) y un remolque cifrado en 2.405 euros. Su objeto social es el «alquiler de bienes e inmuebles», aunque también figuran dentro de él otros curiosos epígrafes como «la producción agraria combinada con la producción ganadera» o «el comercio al por menor y mayor de todo tipo de artículos textiles, de bisutería, regalo, decoración, mobiliario de hogar y oficina; así como la explotación de negocios, bares, cafeterías, restaurantes y todo lo relacionado con la hostelería».

Inicialmente figuraba como presidente de la sociedad Hípica Almenara la mujer de Bono, Ana María Albina Rodríguez Mosquera, y como consejeros delegados aparecían sus hijas Amelia y Ana Bono Rodríguez. Posteriormente, en agosto de 2001, se nombró como administrador único a Francisco Javier Montalvo Llanos. Éste está vinculado, como ya se ha mencionado, a todo tipo de negocios geriátricos en la Comunidad de Madrid, así como a otro de los proyectos inmobiliarios de la familia Bono (Ahorros Familiares Saja S.L.). Sin embargo, a partir del 15 de noviembre de 2006 figuran dos nuevos administradores en Hípica Almenara S.L., Ramón Navas Barchino y Pablo Cañego Muñoz,[16] este último vinculado a los negocios de moda de Ana Bono. Los múltiples negocios de la familia Bono han hecho que el propio político se defienda: «No me he enriquecido por la política. Pero mentiría si no declarase que hoy vivo mejor, tengo *standing* más alto, más recursos materiales y más servicios humanos a mi disposición» (*sic*).

---

[16] Pablo Cañego figura también como administrador único de la Sociedad Eurogest Estrella S.L. (Madrid), Cuatrofamily S.L. (Ciudad Real), Construcciones El Abuelo Pablo S.L. (Ciudad Real). Y como administrador de Ofisad Asesores S.L. (Ciudad Real), Oficina de Servicios Administrativos S.L. (Ciudad Real), Kiosco 24 Centro S.L. e Interisa Electrónica S.A. (Madrid). Estas sociedades tienen un objeto social muy diverso: por ejemplo, Eurogest Estrella se dedica a la enseñanza reglada y fue constituida en abril de 2005; Cuatrofamily se dedica a los servicios financieros y contables y fue creada en el 2004; Construcciones El Abuelo Pablo se dedica a la construcción y fue constituida en 1999. El domicilio de casi todas estas empresas se encuentran en Alcázar de San Juan (Ciudad Real).

Pero ¿quién es José Bono Martínez? ¿Y por qué se enamoró de él una joven guatemalteca, hija de inmigrantes gallegos, llamada Ana, que nada tenía que ver con la idiosincrasia manchega? ¿Por qué se convirtió en la mujer de un camaleón? Pepe Bono nació un 14 de diciembre de 1950, un día frío y nevado, en Salobre (Albacete), un pequeño pueblecito manchego de 600 habitantes que linda con Jaén. Sus padres tenían una tienda de confección llamada Tejidos, paquetería, ferretería Bono, situada en la avenida del Generalísimo, número 11. El padre de Bono, José Bono Pretel (nacido el 14 de agosto de 1923), ingresó en la Falange Española Tradicionalista y de las JONS el 22 de enero de 1952, con número de carné 230096. Fue alcalde del pueblo desde 1957 hasta 1974.

Pepe Bono II, como le gusta que le llamen en su pueblo, tuvo una infancia acomodada a pesar de lo que manifiesta públicamente en mítines. Según alguno de sus paisanos de Salobre, «Pepe tenía siempre algo que echarse a la boca y una cama donde tumbarse, no como los demás». Él lo ratifica: «Mi familia no era pobre. En casa nunca faltó lo necesario, pero tampoco andábamos sobrados de nada. He sabido valorar lo que es no tener cosas».[17] Entre estos pequeños privilegios —a pesar de su «pobreza»— tuvo el de estudiar en los jesuitas de Alicante. Fue en octubre de 1960, con nueve años, cuando sus padres le internaron en el colegio de La Inmaculada de esta orden religiosa. Entraba por recomendación del entonces gobernador civil de Albacete, Santiago Guillén Moreno, quien les propuso esta alternativa antes de que el niño fuera a estudiar al único instituto que había en la provincia de Albacete, situado todavía hoy en la avenida de España de la capital manchega. Sus padres preferían tener al pequeño Pepe controlado por los jesuitas antes que hospedado sin control en una pensión cualquiera. «Lo pasé muy mal y mis padres sufrían mucho porque era hijo único y eso suponía que casi no nos

[17] Revista *Época*, nº 306, enero de 1991.

veíamos [...]. Acomodarme a las nuevas costumbres, estar alejado de mis padres y soportar la rígida disciplina del internado me costó mucho esfuerzo. De todo había en el colegio, pero algunos jesuitas parecían poco dotados para la enseñanza». Uno de sus jesuitas favoritos era el padre Sansalvador, que de vez en cuando le propinaba un capón y era quien corregía las cartas que enviaba a sus padres, su único medio de comunicación con ellos. Otro de sus curas era el padre Cortés, encargado de hacer las fotos del cuadro de honor. De aquella época también era el padre Gaya, que se encargaba del mantenimiento del centro escolar. En el colegio de los jesuitas de Alicante la opinión política dominante por entonces era de abierta y clara adhesión al régimen de Franco.

Fue al acabar el curso 1966-1967 cuando Bono figura en la orla de preuniversitario del colegio de La Inmaculada. Ese mismo año de 1967 estuvo a punto de ingresar en un noviciado de la Compañía de Jesús junto con su compañero Manuel Campillo: «Manolo y yo estábamos decididos a ingresar juntos en el noviciado de Veruela, nos costaba mucho dejar "el mundo" y, especialmente, los amores juveniles. Aún conservo aquellas cartas de despedida de nuestras amigas y el fervor religioso que las inspiraba [...] Mi estancia en régimen de internado durante siete años en el colegio de los jesuitas de Alicante aseguraba una formación religiosa arraigada. Primero fui Cruzado y después Congregante Mariano. Misa y rosarios diarios, salves, meditaciones y mucha amenaza escatológica me condujeron a una intensa vivencia de la fe y a reconocerme "llamado por Dios"».[18]

Bono tomó esta trascendental decisión de convertirse en sacerdote durante los ejercicios espirituales celebrados en el convento de los Padres Jerónimos de Murcia. Sin embargo, en el momento final creyó conveniente paralizar por unos meses su decisión. «Me preocupaba muchísimo decírselo a mis padres. Pensé que el esfuerzo que hicieron para darme estudios merecía ser coronado

[18] *José Bono se presenta*, Serafín Libros, Toledo, 1999.

con una ingeniería, y si era de Caminos, Canales y Puertos, mejor. En estas circunstancias se produjo la muerte de mi madre, y no me pareció prudente trasladar a mi padre más agobios de los que ya tenía. Pensé que sería mejor esperar un año, comenzar la carrera y, cuando la herida de la muerte de mi madre estuviera más curada, hablar con mi padre y ponerme la sotana». Bono acababa de cumplir los dieciséis años y la muerte imprevista de su madre, Amelia Martínez Soria, el 18 de marzo de 1967, le causó un trauma.

En los estudios psicotécnicos de los jesuitas destacaba en «sociabilidad y en alegría en el trato», pero no en «espíritu de cooperación», ni en «agilidad y precisión de movimientos», siendo sus notas inferiores a la media establecida. A José Bono nunca le ha gustado estudiar, «y cuando lo hacía, hasta que no terminé la mili, no era para aprender, sino para no darle un disgusto a mi padre, fundamentalmente, y lo de aprender venía después».[19] Cuando finalizó el bachiller le hicieron otro test psicotécnico para orientarle profesionalmente: le aconsejaron periodismo, carrera para la que mostraba más aptitudes. Desoyó estos consejos, ya que sus notas en los jesuitas de Alicante rondaban la media de notable y su padre quería que estudiara ingeniería. Finalmente acabó estudiando lo que él quería: Derecho en la Universidad de Deusto, donde también comenzó Económicas, carrera que nunca ha ejercido.

Al llegar a Madrid consiguió plaza en el colegio mayor universitario Nuestra Señora del Buen Consejo, también regentado por la Compañía de Jesús. De este modo pretendía cultivar mejor su vocación religiosa. Pero fue precisamente en este centro donde comenzó su toma de conciencia política y donde abandonó finalmente su idea de entrar en un seminario. Eso sí, ingresó en la Congregación Mariana FECUM (Federación Española de Católicos Universitarios Marianos). Allí coincidió con estudiantes de

[19] Diario *La Verdad,* 19 de agosto de 1990.

Derecho comprometidos por la causa antifranquista, como Paquita Sauquillo, Nacho Montejo, Luis Javier Benavides, este último luego asesinado en la matanza de los abogados laboralistas de la calle Atocha, en Madrid. El ambiente del colegio mayor era claramente contra el régimen franquista. «Un grupo de sacerdotes progresistas como Caso, Mielgo, Coy… se encargaron de que los colegiales fuéramos comprometiéndonos políticamente. Compaginábamos nuestra fe cristiana con una actividad subversiva de cierta intensidad. Reparto de panfletos, reuniones con grupos obreros en el Hogar del Empleado, visitas a familiares de presos políticos, colectas económicas a su favor, manifestaciones, etc.». En 1968 ingresa en el SDEUM (Sindicato Democrático de Estudiantes Universitarios Madrileños) y radicaliza sus posturas. Bono comprendió rápidamente que las iniciales veleidades falangistas que le inculcó su padre no le darían el poder deseado. Que sustituir a su padre en los actos oficiales, como ocurrió a finales de los años sesenta, en el curso de mandos de la guardia de Franco, celebrado en la urbanización Playa Romántica de Mallorca, donde se reunía toda la elite falangista vestida con la camisa azul mahón y, lógicamente, cantando el *Cara al sol*, le ocasionaba problemas y no era lo deseado por él. Posteriormente, comienza a hacer las milicias universitarias en el cuartel de Valladolid, con rango de alférez en caballería.

Al acabar la carrera, en la que se le atragantó la asignatura de Derecho Administrativo, decidió no hacer oposiciones y conformarse con una plaza de profesor ayudante en la universidad. Fue su amigo Raúl Morodo, compañero del PSP, quien le facilitó en 1974 el contrato de profesor ayudante en la Universidad Complutense de Madrid, en la disciplina de Introducción a la Ciencia Política. Entre los profesores afines a él se encontraba el médico Donato Fuejo, luego presidente del Consejo de Seguridad Nuclear durante el Gobierno de Felipe González. También en esa época, mediados de los setenta, José Bono comienza a trabajar como abogado especializado en Derecho Matrimonial y Laboral, a la sombra del bufete de Raúl Morodo, sito en la calle Eduardo Dato, de Madrid, llegando a ser asesor jurídico de la Empresa General Eléctrica Española. Con esta actividad, bien remunerada por entonces, se dedicó a defender a compañeros en el Tribunal de Orden Público y ejerció la acusación popular en los crímenes de los abogados laboralistas de la calle Atocha. Esa posición desahogada le permitió comprar coche y casa en Madrid.

Cuando entró en política, ya demostró su habilidad demagógica, diciendo que su fortuna más preciada era un reloj marca Choper que le había regalado su padre. Los años finales de la década de los sesenta marcaron los inicios de su actividad política. En 1969 conoció a Enrique Tierno Galván, que lideraba el Partido Socialista Popular (PSP), donde ingresó como militante un año después. «Mientras los socialistas sevillanos se comían la famosa tortilla y vestían de pana, yo recibía las enseñanzas de Enrique Tierno, en su despacho de la calle Marqués de Cubas, número 6, cuarto piso».[20] El ex presidente de Castilla-La Mancha llegó a ser secretario de organización del PSP, el tercer hombre después de Tierno, presidente, y Morodo, secretario general. Y no abandonó el partido hasta la absorción por el PSOE.

Bono dio su primer mitin en el colegio mayor Pío XII, ubicado en la Ciudad Universitaria de Madrid, el 14 de noviembre de 1976, siendo ya profesor de Ciencias Políticas en la Universidad Complutense. Fue un encargo del profesor Tierno Galván para que realizara un acto público en contra del referéndum de la Ley de Reforma Política, que mayoritariamente el pueblo español votaría a favor posteriormente. El paso más decisivo en su ambición de poder (es tan político que tiene la habilidad de no parecerlo) lo da en 1977, recién instaurada la democracia por Adolfo Suárez, volviendo a su provincia, Albacete, y tratando de salir diputado. Como su partido, el PSP, no tenía ningún asentamiento en Albacete, se alía con los demócratas cristianos de Joa-

---

[20] *José Bono se presenta*, op. cit.

quín Ruiz-Giménez. El resultado electoral fue una derrota, alcanzando muy pocos votos. Se presentaba por la candidatura denominada de Centro Izquierda de Albacete.

Poco después, las deudas acorralan al PSP y el PSOE trata de absorberlo. En abril de 1978 firmó junto a Tierno Galván un acuerdo de unidad entre el PSOE y el PSP. Bono es uno de los hombres-puente de la operación, y Alfonso Guerra, el otro. Bono fue considerado por algunos medios como el «topo» de Alfonso Guerra en la defenestración del PSP.[21] Nunca perdonaría el «viejo profesor» las maniobras de su alumno Bono, quien a partir de la absorción sube enteros dentro del PSOE. El profesor Tierno Galván murió enfadado con él, como lo certifican los párrafos agresivos que le dedica en su libro *Cabos sueltos* a José Bono, por entonces mandatario de Castilla-La Mancha.

El político se apodera del aparato del partido socialista en Albacete y se catapulta en la región, favorecido por el deterioro y división de la UCD de Adolfo Suárez. Alfonso Guerra bendice todos sus actos electorales con su presencia. Sale elegido por primera vez diputado en 1979 por el PSOE de Albacete y se le premian los servicios prestados en la demolición del PSP con la secretaría cuarta del Congreso de los Diputados. En noviembre de ese mismo año fue elegido secretario del Consejo de los Diputados. Allí estaba, «muerto de miedo», como ha reconocido, con la nariz a dos palmos de la pistola del teniente de la Guardia Civil Antonio Tejero el día 23-F de 1981. Meses más tarde, el 20 de abril de 1981, fallecería su padre, víctima de un accidente de automóvil al despeñarse su coche por un barranco, muy cerca de su pueblo de Salobre.

Una vez en la presidencia de la Junta de Comunidades de Castilla-La Mancha (1983-2004)[22] se convierte en el interlocutor de

---

[21] Ya en 1972 acudió a Toulouse (Francia), representando al PSP para asistir al Congreso del PSOE en el que se certificaba el nacimiento del PSOE de Felipe González y la muerte del socialismo histórico de Rodolfo Llopis.

[22] Es el único presidente autonómico español que ha sido reelegido en cinco ocasiones por mayoría absoluta.

la línea más oficialista del PSOE en todos los conflictos públicos: Cabañeros (la postura de Alfonso Guerra frente a la de Narcís Serra); Anchura (la política del partido y del Gobierno); la huelga general del 14-D (la postura del Gobierno)... y así sucesivamente. Es un hombre hábil e inteligente; «de tonto no tiene un pelo», afirman sus enemigos políticos. Hasta la fecha han sido pocos los escándalos que le han cogido con pruebas evidentes; el caso de Seseña (Toledo) es el ejemplo más actual. Pero también destacan las presuntas irregularidades que ocurrieron en su día con la Sociedad Financiera Internacional Ibérica. Una sociedad dedicada a préstamos, transacciones en cuentas de participación e inversiones. En su constitución intervino José Bono junto a Raúl Morodo y Cristóbal Colón y Carvajal, duque de Veragua. Entonces se estimó que los perjuicios ocasionados por esta sociedad a comerciantes, pequeños industriales, agricultores y ganaderos, entre otros, sumaban unos dos mil millones de pesetas. Cifra similar a la que le puso en su día en la picota con el *affaire* de la denominada Sociedad de Fomento Regional (SFR), que fue capitalizada en 1985 con dos mil millones de pesetas provenientes de deuda pública. En marzo de 1988 la sociedad se liquidaba y sólo los números rojos de esta emisión de deuda pública ascendían a más de mil millones de pesetas.

Dicen sus enemigos que Bono siempre ha sido propenso a las regalías con cargo al presupuesto de la Junta de Castilla-La Mancha, por lo que algunos le han conocido por el nombre de «el conseguidor» o «el Rey Mago». Dicen que por eso también tiene su *mancha*. El entonces presidente castellano-manchego compró un reloj marca Omega y una sortija de brillantes, valorados en 215.000 y 195.000 pesetas, respectivamente, el 2 de diciembre de 1986. Tan rumboso regalo navideño fue abonado a la joyería Mérida, en Toledo, por la Junta de Comunidades de Castilla-La Mancha. La orden de pago de la Consejería de Economía y Hacienda, número 219/1, fechada dos días después, establece una transferencia de 350.000 pesetas a la citada joyería a través de la agencia número 2 de la Caja de Ahorros de Toledo. Como única explicación del desembolso, en la orden se lee: «Gastos diversos. Factura de 24-XII-86». Bajo el sello de «contraído» figuran las firmas del consejero adjunto al presidente y del interventor. La factura de la joyería era todavía más explícita: un reloj Omega de oro y una sortija de brillantes por valor de 410.000 pesetas.

Eso sí, el establecimiento tuvo el detalle de aplicar un «descuento especial» de 60.000 pesetas. Casi un 15 por ciento de rebaja para quien figura como destinatario del albarán: «Junta de Comunidades Castilla-La Mancha. Presidente».[23] Pero José Bono ha tenido otros detalles, como el envío periódico de rosas rojas, por valor de miles de pesetas. O la compra de cien ejemplares de la obra *Felicitar a Jesucristo*, de contenido religioso, para regalar con motivo de la Navidad.[24] También regalaba relojes con el escudo de Castilla-La Mancha. En todo momento los destinatarios han sido cuidadosamente seleccionados.

A lo largo de su presidencia en esta región siempre ha tenido dos partidas presupuestarias muy especiales: la primera, denominada Fondo de Acción Especial, dedicada a los múltiples regalos que hacía en sus viajes (vaquillas, vídeos, ordenadores...);[25] la segunda, destinada al turismo social. Bono era apodado por algunos como el «nuevo Bono-Bus», debido a los múltiples viajes que realizaba a precio de saldo. Por una cantidad ridícula cualquier ciudadano de Castilla-La Mancha podía visitar Toledo, donde era parada obligatoria el palacio presidencial, en el que Bono, en persona o a través de vídeo, ofrecía un discurso protocolario. Sin embargo, los viajes más conocidos eran los que organizaba para los mayores de sesenta y cinco años, que, o bien se desplazaban a

---

[23] Revista *Tribuna*, nº 30, noviembre de 1988. Reportaje de Charo Nogueira.

[24] Revista *Época*, nº 776, 10 de enero de 2000.

[25] En 1988 gastó 18 millones de pesetas en atenciones protocolarias denominadas «Felicitaciones de Navidad».

la costa, o visitaban Madrid, Aranjuez y, por último, Toledo. Les ponían también un vídeo publicitario sobre el entonces presidente.

A su vez, José Bono saltó a la polémica informativa en febrero de 1990 cuando el entonces diputado de Izquierda Unida Antonio Romero denunció en el Congreso que había aprovechado un vuelo en helicóptero, «por motivos oficiales», para trasladar a su familia desde Granada a Toledo, después de haber estado esquiando en Sierra Nevada.

Siempre trabajó su popularidad; por eso, siempre que visitaba un pueblo o ciudad, o tenía que recibir a alguna personalidad, iba acompañado permanentemente de un fotógrafo y, si podía, de las cámaras de su televisión regional. Nadie duda de su valía para vender muy bien su imagen. Así ocurrió cuando fue a visitar al papa Juan Pablo II, o cuando visitó en la clínica al que fuera obispo de Albacete monseñor Vitorio Oliver. Mientras éste permanecía en el lecho tras ser operado de próstata, y a pesar de su cara de angustia, Bono era entrevistado para Televisión Española. Cuentan sus amigos que siempre tenía un vestuario ambulante en su vehículo oficial: «Si hay que ir de mitin, fuera corbata y chaqueta; si hay que ir a algún acto oficial, lo más arreglado posible».

Para todas esas actividades tenía un grupo de personas conocidas en los ambientes de Toledo como el grupo de «los Panda»; entre los que destacan algunos sacerdotes secularizados, como Cristóbal Rozalén. Desde siempre, el matrimonio Bono suele rodearse de fieles amigos a los que el político promociona, cuando puede, en todos los ámbitos. Él siempre presume de un lema que cumple a rajatabla: «Amigo que no da y navaja que no corta, si se pierde, poco importa». Entre las amistades del matrimonio figura la que fuera número uno del PSOE en el Ayuntamiento de Madrid, Trinidad Jiménez, que suele visitar a la familia Bono en su casa toledana. Tanta es la amistad, que Pepe situó a su hermano, José Jiménez García-Herrera, como director conservador del Parque Nacional de Cabañeros. Un cargo de confianza del presidente y de su entonces consejero de Agricultura y Medio Ambiente, Alejandro Alonso.

Por esa amistad que lleva a rajatabla, casi nadie faltó en su toma de posesión como ministro de Defensa.[26] Fue el 19 de abril de 2004 y el auditorio era de lo más variopinto: desde el cantante Raphael y su mujer, Natalia Figueroa, al arzobispo de Madrid, Antonio María Rouco Varela, pasando por los sindicalistas Cándido Méndez y José María Fidalgo, el juez Baltasar Garzón, el escritor Antonio Gala, la actriz Concha Velasco o el periodista Pedro J. Ramírez. En el plano más institucional, también asistieron amigos del nuevo ministro, como Juan Carlos Rodríguez Ibarra, entonces presidente de Extremadura, y Francisco Vázquez, por entonces alcalde de La Coruña; la vicepresidenta del Gobierno, María Teresa Fernández de la Vega; el ministro de Asuntos Exteriores, Miguel Ángel Moratinos; el secretario de Organización del PSOE, José Blanco; y el sucesor de Bono en Castilla-La Mancha, José María Barreda. En este cargo se mantuvo hasta el 7 de abril de 2006. «Me voy porque quiero estar con mi familia, quiero dedicarle más tiempo a mis hijos, a Sofía...», decía a su salida del ministerio. Ya antes de las elecciones autonómicas de 1999 la mujer de Bono y sus hijos le advirtieron de ese peligro de soledad: «¿No te parece que ya tenemos derecho a que estés más tiempo con nosotros?». Sin embargo, José Bono decidió presentarse una vez más. Su hija mayor, Amelia, apostilló lo siguiente: «Y no te preocupes por la familia, Castilla-La Mancha es ya de nuestra familia».

Ana Rodríguez Mosquera y José Bono han tenido tres hijos biológicos: Amelia (26 años), Ana (25 años) y José (23 años); y una niña adoptada, Sofía (6 años). Amelia y Ana, las dos hijas mayores del ex ministro de Defensa, son totalmente distintas: la mayor es pelirroja y pecosa, más parecida a su madre, incluso en el carácter; la segunda, morena y de sonrisa rápida y abierta, es extravertida, guapa y con las decisiones sobre su vida bien pen-

[26] Estuvo también a punto de ser secretario general del PSOE, pero José Luis Rodríguez Zapatero le ganó por nueve votos.

sadas. Su hija mayor Amelia ha estudiado Magisterio Infantil. No obstante, parece que su futuro está, al igual que su madre, en el campo de la moda y el diseño. Hoy en día es Amelia quien sustituye a Ana Rodríguez durante sus ausencias en las tres tiendas de la franquicia Tous que mantienen los Bono.

La hija mayor del matrimonio se formó en este negocio tras su paso profesional por la franquicia de Titto Bluni en Madrid. Precisamente, Amelia es también la propietaria de la tienda de confección que esta marca tiene en el centro comercial Luz del Tajo, el mismo donde su madre abrió la segunda franquicia de Tous en Toledo. Para ello crearon en enero de 2005 la empresa Bluni Toledo S.L., donde figura como administradora única Amelia Bono Rodríguez.[27] Actualmente, Amelia mantiene un noviazgo con Manuel Martos Figueroa, hijo menor del cantante Raphael y de Natalia Figueroa. Un romance que se ha llevado con bastante discreción por parte de ambas familias, que son muy amigas, tanto que comparten barrera en la plaza de toros de Las Ventas de Madrid, como ocurrió el 15 de mayo de 2007, festividad del patrón, San Isidro. El chico es el líder del dúo musical Mota, junto a su amigo Álvaro Azcárate y que en octubre de 2006 presentó su primer disco. Sin embargo, el hijo de Raphael creó hace ya diez años su primer grupo musical, In Fraganti, con el que ganó el premio especial Aplauso de grupos musicales universitarios. Manuel es el único hijo que todavía permanece soltero del conocido cantante y de Natalia Figueroa. Jacobo, el mayor, se casó en julio de 2002 en Tenerife con la actriz Toni Acosta, y Alejandra, la única hija de la pareja, lo hizo el 9 de julio de 2001 con Álvaro Arenzana.

Por su parte, la segunda hija del matrimonio Bono-Rodríguez, Ana, ha terminado su carrera de Derecho en la Universidad Carlos III, de Madrid, que regenta el compañero político de su padre Gregorio Peces-Barba. Ana quiere dedicarse al Dere-

---

[27] Su capital social es de 3.100 euros.

cho Privado. Mientras que su hermano José, el único varón del matrimonio Bono-Rodríguez, ya está a punto de acabar la carrera de Periodismo en el elitista Centro Universitario Villanueva, una institución privada adscrita a la Universidad Complutense de Madrid y vinculada al Opus Dei, cuyas instalaciones docentes están en los barrios de Salamanca y Mirasierra de la capital de España.

Pero la verdadera pasión de Pepe Bono III, como se le conoce, son los caballos, afición que practica en el centro hípico que su padre le ha construido en las afueras de Toledo. Es un jinete consumado. Esta pasión ecuestre hizo que durante un tiempo se le vinculara sentimentalmente a Marta Ortega Pérez, hija de Flora Pérez Marcote y de Amancio Ortega, dueño del imperio textil Inditex (Zara). Toda la prensa del corazón se hizo eco de este romance. Ambos se conocían desde hacía tiempo, ya que coincidían en numerosas competiciones hípicas. Estos encuentros fueron considerados por muchos como el inicio, en el año 2003, de una relación sentimental que luego no fructificó. Marta Ortega comenzaría después un romance con otro jinete del Real Club de Polo de Barcelona, Gonzalo Testa Ornat. Marta, de veintitrés años, es una de las principales promesas de la hípica en España y su padre también le construyó ex profeso un espectacular centro de equitación denominado Casas Novas. Se trata de una finca de 30 hectáreas situada en Arteixo (La Coruña), localidad donde reside el imperio Ortega y donde se celebran desde el año 2000, fecha de su inauguración, varios de los concursos internacionales más importantes del calendario ecuestre y a los que asisten los mejores jinetes.

Por último, está Sofía, la pequeña de seis años que Ana Rodríguez y José Bono adoptaron en Chile y que se ha convertido en el eje y centro de atención de toda la familia. Al igual que otros famosos, la pareja adoptó a una niña a la que hoy colman de atenciones y mimos. «La idea partió de mí —dice Ana—, me surgió tras conocer en la India [en 1999] a Vicente Ferrer, con el que estuve trabajando dos meses en Anantapur». Ya allí estuvo a punto de adoptar a una niña. «Un día le dije a Vicente: me llevo a esa niña, la voy a adoptar, su madre me la da y me la llevo». Sin embargo, el padre Ferrer, con buen criterio, no le permitió sacar ningún niño de su campamento: «No te preocupes, Ana, por esta niña, que tiene garantizado todo en esta vida estando con nosotros. Esta niña aquí va a ser feliz».

Pero Ana Rodríguez no olvidó la idea de volver a ser madre. «Cuando regresé a España le dije a Pepe: "¿Por qué no adoptamos a un niño?". Él me decía que ya teníamos tres y para qué queríamos más». Sin embargo, fue una posterior visita de Bono a Bolivia para conocer la obra del que fuera obispo de Palencia, Nicolás Castellano, Premio Príncipe de Asturias (que dejó el obispado para abrir escuelas para niños pobres en la zona de Santa Cruz de la Sierra, en el llamado Proyecto 3000), lo que le hizo cambiar de idea: «Aquel viaje le impresionó mucho a mi marido. Un día me llamó y me dijo: "Cuando vaya te llevo un regalo". Pensé: ¿qué me puede traer de Bolivia? Serán cosas de esas que me gustan a mí, collares étnicos o algo así». Sin embargo, el regalo era la adopción de un niño.

Una vez hablado el tema con sus tres hijos, iniciaron los trámites de adopción, que duraron dieciséis meses. Y así empezó la historia de Sofía, una niña chilena. «Queríamos que fuera de América, pero nos daba igual el sitio. Empezamos en Bolivia porque Pepe estuvo allí, pero allí había problemas con la legislación. Así que nos recomendaron Chile, porque su administración funcionaba muy bien y es muy rigurosa».[28] La adopción se produjo finalmente en el Orfanato de Santiago de Chile la primavera de 2001, cuando la pequeña tenía siete meses. Sofía es una niña sonriente, de pelo rubio y grandes ojos azules. Actualmente estudia educación infantil en el colegio de Nuestra Señora de los Infantes, una institución religiosa que pertenece al arzobispado de Toledo.

Se da la coincidencia de que el político socialista siempre ha mantenido un contacto muy directo con los responsables ecle-

[28] Revista *Diez Minutos*, 22 de junio de 2001.

siásticos de su autonomía. Basta recordar su estrecha amistad con el todopoderoso primado de Toledo, el cardenal Marcelo González, y que hoy en día mantiene una buena relación con el actual primado, monseñor Antonio Cañizares, bautizado como «el pequeño Ratzinger». El ex ministro Bono siempre ha manifestado en privado que sus creencias religiosas eran la base principal de su éxito profesional. Y así se lo hacía saber en una carta, fechada el día de la festividad de Castilla-La Mancha de 2004, a sus «hermanas» religiosas de las Operarias del Divino Maestro, una congregación a la que acude con frecuencia para realizar ejercicios espirituales en su tierra natal de Albacete:

> Las cosas, gracias a Dios, han salido bien, pero en buena parte ha sido debido a la colaboración de mucha gente como vosotras. Cada uno ha trabajado desde su sitio y a su manera, pero hemos trabajado juntos. Yo no sé trabajar sin afecto y sin confianza. En vosotras los encontré siempre, por eso os lo quiero agradecer [...].
>
> En vosotras descubrí el contrapunto espiritual, pero real, a las prisas y a la velocidad de nuestro tiempo. A vuestro lado encontré el silencio para escuchar a los demás, y sobre todo la paz, una paz interior que nace de llevarse bien con uno mismo y con los demás. A vuestro lado nunca me encontré con el ruido, porque, como tantas veces os he dicho, el bien no hace ruido, y el ruido no hace bien. Os sigo necesitando. Si en algo soy útil, podéis contar conmigo. Rezad por mí. [29]

Las Operarias del Divino Maestro son conocidas como «las Ave Marianas» y figuran en el Ministerio de Justicia dentro del registro de entidades católicas con el número de inscripción 805-9-SE/B y fecha 27 de marzo de 1995. El nombre que aparece en su inscripción es el de Casa de la Congregación, y su domicilio social figura en Burgos. Su fundador fue Miguel Fenollera Roca, canó-

[29] Carta reproducida por el autor de este libro en la revista *La Clave* el 8-14 de octubre de 2004.

nigo de la catedral de Valencia, que murió en la ciudad del Turia el 3 de mayo de 1945 «con fama de Santidad». En base a esta fama fue canonizado por el papa Juan Pablo II el 25 de marzo de 2000. Pero no hay que olvidar que, al margen de su veneración a «las Ave Marianas», Bono también mantiene un estrecho contacto con el Opus Dei, la obra de san Josemaría Escrivá de Balaguer.

Sin embargo, bastante opuesta a estas creencias es Ana Rodríguez Mosquera. Dicen sus amigos de ella que no va a misa, ni es creyente, al contrario de su marido, que reza, va a misa todos los domingos y tiene una gran devoción por la Virgen de Cortes, patrona de toda la sierra albaceteña de Alcaraz. Aseguran también que es prudente y lista, muy lista. Que es intuitiva. Que es segura, con carácter. Que es una mujer de opinión firme. Que milita desde siempre en tendencias socialistas, primero en el PSP («desde que tenía dieciocho años») y luego en el PSOE (hoy sigue siendo militante activa). Aseguran que es callada, al contrario que su marido (que es muy extravertido), y que le gusta menos hablar por teléfono que a él.

Dicen que está controlada en casi todos sus movimientos por su marido («Pepe llama sin parar. No es celoso, es un poco controlador. Me dice: "¿Qué haces?, ¿has llegado?, ¿estás bien?". Te puede llamar al móvil ocho veces al día, pero no sólo lo hace conmigo, también con nuestros hijos»).[30] Que es muy independiente: ya con veinte años vivía sola. Afirman también que su cara es bonita. Que sus ojos verde azulados y su sonrisa placentera son sus mejores armas. Que utiliza con maestría su sonrisa. Que aunque desde el año 2003 se dedica a la joyería, no luce muchas joyas en su *look*. Que no invierte mucho dinero en sus propias joyas, que son regalos de su madre y de José Bono. Que su verdadero apoyo en el mundo de la joyería es Rosa Tous. Que le gusta mucho viajar, sobre todo a países exóticos. Ya poco después de casarse marchó con su marido a la Unión Soviética para visitar a un familiar suyo que vivía allí desde el fin de la Guerra Civil. Que también

[30] Revista *Telva*, nº 812, diciembre de 2006.

va de vez en cuando a Guatemala, su país de nacimiento, con el que mantiene los vínculos. Que a su casa de Toledo acuden los amigos de su marido, sin complejos, como Felipe González, Alberto Ruiz-Gallardón o María Teresa Fernández de la Vega. Que se suele desplazar en su propio vehículo. Que curiosamente llegó a tener la «tarjeta de la hora» en Toledo, un distintivo de estacionamiento para vehículos de residentes. Que en dicha tarjeta Ana Rodríguez aparecía empadronada con domicilio en la plaza del Conde, en Toledo, la sede del Gobierno regional. Pero que para ir de Toledo a Madrid suele coger el AVE. Y que cuando viaja en el coche con su marido escucha noticias, mientras que si va con sus hijos es la música lo que predomina.

Dicen de ella sus amigos que le gusta ir siempre bien arreglada. Que siempre prima en ella la comodidad. No obstante, para sus salidas públicas y *saraos* se viste especialmente: «Procuro que me vista una persona que sepa como soy, lo que me pongo y lo que no me pondría nunca. Yo no me disfrazo...». Que suele llevar ropa de modistos de la región para actos oficiales. Que a las bodas reales ha ido vestida por Eduardo Ladrón de Guevara, un modisto de Cuenca. Y a otras por Vicente Gil, de San Pablo de los Montes (Toledo). Que utiliza la talla 38. Que también usa ropa de Carolina Herrera, Gucci, Hermès, Miguel Palacio, Valentino... Y que sus zapatos preferidos son los de Manolo Blahnik, los conocidos «manolos», o los de Magrit, Gucci o Alberta Ferretti, aunque afirma que no suele utilizar tacón en sus zapatos «porque tengo que estar muchas horas de pie». Que le gusta que le peine el conocido Leonardo. Que cuida mucho su imagen. Que por ello ha llegado a figurar en algunas listas entre las diez mujeres más elegantes de España. Que su color preferido es el blanco en verano, el negro para las noches y, en general, los colores intensos. Los que menos le gustan son el amarillo, que odia, y los tonos marrones. Dicen que su lectura preferida es la revista *¡Hola!* Que suele madrugar, como su marido. Que le gusta montar a caballo y que para eso tiene su propio centro ecuestre. Que no es muy besucona. Y que le gusta bailar, a diferencia de su marido, que no sabe mover los pies.

Dicen también que suele hacer la compra. Que le gusta cocinar, pero que en el matrimonio, desde que está inactivo su marido, cocina él, «pero sólo para los amigos». Que los platos estrella del político socialista son las migas, el gazpacho, el arroz y la carne con tomate. Afirman que su marido, José Bono, es un *manitas*, que hace bricolaje y que limpia la piscina («De pequeño quería ser albañil porque no había que estudiar... Para mí una forma de descansar consiste en levantar una pared o hacer agujeros»).[31]

Otros, en cambio, aseguran que es una mujer orquesta, que toca todos los palillos. Que a su marido le gusta que le acompañe en los actos oficiales. Que ambos acuden a conciertos de amigos como Serrat, Alejandro Sanz y Miguel Bosé. Que no soporta todos los chistes de Bono, a quien le apasiona contar muchos. Que les gusta tener perritos, de raza pequeña. Que siempre los han tenido y que uno de sus preferidos se llamaba *Toy*, que viajaba con ellos en sus vacaciones. Que le duran mucho los enfados. Y que ha llegado a tomar pastillas para dormir: «Hay temas de mi marido que me han afectado muchísimo».

Uno de ellos puede ser la supuesta separación matrimonial propagada a todos los vientos y que apareció en los medios de comunicación a mediados del año 2006. Ella se defiende: «Pepe y yo hemos sufrido un intento de intrusión en nuestra vida privada en la última etapa del verano 2006. La calumnia es muy fácil; la mentira gratis. Nosotros optamos por el silencio, porque tampoco es bueno entrar en una dinámica de desmentidos».[32] A la esposa del ex ministro se le atribuyó un romance con un joyero cordobés. Algunas fuentes aseguraron que Bono renunció a su cargo en el ejecutivo socialista para intentar recuperar a su mujer, que estaría harta de las continuas ausencias de su marido a causa de su trabajo. Para

[31] Diario *La Verdad*, 19 de agosto de 1990.

[32] Revista *¡Hola!*, nº 3.255, 20 de diciembre de 2006.

acallar rumores, la pareja se dejó ver más de lo que en ellos era costumbre. Por ejemplo, asistieron juntos a la entrega del prestigioso Premio Montaigne al director de *El Mundo*, Pedro J. Ramírez, en mayo de 2006 en el Teatro Real de Madrid, un acontecimiento social y cultural al que asistió el «todo Madrid». Ana Rodríguez, vestida con un traje beige, aparecía entre su amigo Eduardo Zaplana y su sonriente marido, José Bono. También fueron fotografiados durante ese periodo de grandes rumores junto al diestro José Ortega Cano, cuando fueron a visitar a la tonadillera Rocío Jurado a su casa de La Moraleja días antes de que ésta falleciera.

Sin embargo, la revista *Qué me dices* publicaba en mayo de 2006 en su portada un titular que decía: «José Bono y su mujer, su primavera más amarga».[33] En páginas interiores, el titular del reportaje era aún más explícito y recogía abiertamente el rumor que se había extendido por todos los mentideros nacionales: «José Bono y su mujer, al borde de la separación». La información, acompañada de un abundante material gráfico, afirmaba que «todo apunta a que Ana Rodríguez, de cuarenta y nueve años, abandona al ex ministro después de veinticinco de matrimonio y cuatro hijos». Las explicaciones eran recogidas en un texto que aseguraba que la pareja atravesaba una «grave crisis» que podía desembocar en ruptura. Y terminaba así: «Quizás todo se arregle, pero sus íntimos dicen que no hay marcha atrás posible».

Esta supuesta separación matrimonial coincidió con la salida de José Bono del Ministerio de Defensa, cargo que ostentaba desde la llegada al poder de su compañero de partido José Luis Rodríguez Zapatero y que dejó tras estos insistentes rumores de ruptura. «Tomó la decisión de abandonar porque ya había llegado a un límite, es una renuncia muy pensada y muy querida por toda la familia. En la última etapa lo veíamos con mucha tensión. Se estaban tomando decisiones políticas con las que él no estaba de acuerdo. Y Pepe es muy coherente y muy honrado».

---

[33] *Qué me dices*, nº 1.267, 9 de mayo de 2006.

Tras dejar el ministerio, Bono le dijo a su mujer: «Ana, ahora quiero dedicarte el tiempo que te he robado, te debo muchos ratos no vividos juntos. Él siempre ha sabido que no ha dedicado el tiempo suficiente a nuestro matrimonio y a nuestros hijos. Yo jamás se lo reproché, pero él lo sabía…».[34] Tanto es así que muchos de sus más directos colaboradores, y en más de una ocasión, le han oído decir al ex presidente de Castilla-La Mancha que un día, al llegar a su casa, después de visitar no sé cuántos pueblos, se acercó a su mujer y le pidió un beso. Ella, que debió tener un mal día, dicen que de los muchos que tienen los consortes de los políticos, le contestó muy seca: «Que te lo dé Castilla-La Mancha». Por eso, cuando Ana Rodríguez Mosquera fue nombrada en septiembre de 2003 «Vendimiadora del Año», honor con el que le distinguió el consejo regulador de la denominación de origen Valdepeñas durante la cincuenta edición de las conocidas fiestas del vino de esta localidad manchega, el pregonero, el ex consejero de Agricultura de la Junta, Alejandro Alonso dijo:

> Ser consorte no es lo mismo que ser-con-suerte. Suelen los consortes sufrir el afecto que el poder entrega al pueblo que gobierna y, para ellos, mantener desinteresadamente el amor que el otro le niega por necesidad de su compromiso con el deber requiere un esfuerzo notorio. Yo creo que el C.R.D.O. ha acertado al nombrarte Vendimiadora del Año, porque esto nos permite ahora a los valdepeñeros darte las gracias por acompañar al hombre que nos gobierna. Y si te sirve, Valdepeñas, en nombre de Castilla-La Mancha, te da en este nombramiento el beso que esa noche no tuvo José Bono.

Se comenta que la familia Bono tiene pasión por atesorar aquellos objetos que dan fe de sus sentimientos, así como por compartir recuerdos con amigos. Dicen que tienen afición por ver fotografías juntos y comentarlas. Para ellos los álbumes de fotos son un vín-

[34] Revista *Telva*, nº 812, diciembre de 2006.

culo de proximidad emocional en la distancia. En su álbum hay fotografías de bodas célebres a las que han acudido, como la del conde de Salvatierra, Cayetano Martínez de Irujo, con la mexicana Genoveva Casanova, que se celebró el 15 de octubre de 2006 en el palacio de Las Dueñas, en Sevilla, y donde Ana iba vestida de azul. Su presencia en el evento ratificaba la buena amistad del matrimonio Bono con la Casa de Alba.

Afirman sus amigos que Pepe es mucho más vivo con la gente que ella, que le gusta decir mucho que sus bolsillos son de cristal, que es muy goloso, y que uno de los días más felices de la pareja fue el nacimiento de su primera hija, Amelia («una experiencia irrepetible que cambió mi vida y la colmó de sentido»). Que, como suelen madrugar mucho, en su casa el teléfono suena desde primeras horas de la mañana. Que Ana dice en público que Pepe es «muy cariñoso, muy entrañable y muy familiar. [...] En eso puede influir el hecho de que es hijo único, su madre murió cuando él tenía quince años. Tiene, en ese sentido, falta de referencias afectivas». Que al político le gustan los toros, desde el día en que su difunto padre le llevó a las fiestas de Albacete. Que Bono ordena todos los días sus notas y hace un diario. Que desde que no está en la política activa le han desaparecido las bolsas de los ojos. Que el político se aplica cada mañana cremas que le ha regalado su hija Ana. Que les gusta ir junto con sus hijos de vacaciones. Que últimamente lo han hecho por Mallorca, donde también descansa en los periodos estivales su amigo el constructor Francisco Hernando, cuyo yate han visitado en alguna ocasión. Y que no les importa ir en chanclas, con bañador y con la cámara de vídeo al hombro.

Pero, en lo esencial, y ante una pregunta íntima y concisa de la periodista Rosa Villacastín (22 de junio de 2001) sobre si se imagina envejecida a su lado, la respuesta de Ana es clara: «Sí, pero tampoco me lo planteo, porque dejo que el tiempo hable». Así es Ana María Albina Rodríguez Mosquera, la mujer de un camaleón llamado José Bono Martínez.

CUADRO PATRIMONIAL DE BIENES CONOCIDOS

ANA MARÍA ALBINA RODRÍGUEZ MOSQUERA

Título: mujer de José Bono.

Propiedades inmobiliarias

- Centro hípico a las afueras de la ciudad de Toledo, en el kilómetro 7,2 de la carretera N-400, que une la ciudad imperial con la localidad de Ocaña. Utiliza el nombre comercial de Hípica de Toledo.
- Mansión en Olías del Rey (Toledo), en una parcela de 1.870 metros cuadrados de superficie en la urbanización Los Olivos, con 401 metros cuadrados construidos.
- Vivienda familiar en el centro de Madrid.

Empresas

- Hípica Almenara S.L., sociedad que regenta el centro ecuestre. Se constituyó el 14 de mayo de 2001 con un capital social de 15.000 euros. Éste se completó con «aportaciones» a dicha sociedad de José Bono y de Ana Rodríguez.
- Ahorros Familiares SAJA S.L., cuyo capital social asciende a la suma de 658.000 euros. Se constituyó el 5 de marzo de 2004 y su actividad está dedicada «a los servicios relativos a la propiedad inmobiliaria y a la propiedad industrial». Su domicilio social está situado en el madrileño barrio de Salamanca, en concreto en la calle del Conde de Peñalver, número 47.
- Ópalo 81 S.L. Se constituyó en febrero de 2007 con un capital social de 3.006 euros y domicilio en la calle de Tesifonte Gallego, número 12, de Albacete.
- Tous Toledo S.L. Se creó el 4 de diciembre de 2003, con un capital inicial de 50.400 euros y domicilio en la tienda que Ana Rodríguez tiene en el casco viejo de Toledo, en la calle Hombre de Palo, número 17. Ella figuraba como administradora de la sociedad.

→

Nota: en marzo de 2006, la familia Tous decidía «voluntariamente» la disolución de la empresa Tous Toledo S.L., que continuó funcionando bajo los epígrafes de otras empresas del grupo, como Tous Franquicias S.A., Tous Perfumes S.L., La Canterana S.L., etc.

Inversiones

- Regenta la franquicia de la famosa firma de joyería y regalos Tous en toda Castilla-La Mancha.

6. Rosa Barceló, casada con la política

Eduardo Zaplana Hernández-Soro (ex alcalde de Benidorm, ex presidente de la Generalitat valenciana, ex ministro de Trabajo y Seguridad Social, ex portavoz del último Gobierno de José María Aznar y ahora portavoz parlamentario del Partido Popular de Mariano Rajoy) es uno de esos políticos que muchas veces ha estado bajo la sospecha de corrupción, pero nunca, por ahora, se le han encontrado más indicios que su alto tren de vida; eso sí, impropio de los emolumentos que oficialmente recibe. Sus amigos le defienden y afirman que su mujer Rosa María Barceló Martorell es «riquísima de familia». Pero ¿quién es de verdad Rosa Barceló? ¿Y cómo llegó el cartagenero Zaplana a emparentar con esta conservadora familia alicantina?

Rosa María Barceló Martorell, nacida en Benidorm (Alicante) en 1957, es hija de Dolores Martorell Llorca y de Miguel Barceló Pérez, un importante constructor hotelero propietario de enormes superficies de suelo en Benidorm antes del *boom* turístico y hoy senador, casi vitalicio, por el PP. El patriarca de los Barceló, de orígenes falangistas, ha sido quien ha impregnado a sus dos hijas (Ángela y Rosa) de su carácter y de su pasión por la política, pero también por el interés en cualquier negocio hotelero o turístico que se moviera por sus redes. Miguel Barceló, que nació un 28 de diciembre de 1923, es un histórico del Partido

Popular valenciano, formación en la que ha desempeñado un papel protagonista dentro de la provincia de Alicante y, en especial, en la localidad de Benidorm, de la que es natural. Ya durante la III Legislatura, en 1986, fue elegido senador de la derecha española. Y en 1993 fue propuesto por el PP para el cargo de Sindic de Greuges. Las Cortes, con la mayoría del PSPV, eligieron a Arturo Lizón como responsable de este «alto comisionado de las Cortes valencianas», y situaron a Barceló como adjunto primero. Todavía a sus ochenta y tres años mantiene una intensa actividad pública en unas condiciones envidiables. Hace tan sólo unos meses los dirigentes populares volvieron a intentar situarlo como Sindic de Greuges, sustituyendo a Bernardo del Rosal, cuyo mandato finalizaba. Pero, de nuevo, no lo lograron.[1]

Al margen de la pasión por la política, Rosa Barceló ha heredado de su padre también su afán por los negocios inmobiliarios. Según publicó *El País* en 2004, precisamente una de las empresas de la familia Barceló, unida a Rosa, comenzó en 1999 a adquirir terrenos rústicos (cerca de un millón de metros cuadrados) en los alrededores del controvertido parque temático Terra Mítica, un proyecto impulsado por Eduardo Zaplana. La operación fue realizada por la empresa Los Almendros de Alicante S.A., fundada ese mismo año de 1999, con un capital social de 7,5 millones de euros y un accionariado encabezado por otras dos empresas familiares: Promociones Les Dunes (14 por ciento) e Inmobiliaria Les Dunes. Las consejeras delegadas de la primera son Rosa Barceló Martorell, la esposa de Eduardo Zaplana, por entonces presidente de la Generalitat valenciana, y la madre de ésta, Dolores Martorell Llorca. En la segunda empresa figura el hermano de la suegra de Zaplana y tío de Rosa, Miguel Martorell Llorca. Entre ambas empresas poseían 592 de las 1.600 acciones de Los Almendros. El resto se repartía en pequeños paquetes entre distintos socios, como Torrubia Man-Topoulou S.L. o Bealbe Inmobilia-

[1] Fue elegida Síndica de Greuges en funciones Emilia Caballero Álvarez.

ria S.L., junto a algunos familiares de Rosa Barceló.[2] En noviembre de 2001 ya presentaban la primera solicitud para un proyecto de reclasificación que le permitiría construir hoteles, viviendas y un campo de golf.

Toda la compleja operación se centraba en torno a la compra en el año 2000 de una parcela a la Fundación Concepción y Pedro Aragonés, creada dos años antes con fines benéficos. Se trataba de una finca de 665.000 metros cuadrados no urbanizables, situados a unos 3 kilómetros del parque temático, y repartidos entre los municipios de Villajoyosa (409.477 metros) y Finestrat (256.481 metros). La Generalitat, obligada por ley a tutelar los bienes de la Fundación, forzó en marzo de 2000 a subir el precio pactado entre la sociedad Los Almendros y la Fundación. Se pasó de 4,2 euros por metro cuadrado a 5,4 euros por metro cuadrado. La *ganga* seguía casi intacta.

El informe de la Generalitat aportaba las siguientes razones para su valoración «al alza»:

> Su cercanía al complejo Terra Mítica, que dista unos 3 kilómetros de la finca. El tirón que se está produciendo en el entorno de Terra Mítica. Los valores actuales del mercado en parcelas rústicas de la zona, según las últimas transacciones realizadas, nos hablan de precios alrededor de los 4,8 a 6 euros por metro cuadrado en suelo rústico y de 15 euros en suelo urbanizable. La posibilidad de fácil reclasificación de los terrenos de la finca, bien sea vía modificación del Plan General de Ordenación Urbana o mediante declaración de interés comunitario. La alta demanda en la zona de fincas rústicas, su riqueza acuífera y la existencia de una zona ya urbanizable en Finestrat.

[2] Otros consejeros son conocidos empresarios de Alicante como Andrés Torrubia Arenas (dueño del hotel Don Pancho de Benidorm) o el ex presidente de la patronal Cierval, José Luis Montes Tallón.

Finalmente la Consejería de Hacienda tasó la parcela y autorizó ese precio de 5,4 euros/metro para la venta. Poco tiempo más tarde, la propia sociedad Los Almendros ya valoraba en 18,7 euros el valor del metro cuadrado de sus terrenos, tras la reclasificación en junio de 2002 en el municipio de Finestrat. Esto significaba más del triple del precio pagado dos años antes con el permiso de la Generalitat.

Fue en el año 2003 cuando la familia Barceló vendió su participación en Los Almendros, sociedad en la que después de varias ampliaciones de capital ya sólo poseían el 7 por ciento. Uno de los compradores llegó a declarar que pagó las acciones a 2,5 veces su valor nominal de 2003. El 7 por ciento de Los Almendros que aún conservaba en esa fecha la empresa de Rosa Barceló, Les Dunes, se valoró en 525.000 euros. Lo que quiere decir que los Barceló vendieron en julio de 2003 su participación por 1.365.000 euros, según la escritura de la operación que obra en poder de ese comprador.[3]

Muchos afirman que de la esposa de Zaplana no se conoce actividad profesional; sin embargo, sí figura en el engranaje inmobiliario de su familia, lo que le aporta recursos suficientes para contribuir al millonario compromiso mensual con el que afronta su vida al lado de sus tres hijos y su actual marido. Figura como consejera delegada de la sociedad Promociones Les Dunes S.L., constituida en julio de 1988, con un importante capital social de 491.381 euros. Su domicilio está ubicado en los apartamentos turísticos Dunes Comodoro, de tres estrellas, propiedad de la familia Barceló y situados en la Playa de Levante, en concreto en la avenida Madrid de Benidorm. Su actividad es la de «servicios de hospedaje, hoteles y pensiones».

En su página web *www.lesdunes.com* se puede leer:

El Hotel Apartamento Les Dunes Comodoro está situado en segunda línea de la Playa de Levante, en Benidorm. Tiene habita-

[3] *El País*, 1 de julio de 2004.

> ciones equipadas con baño completo, aire acondicionado, calefacción, TV Vía Satélite, frigorífico, microondas y caja fuerte (opcional). Completa sus instalaciones con restaurante, cafetería, piscina exterior, terraza-solárium, piscina interior climatizada (en invierno), gimnasio, sauna y garaje (opcional).

El precio de la habitación llega casi a los cien euros al día en temporada alta.

Pero la primera incursión en el mundo de los negocios turísticos de Rosa Barceló fue junto a su familia. Y le llegó de la mano de la agencia de viajes conocida como Viajes Flet S.A. Esta agencia «para mayoristas y minoristas del turismo» se creó en diciembre de 1982 y goza de un importante capital social de 103.374 euros. Rosa Barceló llegó a figurar como administradora y secretaria, pero actualmente es su madre, María Dolores Martorell, la que figura como administradora única. La matriarca de la saga aparece como cabeza visible en casi todas las empresas del *holding* familiar de los Barceló-Martorell. Por ejemplo, aparece como consejera delegada de la Lavandería Industrial Hostelera del Mediterráneo S.L., además de figurar como administradora de Ruscifolia S.A., Olafacam S.L. (ésta dedicada a los cámpings y campamentos turísticos) y de otras varias empresas dedicadas a las promociones inmobiliarias.

Pero ¿cómo se crio, se formó y conoció a su mujer el hoy portavoz del PP? Eduardo Zaplana Hernández-Soro nació en Cartagena (Murcia) el 3 de abril de 1956. Era el único varón de una familia de cinco hermanos. Su padre era un militar monárquico y, además, «juanista», que luego dejaría la Marina para reconvertirse en un empresario industrial dedicado al desguace de barcos. Sus primeros estudios, donde nunca destacó, los realizó en el colegio de los Maristas de Cartagena. De allí, cosas del destino, marchó con doce años a hacer el Bachillerato —como interno— al colegio Lope de Vega de Benidorm. Fue en esta etapa cuando conocería a su luego mujer Rosa Barceló. Después se trasladó a Las Palmas de Gran Canaria para cursar el COU, donde vivía una de sus hermanas mayores. Pero el último deseo de su padre era que *Eduardito* fuera militar, para continuar con la estirpe familiar. Y de entrada no le defraudó. Por eso nada más acabar sus estudios de COU se trasladó a San Javier (Murcia), al centro de selección de la Academia Militar del Aire, con el fin de ser piloto militar: «No me entusiasmaba ser militar, pero tampoco podía decepcionar a mi padre», *dixit*. El destino quiso que le dieran la baja en vuelo, lo que aprovechó para dejar la carrera militar y comenzar sus estudios de Derecho en la Universidad de Valencia, que luego completó en la Universidad de Alicante, en donde se licenció. A su llegada a la universidad se apuntó en la llamada Federación de Partidos Demócratas y Liberales. Uno de sus entonces padrinos políticos, que le introdujo en el liberalismo, fue Joaquín Muñoz Peirats, que fuera diputado de la UCD y presidente del Ateneo de Valencia. En esa época conoció a Joaquín Garrigues Walker.

Lo decisivo en su vida fue que en su juventud se quedó huérfano de padre y madre (a los nueve años). Quizá a este hecho es debida su precocidad en el amor, que fue total. Se enamoró con sólo dieciséis años de la que ha sido su primera y, por ahora, única esposa, Rosa Barceló Martorell. «Éramos escandalosamente jóvenes. Ella tenía quince años y yo dieciséis. La conocí un día de invierno en una cafetería de Benidorm. Recuerdo que no había mucha gente cuando me la presentaron. Y creo que en ese mismo momento ya empezó nuestra relación».[4] La pareja empezó a salir a raíz de esos escarceos juveniles y desde entonces mantienen una relación formal. El padre de Rosa, Miguel Barceló Pérez, lo adoptó como a un hijo, que se convirtió en su asistente. Pronto, don Miguel se dio cuenta de lo superdotado que estaba su yerno para la política. Fue el primero en verlo. De hecho, no desmayó hasta conseguir colocarlo de presidente del PP de Alicante (1990),

[4] Magazine de *El Mundo*, nº 229, 15 de febrero de 2004.

donde Zaplana comenzó a desarrollar su genio como político encantador de serpientes.

Rosa y Eduardo se casaron en 1981, en régimen de gananciales, y todavía continúan oficialmente casados, a pesar de los insistentes rumores de ruptura.

Uno de los principales defensores de Eduardo Zaplana es una mujer: Elvira Suanzes Fernández, diputada por Castellón en la última legislatura. Nacida el 3 de noviembre de 1977 en El Ferrol (La Coruña), ha sido la parlamentaria más joven de las Cortes valencianas. En su currículo profesional figura el ser secretaria general del IVAJ (Institut Valencià de la Joventut), además de haber pertenecido a seis comisiones legislativas en el Parlamento valenciano; entre ellas, la Comisión Permanente No Legislativa de la Mujer y Políticas de Igualdad y la Comisión Especial de Estudio de las Situaciones de Dependencia en la Comunidad Valenciana. También figura en su ficha que durante la V legislatura ha sido secretaria provincial de Asociacionismo y vicesecretaria regional de Acción Institucional. Y lo único destacado de ella a nivel nacional es que ha sido secretaria nacional de las Nuevas Generaciones del PP en su sección de Asociacionismo y Consejo de Juventud. La amiga de Zaplana también ha protagonizado algunas salidas fuera de tono que no han gustado nada en la sección del partido liderada por Francisco Camps, ahora enemigo a muerte de Zaplana, e incluso la acusan de haber bloqueado en ocasiones las negociaciones para la tramitación del Estatuto valenciano. Quizá por ello fue eliminada de la lista de diputados a las Cortes valencianas por Castellón en las elecciones autonómicas de 2007, dicen que por imposición del propio Camps, que no perdona a Zaplana ninguna de sus injerencias.

Curiosamente, cuando las Cortes valencianas rechazaron en marzo de 2006 la creación de comisiones de investigación sobre los gastos del parque temático Terra Mítica, el contrato del cantante Julio Iglesias con la Comunidad Valenciana, y la situación contable de la empresa pública Ciegsa,[5] casos todos correspondientes a la época en que Eduardo Zaplana era presidente autonómico, la que levantó la voz en su defensa fue la entonces diputada Elvira Suanzes. La joven ferrolana no dudó en manifestarse públicamente desde la tribuna de oradores con frases como que «el contrato con Julio Iglesias no sólo es legal y transparente, sino eficaz y rentable para las empresas de esta Comunidad». Y afirmaba que sólo se entendía el interés de la oposición hacia este tema por su «obsesión y rencor» hacia el ex presidente de la Generalitat, Eduardo Zaplana, «que ha sido el mejor presidente que esta Comunidad ha tenido».

Hoy, uno de los amigos de la familia Zaplana-Barceló es el cantante Julio Iglesias, amistad que se mantiene desde que en 1997 fuera la cara visible elegida por Zaplana para promocionar la Comunidad Valenciana. Su contrato de 615 millones de pesetas está siendo actualmente investigado por un presunto fraude, por la supuesta existencia de un contrato B que al parecer eximía al artista del pago de impuestos. El propio cantante Julio Iglesias lanzó un día su veredicto: «Eduardo Zaplana corre muy rápido y es un campeón».

Muchos dicen que la amistad de Elvira y Eduardo viene de atrás. Ya el 19 de noviembre de 2005 fueron localizados por un fotógrafo del diario *El País* paseando por la calle del Poeta Querol, de Valencia, en el momento en que Francisco Camps intervenía en un destacado acto donde se reunía la flor y nata de la derecha valenciana. El éxito de Zaplana con las mujeres es notable. Que es un político deseado sexualmente es un hecho. En una encuesta realizada en abril de 2006 por la revista *Qué me dices*, dirigida a las mujeres españolas mayores de dieciocho años, el portavoz popular en el Congreso quedó en el quinto puesto. La

[5] La propuesta de comisiones de investigación fue planteada por los grupos de la oposición, EU-Entesa y PSPV (Partido Socialista del País Valenciano), que perdieron ante los votos negativos del PP valenciano.

pregunta era: «¿Con quién serías infiel a tu pareja?».[6] El atractivo del ex ministro, que dicen que compite en presencia con el torero Fran Rivera y el cantante Bertín Osborne (según dicha encuesta), también es notorio entre las diputadas del Congreso, que le eligieron como uno de sus colegas más *sexis*, esta vez según la revista *Tiempo*. No en vano, Zaplana también fue elegido como uno de los políticos más atractivos de España en una reciente encuesta del diario *20minutos.es*.

Pero, entre este cúmulo de premios de elegancia y belleza, fue ya en el año 2001 cuando surgieron las primeras voces alertando de una posible separación del matrimonio Zaplana-Barceló, que nunca, por cierto, se confirmaron. En alguna ocasión el ex ministro del PP ha afirmado a la prensa: «No soy tan bueno como dicen mis amigos, ni tan malo como mis enemigos querrían».

La relación de Zaplana con su mujer la define muy bien el propio político: «Hemos logrado crear un clima de convivencia bastante bueno. Después de tantos años juntos, pienso que el mérito fundamental es de ella, que se ha adaptado muy bien a la vida de un político, a sus ausencias, a su frenética actividad, a los cambios de domicilio, de ciudad y a muchas pequeñas cosas poco habituales en una familia».[7] Del matrimonio nacieron tres hijos, que constituyen la gran debilidad de la pareja: Rosa, de 25 años, que es licenciada en Derecho y que ha entrado en el Cuerpo Superior de Administradores Civiles del Estado; María, de 21, que estudia Derecho y Empresariales en ICADE, centro vinculado a la Universidad de Comillas, la conocida universidad de los jesuitas; y Eduardo, el pequeño, de 16 años. En la familia Zaplana-Barceló llevan la voz cantante las mujeres, y por mayoría. «Mi actividad pública me ha impedido ser de los más activos en casa, aunque cuando estoy colaboro lo que puedo. De todas formas, con tres mujeres siempre llevo las de perder. Me riñen mucho

---

[6] *Qué me dices*, nº 481, 30 de mayo de 2006.

[7] Magazine de *El Mundo*, nº 229, 15 de febrero de 2004.

más ellas a mí que yo a ellas, porque no hago bien las cosas», Zaplana *dixit*. Precisamente su hija María, una chica discreta, fue elegida a la edad de dieciocho años «Regina del Jocs Floras de Lo Rat Penat» (Reina de los Juegos Florales), en su edición 125, celebrada en el año 2004. Al solemne evento, que tuvo lugar en el Teatro Principal de Valencia, acudieron los padres de María, así como el presidente de la Junta Central, Félix Crespo, y la entonces fallera mayor de Valencia, Noelia Soria Mompó.[8]

La familia Zaplana-Barceló siempre ha tenido un único referente en casi todo. O al menos hasta ahora. Y ha sido el suegro de Zaplana, Miguel Barceló. En su día éste le aportó un aire, un estilo propio a un joven Eduardo, recién licenciado en Derecho y abogado de profesión, que luego transmitiría durante su mandato como alcalde en la ciudad de Benidorm (Alicante) y antes de dar el paso a la presidencia de la Generalitat valenciana. Esa capacidad de comunicación y esa percepción certera de no dejar pasar oportunidades que le transmitió su suegro, le han permitido con posterioridad llegar a ser ministro de Trabajo y portavoz del Gobierno de España bajo el mandato de José María Aznar.[9] Y, actualmente, portavoz del Grupo Popular en el Congreso de los Diputados.

Eduardo Zaplana ingresó en el PP procedente de la UCD, partido en el que militaba desde 1977, con sólo veinte años de edad. Dicen que vivía con el sueldo que se ganaba como asesor de Soledad Becerril, entonces ministra de Cultura con la UCD. Pero, tras el hundimiento de la coalición liderada por Suárez, optó por la actividad privada, a través de un despacho de abogados. Por aquellas fechas Zaplana compartía despacho en Benidorm con su amigo Gonzalo Morell, luego nombrado por

[8] María Zaplana fue acompañada hasta el escenario por el ganador de la Flor Natural de ese año, el poeta Pere Delmonte Hurtado. El mantenedor elegido para la ocasión fue monseñor Manuel Ureña Pastor, obispo de Cartagena.

[9] Fue ministro desde el 9 de julio de 2002 y portavoz desde el 3 de septiembre de 2002 hasta el 14 de marzo de 2004.

él director general de Deportes de la Generalitat valenciana. Fue en 1988 cuando conoció a José María Aznar y tan sólo un año más tarde empezó a trabajar para el partido. En 1991 comenzó su carrera política, al ser nombrado alcalde de Benidorm. No salió elegido inicialmente, porque obtuvo un concejal menos que sus adversarios; sin embargo, ocho meses después, el voto de una concejala socialista, la malagueña Maruja Sánchez Trujillo, ex bailarina de flamenco, que se pasó al grupo mixto, hizo posible su investidura el 22 de noviembre de ese año derrocando al socialista Manuel Catalán Chana al frente de la alcaldía.[10] En este cargo estuvo hasta noviembre de 1994, fecha en la que dimitió para preparar su asalto a la Generalitat valenciana.[11]

En el haber de su gestión al frente de la Generalitat, donde llegó en junio de 1995 gracias al apoyo de Unión Valenciana, destacan tres obras significativas: Ciudad de las Artes y de las Ciencias de Valencia, Terra Mítica y el Proyecto Cultural de Castellón, además del famoso AVE Madrid-Valencia. En esta operación del año 1999 pactó, con el fin de acelerar el proyecto, con su gran amigo, el socialista José Bono, entonces presidente de Castilla-La Mancha, y con uno de sus rivales dentro de la calle Génova, Alberto Ruiz-Gallardón, entonces presidente de la Comunidad de Madrid. Por aquel entonces los tres estaban muy interesados en ganar las elecciones autonómicas a celebrar ese mismo año. Atrás quedaba ya olvidado que un día su supuesta voz quedó grabada para siempre mientras urdía con el concejal de Valencia, el conocido popular Salvador Palop, una presunta extorsión económica a un constructor de Cullera. Tramaban cambiar los votos de

[10] Según publicó *El País* en su edición de Valencia el 4 de marzo de 2002, Maruja Sánchez y su familia han cobrado más de 260 millones de la Administración valenciana desde que ésta dio su apoyo a Eduardo Zaplana en 1991.

[11] En septiembre de 1993 ya fue elegido presidente del PP de Valencia en el séptimo congreso regional celebrado en Castellón, donde fue respaldado por el 95 por ciento de los votos de los 796 compromisarios asistentes. Sustituyó al senador Pedro Agramunt.

una recalificación urbanística por un dinero crudo bajo mano, con el que Zaplana soñaba comprarse un coche Vectra de 16 válvulas, según consta en el sumario del caso Naseiro, proceso que fue anulado por el Tribunal Supremo por quebrantamiento de forma.[12]

Todas las inversiones inmobiliarias del matrimonio, «para su sociedad de gananciales», las realiza Rosa Barceló. Así ocurrió una vez iniciada la andadura familiar en la capital del Turia. Fue entonces cuando el matrimonio Zaplana-Barceló compró una lujosa vivienda en la plaza de la Legión Española, número 13. El piso fue adquirido por Rosa Barceló en 1997 a la empresa Patrimonial Siglo XXI, una de las sociedades del empresario y ex vicepresidente de Bancaja, Enrique Roig. La vivienda está ubicada en uno de los barrios más emblemáticos de la ciudad de Valencia. Ocupa una extensión de 320,7 metros cuadrados y dispone de dos plazas de garaje. Curiosamente, el matrimonio Barceló-Zaplana se hizo con el inmueble por el mismo precio que la mercantil de Roig pagó por él en primera instancia: 420.000 euros (70 millones de pesetas), según consta en la nota registral.[13] La compra la realizó Rosa Barceló a través de un pagaré de una sucursal del Banco de Sabadell suscrito por su madre María Dolores Martorell Llorca, que actuaba con los poderes otorgados por su esposo, Miguel Barceló Pérez. Los patriarcas de la saga.

Precisamente, fue también Rosa Barceló quien realizó las compras inmobiliarias para el matrimonio tras su desembarco en la capital de España. Así, por ejemplo, fue quien compró «para la sociedad de gananciales con su esposo», según se recoge en la nota registral,[14] un piso en el paseo de la Castellana, nº 138, de Madrid, muy cerca del Estadio Santiago Bernabéu, una de las zonas más cotizadas y caras de la capital de España. El edificio, dedicado

---

[12] Todos los políticos del Partido Popular metidos en aquel negocio, Salvador Palop, Ángel Sanchís, el propio Rosendo Naseiro y alguno más, han desaparecido del mapa; sólo Zaplana ha logrado pervivir.

[13] Registro de la Propiedad nº 1 de Valencia.

[14] Registro de la Propiedad nº 14 de Madrid. Finca 12.345.

íntegramente a viviendas, alberga un domicilio por planta. Esta compra, sellada el 19 de noviembre de 2002, le supuso una inversión de 1.622.732,68 euros, es decir, 270 millones de pesetas, según consta en la correspondiente escritura notarial de compraventa firmada por el notario de Madrid, Juan Carlos Caballería Gómez.

La nueva propiedad adquirida por Rosa Barceló dispone de 532 metros cuadrados útiles. Se compone, según la detallada descripción que se hace del piso en la nota registral, «de un vestíbulo, un salón con chimenea, una sala de estar, un comedor, un cuarto de armarios, dos cuartos de baño y uno de aseo para los señores, un cuarto de vestir, cuatro dormitorios para los señores, un despacho, un vestíbulo para los niños, oficio, comedor para el servicio, cuarto de plancha, un dormitorio para el servicio, un cuarto de baño y cuarto de entrada y armarios, y cocina». Toda esta distribución ocupa una superficie total de 479,20 metros cuadrados, a los que hay que añadir una terraza principal, de 31,22 metros cuadrados, y una terraza de servicio con otros 21,55 metros cuadrados. Y también incluye un trastero en el sótano de casi 8 metros cuadrados y dos plazas de garaje.

La anterior propietaria del piso, María de la Esperanza Macías Arias, recibió por parte de Rosa Barceló en el mismo acto de escriturar la compraventa la cantidad de 1,62 millones de euros en dos cheques bancarios, mediante un préstamo hipotecario concedido conjuntamente al matrimonio Barceló-Zaplana por la Caja de Ahorros del Mediterráneo (CAM), la entidad crediticia creada en Alicante y en la que Zaplana mandó durante mucho tiempo. Este préstamo se formalizó el mismo día en que se llevó a cabo la operación inmobiliaria, según se recoge en la escritura de condiciones del crédito ante el mismo notario. El préstamo hipotecario contemplaba un periodo de carencia de tres años para el pago de la deuda principal, durante el cual el matrimonio Zaplana-Barceló solamente ha estado abonando intereses, pero desde noviembre de 2005 han de pagar 8.044,47 euros cada mes y así hasta trescientas mensualidades, con el único fin de que el piso pase a ser de su propiedad. Corre por los cenáculos de Madrid y de Valencia el gran enigma de saber cómo se las ingenia Eduardo Zaplana, cobrando 6.700 euros mensuales de portavoz del PP en el Congreso de los Diputados y, al mismo tiempo, teniendo que hacer frente a una hipoteca del piso en la Castellana madrileña de 8.044,47 cada mes. Pero todo lo salva, por ahora, el patrimonio de Rosa Barceló.

Dicen que con la llegada a Madrid de Zaplana y sus rumores de separación, el matrimonio puso en venta su vivienda de Valencia, en la plaza de la Legión Española. Que el matrimonio Zaplana-Barceló pedía por el piso dos millones de euros (332 millones de pesetas). Es decir, el precio por metro cuadrado derivado de la posible operación de compraventa era de 6.250 euros.[15] Sin embargo, a la hora de cerrar este libro esta propiedad sigue todavía oficialmente inscrita a nombre de Rosa Barceló en el Registro de la Propiedad nº 1 de Valencia. Al igual que también Rosa Barceló sigue manteniendo bajo su propiedad un chalet en Benidorm, inscrito en el Registro de la Propiedad nº 1 de esta ciudad costera alicantina.

Pero, poco a poco, y paralelamente a su declive matrimonial, la relación de Zaplana con la familia de su mujer, «su familia», fue disminuyendo considerablemente. El cisma familiar llegó casi a consumarse. Tanto es así que se vivieron momentos de serias disputas con motivo de la elección el 9 de febrero de 2006 del nuevo presidente del PP en Benidorm. Barceló padre apostó por la candidatura encabezada por su hija Ángela María Barceló Martorell, concejala de Sanidad y de Cultura en el Ayuntamiento de Benidorm, frente a la candidatura de Gema Amor Pérez, diputada por Alicante y *consellera* de Cooperación, respaldada por el «aparato» del partido en la provincia y por el propio Zaplana a través del presidente provincial del PP, José Joaquín Ripoll, considerado

[15] *www.levante-emv.com.*

como la persona más próxima a Eduardo Zaplana en las filas de los populares valencianos.

El senador Barceló mantuvo un serio enfrentamiento con Ripoll durante el proceso. Ya antes de que se convocara dicho proceso electoral del nuevo presidente local, llegó a denunciar ante la dirección nacional del partido las maniobras de los *zaplanistas* y la actitud mantenida por Ripoll, al que acusó de querer imponer a su candidata. «Nosotros no somos borregos de un señor».[16] En su informe a la cúpula de la calle Génova explicaba que existían actuaciones en el proceso de elección interna que «rompen con el principio de neutralidad». Y alertaba a la dirección nacional del PP del uso de fondos y medios públicos en este proceso (de una posible malversación de fondos), «que daña la imagen que transmite el partido a los ciudadanos». Finalmente, y a pesar de estas denuncias, salió elegida como nueva presidenta del PP en Benidorm la candidata de Eduardo Zaplana, Gema Amor. La familia Barceló salía derrotada por primera vez.[17]

Fue sólo entonces cuando se produjo el esperado abrazo entre ambas adversarias. Éste fue tutelado por la presencia de Rosa Barceló, hermana de Ángela y mujer de Eduardo Zaplana, que llegó a votar a media tarde de ese complicado día junto con una hermana del ex ministro (Mari Carmen Zaplana) y no se movió del Salón de Cristal del Gran Hotel Bali, donde se celebró el evento, hasta que el proceso concluyó. Las hermanas de Eduardo se llevan muy bien con Rosa Barceló y tomaron partido por la hermana de ésta. Por contra, el portavoz del PP en el Congreso de los Diputados no votó «por sus compromisos en Madrid», aunque, como era de esperar, sus «hombres» se encargaron de dejar clara su apuesta por la rival de su cuñada.

---

[16] *Lasprovincias.es*, 14 de febrero de 2006.

[17] Gema Amor se alzó con la presidencia con un porcentaje del 58 por ciento y una diferencia de 225 votos sobre Ángela Barceló.

La trayectoria política de la cuñada de Eduardo Zaplana también es bastante significativa. Ángela María Barceló Martorell empezó militando, como él, en la UCD y siguió en el Partido Liberal, que después se integró en lo que hoy es el Partido Popular. A ella le avalan décadas de dedicación total a la política dentro del partido en Benidorm. Ha sido responsable de Política Social de Mujer, de Tercera Edad, de Sanidad y, en los últimos dos años, de Cultura. En las últimas elecciones autonómicas del 27 de mayo de 2007 se presentó como número ocho en la lista del PP por Alicante a las Cortes valencianas. Esta fiebre política que impregna la sangre de la familia Barceló ha llegado ya hasta la tercera generación. El nieto del senador e hijo de Ángela, Agustín Almodóvar Barceló, es desde el año 2001 el presidente de Nuevas Generaciones del Partido Popular de Benidorm y desde septiembre de 2006 pertenece a la dirección nacional de las juventudes del PP. «Me he criado en una sede» (*sic*). Afirman que Almodóvar Barceló parece llamado a altos vuelos, arropado por el mismo «mentor» —su abuelo— que tuvo el ex ministro en sus primeros pasos políticos, aunque parece que todo apunta en una dirección diametralmente opuesta a la de su tío.

Dicen sus amigos que hasta que comenzaron los primeros rumores de desavenencias conyugales con Rosa Barceló, Zaplana iba acompañado de su esposa en sus viajes y compromisos oficiales. Desde entonces, sólo lo ha hecho en escasas ocasiones, como en la boda del príncipe Felipe de Borbón y la entonces periodista Letizia Ortiz. Dicen que siempre que el desplazamiento ha tenido otro carácter, ella se lo ha pagado.

Uno de los mejores amigos del matrimonio es el ex presidente del Gobierno balear, Jaume Matas. Precisamente, Zaplana utilizó al también ex ministro de Medio Ambiente, en plena guerra por la sucesión de José María Aznar al frente del PP, para acercarse hasta Mariano Rajoy. Los tres, Zaplana, Matas y Rajoy, junto a sus respectivas esposas, mantienen hoy una discreta amistad, que es mucho mayor entre el matrimonio Matas y los Zaplana. Antes, los tres matrimonios compartían butacas en el torneo de tenis de Roland Garros, en París, o se iban juntos de vacaciones por las aguas del Mediterráneo. Dicen que las mujeres de los tres —Elvira Fernández, Rosa Barceló y Maite Areal, esposas de Rajoy, Zaplana y Matas, respectivamente— mandan mucho y que, cuando están juntas, «se llevan bien», que se encuentran encantadas. Fue en el verano de 2003 cuando tuvieron tiempo de estrechar su amistad mientras navegaban por el Mediterráneo y paseaban por Palma de Mallorca. Casualmente también en ese verano pasó su tiempo de descanso en las islas Baleares el propio Aznar. Dicen que con el yerno del ex presidente, Alejandro Agag, se llevan también bien los Zaplana. Que Eduardo y Alejandro son buenos amigos políticamente hablando. Uno y otro se han dado cuenta de que, por el bien de la carrera de ambos, es mejor tenerse de aliados que de enemigos.

Pero las travesías náuticas de los Zaplana en barcos ajenos no finalizan aquí. Y aunque la familia también navega en ocasiones en un barco de menor tamaño, *Les Dunes*, que pertenece a la familia de Rosa Barceló y que está registrado a nombre de la empresa familiar Promociones Les Dunes, prefieren hacerlo en yates de gran calado. La embarcación propiedad de los Zaplana es una Astandoa Open, fabricada en los astilleros de Santa Pola (Alicante). Es decir, un tipo lancha de unos 12 metros de eslora, aproximadamente, que está amarrada en el puerto deportivo Luis Campomanes, en Altea (Alicante), el puerto favorito de los Zaplana. Precisamente de ese Club náutico salieron en el verano de 2005 con el fin de surcar el Mediterráneo por aguas Baleares. Los pasajeros de tan especial singladura, según testigos presenciales, eran Eduardo Zaplana, su mujer Rosa Barceló, una *consellera* del Gobierno de Francisco Camps y dos parejas más sin definir. El yate elegido era el *Ubi Bene*, un barco de 23 metros de eslora, construido en 1998, matriculado en Barcelona y registrado a nombre de la empresa Construcciones Navales Palacio, sociedad propiedad de Perfecto Palacio de la Fuente, un empresario alicantino amigo de los Zaplana.

El *Ubi Bene* es un yate modelo Astandoa 82, una tipología de superlujo fabricada en los astilleros de Santa Pola (Alicante). Una embarcación que puede alcanzar unos 3,5 millones de euros de precio en el mercado y cuyo alquiler alcanzaría entre los 5.000 y 6.000 euros diarios. Cuenta con acabados de lujo, amplios espacios, completos servicios y tecnología punta que le hacen estar mejor equipado que la mayoría de viviendas españolas. Tiene comedor, salón, cuatro camarotes dobles (dos de ellos con camas de matrimonio), cocina, lavabo y cabina para el piloto, además de los mandos situados en la cubierta. Sus usuarios tienen garantizado permanentemente el suministro eléctrico gracias a dos generadores y ni siquiera deben llevarse agua mineral para el viaje, pues el barco dispone de potabilizadora. Por si fuera poco, los Astandoa 82 cuentan con equipo de música, lavadora-secadora, televisión de plasma, jacuzzi y nueve grupos de aire acondicionado.

Dicen que Perfecto Palacio acostumbra a ceder a Zaplana la caña y el timón del *Ubi Bene*. Aunque también en agosto de 2005 el preciado yate cobijó a otros ilustres huéspedes, no menos distinguidos, como el ex presidente del Gobierno, José María Aznar, y su mujer Ana Botella, que se dejaron retratar sentados sobre el trampolín de popa. Corría ese mes de agosto cuando Europa Press Corazón difundió unas imágenes del reencuentro de la familia Aznar-Botella al completo en aguas de Ibiza. No era la primera vez que el ahora presidente de la Fundación FAES gozaba del bienestar que ofrecen los yates frecuentados por los Zaplana. También ese mismo verano Aznar posó junto a su esposa y concejala de Medio Ambiente en el Ayuntamiento de Madrid, Ana Botella, a bordo de la embarcación *Nacavi*, registrada a nombre de la sociedad Clínica Salus, de Benidorm, propiedad del empresario Carlos Paz, otro personaje bien relacionado con el portavoz del Partido Popular en el Congreso de los Diputados. Se da la casualidad de que Carlos Paz también frecuenta la cubierta del barco de Rosa Barceló, *Les Dunes*.

El escándalo de la utilización del *Ubi Bene* por ciertos políticos del PP saltó a la opinión pública a raíz de que el empresario amigo de Zaplana, Perfecto Palacio, ex consejero del puerto de Valencia, lograra, en agosto de 2006, que la Autoritat Portuària de Baleares le concediera la concesión para gestionar 55.039 metros cuadrados de explanada, 26.039 de espejo de agua y los amarres de las embarcaciones en reparación del puerto de Palma a través de una Unión Temporal de Empresas (UTE) denominada Servicios Técnicos Portuarios S.L., que él mismo preside. En esta UTE, junto a Perfecto Palacio, participan el antiguo socio del presidente de la Autoritat Portuària de Baleares, el popular Joan Verger, y el Grupo Marsans, del hoy presidente de la CEOE, Gerardo Díaz Ferrán, y del ex propietario de la compañía aérea Spanair, Gonzalo Pascual, que también posee un lujoso yate amarrado en aguas de Mallorca.

El currículo del empresario *zaplanista* lleva también hasta Alicante, donde fue el adjudicatario para explotar alrededor de 800 amarres en el renovado puerto alicantino y en la zona de ocio adyacente, todo a través de la sociedad Marina Deportiva de Alicante. Sin embargo, el gran salto de Palacio fue a finales de 1999, cuando el industrial naviero consumó la operación más jugosa de su dilatada trayectoria empresarial, que le permitió, al ser consejero delegado de Marítima Valenciana y principal accionista de la empresa, ocupar un puesto en el consejo de administración de Dragados (hoy ACS), tras la compra que esta constructora realizó quedándose con la sociedad Marítima Valenciana. El escándalo público hizo que Perfecto Palacio saltara al ruedo informativo: «No he dejado el barco a Zaplana ni a Aznar. Yo alquilé el barco a Astilleros Astandoa, de Santa Pola, a través de la empresa Marina Yacht», el empresario alicantino *dixit.*[18] La empresa Astandoa, dedicada a la construcción y venta de yates, lo negó después. Sí que reconoció, en cambio, que «hace unos quince años» su

[18] *Diario de Mallorca*, 5 de agosto de 2006.

empresa vendió una embarcación a un familiar de Zaplana, pero aseguró que desde entonces la compañía no ha mantenido ninguna relación con el ex ministro.

Dicen sus amigos que Rosa y Eduardo tienen un manifiesto talante mediterráneo, que tienen apego al mar, que les gusta navegar, más a él que a ella, que les da igual que sea invierno o verano. Afirman que Rosa Barceló es una mujer que siempre ha estado en segundo plano. Que es elegante. Que en su casa se ha vivido y se vive la política con pasión especial. Que su padre le ha marcado mucho en su vida. Que tiene predilección por los colores marinos. Que es creyente. Que va a misa. Que ha inculcado en sus hijos la educación católica. Que es una familia que se reconoce «tradicional», de esas que todavía prefieren los Reyes Magos a Papá Noel. Que les gusta comer canelones de atún y tomate.

Dicen sus amigos que Rosa Barceló y Eduardo Zaplana nunca han procurado ser muy discretos cuando iban a las joyerías más lujosas de la ciudad de Valencia. Que les gusta lucir buenas joyas y relojes. Que la colección de «pelucos» de Zaplana es extensa. Que comprende desde un Hublot crono, de oro rosa, con un coste aproximado de 6.000 euros, hasta una extensa lista que incluye un Bulgari o un Baume & Mercier. Uno de sus últimos modelos es un Patek Philippe 5110, versión «hora universal», de oro rosa, con esfera opalina, fondo de cristal de zafiro y sello de Ginebra (Suiza), valorado en cerca de 18.000 euros (3 millones de pesetas). Dicen que el matrimonio es muy aficionado a la adquisición de complementos de lujo. Que suelen comprar sus *cositas* en la plaza Vendôme de París. Dicen que visten muy bien. Que cuidan su imagen con mimo: que cuando salen van hechos un pincel. Que Eduardo Zaplana viste siempre con traje impoluto y planchado, incluso después de una dura y larga jornada de trabajo. Que su sastre habitual es Antonio Puebla, con establecimientos en Valencia. Que al matrimonio le gusta pasar sus vacaciones en Benidorm, donde la familia Barceló mantiene su posesión.

Del marido de Rosa Barceló dicen que es capaz de salir indemne de todos los casos de corrupción que han afectado al partido. Aseguran que es un político audaz, muy amigo de sus amigos: «Siempre y cuando ser un amigo suyo no le suponga un problema para alcanzar el poder. Si es así, seguirá siendo tu amigo, pero en público negará cien veces que te conoce». Dicen que está especialmente preocupado por su imagen, con un eterno bronceado, una figura esbelta basada en el constante ejercicio físico. Que a su entrenador y amigo personal, Miguel Maeso, preparador del equipo de baloncesto del Pamesa, lo situó en la Generalitat valenciana al nombrarlo, por libre designación, técnico de programas de deporte de elite.[19] Que le gusta esquiar, sobre todo en Sierra Nevada. Que hace *footing*, dos o tres veces por semana. Que siempre que puede va al gimnasio, en concreto a uno que está en la calle José Abascal en Madrid: el Metropolitan. Que uno de los tics del político popular es frotarse las manos. Que es consciente de sus limitaciones y, por eso, él mismo reconoce que necesita trabajar más horas que los demás para llegar arriba. Dicen que le gusta el fútbol. Que es aficionado del Real Madrid. Que le hubiera gustado ser futbolista («He jugado siempre en el colegio, en la universidad y en varios equipos de aficionados, pero no he reunido las condiciones necesarias para poder triunfar, era muy malo»). Que juega al pádel, y que sus compañeros de juego son: el periodista y director de *El Mundo* Pedro J. Ramírez, su compañero de partido Jaume Matas y el campeón del mundo de esta disciplina, Alberto Rodríguez Piñón.

No le gustan los toros, aunque alguna vez ha tenido que ir por necesidad. Que le gusta leer, sobre todo, novelas de historia. Que se compra él su propia ropa. Dicen que siempre ha estado delgado (una falsedad si se miran sus fotos como alcalde de Benidorm) y que nunca ha hecho dieta (llegó a perder 7 kilos en

[19] Maeso se ha dejado ver en contadas ocasiones por la Dirección General de Deportes en la calle del Horno de San Nicolás, en las proximidades del Palau de la Generalitat.

1998). Dicen que tiene la piel oscura y que por eso siempre parece que esté moreno. Que llora con frecuencia. Que castiga la deslealtad. Que escribió un libro titulado *El acierto de España*, presentado en el hotel Palace de Madrid. Se lo presentó su gran amigo José Bono.[20]

Que es hiperactivo, con gran capacidad de trabajo. Que es intuitivo y de mentalidad despierta. Que tiene gran capacidad de seducción. Que tiene pasión por el orden. Que le gusta la aventura. Que le gusta el contacto personal. Que antes se presentaba como un político de provincias. Que su osadía es compulsiva y contagiosa. Que tiene un olfato desarrollado para detectar dónde está el centro del poder y qué persona realmente lo detenta. Que se mueve muy bien en los vestíbulos de los grandes hoteles, entre las fuerzas económicas y las posteriores sobremesas. Que es simpático y embaucador. Que ningún compañero de su partido transmite con más naturalidad la idea de que cualquier problema tiene solución.

Su amistad con el constructor Francisco Hernando Contreras, más conocido como Paco *el Pocero*, ha salpicado su imagen. Dicen que, cuando se lo presentaron, Paco Hernando ya había desembarcado en Seseña (Toledo) y que buscaba financiación para su primera operación: la construcción del Residencial Francisco Hernando (764 chalets unifamiliares). Y que la Caja de Ahorros del Mediterráneo (CAM), la misma que le dio el préstamo a los Zaplana para comprar su casa de Madrid, le abrió las puertas de par en par. Aquellos primeros chalets se construyeron y se vendieron tan bien y en tan poco tiempo que fue un gran negocio para todos. Ahí nacieron las buenas relaciones del constructor con la CAM y ahí se consolidaron sus relaciones con Zaplana. Todos amigos y todos triunfantes.

Desde ese día la CAM y Paco *el Pocero* estaban ya hablando del nuevo Manhattan, de las 13.508 viviendas que iban a cons-

[20] También actuaron de presentadores Miguel Roca y Rodrigo Rato.

truir en el Pau de El Quiñón, en Seseña, y del gran negocio que se avecinaba... que luego se concretaría en un nuevo crédito hipotecario (se habla de casi 500 millones de euros), que fue en lo que valoraron once bloques (de 290 viviendas cada uno) en el llamado oficialmente Residencial Francisco Hernando. Precisamente, el que ahora está ya en la Fiscalía Anticorrupción por sus oscuros orígenes y presuntos delitos. Hace unos meses, la CAM abrió oficinas en el territorio del *Pocero*, seguramente para vigilar de cerca la marcha del «negocio». Se da la casualidad de que en esta provincia, por ahora, sólo tiene tres: Toledo capital, Talavera y ésta de Seseña.

Cuentan que entre 2002 y 2004 las relaciones entre los Zaplana y Hernando se distanciaron un tanto por la intensa actividad del ministro, aunque eso no le impidió acudir en alguna ocasión a los conocidos yates *Clarena* y *Cala* del constructor y darse algún que otro paseo por aguas de las Baleares.[21] Pero su relación con Paco *el Pocero* se completó cuando el entonces ministro de Trabajo le concedió al constructor la Medalla de Plata al Mérito del Trabajo, justificándola con toda una vida de trabajo (como casi todos los mortales). Cuando el ministro Zaplana, ya sólo ministro en funciones por haber perdido el PP las elecciones generales del 14 de marzo de 2004, estaba casi en la calle, firmó la concesión de la medalla para su amigo Hernando. La orden de reconocimiento a Paco *el Pocero* fue firmada por «don Eduardo» el 19 de enero de 2004 y publicada en el *Boletín Oficial del Estado* el sábado 27 de marzo de 2004, cuando ya el Partido Popular había perdido la presidencia del Gobierno de España y Zaplana ya no era ministro de hecho.

Lo que sí es evidente es que la imagen de Eduardo Zaplana, desde muy joven, ha estado respaldada por la de su mujer, Rosa

---

[21] Véase capítulo 8. Testigos presenciales aseguran haber visto el verano de 2005, ya fuera a bordo del *Clarena* o del *Cala*, a políticos como Eduardo Zaplana, Jaume Matas o José Bono, por citar algunos ejemplos.

Barceló, y la de su familia. Una mujer de espíritu cósmico, capaz de aguantar todas las dificultades. Una familia, los Zaplana, impregnada del gran patriarca, el senador don Miguel, que ha transmitido a todos el espíritu por la política y los negocios inmobiliarios. Una vida, la de la familia Zaplana-Barceló, cambiante y en ebullición permanente, en la que los rumores son la moneda de cada día. Y hoy, todavía, siguen indemnes todos ellos. Al fin y al cabo, detrás de estos personajes, a veces duros e implacables, se esconden personas de carne y hueso, con sueños y deseos como los demás, pero con la diferencia de que siempre tratan de ocultarlos. Y Rosa Barceló es una gran maestra y profesional de ese arte.

CUADRO PATRIMONIAL DE BIENES CONOCIDOS

ROSA MARÍA BARCELÓ MARTORELL

Título: mujer de Eduardo Zaplana.

Propiedades inmobiliarias

- Piso en el paseo de la Castellana, número 138, de Madrid, muy cerca del Estadio Santiago Bernabéu, una de las zonas más cotizadas y caras de la capital de España. La compra se realizó el 19 de noviembre de 2002 con una inversión de 1.622.732,68 euros, es decir, 270 millones de pesetas. La propiedad dispone de 532 metros cuadrados útiles, también incluye un trastero en el sótano de casi 8 metros cuadrados y dos plazas de garaje.
- Vivienda en la plaza de la Legión Española, número 13, de Valencia, que fue adquirida por Rosa Barceló en 1997 a la empresa Patrimonial Siglo XXI. Está ubicada en uno de los barrios más

→

emblemáticos de la ciudad y ocupa una extensión de 320,7 metros cuadrados, además de disponer de dos plazas de garaje. Pagó por ella 420.000 euros (70 millones de pesetas, según consta en la nota registral).

- Chalet en Benidorm (Alicante), inscrito en el Registro de la Propiedad nº 1.

Empresas

- Promociones Les Dunes, constituida en julio de 1988, con un capital social de 491.381 euros. Su domicilio está ubicado en los Apartamentos Turísticos Dunes Comodoro, de tres estrellas, propiedad de la familia Barceló y situados en la Playa del Levante, en concreto en la avenida Madrid, de Benidorm. Su actividad es la de «servicios de hospedaje, hoteles y pensiones».
- Viajes Flet S.A. Con esta sociedad realizó su primera incursión en el mundo de los negocios turísticos. Es una agencia de viajes «para mayoristas y minoristas del turismo» que se creó en diciembre de 1982 con un capital social de 103.374 euros. Rosa Barceló llegó a figurar como administradora y secretaria. Actualmente es su madre, María Dolores Martorell, la que consta como administradora única.

Inversiones

- Sector inmobiliario y hotelero principalmente.

La baronesa Thyssen luciendo sus joyas y visones, a pesar de declararse ecologista, a su llegada a la boda del sobrino del rey Juan Carlos, Fernando Gómez-Acebo. No fue invitada, en cambio, a la del príncipe Felipe de Borbón. (Bernabé Cordón/*El Mundo*)

La modelo Blanca Cuesta junto a Borja Thyssen,
en la conocida fiesta Flower Power en Ibiza, localidad donde pasan gran parte
de su tiempo en la mansión de Carmen Cervera. (Vicente Cardona/*El Mundo*)

La viuda del escritor Camilo José Cela en la Fundación Cela, en Iria Flavia, ante un retrato de éste. (*El Correo Gallego*)

Rosario Conde, la primera mujer de Camilo José Cela, ya fallecida, nunca perdonó al escritor que solicitara la nulidad de su matrimonio eclesial tras convivir cuarenta y cinco años juntos. En esta fotografía posa en la casa familiar de Palma de Mallorca, donde residieron. (Antoni Salvà/*El Mundo*)

Isabel Preysler y su tercer marido, Miguel Boyer, a su llegada a la boda de Ana Aznar y Alejandro Agag en el monasterio de San Lorenzo de El Escorial (Madrid). La Preysler deslumbró de nuevo por su belleza y elegancia. (AP)

El cantante Julio Iglesias junto a su actual compañera, la modelo holandesa Miranda Rijnsburger, madre de cinco de sus hijos; los otros tres, Chábeli, Julio José y Enrique son fruto de su matrimonio con Isabel Preysler. (Cover)

Ana Rodríguez Mosquera y su marido José Bono en uno de los «saraos» a los que acuden habitualmente. En esta ocasión, en la boda del hijo de la duquesa de Alba, Cayetano, con la mexicana Genoveva Casanova, celebrada en el palacio de Las Dueñas, en Sevilla. (EFE)

Cristina López Mancisidor, más conocida por Cristina Macaya, ex compañera de Plácido Arango, dueño de la cadena VIPS. Aquí posa en su mansión mallorquina de Es Canyar, adonde acuden todos los personajes VIP sin excepción. (Bernardo Paz/*El Mundo*)

Isabel Falabella junto al ex síndico de la Bolsa de Madrid Manuel de la Concha, con el que contrajo segundas nupcias. Para ello, De la Concha protagonizó uno de los divorcios más caros de la historia de España, al separarse de su primera mujer, Paloma Giménez Altolaguirre. (Ángel Casaña/*El Mundo*)

La escritora uruguaya Carmen Posadas logró entrar en el círculo del poder tras contraer matrimonio con el que fuera gobernador del Banco de España, Mariano Rubio, veintidós años mayor que ella. (Carlos Miralles/*El Mundo*)

Acto de presentación del libro de Eduardo Zaplana *El acierto de España. La vertebración de una nación plural*, celebrado en el hotel Palace de Madrid. En la fotografía junto a su mujer Rosa Barceló y la esposa del ex presidente del Gobierno, Ana Botella. (Alberto Cuéllar/*El Mundo*)

Rosalía Mera, primera esposa de Amancio Ortega, es la tercera mujer más rica de España tras las hermanas Koplowitz y la doscientos sesenta y cuatro del mundo según la revista *Forbes*. Su patrimonio asciende a 3.400 millones de dólares. (Cover)

Flora Pérez Marcote, segunda mujer de Amancio Ortega, ha incrementado en los últimos tiempos su poder e influencia dentro de Inditex. De dependienta de la cadena Zara, donde conoció a su marido, ha pasado a ser una de las principales accionistas del grupo textil y a estar situada en casi todas las empresas de Ortega. (Cover)

Marta Ortega Pérez, en la imagen junto a su padre Amancio Ortega, se postula como la heredera del imperio Inditex. Ya ha comenzado a trabajar en el *holding* textil y parece que ha dejado aparcada su pasión por los caballos. Es la única hija del matrimonio de Ortega con Flora Pérez, y el ojito derecho de su padre. (Eloy Alonso/*El Mundo*)

María de los Ángeles Sandoval, más conocida por *Pitina*, junto a su marido Florentino Pérez en una de sus «viviendas» habituales, el Estadio Santiago Bernabéu, donde desde sus tiempos de novios no han dejado de acudir.
(Kike Para/*El Mundo*)

Ana Gamazo, a la derecha, junto a Teresa de Baviera en una barrera de la plaza de toros de Las Ventas, donde suele acudir junto a su marido, el financiero Juan Abelló. Ana Gamazo es nieta del príncipe Maximiliano de Hohenlohe. (Begoña Rivas/*El Mundo*)

Elena Cué y Alberto Cortina se han convertido en el ejemplo más notorio de la nueva *beautiful people*. El triángulo formado por los tres vértices —dinero, belleza y poder— se plasma perfectamente en ellos. Elena Cué está considerada como una de las mujeres más guapas de España. (Ricardo Cases/*El Mundo*)

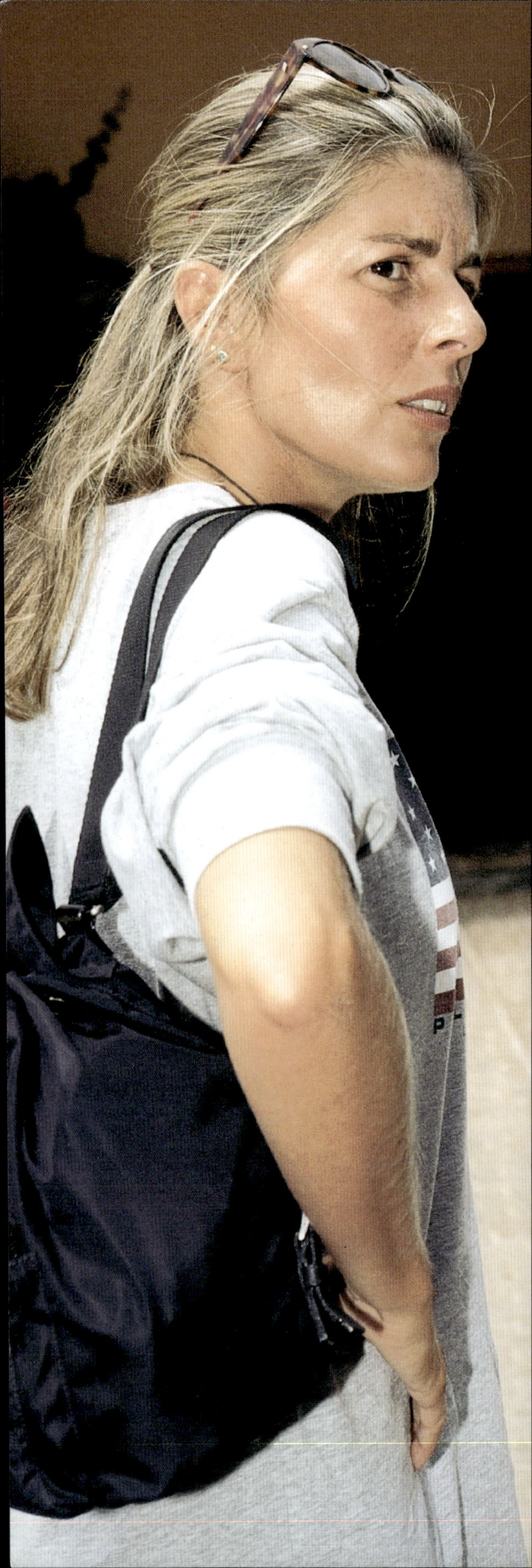

Marta Chávarri, primera esposa de Fernando Falcó, marqués de Cubas, y segunda esposa de Alberto Cortina, prometía ser una de las grandes protagonistas del papel *couché*. Sin embargo, su estrella no ha deslumbrado como se esperaba. (Cover)

Margarita Hernández, en la fotografía junto a su marido Alberto Alcocer, fue secretaria particular del financiero catalán Javier de la Rosa, amigo y socio de su marido en muchos negocios. Fue así como se conocieron, al margen de que Margarita también trabajó como modelo de alta costura. (Carlos Miralles/*El Mundo*)

Juan Villalonga, ex presidente de la compañía Telefónica, junto a su segunda mujer, la miss mexicana Adriana Abascal, viuda del magnate de la comunicación Emilio Azcárraga. En la fotografía junto al ex ministro del PP Abel Matutes y el presidente emérito de la Universidad de Nueva York. (EFE)

Beba Fernández-Longoria (a la derecha), viuda de José Luis Alcocer, hermano de Alberto Alcocer, en una fiesta celebrada en Marbella a las que suele acudir este círculo de poder. En la fotografía junto a uno de los diseñadores del dúo Victorio y Lucchino. (*El Mundo*)

Isabel Sartorius, célebre por su largo noviazgo con el príncipe Felipe de Borbón, ha sabido entrar en el círculo de estas nuevas damas de la *beautiful people*. Por ejemplo, es íntima amiga de Elena Cué. (José Luis García/*El Mundo*)

Juana García Courel, segunda mujer del naviero Fernando Fernández Tapias, con el que protagonizó una multimillonaria ruptura. Aquella disolución de bienes gananciales fue de récord: en torno a los 2.000 millones de pesetas. Juana tuvo dos hijos fruto de su matrimonio con el ex presidente de la Cámara de Comercio de Madrid. (*El Mundo*)

Nuria González, tercera esposa de *Fefé*, se dedicó en sus comienzos profesionales a colaborar en una fábrica textil en Alcorcón (Madrid) dedicada a la venta de trajes al por mayor. Antes de contraer matrimonio se la vinculó con el torero Rafi Camino y con el jugador de fútbol Raúl González. (Jaime Villanueva/*El Mundo*)

SUAREZ
JOYERIA
SUAREZ
JOYERIA
SUAREZ
JOYERIA

La modelo Inés Sastre también ha sabido colocarse en el nuevo grupo de guapas con influencia y poder. Es muy amiga de Elena Cué e Isabel Sartorius. En la fotografía luciendo unas joyas con perlas australianas. (Javi Martínez/*El Mundo*)

Cartier

Elena Boyra y José Federico de Carvajal proporcionaron en su día uno de los romances más sonados de la escena pública española, con connotaciones políticas, dado el relevante cargo que ejercía su entonces amante: era presidente del Senado, institución donde también trabajaba Elena, mucho más joven que él. (Jaime Villanueva/*El Mundo*)

La modelo Mar Flores, una de las españolas sobre la que más rumores se han vertido, fue compañera sentimental de Fernández Tapias y de Cayetano Fitz-James Stuart antes de contraer matrimonio con el empresario hostelero Javier Merino, en la fotografía junto a ella. (*El Mundo*)

Teresa Rivero, la conocida presidenta del Rayo Vallecano, representa el papel de madre perfecta y mujer de toda la vida. De su matrimonio con el empresario jerezano José María Ruiz-Mateos nacieron trece hijos, que le han dado ya una cincuentena de nietos. (Javi Martínez/*El Mundo*)

7. La *china* del poder: Isabel Preysler

Es una de las mujeres más controvertidas de nuestro país. Su éxito no se debe al desarrollo de una brillante carrera profesional sino a su poder de seducción. Ha conseguido optimizar al máximo su capacidad de deslumbrar y ha aprendido a cuidar hasta el extremo la elegancia y su atractivo singular. Sólo con su imagen ha logrado despertar envidia y admiración, dos sentimientos que pueden llegar a ser simultáneos. Su inicial aire de niña ingenua, su comportamiento libre y desinhibido, le acercaron a la gente de la calle. Hoy es madre de cinco hijos, ex esposa de un cantante famoso y millonario, ex esposa de un conocido marqués, mujer de un controvertido ex ministro socialista, portada de todo tipo de revistas, estandarte de reconocidas firmas... Aún hoy cada paso que da se convierte en una noticia *rosa* obligada. Las cámaras fotográficas inmortalizan cada uno de sus movimientos. Sigue siendo una figura pública expuesta en un escaparate. Pero el mito Preysler fue fácil de construir. Y ella, a su vez, supo alimentarlo y conservarlo de forma natural, nunca ha hecho un esfuerzo para pasar inadvertida.

Isabel Preysler Arrastia nació en Manila (Filipinas) el 18 de febrero de 1951, en el seno de una familia media, dicen que relativamente acomodada, de costumbres convencionales, que se movía en círculos muy cerrados de signo claramente católico. Sus raíces familiares procedían de España. Su abuela materna, Teodorica, era hija de un soldado español de la Rioja, Reynares, que había llegado a Filipinas para combatir en la conocida guerra que asolaba el país. Dicen que la abuela era una mujer de belleza salvaje, de rasgos orientales, que despertaba tremendas pasiones. Ésta se había casado con José Arrastia, hijo de otro soldado español que también había llegado al archipiélago desde Estella (Navarra) para combatir en el frente. Al casarse Teodorica con José —los abuelos maternos de Isabel— los dos soldados españoles Arrastia y Reynares se convertían en consuegros y reunían en una sola propiedad la mayor parte de las plantaciones de la región del Pampango.

Del matrimonio nacieron nueve hijos, dos varones y siete mujeres; la mayor de éstas, Betty, sería luego la madre de Isabel Preysler. El abuelo José poseía una considerable fortuna y a medida que sus hijos crecían los fue enviando a estudiar a Manila. Eligió para ellos los mejores colegios de la capital, intentando que sus niños perdieran el componente rural que habían adquirido durante su infancia en la plantación. A Betty la mandaron al internado de Santa Escolástica, que regentaban las madres benedictinas, una de las instituciones más recatadas y rectas de Manila. La niña había heredado de su madre la belleza, el encanto oriental y una dulzura que le otorgaban un enorme atractivo, lo que le abrió las puertas de la alta burguesía de la ciudad. Sin embargo, finalmente se casaría con Carlos Preysler, un joven descendiente también de emigrantes españoles, de una familia llegada al archipiélago en 1860 procedente de Cádiz, aunque en su más remoto pasado tenían raíces austriacas.

El abuelo paterno de Isabel, don Fausto, empezó a trabajar en el campo, en la durísima vida de las colonias. Con los años fue prosperando, y más tarde se instaló en Manila. Pero la fortuna le acompañó poco tiempo. Murió joven dejando a sus cuatro hijos varones en una situación económica ruinosa. Carlos era el menor de los niños y no logró labrarse un futuro. Pero ello, sin embargo, no fue óbice para casarse con Betty. Dicen que lo hicieron por amor, a pesar del recelo de los Arrastia, que siempre habían soñado para su hija un muchacho mejor posicionado socialmente. La pareja contrajo matrimonio en la primavera de 1941 en la iglesia de Malate, en Manila.

De su matrimonio, que duró casi cincuenta años, nacieron seis hijos: Enrique, Victoria, Isabel, Joaquín, Carlos y Beatriz. Isabel y sus hermanos tuvieron que sufrir de pequeños la dura situación que vivían sus padres, acrecentada por la crisis generada por la Segunda Guerra Mundial. Pero, a pesar de las dificultades, lograron sobrevivir. Isabel Preysler heredó los rasgos físicos de su madre y su parecido con la abuela Teodorica. Desde pequeña ya destacó por su sentido de la independencia y prefería realizar sus actividades en solitario. De esta forma podía pasar horas y horas. Sus padres la matricularon en el elitista colegio de Nuestra Señora de la Asunción, de Manila. Pero su currículo estudiantil es bastante mediocre. Aprobaba las asignaturas por los pelos. Lo peor que llevaba eran las matemáticas y la física. Y mostraba aptitudes para los idiomas, la historia y la geografía. Dicen que destacaba, sobre todo, en los trabajos manuales, y que una de las asignaturas del momento, la economía doméstica, fue su preferida. En realidad, en aquellos años en Filipinas la educación que recibían las niñas no estaba orientada para conducirlas a estudios superiores, salvo raras excepciones. La alta burguesía filipina, siempre muy conservadora y tradicional, entendía que la mujer debía interpretar el único papel de ser una buena esposa. Es decir, casarse bien y ocuparse de la casa y de los hijos. Por eso, se las educaba en las normas sociales y protocolarias que permitieran su acercamiento a los candidatos mejor situados social y económicamente. Sus padres también lo hicieron de acuerdo a este objetivo, inculcándole la importancia de introducirse en los círculos de la alta sociedad de Filipinas. Muchas de estas enseñanzas las aprovecharía al máximo Isabel Preysler en su futuro.

Según cuenta el historiador José Luis Vila San-Juan, «aquella niña llamó siempre la atención entre sus compañeras de colegio. En muchos casos asumió un papel de auténtico líder, cuidando siempre su indumentaria y sus modales. Desde pequeña ya fue muy presumida y mostraba una gran habilidad para lucir, en cada momento, el vestido que fuese más adecuado». Como confesaron algunas de sus compañeras de aquel entonces: «Isabel destacaba por su capacidad de iniciativa y durante varios cursos ocupó la presidencia de su clase. Tenía una simpatía contagiosa y un encanto indudable. Recibió un trato de preferencia en el colegio. Los papeles de protagonista en las obras de teatro que se representaban recaían sobre ella y era generalmente aplaudida. Esto le infundió bastante seguridad en sí misma, y le hizo tomar gusto por los halagos».[1]

En su adolescencia ocurrió lo mismo. La historia se repetía. Ya a los quince años, Isabel era una chica tan atractiva que llamaba la atención por encima del resto de sus compañeras. Tanto, que fue elegida reina de las fiestas del barrio de San Lorenzo, en Manila. Atrás quedaban sus papeles interpretativos de niña buena en el colegio, donde representaba a la Virgen María. A partir de entonces Isabel comenzó a tomar conciencia del atractivo que poseía, del poder de seducción que ejercía sobre los demás. Comenzaron a salirle numerosos pretendientes. Dicen que uno de ellos se llamaba Louie Ysmael y que fue su primer novio. Este joven aristócrata la acompañó durante más de un año y medio, introduciéndola en los círculos más selectos de la capital filipina. Con él frecuentó el Casino Español, el Manila Polo y el Yatch Club, los ambientes más *chic*. Isabel comenzó a descubrir un mundo de lujos al que ya no renunciaría jamás. Y aunque por entonces su padre ya había logrado un puesto como empleado en la banca, que luego complementó con la representación de algunas empresas, su salario no permitía que sus hijos disfruta-

[1] Revista *Época*, nº 434, 21 de junio de 1993.

ran de grandes caprichos.[2] Los lujos no estaban fácilmente al alcance del bolsillo familiar. Dicen que sólo gracias a su atracción física, Isabel logró conocer ambientes y personajes que nunca por su posición familiar hubiera podido llegar a disfrutar. Sus amigos afirman que sus encantos bien valían un esfuerzo. Así se introdujo en un mundo de lujos que contrastaba con la situación de pobreza que vivía Filipinas. Ese círculo de amistades, que le encandilaban, le abrió las puertas de la vida que siempre anheló, una vida regida por el poder y la ambición.

Ya, con tan sólo diecisiete años, Isabel se codeaba con los integrantes de las grandes familias filipinas, que además la adulaban y cortejaban. Se había ganado la confianza y la simpatía de las personas que rodeaban a la presidenta Imelda Remedios Visitación Romuáldez, más conocida por Imelda Marcos, la entonces primera dama del país y esposa del dictador Ferdinand Marcos.[3] De esta manera consiguió ser invitada a muchas de sus fiestas. Empezó a participar en los desfiles de modelos que organizaba la controvertida presidenta para supuestos fines benéficos. La ex primera dama de Filipinas era conocida por su colección de joyas y los más de 1.500 pares de zapatos (de Ferragamo, Givenchy, Chanel, Christian Dior...) acumulados durante los años del mandato de su esposo, como más tarde también por su línea de moda.

En este ambiente Isabel conoció a un atractivo *playboy* adinerado, de nombre Juny Kalaw, quince años mayor que ella, e hijo de una de las familias más ricas de la capital. El maduro Juny Kalaw quedó prendado del encanto de aquella jovencita y pronto empezó a salir con ella, dotándola de todo tipo de caprichos.

---

[2] Su padre luego sería gerente de la Philippine Air Lines y delegado del Banco Español de Crédito en Manila. Su madre abriría también una agencia inmobiliaria en la capital de Filipinas.

[3] El dictador filipino permaneció en el poder desde 1965 a 1986. La Comisión Presidencial para el Buen Gobierno estima que Ferdinand Marcos acumuló ilícitamente unos 10.000 millones de dólares (8.200 millones de euros) durante esos años, hasta que se vio obligado a salir del país por una revuelta popular que instauró la democracia en Filipinas.

Dicen que los Preysler nunca vieron con buenos ojos esta relación. Y que para separarla de este mundo de lujos y caprichos, que contradecía la rigidez moral de la influencia católica en su familia, decidieron mandar a la niña a Madrid. Lo importante era que tuviera ocasión de reconducir su vida y no acabara como su hermano mayor, que ya había sido víctima de la droga en ese mundo de placeres.[4]

En la capital de España residían por entonces sus tíos, Miguel Pérez Rubio y Tessy Arrastia, esta última hermana de su madre Betty. También vivía un hermano de su padre, José María Preysler, pero que por entonces no mantenía buenas relaciones con la familia de Manila.

Y así fue. En enero de 1969, Isabel Preysler aterrizaba por fin en España. Acababa de cumplir dieciocho años y sus sueños de juventud todavía estaban en el archipiélago oriental. Madrid era, de entrada, un destino no deseado. Aquí, además del frío clima invernal, no era más que una reina destronada. No conocía a nadie y no hablaba apenas palabra de español. Su formación académica había sido en inglés, que es, junto al tagalo, la lengua oficial en Filipinas. No tenía más remedio que utilizar otra vez sus encantos para que la alta sociedad le abriera las puertas y le permitiera entrar en los prestigiosos clubes como en los que había triunfado en Manila. Lo primero era, por tanto, que la joven filipina conociera a mucha gente.

La matricularon en el colegio de las Madres Irlandesas, con el fin de que aprendiera alguna materia (secretariado), aparte del cuidado de su atractivo físico. Pero Isabel no quería estudiar. Nunca fue una buena estudiante y hacía ya tiempo que había decidido dar por finalizado cualquier tipo de carrera académica. Dicen que por entonces no deseaba otra cosa que volver a Manila. Durante sus primeros meses en España nadie la llamaba, no tenía

---

[4] Fallecería después. Otro hermano también estuvo en situación de búsqueda y captura por tráfico de estupefacientes.

fiestas a las que acudir y su poder de seducción, que tan hábilmente desarrolló en Filipinas, iba en decremento. Sin embargo, su tristeza no duró demasiado. Su padrino de bautismo en España fue Juan Manuel Sainz de Vicuña, descendiente del marqués de Alhucemas y presidente del Club de Golf de La Moraleja; además, era muy amigo de la familia del general Franco, lo que le confería poder en las altas esferas y en los círculos más acaudalados. Así, Isabel acabó siendo habitual en los grupos sociales más importantes de la capital de España. Pronto conoció al entonces príncipe Juan Carlos de Borbón. Fue en un acto benéfico. Isabel empezaba a moverse con soltura en las fiestas de Madrid, donde ella era, sin duda, la novedad. Dicen que le halagaba saberse el centro de atención. Ya por entonces conseguía no pasar desapercibida para nadie. «Su poder de seducción parecía que volvía a ponerse en marcha y hasta tal punto fue así que aquel verano le disgustó tener que volver a Manila y lo hizo con la firme promesa por parte de sus padres de que, acabadas las vacaciones, la dejarían volver de nuevo a España. No encontró oposición», afirma el historiador José Luis Vila San-Juan.

De nuevo en Madrid, Isabel Preysler siguió introduciéndose, aún más, en los ambientes selectos. En una de esas fiestas de la *jet* madrileña conocería al cantante Julio Iglesias de la Cueva, un antiguo guardameta del Real Madrid al que una lesión le obligó a cambiar los guantes por los escenarios. Éste se había convertido en el cantante de moda de aquellos momentos, ya que acababa de ganar el Festival de Benidorm con la canción *La vida sigue igual*. Cuentan que fue el periodista del corazón Julio Ayesa el «responsable» de su amor. Primero se conocieron en una fiesta homenaje a Manuela Vargas en casa de Juan Olmedilla. Pero sería en otra fiesta, en uno de los antiguos pabellones de la Feria del Campo de Madrid, organizada por Ayesa, y que daba la conocida familia bodeguera gaditana de los Terry, donde se consumó el intento. Allí estaba la *crème de la crème*. Desde la cantante Lola Flores, pasando por la duquesa Carmen Franco, su hija Carmen Martínez-Bordiú, hasta un largo número de los llamados *vips*, entre los que Isabel ya había aprendido a manejarse con soltura. A estas alturas, Madrid era para ella mucho mejor que Manila, y sus viejos amoríos ya eran historia. Julio Iglesias no tardaría en enamorarse de la filipina, a pesar de que en aquel momento le resultaba fácil verse rodeado de esplendorosas mujeres.

«Conocí a Julio Iglesias en 1970. Me pareció un chico simpático y educado, con un aspecto muy agradable. Julio no era todavía un famoso cantante. De todas formas, a mí nunca me han impresionado las personas por su importancia o popularidad. Nuestra primera salida fue para asistir a un recital de Juan Pardo. Tres días después de que nos presentaran, se me declaró; y a los seis meses ya éramos novios. Quería que nos casáramos enseguida, pero yo le dije que esperáramos un poco», afirmó por entonces la Preysler. Tardaron sólo seis meses en formalizar el contrato nupcial. Finalmente la pareja se casaba el 20 de enero de 1971 en el pueblo toledano de Illescas en un día lluvioso y de ambiente frío. Fue el padre José Aguilera, el consiliario de los Jóvenes de Acción Católica de Madrid, quien los unió en matrimonio. El enlace nupcial, al que curiosamente no asistió su padre (que prefirió quedarse en Filipinas), desbordó todas las previsiones iniciales.[5] La boda se convirtió en un acontecimiento social, con las cámaras del viejo No-Do y de TVE y la presencia de una multitud de periodistas que quisieron inmortalizar el momento. Sin embargo, muchos de los seguidores del cantante no le perdonaron su precipitada decisión. Fue entonces cuando por primera vez Isabel comenzó a despertar las envidias del público, aunque con el tiempo llegaría a rentabilizarlas. Todos se preguntaban quién era esa guapa de belleza oriental que había seducido a Julio Iglesias. ¿De dónde venía? ¿Cuál era su currículo? La opinión pública sólo había visto la fotografía de la boda, donde lucía un traje blanco del modisto Pedro Rodríguez, pero poco más se sabía de esa chica

---

[5] Su padre moriría en el otoño de 1992. A su entierro no fue Isabel Preysler.

filipina, y aún se tardaría un tiempo en descubrir hasta qué punto Isabel estaba dispuesta a conseguir que se perpetuara su recién adquirida fama.

Los primeros tiempos de la vida de la pareja transcurrieron sin grandes acontecimientos. Isabel acompañaba a Julio Iglesias en sus viajes. «De luna de miel nos fuimos a las Canarias y seguidamente a México, donde pasamos tres meses. Mi marido debía cumplir allí unos contratos. Las salas donde actuaba no se llenaban y Julio me decía: "Pequeñaja, dentro de unos años tendré a esta gente rendida a mis pies". Y la verdad es que fue así. Julio trabajaba mucho y yo cada vez estaba más sola». La pareja se había instalado en un inmueble que compró el padre del cantante, el doctor Julio Iglesias Puga, en la calle de San Francisco de Sales, número 33, de Madrid, donde vivía toda la familia en diferentes pisos.

Muy pronto Isabel, con sólo veinte años, se quedó embarazada de su primera hija, que con el tiempo se ha convertido en la fotocopia más perfecta de su madre.[6] «Cuando nació Chábeli, el 3 de septiembre de 1971 —cuenta Isabel—, tardé un día en encontrarle para comunicárselo. Julio tardó otro día en llegar a Estoril, donde nació la niña, y luego sólo pudo estar con nosotros media hora». Pese a los pronósticos, Chábeli se adelantó casi un mes a la fecha prevista, debido a una afección nefrítica que sufrió Isabel cuando pasaba unos días en la aristocrática ciudad portuguesa de Estoril, mientras Julio estaba cantando en Albacete. Y aunque ésta fue la versión oficial, no faltó quien hizo cálculos y no le cuadró, e hiló este hecho con la precipitación con que se celebró la boda y las sospechas de la propia madre de Julio, Charo de la Cueva, que supuso que la cigüeña estaba ya en camino. De ahí el viaje a Portugal para dar a luz y evitar comentarios. El nacimiento no impidió que Isabel siguiera acompañando a Iglesias en sus giras, aun llevando a Chábeli en brazos.

---

[6] «Nadie es perfecto, pero me gustaría ser como mi madre, que es quien más se acerca a esa perfección que yo querría alcanzar», Chábeli *dixit*.

El distanciamiento físico entre Isabel y Julio fue cada vez más habitual y constante. Pero aunque el matrimonio pasaba menos tiempo junto, sus encuentros eran pasionales. Así, Isabel quedó embarazada dos veces más. Una, de Julio José, que nació el 25 de febrero de 1973, y otra, de Enrique Miguel, al que dio a luz el 8 de mayo de 1975. Sus tres hijos ocuparon todo el tiempo de su madre. Ya no acompañaba a su marido, que cada día conseguía mayores triunfos discográficos tanto en España como fuera de nuestras fronteras. Isabel combatía esta soledad con la amistad y compañía de Mari Carmen Martínez-Bordiú, con quien ha compartido secretos desde que la conociera en una fiesta de la *jet set* antes de casarse con el cantante.

Por entonces, el matrimonio ya había comprado una casa en la urbanización Guadalmar (Torremolinos), valorada en unos 25 millones de pesetas. Los niños mantenían una vida normal, como la de cualquier hijo de buena familia: iban a un colegio inglés, pasaban los veranos en Marbella y las Navidades con sus abuelos maternos en Filipinas. Isabel ya era un personaje popular y todos la conocían. Pero a su felicidad le sobraban los continuos viajes de su marido.

Dicen que llevaba muy mal el hecho de que otras mujeres acompañaran al cantante y, además, se rumoreaba que éste mantenía idilios. Isabel llegó a confesar a sus amigas que estaba harta de llamar por las noches a los hoteles donde se hospedaba Julio Iglesias y encontrarse al otro lado del teléfono con una extraña voz femenina. El cantante tenía fama de amante maravilloso y perfecto compañero de cama. Era el típico «Casanova» castigador. Prefería relacionarse con mujeres desconocidas, que frecuentemente eran amantes de una noche. De aquella época todavía le quedan a Julio Iglesias supuestos hijos secretos, que levantaron en su día la polémica. Uno de ellos es Javier Santos Raposo, fruto de una semana de pasión en Sant Feliú de Guixols con la bailarina portuguesa María Edite Santos, durante una gira veraniega por la Costa Brava en el año 1975. Julio había acudido allí para actuar durante unas semanas en la discoteca Las Vegas y había alquilado un chalet a su gran amigo de juergas, el ex jugador del Real Madrid, Pedro de Felipe. La casa se convirtió en lugar de citas clandestinas. La primera selección de las bellezas que siempre acompañaban al cantante era hecha por su fotógrafo de entonces y hombre de confianza, José María Castellví.

Dicen que Alfredo Fraile, el sempiterno mánager del cantante durante quince años, declaró en más de una ocasión que las peleas entre la pareja eran normales. La separación era ya *vox populi*. Dicen que fue Isabel la que no quería continuar más con aquella relación. «En diciembre de 1976 —cuenta Isabel— tuve con Julio una discusión fortísima. Aproveché para decirle que lo nuestro no tenía remedio y que no había más salida que la separación. Pero me convenció de que nos diéramos un tiempo antes de tomar una decisión importante. Mi marido me consideraba una niña, me llamaba "pequeñaja" intentando crearme una sensación de inseguridad que yo no tenía, pues cada vez sabía mejor lo que quería. No nos separamos en 1976 a cambio de que, mientras él estuviera fuera, yo podría hacer mi vida. No me iba a quedar en casa en espera permanente. Saldría con mis amigos bastante más de lo que venía haciéndolo, que no era mucho».

Y así fue. Durante las ausencias de Julio, Isabel se reencontró con los círculos elitistas y lo hizo de la mano de su amiga Carmen Martínez-Bordiú, a la que incluso acompañaba al palacio de El Pardo para tomar el té con Carmen Polo. La *nietísima*, hija de Carmen Franco y del marqués de Villaverde, fue su gran valedora y le introdujo en clases sociales a las que Julio Iglesias no podía llegar. La relación de Carmencita con el poder establecido, todavía unido a la figura del recién fallecido general Franco, era la salvaguarda y contraseña. En España la transición política parecía abrir muchas posibilidades de lucimiento a las amistades de los miembros de la Casa Real, entre los que se encontraba Carmen Martínez-Bordiú, por entonces casada con Alfonso de Borbón, primo del rey de España.

En este cúmulo de situaciones, el 21 de julio de 1978 se anunciaba finalmente la ruptura del matrimonio a través de la revista

¡Hola! y del diario *Arriba*, uno de los periódicos propiedad del llamado Movimiento Nacional. El comunicado indicaba: «El supremo interés por nuestros hijos nos obligó a resolver de forma amistosa y legal nuestra situación personal». Económicamente se pactó que el cantante pasaría a su ex mujer la cantidad de 180.000 pesetas, que más tarde se elevaría a más de medio millón de pesetas mensuales, para contribuir a la alimentación, ropa y educación de sus tres hijos. También le quedó en el lote el chalet de Guadalmar y una vivienda en el centro de Madrid, que el matrimonio había adquirido por doce millones de pesetas. Posteriormente, Isabel la vendió por cerca de cuarenta millones. Fue su primer pelotazo inmobiliario.

Esta desunión familiar provocó un cisma en el clan de los Preysler. Los padres de Isabel, que nunca comprendieron ni aceptaron esta separación, dejaron de llamarla. El trato entre ellos desapareció. Pero a ella parecía darle igual. Sabía que su primer objetivo estaba ya concluido. Con la popularidad adquirida podía conquistar nuevas metas y valerse por sí misma. Isabel Preysler dejó muy claro a todos que sabría seguir en solitario en el estrellato, que continuaría en el punto de mira de los españoles sin necesidad de ser la mujer del cantante español más internacional. Un testigo presencial lo declaró de esta forma: «Julio le dijo a ella que ya no tendría nunca más la oportunidad de seguir saliendo en las portadas de las revistas, cosa que a ella le encantaba. Isabel no titubeó en la respuesta: "Puedes estar seguro de que saldré en la prensa tanto o más que tú"».

Fue por entonces cuando Julio Iglesias, hoy con una fortuna valorada en cerca de cien millones de euros, adquirió su casa de Indian Creek en Miami, para dar definitivamente el salto internacional.[7] Ella, sin embargo, apareció muy pronto al lado de otra

[7] Su patrimonio millonario se basa en múltiples propiedades (Estados Unidos, Argentina, España, etc.), contratos con la productora de discos CBS, contratos de publicidad, flota automovilística y aviones… y los beneficios que le reportan sus sociedades.

persona. Era un aristócrata: Carlos Falcó y Fernández de Córdova, marqués de Griñón y de Castel-Moncayo y uno de los Grandes de España. Hacía ya unos meses que se veía secretamente con él en la finca El Rincón que éste poseía en Aldea del Fresno (Madrid), heredad convertida en un zoo privado, donde los animales vivían en semilibertad. Cómo conoció a Carlos Falcó lo cuenta Isabel de este modo: «Empecé a salir con un grupo de amigos. Un día me invitaron a una sesión privada de la película *Fiebre del sábado noche.* Estábamos unas veinte personas y, entre ellas, Carlos Falcó, con quien coincidí poco después en una cena. Una semana más tarde me invitó a visitar su Safari Park. Tuvimos tiempo de charlar largo y tendido. Descubrí que lo que más me gustaba de él era su sentido del humor, su refinada educación y su cortesía. Empezamos a vernos con más frecuencia. Un buen día, al llegar a casa, comprendí que entre los dos había nacido una atracción mayor. Entonces le dije que debíamos andar con cuidado, porque a mí me seguía la prensa a cualquier sitio que fuera». Esta decisión amorosa del aristócrata sorprendió a muchos, puesto que en aquellas fechas tenía novia oficial, la joven Sandra Gamazo, sobrina del conde de Gamazo e hija de Pimpinella Hohenlohe y de Claudio Gamazo.

El marqués de Griñón y de Castel-Moncayo nació en el sevillano palacio de Las Dueñas el 3 de febrero de 1937. Es hijo de los duques de Montellano, Manuel Falcó Escandón e Hilda Fernández de Córdova, que acumulan 41 títulos y 13 grandezas de España. Estudió ingeniería agrícola en la Universidad de Lovaina y el 6 de diciembre de 1963 contrajo su primer matrimonio con Pilar Juana *Jeanine* Girod, luego pareja durante veinte años del ya fallecido ex presidente del Real Madrid, Ramón Mendoza. Jeanine, amiga del rey don Juan Carlos, nació en Ginebra (Suiza) en 1943 y pertenece a una familia de la alta sociedad europea con una importante fortuna procedente del negocio de relojes y joyas. Junto al marqués de Griñón se trasladó a vivir a California. Allí, además de completar Carlos Falcó sus estudios de economía agraria, nacería en 1964 su primer hijo, Manuel.[8] Tras su vuelta a España, el marqués comenzó a dirigir las explotaciones agrarias de la familia en Toledo y Extremadura. En 1967 nacería su segunda hija, Alejandra. Pero fue en 1970 cuando se separaría definitivamente de su primera mujer, obteniendo más tarde la nulidad eclesiástica, como no podía ser menos en tan alta alcurnia.[9] Los hijos quedaron bajo la custodia de Carlos Falcó y, desde entonces, se dedicó a la producción y comercialización de los vinos, al negocio de la reserva de animales (El Rincón) y también a la política, con una aventura frustrada dentro del Grupo Parlamentario Alianza Popular, con el que intentó ser senador por Cáceres en 1977.

Su despegue social se produjo a finales de los años setenta gracias a su romance con Isabel Preysler. Desde el principio conectó muy bien con los tres hijos de Isabel. Y ya el 23 de marzo de 1980, el marqués y *la China*, como ya empezaban a llamar a Isabel, se casaban, esta vez con absoluta discreción, en la pequeña capilla de la finca familiar de Casa de Vacas,[10] en Malpica de Tajo (Toledo), una heredad de 700 hectáreas dedicada al cultivo de la vid y que había heredado a los dieciocho años de su abuelo el duque de Arión. Siete meses antes, Isabel había conseguido la nulidad de su matrimonio con Julio Iglesias gracias al Tribunal Eclesiástico de Brooklyn (Estados Unidos), famoso por su rapidez y eficacia como coladero.

De nuevo, quizá por causas desconocidas del destino, la boda de Isabel se celebraba en la provincia de Toledo. Los Falcó desea-

---

[8] Manuel Falcó Girod mantuvo durante tres años una relación amorosa con Blanca Suelves, duquesa de Alburquerque e hija de los marqueses de Tamarit. Blanca, casada luego con Johannes Osorio, es hermana de María Suelves, la que fuera esposa de Francis Franco y más tarde de Claudio Montes.

[9] Tras su ruptura matrimonial, Jeanine Girod se unió sentimentalmente a José Enrique Varela, marqués de Varela de San Fernando. Luego lo haría con Ramón Mendoza, hasta que éste la dejó para unirse a Nati Abascal, ex duquesa de Feria.

[10] El nombre le viene por una casa de labranza ubicada en el terreno.

ban a toda costa evitar más escándalos y se encargaron de defender celosamente el secreto del acontecimiento, que se llevó con el mayor de los anonimatos. Los invitados fueron alertados con un tiempo prudencial, para evitar la propagación de la noticia. Incluso al servicio doméstico se le comunicó que se iba a dar una fiesta familiar ese día, pero sin más detalles. La madre del novio, la duquesa de Montellano, se ocupó personalmente de la organización, dejando sólo a su futura nuera la elección del vestido, un traje corto de color salmón elaborado por el modisto Jorge Gonsálvez, mientras que el novio lucía un traje oscuro.

Fue una celebración íntima, casi secreta, a la que asistieron un total de veinticuatro personas, que al final del ágape bailaron unas sevillanas que cantaron *in situ* Los del Río. Entre los invitados, siendo notoria la ausencia de su amiga Carmen Martínez-Bordiú, se encontraban Rocío Falcó, marquesa de Berantevilla y hermana del novio, ya fallecida, que ejerció de madrina; Fernando Falcó, marqués de Cubas y hermano del novio; Beatriz de Hohenlohe y Gonzalo Fernández de Córdova, duques de Arión; y los hijos de cada uno de los contrayentes. También acudió la madre de Isabel, a pesar de una primera negativa familiar y después de una reconciliación en la que intervinieron varios miembros del clan Preysler. No así su padre, que moriría en el otoño de 1992 y a cuyo entierro en Filipinas no fue su hija. Fue un amigo de la familia quien actuó de padrino en la boda. Según consta en el acta eclesial, la ceremonia fue oficiada por el párroco de Malpica, Manuel Saiz Pardo. Y como testigos de Isabel actuaron «los señores Gil de Biedma, Zulueta y Pérez Rubio».

Parecía que una nueva vida sonreía a la recién casada. Un nuevo círculo de aristocráticas amistades se abría en el horizonte de la ambiciosa, y a veces esperpéntica, filipina. O al menos así lo pensaba Isabel Preysler. Poco o nada aportaba a este cerrado círculo, salvo la seducción, siempre envuelta en un halo de misterio que ella pronto supo explotar, revalorizar y promover. Los flashes de los fotógrafos continuaban a su lado y apuntaban con mayor interés y asiduidad. Tenía ya un buen álbum de fotos de prensa con las que obsequiar a su ex marido Julio Iglesias. La promesa se había cumplido. Y además tenía también un marqués que la protegía.

Por presiones de Isabel, la pareja se instaló en la capital de España, en la famosa casa de la calle Arga nº 1, en la elitista colonia madrileña de El Viso. El chalet (hotel), con cuatro plantas y jardín privado, fue comprado personalmente por Isabel Preysler el 1 de junio de 1979, por un precio escriturado de 16 millones de pesetas, a la empresa Compañía Española de Representación y Fabricaciones Industriales S.A. (Cerfisa).[11] No obstante, también durante los primeros meses, la pareja pasaba largas temporadas, junto a los tres hijos de ella, en las fincas familiares del marqués de Griñón, a quien los niños llamaban «tío Carlos». El marqués disponía así de su tiempo para invertirlo en sus viñedos y en su empresa Vinexco S.A. La vida en el campo, apacible y sosegada, siempre había atraído a Carlos Falcó mucho más que la vida mundana de la ciudad. No así a Isabel, que esperaba poder conocer y alternar mucho más de lo que lo había hecho hasta entonces en la capital de España. Las hermanas de Isabel, Victoria y Beatriz, acudían a menudo a visitarla. Y aunque la nueva marquesa consorte aseguró que su entrada en la aristocracia no había cambiado su forma de ser, hubo quienes sí contradijeron estas declaraciones, como Humildad Rodríguez, que estuvo muchos años al servicio de Carlos Falcó y que acompañó al matrimonio durante toda su estancia en la calle Arga: «Lo primero que hizo [Isabel Preysler] fue indicar a la servidumbre que nos dirigiéramos a ella llamándola señora marquesa».

Este título le dio a Isabel la oportunidad de introducirse en círculos más importantes e influyentes y de conocer a quienes de otra forma no hubiera conocido. Así coincidió en varias ocasio-

[11] Finca inscrita en el Registro de la Propiedad de Madrid con el número 3.466. Su precio de mercado cuando Isabel la desocupó se cifró en torno a dos millones de euros.

nes con los Reyes. Ella misma tomó conciencia de su nuevo papel: «He asumido muy bien formar parte de la aristocracia. Me he dado cuenta de lo que significa estar dentro de una familia con tantos títulos nobiliarios. Voy a cacerías y seguiré yendo, pero no volveré a matar a ningún animal. Carlos ha hecho posible que me interesen otras cosas que no sean exclusivamente la casa y los hijos. Me transmite cultura y su sensibilidad. También he aprendido de él a ser una persona más abierta y tolerante». Una de las pasiones del marqués era y es la caza. Era muy frecuente que se organizasen cacerías en sus heredades, a donde acudía la gente importante de la sociedad madrileña. Isabel era la perfecta anfitriona. Dicen quienes acudían a ellas que era esplendorosa agasajando a sus invitados, siempre ataviada con el clásico atuendo de Loden austriaco, verde pardo, casi caqui. Afirman que Carlos Falcó se sentía orgulloso de ese *savoir faire* que ya acostumbraba a distinguir a la filipina, con la que viajaba los inviernos a la localidad suiza de Gstaad, donde acuden a menudo los clanes familiares de las altas finanzas españolas.

Pero también dicen que la vida junto al marqués de Griñón fue menos atractiva que lo que *la China* había esperado. La economía de Carlos Falcó tampoco era tan boyante como para seguir el rumbo de vida que ella iba determinando. Al año de casarse llegó una hija, a la que pusieron el nombre de Tamara Isabel. Fue el 20 de noviembre de 1981 y en su bautizo también actuaron Los del Río.[12] Su nacimiento sirvió para reforzar a la pareja, cuya unión comenzaba a dar señales de debilidad. Dicen que Isabel comenzó a advertir síntomas de que se había casado más por la necesidad de sentirse protegida, ante la ausencia de su ex marido en unos círculos sociales en los que no acababa de ser admitida, que por auténtico amor. Dicen que aunque en un principio creyó estar enamorada de aquel hombre que la había ayudado a forjarse

[12] Posteriormente, Isabel Preysler fue madrina del lanzamiento de los discos de sevillanas de Los del Río.

en su verdadera manera de ser, a reforzar su personalidad y su estatus, pronto comenzó a sentirse de nuevo insatisfecha. «Al mismo tiempo que ella adquiría mayor seguridad en sí misma, advertía el creciente contraste en sus dos personalidades. Había en el marqués de Griñón algo de pasividad, una supeditación que no llenaba las inquietudes de la mujer que Isabel iba tejiendo a su lado. Pero, además, no acababa de agradarle el papel de relaciones públicas que su marido le había asignado, y su estrellato en las primeras páginas de la prensa empezaba a sombrearse», afirma el historiador José Luis Vila San-Juan.

Así, en los medios, empiezan a surgir los primeros rumores de una posible separación, que ellos desmienten rápidamente. Las cosas no parecían funcionar bien en el matrimonio. El gusto por la vida campestre que tenía el marqués no era compatible con la intensa vida social que anhelaba Isabel. Algunos cuentan que mientras que el marqués disfrutaba en su finca de los almuerzos a base de huevos fritos con chorizo, Isabel tomaba un preparado de conchas de ostras trituradas que decía mantenía tersa su piel. También iba saliendo a la luz la mala situación económica del marqués de Griñón, que los más atrevidos achacan a la vida de lujo asiático que llevaba su esposa, con la que se había casado en régimen de separación de bienes. Ella, además de su patrimonio, contaba con los cada vez más frecuentes y abultados ingresos por sus negocios del corazón. Sobre todo, cuando la revista *¡Hola!* le encomendó una serie de entrevistas (que, por supuesto, no escribió ella) y que, en una jugada magistral, Isabel inició con la realizada a su primer marido, Julio Iglesias. Por cada una cobraba un millón de pesetas. Todavía se comenta cuando en una entrevista se salió del texto preestablecido preguntándole a Robert Redford si algún día pensaba dirigir películas: «Yo ya voy por la tercera», le replicó estupefacto el actor californiano.

Su bolsillo saneado contrastaba con la no tan buena marcha de la cartera del marqués. Durante la primera mitad de los años ochenta, Carlos Falcó sufrió varios reveses económicos. Por ejemplo, el entonces Banco Hispano Americano, al que adeudaba 120 millones de pesetas, inició un proceso de embargo contra sus propiedades. También el Banco Español de Crédito había comenzado un contencioso contra su finca de La Barquilla, en Cáceres, que se encontraba hipotecada por los préstamos que el marqués había solicitado por un importe de 300 millones de pesetas.[13] Actualmente, los negocios del marqués de Griñón se han recuperado principalmente con las buenas ventas de vinos en Estados Unidos y Gran Bretaña. Fue finalmente en julio de 1985 cuando la pareja se separaba. Los rumores de crisis matrimonial, que eran *vox populi* en la capital española desde hacía tiempo, tomaban definitivamente cuerpo.

Desde entonces al marqués se le han atribuido romances con varias mujeres, entre ellas, la anticuaria francesa Christine Reiff, pero fue con Fátima de la Cierva y Moreno de Arteaga con la que se casaría finalmente en 1993. Fátima, una de las dos hijas del marqués de Pozas y de la duquesa de Terranova (la otra es Teresa), apareció en la vida del marqués en el momento oportuno. Tenía treinta y cuatro años, veintidós menos que Carlos, cuando se casaron en el consulado español de Bayona. La pareja empezó a vivir en la finca El Rincón. Hoy tienen dos hijos, Duarte y Aldara. Sus amigos dicen de ella que es una mujer serena, viajera, colaboradora de movimientos sociales y a quien no le gusta nada aparecer en los «papeles».

Por su parte, en la vida de Isabel ya había aparecido otro conocido hombre que acabaría rendido a sus pies. Se trataba de Miguel Boyer Salvador, ministro de Economía, Hacienda y Comercio del primer Gobierno socialista de Felipe González, doce años mayor que ella. Una vez más, Isabel Preysler hacía tambalear los escenarios del poder. El entonces todopoderoso Boyer renunciaría a todas sus prebendas por *la China*.

---

[13] Parte de la finca de La Barquilla fue vendida a los agricultores.

Miguel Boyer Salvador nació en San Juan de Luz, Francia, el 5 de febrero de 1939. Sus padres se habían exiliado allí a raíz de la Guerra Civil española y a causa de su militancia republicana. En el año 1945 regresaron a España, a la ciudad manchega de Puertollano, donde su padre, ingeniero de minas, encontró trabajo en la sociedad minera Peñarroya. Poco tiempo después regresaron a Madrid, donde Miguel ingresó en el Liceo Francés. Fue un alumno brillante en todos sus estudios. Al terminar el bachillerato, cursó la carrera de Ciencias Físicas, licenciándose en 1963 con premio extraordinario. A los veintiún años fue recluido en la cárcel madrileña de Carabanchel junto con otros compañeros, como Luis Gómez Llorente y Gregorio Peces-Barba, bajo la acusación de asociación y propaganda ilegal por su pertenencia a la ASU (Asociación Socialista Universitaria). Allí permaneció durante seis meses, y a su salida se encontró sin el trabajo que tenía en la Junta de Energía Nuclear. Esta nueva situación le impulsó a estudiar la carrera de Ciencias Económicas, convirtiéndose en el número uno de su promoción.[14]

El 26 de junio de 1964 se casó con la ginecóloga Elena Arnedo Soriano, nacida en 1942, una mujer progresista con la que tuvo dos hijos: Laura y Miguel. El matrimonio, tras veintiún años de convivencia, se separaría en diciembre de 1985 a raíz de una demanda presentada por la doctora. Ésta se casaría un año después con el arquitecto Fernando Terán, del que también se separaría más tarde.[15] Dicen que Boyer tenía entonces fama de maduro atractivo al que rondaban muchas mujeres. Su carrera profesional prosiguió con éxito en el mundo empresarial y en el de las instituciones públicas españolas: llegó a puestos de relevancia en el Banco de España, en el INI, en Explosivos Riotinto o en el Instituto Nacional de Hidrocarburos. Como miembro destacado del

---

[14] Participó en la realización colectiva de obras de tipo económico como *La filosofía de Karl R. Popper, El nuevo monetarismo* o *La economía y la democracia.*

[15] En las elecciones municipales de 2003, Elena Arnedo se presentó como número tres en la candidatura socialista encabezada por Trinidad Jiménez. Luego abandonaría su puesto.

PSOE, logró ser ministro con Felipe González, pero comprobó rápidamente cómo su carrera política se veía truncada por el amor de una mujer, como cantaba Julio Iglesias. Su nombre: Isabel Preysler Arrastia.

Isabel y Miguel se conocían ya desde hacía años. Fue en la primavera de 1982, en las famosas lentejas de Mona Jiménez. La filipina había acudido al almuerzo acompañada por su marido Carlos Falcó, junto a un total de cuarenta comensales. Entre ellos, el abogado Antonio Garrigues Walker o el político socialista Luis Solana. Algunos de los presentes afirman que aquel encuentro tenía como objetivo que Isabel convenciera a Boyer de que apoyara la instalación de la multinacional Eurodisney en unos terrenos que eran propiedad del marqués de Griñón. Otros lo desmienten, incluida la anfitriona. Lo que sí confirman todos es que Isabel, a sus treinta años, era ya una maestra en el arte de la seducción. «Su radiante madurez señoreaba en la reunión y su actitud coqueta salía a flote como algo que no quería dominar. Como siempre, dejó que su personalidad aflorara a su exterior. Ésa era la forma de vivir conforme a sus instintos», dice el historiador Vila San-Juan.

Desde ese día el matrimonio Boyer y Falcó hicieron *migas*. Salían a menudo juntos y los Boyer acudían con relativa frecuencia al domicilio de Arga 1, ya que vivían a pocos metros, también en la colonia de El Viso. La amistad que se inició entre los matrimonios fue el caldo de cultivo perfecto para que surgiera el amor y la pasión entre Isabel y Miguel. Desde el primer instante se inició el romance, y los encuentros, que básicamente propiciaba Isabel, no hacían sino consolidarlo. Ese mismo verano de 1982, pocos meses después de conocerse, deciden también pasar unos días vacacionales juntos en familia. Paralelamente a estos encuentros, los problemas entre Boyer y su mujer, la ginecóloga Elena Arnedo, se van agravando. En octubre habría elecciones generales y las encuestas afirmaban que el PSOE podría hacerse con el poder. Miguel Boyer era un elemento indispensable en el organigrama económico de Felipe González.

Y así fue. Tras el triunfo socialista, fue nombrado superministro de Economía y Hacienda del nuevo gabinete. Esta faceta política de Boyer reclamaba todo tipo de precauciones en su relación amorosa, cada día más consolidada, con Isabel Preysler, quien siempre decía: «Yo, de política no entiendo nada».

Curiosamente, en el otoño de 1983 la peña Primera Plana concedió a Miguel Boyer y a Isabel Preysler el Premio Limón. Por entonces, las relaciones de ambos matrimonios estaban ya muy deterioradas. Dicen sus amigos que Carlos Falcó sabía perfectamente cuál era la situación, pero que, enamorado de *la China* como el primer día, quiso entender que aquella nueva relación era algo pasajero, sin mayor importancia que la de una aventura que el tiempo acabaría por borrar. Pero no ocurrió así. Las entradas y salidas de Miguel Boyer de la casa del matrimonio Falcó eran demasiado frecuentes para pasar inadvertidas, así como los ramos de rosas y los regalos, por cierto, siempre muy caros. El dirigente socialista acudía a sus citas con la entonces marquesa en un automóvil marca Citroën CX. Solía esperarla en el interior del coche, sin escolta alguna, aparcado en la calle Sil, una discreta vía de la colonia de El Viso, entre las calles Ega y Arga. Era una relación clandestina de la que la prensa por entonces no se atrevía a hablar, pero que ya iba de boca en boca.

Dos personas de confianza de ambos, Esperanza Goizueta, muy amiga de Isabel, y Petra Mateos, la jefa del gabinete técnico del Ministerio de Hacienda, ayudaron a formalizar los encuentros secretos en Madrid. Unos tenían lugar en la casa que Esperanza Goizueta tenía en la calle Núñez de Balboa, nº 81, donde también vivía el entonces político del PP, Marcelino Oreja, amigo de Julio Iglesias; y algunos otros se celebraban en el ático del propio Ministerio de Economía, donde fue a vivir Miguel Boyer tras abandonar la casa que compartía con Elena Arnedo y donde *la China* ejercía ya de perfecta anfitriona cuando había visita de amigos. Pero fueron sus escapadas supuestamente secretas a París las que acabaron por hacer famoso este romance.

La pareja no quería dar ningún paso en falso. No era todavía el momento de hacer pública una relación que pudiera ensombrecer la carrera política de Miguel Boyer, un hombre respetado y temido, con un amplio margen de poder debido al gran ascendiente que tenía sobre el presidente del Gobierno. Aquella jovencita desvalida que había llegado a España procedente de Manila con un equipaje casi vacío podía sorprender al país de cualquier manera.

El 7 de julio de 1985 Miguel Boyer dimitió como miembro estelar del gabinete de Felipe González y, curiosamente, una semana más tarde, el 14 de julio, Isabel Preysler y Carlos Falcó hicieron pública su ruptura, después de cuatro años y medio de relación, a través de una exclusiva —como no podía ser de otra forma— en la revista *¡Hola!* Una semana más tarde del anuncio de la separación, Isabel vuelve a ocupar la portada de esta revista hablando de su nuevo idilio: «No puedo negar que me une una profunda amistad con Miguel Boyer». Carlos Falcó abandonaría la casa familiar de El Viso y su lugar lo ocuparía, ya oficialmente, el ex ministro. Es en este momento cuando se conocen mejor las vicisitudes económicas del marqués, ya que aparece un documento de fecha 18 de julio de 1985 en el que Carlos Falcó reconoce una deuda de 21.237.815 pesetas a su todavía mujer, y su compromiso a saldarla —con un interés del 14 por ciento— con el abono de recibos mensuales. Se trataba de un préstamo que le había dado en su día Isabel para salvar unas hipotecas que pesaban sobre sus fincas de El Rincón, Cantoblanco y Peña Halcón, colindantes y situadas en las inmediaciones de la localidad madrileña de Aldea del Fresno, a unos 50 kilómetros de la capital. Pero a esta cantidad mensual le tendría que añadir otras 175.000 pesetas mensuales en concepto de alimentación y ropa de su hija Tamara, importe que más tarde se aumentó.

Ese mismo verano de 1985, Isabel se reunió en Marbella con sus hijos para explicarles su nueva situación. Había alquilado por 900.000 pesetas la villa El Romeral. La Costa del Sol siempre fue, desde 1970 hasta 1993, su lugar preferido para el descanso estival, como también lo era para las grandes familias del poder. Todas se reunían allí, haciendo aprecio de la frase de «en Marbella hay que estar». Esta localidad costera, hasta que llegó Gil y Gil, era el centro estratégico del verano para las relaciones sociales, los contactos y los negocios que un mes después cuajaban en Madrid. Entre los lujosos chalés marbellíes alquilados a precios exorbitantes por la familia Preysler destacan La Luna, Nahema y Villa Lisa. Dicen que esta última mansión se la alquilaron a una alemana llamada Verena Chiwitt por la módica cantidad de 1.800.000 pesetas.

Fue en el verano de 1994 cuando el matrimonio Boyer cortó de raíz sus periodos vacacionales en un mismo lugar. Isabel estuvo jugando al ratón y al gato con los periodistas: que si vamos a ir de veraneo, que si no vamos a ir... Al final la pareja viajó un fin de semana a la Costa del Sol, invitada por el millonario judío Marc Rich, y poco después a Mallorca, lugar al que llegaron por sorpresa a finales del mes de julio. Estuvieron navegando en el *Xargo V*, un espléndido yate de más de veinte metros de eslora propiedad de un buen amigo de la pareja, el empresario Manuel Guasch, que estaba anclado en la bahía de Formentor.

De entrada todo el mundo vaticinaba un futuro poco halagüeño a la relación Preysler-Boyer. Decían que era demasiada frivolidad para un hombre tan intelectual. Pero entre todas estas especulaciones Isabel se crecía. Sabía estimular el morbo, como desde pequeña había ido aprendiendo. Su poder de seducción crecía. La prensa ofrecía millonarias cifras por una foto de la pareja. Y, una vez más, Isabel sacaba partido económico a su nueva situación. Ella ganaba en imagen y el otrora respetable economista se veía reducido a un papel de padrastro amable con sus otros cuatro hijos. Dicen algunos que Boyer se llevaba muy bien con todos porque los conoció siendo niños. Pero no es verdad, ya que con Chábeli mantuvo una relación no exenta de tiranteces. El cantante Julio Iglesias ya declaraba a la prensa: «Isabel ha conseguido ser más famosa que yo». Lograba así otro de sus principales objetivos. Su ex primer marido reconocía su derrota.

A pesar de su separación, las relaciones de Isabel Preysler con Carlos Falcó siguieron siendo buenas, no así con la duquesa de Montellano, la madre del marqués, que había acogido a Isabel como a una hija. Fue, precisamente, gracias a ella, como pudo entrar y ser reconocida en ciertos salones de la aristocracia. Tras la separación de su hijo, la duquesa de Montellano tuvo que *tragar sapos* y dar la razón a muchas de sus amigas, que, desde el primer momento, desaconsejaron la presencia de la seductora y ambiciosa filipina. Otro al que tampoco gustaba la relación de su hermano con la Preysler era a Fernando Falcó, por entonces casado con Marta Chávarri, veinte años menor que él y biznieta del conde de Romanones.[16] Para el marqués de Cubas, hoy unido en matrimonio a la dueña de FCC Esther Koplowitz, «Isabel es una mujer muy lista, que sabe muy bien lo que quiere en la vida. Su carácter es reservado... tiene esa nota oriental de impenetrabilidad. Yo, la verdad, prefiero a personas más comunicativas. Mis relaciones con ella han pasado por diferentes momentos: al principio nos llevamos muy bien, después se enfriaron y luego fueron distantes».[17]

La pareja Boyer-Preysler, contra todo pronóstico, acabó por consolidarse. El político había pasado a desempeñar la presidencia del Banco Exterior de España, donde, en principio, contó con un sueldo global, con beneficios incluidos, de unos quince millones de pesetas anuales a los que habría que sumar la fuerte asignación para gastos de representación habituales de este tipo de cargos.[18] También recurrió a un procedimiento poco ortodoxo para poder cobrar la pensión mensual de ex ministro (453.405 pesetas), que estuvo recibiendo durante los dos años siguientes,

---

[16] Véase capítulo 1.

[17] Revista *Tribuna*, nº 2, 9 de mayo de 1988.

[18] Miguel Boyer tomó posesión de su cargo en el Banco Exterior de España el 18 de julio de 1985.

lo que provocó enérgicas protestas entre funcionarios relevantes.[19] La preocupación de Boyer por sus ganancias ha sido constante desde que abandonó el ministerio y se unió a la filipina. Pero Isabel no se conformaba sólo con esto, a pesar de que por entonces, según su declaración oficial de la renta, ya ingresaba veintitrés millones de pesetas al año. Sus emolumentos eran mayores que los de él.

Algunos de ellos procedían de fructíferos negocios inmobiliarios, es decir, la compraventa de pisos. Como la operación que realizó en 1987 con una vivienda y dos plazas de garaje que poseía en la calle Maudes, nº 23, de Madrid. Por la compra pagó en escritura 15 millones de pesetas y en menos de un año las vendía a la sociedad Veritas Boutique S.A. por 19 millones de pesetas. En tan corto espacio de tiempo ganaba de una jugada cuatro millones «declarados». El gusto por los rentables negocios inmobiliarios continuó desde entonces. Curiosamente, en el Registro de la Propiedad aparece su nombre y al lado el concepto de «sin profesión especial».

Fue en el verano de 1987 cuando conseguía por fin oficialmente el divorcio del marqués de Griñón, dejándole el camino libre para su tercer matrimonio, que se celebraba pocos meses después, el 2 de enero de 1988. Fue una boda íntima en el Registro Civil de Madrid, en la calle Pradillo, y en régimen de separación de bienes. Se celebró a las nueve de la mañana de un sábado, un hecho excepcional al ser un día inhábil para estos menesteres en los juzgados. Sólo acompañaron al matrimonio dos personas, los dos testigos requeridos: el entonces presidente del Banco Urquijo Unión y vicepresidente del Banco Hispano Americano, el abogado José María Amusátegui, viejo amigo de Boyer desde los tiempos del Instituto Nacional de Hidrocarburos, donde

[19] Un dictamen de la Dirección General del Servicio Jurídico del Estado se lo permitió al cambiar la interpretación de la Ley y considerar que los pagos a ex ministros debían asimilarse a indemnizaciones o cesantías y no a pensiones de derechos pasivos.

el ex ministro de Economía ocupó varios cargos; y una amiga de la pareja, Margarita Graciela Vega-Penichet y López, la ya fallecida mujer del empresario Manuel Guasch, que fuera presidente de la Azucarera Ebro. Isabel vestía un traje de chaqueta negro ribeteado en piel del mismo color y de falda con vuelo a la altura de la rodilla elaborado por María Rosa Salvador, propietaria de la firma Dafnis. El pelo lo llevaba recogido hacia atrás en una trenza de raíz. Boyer vestía un traje azul marino a rayas y corbata también azul y con rayas en diagonal de color rojo. No hubo arroz, ni flores, ni ramo de azahar, pero sí un posterior viaje de luna de miel por Egipto, al que fueron acompañados por las dos hijas de Isabel, Chábeli y Tamara.

Tiempo después, Isabel conseguiría la anulación eclesial de su matrimonio con el marqués de Griñón, que él había solicitado personalmente en diciembre de 1988. Pero tuvo que esperar tres años más para que el Tribunal Español de la Rota se lo concediera. A pesar de ello y de la suculenta exclusiva que le podría haber supuesto, Isabel no volvió a casarse por la Iglesia, al ser Miguel Boyer un agnóstico reconocido.

Ese mismo verano de 1988, Isabel quedaba ya embarazada. Una hija consolidaba aún más a la pareja. Paralelamente, el ex ministro se incorporaba definitivamente al sector privado, con un sueldo global en torno a los cien millones de pesetas. Se hacía cargo de la sociedad de inversión Cartera Central y de los consejos de administración de Construcciones y Contratas, S.A., Portland Valderribas y Fomento de Obras y Construcciones S.A., empresas pertenecientes al *holding* de las hermanas Koplowitz y de sus entonces maridos, los Albertos.

Ana Boyer Preysler nacería el 18 de abril de 1989. Era el quinto hijo para Isabel y sólo faltaba ya una nueva casa. La gran mansión la construirían en la elitista urbanización madrileña de Puerta de Hierro. La expectación en los medios de comunicación volvía a estar casi al límite. Los planos de lo que iba a ser su nueva mansión hicieron correr ríos de tinta. Todo era excesivo y ostentoso. Hasta sus cuarenta y cuatro habitaciones, con trece cuartos de baño, quince lavabos, siete bidés, nueve dormitorios, tres cocinas e, incluso, la caseta del perro con calefacción solar incluida. La nueva mansión fue bautizada por el escritor Alfonso Ussía como «Villa Meona».

La parcela, de 5.045 metros cuadrados y dos entradas,[20] era hasta entonces propiedad del naviero y ex presidente de la Cámara de Comercio de Madrid Fernando Fernández Tapias, más conocido como *Fefé*, y por ella también estuvo muy interesada en su compra Carmen Cervera.[21] Sin embargo, Isabel se adelantó a la baronesa dando un anticipo de veinte millones de pesetas al contado. El naviero había comprado en su día el terreno, con casa incluida, al dueño de la firma de electrodomésticos Kelvinator, Pedro Olazábal Echeandía, y a su esposa Rosa Araco. El chalet, que había sido construido hacía sólo quince años, fue derruido por orden directa de Isabel a los pocos días de adquirir ésta la parcela. Tenía 1.440 metros cuadrados distribuidos en tres pisos, buhardilla, ascensor, sauna, piscina climatizada y todo su interior recubierto de madera.

La nueva mansión de la Preysler fue escriturada a su nombre en julio de 1988 por un precio de 95 millones de pesetas, aunque el valor de mercado superaba con creces los 200 millones.[22] Sobre ella pesaba una hipoteca del Banco Central de 180 millones, por lo que todo indica que se escrituró por debajo de su valor real. Según las investigaciones del autor, el precio pagado por Isabel Preysler fue el real de mercado y no el escriturado, ya que de ser así hubiera pagado sólo la cifra de 18.830 pesetas el metro cuadrado, una cantidad irrisoria para la zona de Puerta de Hierro. Además, la finca había sido tasada por los técnicos del Banco

[20] Una, la oficial, por la avenida de Miraflores nº 36; y la de atrás, por la calle Guisando nº 15.

[21] Véase capítulo 4.

[22] Registro de la Propiedad n º 32 de Madrid con el número 4.565, del libro 1.120, tomo 1.591, folio 63.

Central en 253 millones de pesetas. Todo este cúmulo de irregularidades dio lugar, como informó la revista *Tribuna*, a que el Departamento de Transacciones Patrimoniales de la Delegación de Hacienda de Madrid le reclamara el pago de un impuesto de 5.100.000 pesetas en concepto de liquidación complementaria.[23]

Sobre dicho terreno, el matrimonio Boyer edificó una mansión de casi dos mil metros cuadrados repleta de lujo y comodidades, cuyo valor de construcción también superaba los 200 millones de pesetas. En cualquiera de las estancias nobles de la *casa Preysler* cabía una vivienda completa de muchas familias de la clase media española. El proyecto fue obra de un primo del ex ministro, el arquitecto Carlos Boyer Monsalve, y fue materializado por la constructora Fersa, que presidía el empresario de origen vasco Fernando Ortiz-Echagüe Laffita.[24] La mansión, de estilo neoclásico, con dos plantas más sótano y garaje, con techos altos (hasta de 3,8 metros de altura), tejados azules y paredes exteriores color salmón, cuenta con un amplio jardín, árboles, piscina exterior, canchas de pádel, frontón, piscina climatizada (de nueve por cuatro metros), varias chimeneas, ascensor, montaplatos, gimnasio, bodega... y una magnífica biblioteca (de 65 metros cuadrados) que Miguel Boyer se ha ocupado de llenar. Las grandes aficiones del ex ministro socialista son la lectura, devorar la prensa económica y recibir en casa. Por eso no se escatimaron medios en la decoración (unos cien millones de pesetas), ni en el mantenimiento de la finca (dicen que el gasto mensual no baja de los veinte mil euros). En ella trabajan por término medio cuatro empleadas de hogar, en régimen de internas, una cocinera y tres doncellas, además del chófer, un jardinero y cuatro personas de seguridad. Todos ellos tienen un contrato de confidencialidad para evitar la difusión de noticias íntimas.

---

[23] Revista *Tribuna*, 17 de julio de 1989.

[24] Entre sus obras más significativas figuran los dos hoteles Eurobuilding de Madrid, el centro de información de la Dirección General de Seguridad del Estado o el Centro Nacional de Microbiología.

Dicen que la casa se convirtió en el símbolo de la decadencia socialista felipista. A partir de entonces un cierto declive social pareció envolver a la pareja, que fue haciéndose más patente en el tiempo. El inicio de esta caída surgió a raíz de la publicación en el otoño de 1992, en la revista *¡Hola!*, de un reportaje a todo color y extensión sobre la inauguración oficial de la mansión de Puerta de Hierro. La ampulosidad y ostentación sorprendió a ciudadanos y políticos, que comenzaron desde entonces una caza de la diva y menospreciaron sin pudor al antiguo dirigente socialista.

Sin embargo, estos rumores no preocuparon en absoluto a su nueva inquilina, que seguía con su plan trazado. Muy pronto convencería a Miguel Boyer de que tenía que cambiar el rumbo de vida; por ejemplo, que empezase a hacer deporte.[25] A su vez iniciaron largos viajes. Unos de puro placer y otros culturales. Dicen que cuando Boyer viaja con su mujer siempre busca que haya un componente cultural en el destino que eligen. Uno de los lugares preferidos de la pareja es Egipto. También Marruecos y la costa turca de Éfeso. Isabel, en cambio, hace más viajes familiares, por trabajo o de ocio. Se sabe que a su marido no le gustan mucho los actos sociales, sobre todo los que tienen que ver con la moda, por lo que prefiere no acompañar a su esposa a ningún tipo de *sarao*.

Pero en su vida entró un nuevo componente: el político. Ya no sólo era caldo de cultivo para el papel *couché*, sino también objetivo de los improperios del empresario jerezano José María Ruiz-Mateos, que culpaba a Boyer de todos sus males. La expropiación de Rumasa, que enfrentó al ex ministro con el ex propietario del *holding* de la abeja, iba a salpicar a Isabel. En julio de 1987, Ruiz-Mateos se querelló contra Miguel Boyer e Isabel Preysler por supuestas irregularidades en la venta de las empre-

[25] Isabel Preysler fue presidenta honorífica de la Asociación Española de Deportes, Ocio y Tiempo Libre para Minusválidos Psíquicos (ANDE). En 1989 dejó el cargo después de los dos años transcurridos y acordados para su colaboración.

sas Loewe y Galerías Preciados, pertenecientes a la vieja Rumasa, y en las que Isabel habría actuado como intermediaria en su privatización, gracias a su amistad con el empresario venezolano Gustavo Cisneros, entre otros. Este extremo ha sido negado siempre por la Preysler.[26]

Pero Ruiz-Mateos estaba dispuesto a perseguirlos en su vida privada hasta donde fuera necesario. Y así lo hizo. Las consecuencias de este acoso y derribo rozaron lo caricaturesco y esperpéntico. Por ejemplo, el tartazo que sufrió Isabel por parte de Paloma Ruiz-Mateos, uno de los trece hijos del empresario jerezano, cuando entraba a la consulta de su ginecólogo particular en la calle Velázquez, nº 91, de Madrid. O el intento de agresión que sufrió Boyer por parte de Ruiz-Mateos en los pasillos de los juzgados de la Plaza de Castilla, de Madrid, el 3 de mayo de 1989 al grito de: «¡Que te pego, leche!». Meses antes también había sufrido otro intento de bofetada por parte del camarero Juan José Fonseca, a las órdenes de Ruiz-Mateos, durante su conferencia en el hotel Castellana Intercontinental de Madrid organizada por la Asociación para el Progreso de la Dirección.[27]

Varios hechos más vienen a truncar la popularidad adquirida por la pareja. Uno de los principales es el escándalo Ibercorp, que salpicó a toda la llamada *beautiful people*, integrada por todos los amigos de Boyer y sus esposas, es decir, Mariano Rubio, ex gobernador del Banco de España, Manuel de la Concha, ex síndico de la Bolsa de Madrid, y el banquero y empresario Jaime Soto.[28]

---

[26] La causa judicial contra ella y otras personas fue archivada por la Sala Segunda del Tribunal Supremo el 2 de octubre de 1987. También el Juzgado de Instrucción nº 32 de Madrid archivó otra causa por las supuestas comisiones percibidas por Isabel Preysler en la reprivatización de Galerías Preciados. El empresario venezolano Gustavo Cisneros, considerado en su país como la mano derecha del ex presidente Carlos Andrés Pérez, compró esta empresa al Estado por algo más de 700 millones de pesetas y la vendió después al grupo Mountleigh por 30.000 millones.

[27] Por si fallaba él, estaban preparados otros once compañeros más de la llamada Agrupación de Trabajadores Parados, que habían pagado 5.500 pesetas por cada invitación al acto.

[28] Véase capítulo 3.

Miguel Boyer, en un intento de aclarar su participación en este fraude financiero, remitió una carta a todos los medios de comunicación en la que indicaba que su participación en una sociedad de este grupo (Sistemas Financieros) sólo le había generado unos beneficios de cinco millones de pesetas. «Los mismos —decía— que los obtenidos por mi mujer». Boyer concluía su carta diciendo: «Habré cometido errores en mi vida. Pero nunca me he sentido menos responsable y más inocente de algo que de estos hechos por los que ahora aparecemos inculpados». Pese a su explicación y al intento de transmitir una imagen de hombre pulcro, su nombre y el de Isabel Preysler figuraron en la lista de imputados por el caso Ibercorp, cuyo juicio oral nunca se celebró, al llegar a un acuerdo la fiscalía y los acusados.[29]

Todos estos «hitos» consiguieron que el mito Preysler fuera decayendo. Pero ella seguía callada: la mejor manera de alimentar las expectativas. Ésta ha sido siempre su gran arma. Así podía conseguir, cuando quería, millonarias exclusivas, sobre todo fotográficas y muy escasas en declaraciones. Isabel Preysler suele ser una imagen muda, a pesar de dominar hoy el castellano a la perfección. Desde siempre lo ha sido. Ése es su gran negocio: una imagen vale más que mil palabras. Sólo se limita a hablar de su amor por la familia (una de sus obsesiones) o de la vida de sus cinco hijos (siempre para promocionarlos). Pero nada más. Desde su llegada a España, su ambiguo silencio la ha protegido. El mundo del corazón sigue suspirando por cualquier noticia de Isabel Preysler, aunque sean sus supuestos injertos de cabellos, los estiramientos de su piel, su rinoplastia, sus reconstrucciones de mandíbula o los continuos retoques dentales a los que se somete. Todo interesa.

El matrimonio Boyer sigue viviendo muy bien en la actualidad. Con los hijos de cada uno de ellos ya criados y Ana, la niña

---

[29] En virtud de este acuerdo, las penas se rebajaron de doce a sólo un año para Manuel de la Concha, Jaime Soto y Benito Tamayo.

de ambos, en pleno proceso de lanzamiento a la vida pública, los ingresos en la economía familiar siguen siendo bastante elevados. Miguel Boyer, a sus sesenta y ocho años, es hoy un parado de lujo. Tras abandonar la presidencia de la Compañía Logística de Hidrocarburos (CLH), su jubilación dorada está asegurada por los ingresos que básicamente vienen de sus fondos de inversión y de sus trabajos puntuales de asesoría económica a instituciones financieras. Además, es patrono de la Fundación FAES, el juguete «de corte liberal» que creó el ex presidente del Gobierno José María Aznar. En tal condición debe asistir dos veces al año a las reuniones, aunque dicen que no percibe retribución económica alguna. No obstante, esto le permite estar vinculado a uno de los centros de decisión y de influencia en la esfera pública española. Otro de los ingresos que ha percibido durante los últimos años son los pagos aplazados de su indemnización cuando abandonó la presidencia de Grucycsa, una de las sociedades de la entonces denominada Construcciones y Contratas, la empresa que tenían las hermanas Koplowitz, hoy reconvertida por Esther en FCC. Ya a comienzos de 1993, coincidiendo con el inicio oficial de la crisis económica, Miguel Boyer empezó a tener desavenencias con las conocidas hermanas, quedando relegado en un puesto de asesor áulico internacional, sin función ejecutiva alguna.

Desde entonces su estrella profesional se fue apagando lentamente hasta que, en vísperas de las elecciones generales de 1996, decidió dar un nuevo giro a su vida. Corría el mes de febrero de ese año cuando el que había sido todopoderoso ministro de Economía, Hacienda y Comercio del PSOE apoyó por sorpresa los planes económicos del líder del PP, José María Aznar, así como su programa electoral. Ni corto ni perezoso, Boyer se desmarcó de sus antiguos compañeros de partido y devolvió su carné del PSOE, grupo en el que había militado durante treinta y cinco años, casi toda una vida. Desde la sede socialista de Ferraz se lanzó el rumor de que Miguel Boyer, que por entonces sólo era un mero ejecutivo arrumbado a las órdenes de las Koplowitz en un triste despacho fuera de Torre Picasso,[30] pretendía alcanzar bien la presidencia del Banco de España o bien la cúpula de Repsol, una vez que los populares llegasen al poder.

Ni lo uno ni lo otro, pero sí conseguiría otro puesto relevante en julio de 1999, cuando fue nombrado presidente de la Compañía Logística de Hidrocarburos (CLH), la antigua Campsa, del grupo petrolero Repsol-YPF. Habían pasado tres años y medio desde que le *lanzara los tejos* a Aznar, pero al final su objetivo de recobrar algo de prestigio lo había conseguido. Allí estuvo hasta abril de 2005, fecha en la que fue sustituido por José Luis López de Silanes.

En lo tocante a sus dos primeros hijos, fruto de su matrimonio con Elena Arnedo, la relación que mantienen es muy fría. Apenas se ven. Los dos tomaron claro partido por su madre tras la separación. Su hija mayor Laura abandonó la carrera de Económicas para casarse a los veintiún años con Luis Imedio, con el que tuvo muy pronto dos hijos, que actualmente viven con su padre en Venezuela. Su vida no ha sido fácil, a pesar de gozar de una familia acomodada y brillante dentro de la izquierda española, de tener una cuidada educación en el Liceo Francés de Madrid, de ser nieta de una conocida escritora —Elena Soriano, fundadora de la revista literaria *El Urogallo*—, o de viajar a menudo al extranjero para aprender idiomas... Siempre ha recriminado a su padre la falta de dedicación y apoyo hacia su primera familia. Durante un tiempo vivió en Miami, aunque tras su separación de Luis Imedio volvió de nuevo a Madrid y se instaló en la casa familiar de El Viso, un chalet que durante la dictadura del general Franco sirvió de centro de reuniones clandestinas. No hay que olvidar que Boyer, antes de casarse con Isabel Preysler, era una persona muy comprometida con la izquierda tanto intelectual como políticamente. Laura Boyer se casaría más tarde con

[30] Su despacho se ubicó en la calle General Perón, nº 36, de Madrid.

Antonio González Armas, con quien tuvo gemelos. Pero antes de que cumplieran dos años de relación se separaría de nuevo. Esta inestabilidad y facilidad para los desencuentros personales parece no tenerla su hermano Miguel, un reconocido economista especialista en el cambio climático.

Por su parte, Isabel Preysler sigue manteniendo un alto caché gracias a sus apariciones públicas y a sus campañas publicitarias. En julio de 1992 una encuesta del Centro de Investigaciones Sociológicas (CIS) la consideraba la mujer más famosa de España. Y todavía hoy sigue rentabilizando su imagen. La publicidad para la conocida firma de cerámica Porcelanosa le ha dado muy buenos dividendos. Desde hace veintidós años está ligada a ella con contratos millonarios; ya en su día (1985), cuando firmó el primer acuerdo para sustituir a la actriz italiana Gina Lollobrigida, se dijo que cobraba por campaña unos 300.000 euros (50 millones de pesetas). Pero también ha sido imagen de los bombones Ferrero Rocher,[31] de la firma automovilística Chrysler, de los diseños de calzado de Manolo Blahnik y de la prestigiosa joyería Suárez, aunque por esta última no cobra dinero, sólo contraprestaciones en joyas. En noviembre de 2006 fue la musa de la colección Elite luciendo en su cuerpo 93 quilates de diamantes repartidos en distintas joyas (pendientes, collares, anillos, pulseras...). También lució impresionantes joyas en el reportaje que fue portada de la revista *¡Hola!* en abril de 2007 y cuyo posado se celebró en París, al lado de la famosísima Torre Eiffel, en la suite «Belle Étoile» del hotel Le Meurice. En las fotografías, la señora de Boyer posa con trajes de alta costura firmados por los más grandes de la moda, vestidos que complementa con joyas de la firma Suárez. Por este posado Isabel cobró un elevado plus monetario. Remuneración económica que también percibió en su día, y

[31] En la campaña navideña de 2006 fue sustituida por Paloma Cuevas, esposa del torero valenciano Enrique Ponce.

en gran cuantía, por presentar el programa *Hoy en casa*, en Tele 5, que trataba de temas relacionados con el mundo de la belleza y la decoración, que junto al negocio de la moda y las joyas son sus verdaderas y únicas pasiones.

El tren de vida de la pareja sigue siendo tan alto como siempre. Durante todo el tiempo que llevan juntos, el matrimonio ha hecho frente a constantes rumores de crisis, siempre desmentidos. Isabel Preysler, que cuenta con su propia página web,[32] ha vuelto a decir que sólo tiene elogios para su marido, al que considera «una persona íntegra, muy noble y con una gran ternura, divertido, inteligente e irónico. Es un hombre muy, muy de verdad».

Dicen que el mundo de *la China* se reduce sólo a lo que a ella le gusta y que todo gira a su alrededor. Que no le gusta nada madrugar. Que comienza su horario «laboral» a partir de mediodía. Que es muy difícil trabajar a su lado. Que no ofrece ni una palabra amable ni una sola sonrisa al servicio. Que las Navidades suelen ser las fechas más señaladas para ella, dado su cariz católico. Que adorna la casa con nacimiento y árbol, bajo el que coloca los regalos de sus hijos. Que es muy familiar. Que la educación que ha trasmitido a sus hijos es la del sentimiento de unión familiar. Que se apoya mucho en sus hijas. Que se divierte mucho con ellas. Que todos ellos han crecido muy unidos. Que hace ejercicio cada día. Que le gusta mucho jugar al pádel y al golf. Que hace pesas y natación. Que no fuma. Que sigue una dieta muy rígida sin grasas, basada fundamentalmente en pasta integral y tomates biológicos. Que le gustan los batidos de frutas. Que su perdición es el chocolate, al que es adicta. Que le gusta mucho tomarlo junto al té en Embassy. Que recibe tratamientos faciales en cabina. Que evita tomar el sol en exceso. Que tiene un cuidado especial del cabello. Que se infiltra vitaminas y ácido hialurónico en la piel. Que para ello acude al Instituto de Medicina

[32] *www.isabelpreysler.com.*

Estética (IME), situado en el madrileño paseo de la Castellana y regentado por Maribel Yébenes. Que su cirujano plástico es el célebre doctor francés-iraní Christian Chams, el mismo que protege los físicos de otras damas del poder, como su amiga Carmen Martínez-Bordiú, las hermanas Koplowitz...

Dicen también que es una buena amiga y cliente de Enrique Loewe, de cuya firma prefiere los complementos. Que le gusta la moda *prêt-à-porter*. Que le gusta irse de compras a Nueva York, al barrio del Soho. Que en Madrid va mucho a la boutique Ascott. Que viste modelos de Dior, Dafnis, Armani o Versace. Que le gusta llevar bolsos de Chanel o Vuitton (los sujeta con la mano izquierda). Que viaja siempre en lujosos coches (siempre los ha tenido: Volvo, Mercedes, Rover...). Que sólo come en los mejores restaurantes (Jockey, Zalacaín, Horcher, Landó, La Hacienda...). Que le gusta que le peine su amigo Leonardo y que le maquille Lola Viraz. Que cuando habla se golpea la melena suavemente. Que le gusta el flamenco, mejor las sevillanas, con las que cierra casi todas sus fiestas. Que no lee libros ni periódicos. Que es muy impuntual en sus citas (entre treinta minutos y una hora de retraso). Que exige que retoquen y mejoren sus fotografías en las revistas (por ejemplo, su asombrosa aparición junto a George Clooney). Que le gusta levantar el mentón para salir mejor en las instantáneas. Que para sus reportajes elige fotógrafo y maquilladora. Que hace su propio estilismo (ahora patrocina la nueva marca de ropa de su hija Tamara). Que no tiene mánager concreto ni agencia que le lleve sus contratos. Que es muy perfeccionista. Pero que es muy intuitiva y elegante.[33]

Afirman también que otorga mucha importancia a la amistad, como se pudo comprobar cuando se separó su amiga Paloma Altolaguirre del ex síndico de la Bolsa de Madrid, Manuel de la Concha, amigo de su marido, y tomó partido por ella sin dudarlo

---

[33] En enero de 2007 fue elegida la mujer más elegante de España por la revista *¡Hola!*, destronando a Paloma Cuevas, número uno el anterior año.

un instante. Entre sus mejores amigas también se encuentran la diseñadora de pieles Elena Benarroch, la modista María Rosa Salvador (que concede el conocido galardón Aguja de Oro) o Esperanza *Pitita* Ridruejo, casada con José Manuel *Mike* Stilianopoulos Estella, que fuera embajador de Filipinas en España (1973-1977) y muy amigo de la ex primera dama Imelda Marcos.

Una de las mayores obsesiones de Isabel es su seguridad y la de los suyos. No escatima medios a la hora de proteger a su familia. Ha llegado a tener hasta dieciocho guardaespaldas para poder cubrir a cada uno de los integrantes de su familia. La primera vez que Isabel Preysler sintió el peligro de cerca fue en las Navidades de 1982. El 29 de diciembre era secuestrado el padre de su ex marido Julio Iglesias por miembros de la banda terrorista ETA, que se hicieron pasar por periodistas de la televisión alemana y que luego reclamarían diez millones de dólares por su libertad. Fueron diecinueve días de angustia, hasta que el 17 de enero el doctor Julio Iglesias Puga, ya fallecido y conocido como *Papuchi*, fue liberado en el pueblecito aragonés de Trasmoz por los GEO, en una operación coordinada por el comisario Joaquín Domingo Martorell. En agradecimiento a su eficacia, el cantante contrataría después al policía como jefe de su servicio personal.

Desde ese día Isabel tiene verdadera obsesión por su seguridad. Años más tarde, en 1989, apareció como posible candidata a ser secuestrada o extorsionada por la banda terrorista ETA al serle incautada una lista con su nombre al etarra Eloy Uriarte Díaz de Guereña, alias *señor Robles*, jefe de finanzas y número tres de la organización. También en el verano de 1988 la policía evitó el secuestro de su hija mayor Chábeli, durante las vacaciones de ésta en Ibiza, donde se encontraba su padre, Julio Iglesias, descansando en el lujoso hotel Pike's. La banda que había organizado el secuestro era la del mafioso francés Jean Louis Camerini, que con anterioridad había secuestrado con éxito en Marbella, en noviembre de 1987, a Melodie Nakachian, la hija pequeña del millonario libanés Raymond Nakachian, considerado el *rey del cemento* en Francia y en otros países, donde controlaba prácticamente esta industria. El francés Camerini pretendía ahora secuestrar a Chábeli aprovechando alguna de sus salidas del hotel Pike's e introducirla en un yate que ya había alquilado (el *Kristin of Kent*) con el fin de trasladarla a Barcelona, donde la banda disponía de dos pisos francos para ocultarla.

Dicen que Isabel *Chábeli* Iglesias ha heredado la elegancia de su madre y el espíritu aventurero de su padre. Fue pionera en aparecer en los medios de comunicación por ser hija de alguien famoso. Su llegada al mundo el 3 de septiembre de 1971 ya fue recogida por infinidad de medios de comunicación, como correspondía a la primera hija de un conocido cantante, Julio Iglesias (aunque por aquel entonces no era la figura internacional que es en la actualidad). A los trece años ya la enviaron a estudiar a Inglaterra y dicen que lo pasó muy mal: tenía que hacerse la cama, lavarse la ropa, recoger la habitación, madrugar e ir a la biblioteca. Su abuelo, el doctor Iglesias Puga, afirmó de ella que era «demasiado mimada y caprichosa», que hacía lo que le venía en gana. A su vuelta de Londres le esperaba una triste noticia: su madre se separaba de Carlos Falcó al confirmarse su relación con Miguel Boyer. Muy apenada, escapó de la prensa y se fue con su padre a las Bahamas. Luego volvió a España para proseguir con sus estudios. Desde los catorce años hasta la actualidad son numerosos los novios que ha tenido o que le han atribuido.

Fue en 1985 cuando las revistas se hicieron eco de su primera amistad masculina. Se trataba de Antonio Garrigues, hijo de Antonio Garrigues Walker, abogado de renombre, y que contaba con dieciocho años. Su «relación» tan sólo duró unos cinco meses, pues se cuenta que, a pesar de su juventud, Chábeli ya tenía muy claras las cosas y no soportaba que Antonio, por sí mismo, fuera protagonista de reportajes y de alguna que otra portada.

En agosto de 1987 conoce a Pablo de Hohenlohe y poco después se hace oficial su amistad, eso sí, con la exclusiva correspondiente. Sin embargo, unas fotos robadas a la pareja en actitud muy cariñosa durante una cita en la playa del Marbella Club, y en las que parece que tuvo que ver el propio Hohenlohe, hacen que Isabel Preysler, además de impedir su publicación, prohíba a su hija volver a ver al joven.

A raíz de esta separación se dejó acompañar durante algún tiempo por Alfonso Goyeneche Ordovás, hijo de los condes Ruiz de Castilla, pero aquella relación tampoco cuajó. En otoño de 1987 comienza sus clases en la Gulliver Preparatory School de Miami y allí conoce al cubano Carlos Echevarría, con el que saldría algo más de un año, hasta marzo de 1989. Este Carlos desaparece de la escena y le sustituye otro, Carlos González, dominicano, que no consigue entretener apenas a la jovencita Iglesias, ya que a principios del verano recupera a un antiguo novio, Pablo Fuster, con el que se le ve durante poco más de un mes. En julio de 1989 se encuentra con Pedro de Felipe, de veintitrés años, un estudiante de Empresariales hijo del íntimo amigo de su padre y conocido futbolista del Real Madrid.

Estos flirteos amorosos se terminan con la aparición en Marbella, en agosto de 1989, del millonario libanés Fhadi Mudarres. Se habían conocido en Inglaterra, donde Chábeli había estado estudiando durante el invierno. El romance se afianzó y en la primavera de 1990 se fueron a vivir juntos a Washington, donde Fhadi estudiaba Derecho. Ella se matriculó en una escuela de arte. Contaba con tan sólo dieciocho años. Chábeli compró un piso con la ayuda económica de su padre, a quien le pidió parte de los 300 millones que había ganado el cantante por un spot publicitario de refrescos japoneses. Y lo decoró y amuebló con la venta de exclusivas. Todo indicaba que las cosas marchaban bien hasta que en las Navidades de ese mismo año la pareja comunica su separación a través de una exclusiva, como no podía ser menos.

A partir de ese momento, la hija de Julio e Isabel, una estudiante sin futuro alguno, comienza a viajar de forma constante y en cada lugar va haciendo amigos. Así, se le vincula en la primavera de 1991 con Eugenio Leal, un diplomático nicaragüense de veinticuatro años que conoce en Washington; posteriormente, con Gabriel Simón, oftalmólogo de Miami. Más tarde, recupera a Carlos Echevarría y, como era posible esperar, también se reconcilia con Fhadi Mudarres, con el que rompe definitivamente en las vacaciones de 1991 (exclusiva de por medio).

Es en esta misma exclusiva donde presenta a su nuevo amor, Pedro Pinto-Coelho, de veinte años e hijo del pintor del mismo nombre, al que había conocido en la casa paterna cuando ella posaba para un retrato. Sin embargo, Chábeli no quería perder oportunidades, así que mientras se veía con Pedro también frecuentaba a escondidas la compañía de Miguel Báez *Litri*, el conocido torero; se escapaba con Ramsés Trujillo, hijo de Lita Trujillo; o aparecía en las revistas notificando su enamoramiento de Mathias Bonder, un americano dedicado a los negocios de importación y exportación en Miami. Esta relación con Mathias se dio a conocer en febrero de 1992 aunque se veían desde hacía meses, pero, como venía sucediendo, no llegó a nada serio.

Todos estos amoríos contribuían a que Chábeli fuera objeto de reportajes y portadas que le llenaban el bolsillo. Sin embargo, a pesar de sus múltiples apariciones en la prensa rosa, la hija de Isabel Preysler rompe la relación profesional con su agente y pone sus asuntos en manos de la agencia de prensa Keystone-Nemes, con cuya directora, Ana Neufeld, le une cierta amistad. Hasta ese momento la hija mayor de Isabel Preysler había aprovechado muy bien, al igual que su madre, sus dos primeras décadas de existencia. Y es cuando aparece en su vida Ricardo Bofill Maggiora, un aspirante a *playboy*, hijo del conocido arquitecto catalán Ricardo Bofill Levi y de la actriz italiana Serena Maggiora Vergano, una de sus cuatro mujeres.

Fue en enero de 1993, durante un viaje a Marruecos, cuando Chábeli y Bofill se conocen y se enamoran, preparando de forma inmediata su vida en común. Y aunque en abril la revista *Diez Minutos* anticipa la noticia de la boda, según parece por una indiscreción, que encolerizó a Chábeli, de su abuelo el doctor Iglesias, unas semanas más tarde fue, cómo no, *¡Hola!* quien se encargó de oficializarla mediante una exclusiva posada y pagada. La fecha clave para la boda se fijaba el 11 de septiembre de 1993. El enlace se celebraría en el Taller de Arquitectura del padre de Ricardo Bofill, una antigua fábrica de cemento en Sant Just Desvern, a las afueras de Barcelona.

Isabel quería controlar todos los aspectos de la boda y por eso ese verano decidió cambiar Marbella por la Costa Brava. La familia Boyer-Preysler se preparó para pasar las vacaciones en la masía Les Corts, en la urbanización de Camp de Pilans, en la localidad gerundense de L'Escala.[34] *Mamá* quería estar cerca de su consuegro Ricardo Bofill, que tiene una casa en Mont-Ras, en Gerona, y tener fácil acceso al Taller de Arquitectura. Pero no fue un camino de rosas. Isabel se encontró con el rechazo de una parte de la cerrada sociedad catalana, que ni siquiera contó con el matrimonio Boyer para el tradicional *suquet de peix,* oficiado por el conocido productor Pere Portabella, con el que se abre oficialmente la temporada estival para la *jet* barcelonesa.

Isabel Preysler, que siempre se ha declarado católica, pretendió también que al margen del acto civil de la boda se celebrara una misa en el mismo taller oficiada por el padre dominico Bartolomé Vicens, auxilio más material que espiritual de la familia Preysler. Sin embargo, la misma tarde del sábado 11 de septiembre, el arzobispo de Barcelona, Ricardo María Carlés, hacía público que, según las normas de la Iglesia, no es consecuente casarse civilmente y, a continuación, celebrar un acto litúrgico «fuera del lugar sagrado [...] Para evitar la confusión de los fieles y velar por la dignidad de la celebración de los sacramentos, prohibimos que ningún sacerdote, secular o religioso, diocesano o extradiocesano, celebre la Santa Misa que está proyectada o algún acto litúrgico en el Taller de Arquitectura o cualquier otro

[34] La casa fue alquilada a Marienza Castillo, esposa del pintor orensano Jorge Castillo.

lugar. Con apercibimiento, en caso de incumplimiento, de tomar las medidas canónicas que correspondan». Sólo pudo celebrarse la ceremonia civil, oficiada por la juez de paz Inmaculada Castellví, que regentaba una panadería en el mismo Sant Just Desvern y que pidió el consentimiento en catalán a Ricardo y en castellano a Chábeli. No era éste el primer encontronazo de la Preysler con la Iglesia, ni será el último. En agosto de 1989, el sacerdote Manuel Torres se negó a bautizar a Ana Boyer Preysler porque Isabel quería celebrar la ceremonia en su casa alquilada de Marbella, en lugar de acudir a la iglesia. El obispo de Málaga, Ramón Buxarrais, no lo permitió.

La boda trajo, cómo no, ganancias económicas para Chábeli, aunque algo disminuidas por el despiste de *Papuchi*, pero ésta no se rindió y luchó por cubrir las supuestas pérdidas. Al considerarse la boda como un acontecimiento social interesante para todos los lectores de este tipo de revistas, las publicaciones del sector llegaron a un acuerdo entre todas para que se tratara de una exclusiva compartida. La agencia contratada por Chábeli, Keystone-Nemes, hizo pública la decisión de vender las mismas imágenes a todas las revistas que tuvieran interés por ellas. Al ser exclusiva compartida, no pudo sacar tanto dinero como pensaba en un principio, pero, aun así, consiguió treinta millones de pesetas por esas fotos. El pago de los treinta millones se repartió equitativamente entre las revistas interesadas. Las fotos las harían los profesionales de la agencia Keystone y, para asegurarse de ello, no permitieron la entrada de cámaras en el recinto, ni siquiera a los invitados. Lo que sí consiguieron las revistas fue una invitación para que pudiera asistir un reportero de cada una de ellas. Por supuesto, y a pesar de que las fotos eran las mismas, las revistas duplicaron su venta.

Chábeli llevaba puesta una creación de Dafnis sobre una idea de Valentino, de corte romántico, en organza natural y encaje de Valenciennes, sin hombros, ajustada en la parte superior y con tres capas de organdí sobre el corpiño y una capa de encaje que se abrochaba a la espalda y arrastraba más de dos metros. El banquete fue servido por El Bulli de Roses y empezó con un caviar en *gelée* con *mousse* de rábanos, ensalada de pichón con alcachofas, setas y *truffée surprise*. Después, *suquet* de bogavante con rape al agua de mar y, por último, un sabayón de frutas de la pasión con frambuesas. Los vinos fueron blancos catalanes y tintos riojas. La tarta nupcial era de *mousse* de coco y *biscuit* con almendras, toda recubierta de grosellas.

En el enlace coincidieron dos de los hombres —el marqués de Griñón no asistió— que han llenado el corazón de Isabel Preysler, Julio Iglesias y Miguel Boyer; también algunos de los que han llenado el corazón de su primogénita, como Ramsés Trujillo (que debió de ser perdonado) y Pedro Pinto-Coelho (que debió perdonarle a ella sus infidelidades). Tampoco podían faltar la modelo holandesa Miranda Rijnsburger —la compañera de Julio Iglesias y madre de cinco de sus hijos—,[35] su abuela Charo de la Cueva y el doctor Iglesias Puga, que, sin embargo, tuvo que asistir sin la compañía de Ronna Keith, su entonces novia y posteriormente mujer, que en esos momentos contaba con treinta años, cuarenta y seis menos que él. Según cuentan, fue la madre de Julio Iglesias la que dictaminó la ausencia al plantear claramente: «O ella o yo».

La pareja Chábeli-Bofill parecía muy enamorada, pero dicen que no sólo de amor vive el hombre, y cuando sólo cumplían un año de matrimonio ya se comenzaba a hablar de crisis sentimental, y seis meses después se separaban. Al margen de su vida sentimental, Chábeli se ganaba la vida como presentadora de televisión en la cadena Univisión y como modelo publicitaria, aunque dice que a ella lo que le gusta es diseñar ropa y tener su propia marca. Pero, pese a sus denodados esfuerzos por emular a su madre,

[35] Los hijos de Miranda Rijnsburger (cuarenta y un años) y Julio Iglesias (sesenta y tres años) son: Miguel Alejandro, Rodrigo, las gemelas Cristina y Victoria, y el benjamín, Guillermo, nacido el 5 de mayo de 2007 en Miami.

nunca ha conseguido destacar en nada. Entre sus perlas literarias destaca ésta: «No me puedo casar con hombres que no sean guapos, porque tendría hijos feos».[36] Ahora parece, por fin, haber encontrado la estabilidad en Estados Unidos junto a su último amor, el empresario Christian Altaba, con quien se casó el 8 de octubre de 2001. Con él ha tenido un hijo, Alejandro, que nació prematuramente.[37] Fue una boda civil rápida y sin invitados, a la que no asistieron ni sus padres. El único miembro que estuvo presente de su familia fue su hermano Julio José, que hizo de testigo.

Julio José es el primer hijo varón de Isabel. Dicen que es muy ingenuo y que su infancia ha estado llena de caprichos, como la de casi todos los niños de padres separados. Actualmente ejerce de modelo (de Versace, Guru o de la marca que sea), después de sus fallidos intentos de triunfo en el mundo musical, donde sí ha conseguido reconocimiento su hermano Enrique Iglesias, novio de la tenista y modelo Anna Kournikova. Éste lleva camino de igualar la carrera de su padre, del que se distanció al cumplir la mayoría de edad: «A los dieciocho años tuve una pelea con él. Me marché de casa. Nunca di marcha atrás».[38] Dicen que es un chico trabajador y constante, que comenzó a cantar sin que nadie de su familia lo supiera, sólo con el apoyo de la «seño» con la que vivían en Miami, Elvira Olivares. La casa de los Iglesias en Florida, en Indian Creek, tiene tales medidas de seguridad que hasta el cantante Michael Jackson —el más obsesionado de todos los artistas por su seguridad— se siente cómodo en ella.

Las otras dos hijas de Isabel, Tamara y Ana, viven con ella en Madrid y están muy unidas a su madre. Dicen que son dulces, educadas y muy femeninas. Que tienen la escuela de la madre. Tamara, la más extravertida y parecida a Isabel en sus gustos, tiene ya su propia marca de moda: The Second Skin Co. Durante un

---

[36] Revista *Tiempo*, nº 357, marzo de 1989.

[37] El 14 de enero de 2002.

[38] Revista *Lecturas*, 3 de mayo de 2007.

tiempo colaboró en Inditex, la firma de moda del millonario gallego Amancio Ortega (con cuya hija, Marta, la gran heredera de este *holding*, le une una fuerte amistad). Sin embargo, inició su vida profesional llevando la comunicación de los negocios vinícolas de su padre, el marqués de Griñón, ahora también abiertos al sector del aceite. Tamara, que recibe clases de *business* y relaciones públicas, está integrada como accionista en la empresa bodeguera Dominio de Valpedusa, ubicada en la localidad toledana de Malpica del Tajo, donde en 1974 el marqués plantó las primeras cepas de origen francés. Sus relaciones amorosas también han sido muy sonadas, como la que mantuvo con Alberto Comenge Barreiros, de treinta años de edad, con fama de conquistador, hijo del arquitecto Alberto Comenge y de Mari Luz Barreiros, más tarde ex mujer del editor Jesús Polanco. Alberto estudió Empresariales en una universidad privada y, posteriormente, realizó un master en la universidad americana de Fiercher. Él y su hermana pequeña Cristina han sido «algo muy especial» para el que fuera dueño del Grupo Prisa, ya que cuando éste se unió a Mari Luz tenían una corta edad y los educó. De nuevo, dos familias influyentes podían haberse unido en matrimonio, como quería y deseaba *mamá Isabel*. Pero no fue así. El idilio se rompió en el verano de 2005. Durante su relación con Tamara, de unos dos años, estuvo varias veces en Miami visitando a la familia Iglesias-Preysler, que siempre le aceptó. Actualmente Tamara comparte su tiempo con Marco Noyer, un joven estudiante de padre francés y madre austriaca. Es alto y rubio. Vive en París, aunque nació en Argentina y residió allí hasta los doce años (cuando se marchó a estudiar a Suiza).

Quien sí ha terminado este curso sus estudios de bachillerato, en la rama de Ciencias Sociales, es Ana, la benjamina de la familia Preysler. Se parece mucho en sus costumbres a su padre Miguel Boyer, de quien dicen ha heredado el gusto por el estudio, la inteligencia y personalidad; quizá sea ésta la razón por la que ha vivido hasta ahora más apartada de los focos que el resto de sus hermanos. Sin embargo, tampoco ha tardado mucho en debutar en el mercado del colorín como si fuera otra digna prolongadora de la saga Preysler. Fue en noviembre de 2006 en la embajada de Francia en Madrid, durante la entrega de los premios de la revista *Marie Claire*, y lo hizo acompañada por su hermana Tamara. En poco tiempo había pasado del anonimato adolescente a lucirse maquillada con poses de modelo poco acordes con su edad. Por esas mismas fechas también apareció en las páginas de la revista *¡Hola!* como anfitriona de la cena que ofreció su madre al actor americano George Clooney en la mansión familiar de Puerta de Hierro. Era el preludio a la campaña publicitaria de Porcelanosa de 2007. La cena, a la que asistieron invitados cuidadosamente elegidos, como el cineasta Pedro Almodóvar, el torero Cayetano Rivera Ordóñez[39] y la peletera Elena Benarroch, fue servida por el conocido restaurante madrileño Landó a base de jamón, pan con tomate, huevos estrellados y viandas. El fin de fiesta lo puso la voz de La Tata, una conocida flamenca de Sevilla. Sin embargo, la vida de Ana, al igual que la de su hermana Tamara (con varios accidentes automovilísticos), está plagada de incidencias. Durante las vacaciones de 2004 en la paradisíaca isla de Bora Bora, Isabel Preysler tuvo que alquilar un helicóptero para que trasladaran a su hija a un hospital de la capital de Tahití con el fin de poderla operar de una apendicitis aguda. Pero hoy en día a los Preysler no les faltan nunca recursos ni medios.

Atrás quedaban, ya olvidadas, las penurias iniciales de Isabel. A su llegada a Madrid, a comienzos de 1969, sólo venía con una maleta, sin patrimonio alguno. Compuesta y sin novio. Casi treinta años después, todavía permanece en España, casada por tres veces, y con una fortuna amasada que supera con creces los seis millones de euros. Fincas, pisos, coches, contratos publicitarios… forman parte de su hacienda. Un patrimonio difícilmente conocido,

[39] No era ésta la primera vez que Cayetano Rivera acudía a casa de los Boyer. Ya lo hizo cuando Isabel dio una cena de gala en honor de los Beckham.

ya que parte de él permanece oculto a las posibles investigaciones, porque está basado en movimientos de capital en los mercados bursátiles españoles y extranjeros. Isabel sólo figura en el registro mercantil español al frente de una sociedad: Tea Rose S.L., dedicada a «actividades relacionadas con la informática» y donde aparece como administradora. Su domicilio social está ubicado en su propia casa, en la avenida de Miraflores, de Madrid, y se constituyó el 16 de noviembre de 2000 con un capital inicial de 6.010 euros. Junto a ella aparece también como administradora de esta sociedad María Victoria Fernández Palacios, quien a su vez es la administradora de Plásticos y Decibelios S.L., una empresa de espectáculos que dirige el popular presentador de radio-fórmulas musicales, Julián Ruiz Garrido, que es socio del que fuera portavoz del Gobierno de José María Aznar, Pío Cabanillas Alonso, en la productora The Globe Icon S.L.[40]

Toda la vida de Isabel Preysler ha sido un firme camino hacia el éxito económico y social que le ha llevado sin problemas a formar parte de la restringida elite de los poderosos. Ella es la *reina del baldosín*.

[40] María Victoria Fernández Palacios, además de figurar en Plásticos y Decibelios S.L., junto al locutor Julián Ruiz (Cadena Ser, 40 Principales, M80...), también lo hace en las sociedades de espectáculos Biliquis S.L., El Cortador Plástico S.L. y Cairo Manager S.L.

CUADRO PATRIMONIAL DE BIENES CONOCIDOS

ISABEL PREYSLER ARRASTIA

Título: primera mujer de Julio Iglesias; segunda mujer de Carlos Falcó, marqués de Griñón; segunda mujer de Miguel Boyer.

Propiedades y negocios inmobiliarios

- Mansión en la urbanización Puerta de Hierro (Madrid), con 44 habitaciones y edificada sobre una parcela de 5.045 metros cuadrados. Tiene dos entradas y fue escriturada a su nombre en julio de 1988 por un precio de 95 millones de pesetas, aunque el valor de mercado superaba con creces los 200 millones.
- Casa en la calle Arga, número 1, en la elitista colonia madrileña de El Viso. El chalet (hotel), con cuatro plantas y jardín privado, fue comprado personalmente por Isabel Preysler el 1 de junio de 1979, por un precio escriturado de 16 millones de pesetas, a la empresa Compañía Española de Representación y Fabricaciones Industriales S.A. (Cerfisa). Su precio de mercado cuando Isabel la desocupó (en 1992) se cifró ya en torno a dos millones de euros.
- Otro fructífero negocio inmobiliario lo realizó en 1987 con una vivienda y dos plazas de garaje que poseía en la calle Maudes, número 23, de Madrid. Pagó por ellas, en escritura, 15 millones de pesetas, y en menos de un año las vendía a la sociedad Veritas Boutique S.A. por 19 millones. En tan corto espacio de tiempo ganó cuatro millones declarados.

Patrimonio

- Su patrimonio es difícilmente conocido, ya que parte de él permanece oculto a las posibles investigaciones porque está basado en movimientos de capital en los mercados bursátiles españoles y extranjeros.

→

Empresas

- Isabel sólo figura en el registro mercantil español al frente de una sociedad, Tea Rose S.L., dedicada a «actividades relacionadas con la informática» y donde aparece como administradora. Su domicilio social está ubicado en su propia casa, en la avenida de Miraflores, de Madrid, y se constituyó el 16 de noviembre de 2000 con un capital inicial de 6.010 euros.

Inversiones

- Campañas publicitarias para la firma de cerámica Porcelanosa, con la que está unida desde hace veintidós años con contratos millonarios. Ya en su día (1985), cuando firmó el primer acuerdo para sustituir a la actriz italiana Gina Lollobrigida, se dijo que cobraba por campaña unos 50 millones de pesetas (300.000 euros).
- Imagen de los bombones Ferrero Rocher, hasta que en el año 2006 fue sustituida por Paloma Cuevas.
- Imagen de la firma automovilística Chrysler.
- Imagen de los diseños de calzado de Manolo Blahnik (creador de los conocidos zapatos «manolos»).
- Imagen de la joyería Suárez.
- Colaboradora de la revista *¡Hola!*
- Presentadora del programa *Hoy en casa*, de Tele 5, que trataba de temas relacionados con el mundo de la belleza y la decoración.

Joyas

- Innumerables.

8. Las mujeres de Paco Hernando

Dicen sus amigos que en la vida del constructor Francisco Hernando Contreras, famoso por el caso Seseña, hay cinco mujeres fundamentales a falta de una. Su madre, la madrileña Filomena Contreras Fernández. Su mujer, María Audena del Saz Bustos; su primogénita, Audena, y la benjamina de la familia, Mónica («su niña»), su preferida. Sobre estas cuatro, indispensables para su existencia, ha ejercido y ejerce su derecho de hombre y patriarca de la familia. Pero a su lado, aparece otra mujer, la única que le ha quitado el sueño, la que más le ha preocupado, la única que le ha vencido en sus batallas urbanísticas. Su gran enemiga. Se trata de Pilar Martínez, la ex alcaldesa del municipio madrileño de Villaviciosa de Odón, luego convertida en concejala de Urbanismo del Ayuntamiento de Madrid bajo el Gobierno popular de Alberto Ruiz-Gallardón.

La madre de Paco *el Pocero* todavía vive. Y aunque ha estado muchos años conviviendo con él y su mujer, hoy lo hace en una casa que el constructor le ha fabricado en su urbanización de Seseña (Toledo), muy cerca de su periódico *La Voz de la Sagra*, con el fin de tener a cualquier hora una vigilancia absoluta sobre ella. Dicen que doña Filomena es una mujer muy especial. A simple vista parece una mujer débil, que siempre ha estado sometida al poder de los hombres, pero sin embargo ha sido el sostén de la familia. Dicen que Filomena no trabajó nunca fuera de la casa, que estaba al cuidado de sus seis «hombres» (cinco hijos y marido). Que nunca llevaba la voz cantante, que era y es callada, pero que toda la familia siempre ha requerido su opinión. Que la simbiosis con su hijo Paco ha sido siempre cuasi perfecta. Que es la que más influye en él y la más mimada por él. «Mi madre era, fue y será mientras viva mi gran debilidad… quizá también porque yo fui siempre su debilidad», *dixit*.

Su segunda mujer es su esposa, Audena. Corría el año 1967 cuando el constructor Francisco Hernando, con veintidós años y haciendo el servicio militar, conoció a la que sería su mujer de toda la vida: María Audena del Saz Bustos. Por entonces, los españoles vivían inmersos en el denominado «gran boom» de los sesenta, un relanzamiento económico que permitió al Gobierno del general Franco comprar en el Fondo Monetario Internacional 166 millones de dólares para aumentar el fondo de divisas del Banco de España. Era el principio de una salida al exterior. El entonces ministro Manuel Fraga, al frente del Ministerio de Información y Turismo, iniciaba el «milagro turístico» con la remodelación de toda la red hotelera nacional (el Plan Especial de Infraestructuras de Paradores Nacionales). Por su parte, el ministro de Obras Públicas, Federico Silva Muñoz, el llamado «ministro eficacia», no paraba de hacer carreteras, autovías, autopistas y, sobre todo, pantanos. La construcción comenzaba a ser el motor de arranque de la economía española. A nivel internacional ese año de 1967 el mundo entero se hace eco de dos noticias que pasarían a la Historia: una fue la guerra de los Seis Días entre Israel y los países árabes, donde surgió la imagen de aquel general Dayan que llevaba un ojo tapado con una cortinilla y en la que cavó su muerte política el gran líder egipcio Nasser; la otra noticia fue la muerte del *Che* Guevara en Bolivia. La foto de su cadáver, con su famosa barba revolucionaria, expuesto sobre una camilla, ocupó la portada de todos los periódicos del mundo.

En este contexto nacional e internacional, el enamoramiento entre Paco y Audena surgió una tarde primaveral en la villa madrileña de Vallecas. Muy cerca de este pueblo, en la barriada de Palomeras, vivían los Hernando. Allí solía marcharse de juerga con sus compañeros de cuartel cuando tenía permiso en la Compañía de Servicios donde estaba destinado. Utilizaba para desplazarse el clásico coche de la época, un Seat 600, que le dejaba su coronel Julio Coloma Gallegos. Revendía la gasolina, que sacaba a hurtadillas del cuartel, para conseguir un dinero y salir de copas. Cuenta su biógrafo Lucio Séneca, apodo de un veterano periodista que trabajó durante muchos años en el diario *Pueblo* a las órdenes de Emilio Romero, que ese día Audena estaba con otras amigas, «una de ellas era novia de uno de los compañeros de Paco». Al contemplarla, el soldado Hernando quedó deslumbrado («fue verla y se me abrieron las carnes»). Dice que era muy guapa, más alta que él, con un cuerpo bien formado, ya que estaba en la flor de la juventud.

María Audena del Saz Bustos tenía entonces dieciocho años. Era oriunda de Villarrubio, un pequeño pueblo de Cuenca, de unos 250 habitantes, situado en plena autovía de Madrid a Valencia, en el kilómetro 93. Fue un 16 de abril de 1973 cuando el nombre de Villarrubio pasó de ser desconocido a aparecer en todas las portadas de las revistas, a raíz del accidente de tráfico que causó allí la muerte al cantante Nino Bravo, y en cuyo honor se conserva todavía hoy un pequeño monumento en dicha localidad. La arquitectura popular de Villarrubio es la típica manchega, con paredes totalmente blancas y enormes casas de labor con amplios patios. De este paisaje destaca la iglesia parroquial, gótico-tardía, hecha en piedra caliza blanca y en cuya pila bautismal recibió su primer sacramento María Audena.

Sus padres se llamaban Gabriel y Pascuala. Era la menor de cuatro hermanos y trabajaba de costurera en la empresa de la familia Hinojosa conocida como Cortefiel.[1] Su labor era hacer oja-

[1] La firma Cortefiel es hoy propiedad de la multinacional londinense Private Equity CVC, con 360 tiendas propias en España y 120 en Europa.

les y coser botones para los trajes. La empresa textil comenzó su singladura en Madrid a finales del siglo XIX, cuando era una tienda de mercería conocida como Hijos de Felipe García Quirós, situada en el número 7 de la calle de Romanones. Pero, ya en 1945, los Hinojosa iniciaron la fabricación en serie de trajes para caballero, bajo la marca Cortefiel. La firma realizaba sus trabajos en dos fábricas propias situadas en España y otras tres en Marruecos. Con el tiempo, sus ventas se fueron diversificando en distintos artículos que elaboraban chicas como Audena, con baja formación cultural y con necesidad y hambre de dinero.

El padre de Audena había muerto cuando ella tenía sólo tres años, y la madre, Pascuala, la panadera del pueblo de Villarrubio, tuvo que emigrar a Madrid con sus hijos para ganarse el jornal. Vivían en una casa muy humilde en el pueblo de Vallecas, en un ambiente familiar de gran penuria.

Desde esa primera cita imprevista, Paco y Audena se hicieron amigos. Comenzaron a salir juntos. Cada vez con más frecuencia. Muy pronto el soldado Hernando abandonaría las «correrías» con los amigos y el irse de copas. Atrás quedaban ya olvidados sus primeros escarceos en el amor con María Teresa Pérez, *Mari Tere*, la hija del dueño de la carnicería de la calle Narváez, donde *Paquito* había trabajado de repartidor. «Y en cuanto podía ya estaba con el 600 en Vallecas», dice Lucio Séneca. Recuerda el biógrafo que «Audena hacía con él lo que quería». No tardó mucho el entonces ya aprendiz de pocero en declararse. Fue una tarde típica de domingo, en una sala de fiestas llamada El Caririón, que estaba situada en el pueblo de Vallecas, junto a un antiguo cine. «Cuando nos *agarramos* para bailar juntos y nuestros cuerpos se sintieron cerca, ya no pude aguantar más y me declaré; pero como yo hago las cosas, un poco a lo bruto, con el corazón en la mano y mirando directamente a los ojos le dije: "Audena, ya no aguanto más: te quiero, estoy loco por ti y quiero que seas mi mujer para toda la vida"», cuenta Lucio Séneca.

Desde ese día son pareja inseparable, cuarenta años ya. Al domingo siguiente, Hernando llevó a su novia a su modesta casa de la barriada de Palomeras y se la presentó a su madre y hermanos. De entrada fue bienvenida, y la acogieron como otra más de la familia. Así pasaron unos meses, viviendo un verdadero romance, hasta que decidieron casarse. Dice Lucio que las madres se pusieron de acuerdo enseguida para negar la máxima: «Sois demasiado jóvenes y lleváis poco tiempo de novios. Esperad un poco más, que luego la vida es muy larga. ¿Por qué tantas prisas?».

Pero Hernando ya había decidido casarse: «Cuando yo me decido (¡y siempre he sido igual!) soy como un toro o un elefante que se arranca». Esta decisión dio pie a todo tipo de rumores sobre el sentido de tal apresuramiento. Sus hermanos y amigos pensaron que se tenían que casar por la fuerza, máxime estando todavía sin licenciarse en el ejército… Pero Audena no dio a luz hasta diez meses después de casados. La boda, en régimen de gananciales, fue a mediados de 1967 en la parroquia madrileña que tenía asignada la familia en Vallecas. Ella fue de blanco; él con un traje oscuro que había alquilado en una tienda que se llamaba Jilarrián. El enlace lo celebraron, para las familias y los pocos amigos de ambos, en los populares Salones Torres, de la avenida de Albufera. No pudieron hacer viaje de novios, ya que Paco continuaba haciendo el servicio militar. Por eso sólo pudieron pasar dos días hospedados en el madrileño hotel Mediodía, situado todavía hoy en la glorieta de Atocha. Por aquellas fechas, el hotel Mediodía era uno de los de más prestigio de Madrid, junto con el Palace, que está en la misma zona pero en la plaza de Neptuno. Como coche de la boda utilizaron otro Seat 600, esta vez del hermano del constructor, Guillermo. Al cabo de aquellos dos días, el soldado Hernando se incorporó al cuartel y Audena se quedó viviendo en la casa de la familia Hernando en Palomeras. La madre de Hernando les había cedido una de las habitaciones y un trozo de patio «hasta que encontréis vuestra casa». Por entonces, el constructor no tenía un solo céntimo, no tenía ni para pagar un alquiler, y no tenía trabajo. Dice Lucio Séneca que «fue entonces cuando su suegra tuvo un detalle que jamás olvidará. Una noche les invitó a cenar y cogió en un aparte a Paco y le dijo: "Sé que no tienes ningún sueldo... tú sabes que a nosotros no nos sobra y que vivimos al día, pero ten esto que tengo ahorrado y ya me lo devolverás cuando puedas"». Fueron 15.000 pesetas, casi una fortuna. Con aquel dinero la pareja alquiló un piso al vecino que tenían en Palomeras. Para que se fuera le pagó un año de alquiler por anticipado. Así logró introducirse de inmediato en la casa con su mujer. Empezaba la independencia de su madre.

Meses después terminaba su servicio militar, se licenciaba y comenzaba a trabajar de «maestro» pocero, su especialidad. Audena estaba ya embarazada. Como buena ama de casa de entonces, dejó su trabajo en Cortefiel y se dedicó por entero al cuidado de la familia. Era y es su única labor. «De aquel entonces hasta ahora ha sido mi fiel compañera, una gran madre que siempre me ha seguido en todas mis decisiones en mi vida. Gran parte de lo que soy se lo debo a ella [...] jamás hemos tenido una discusión, a pesar del carácter que yo tengo, pues tengo un carácter muy fuerte, y ella siempre ha sabido dar marcha atrás y nunca ha llegado a mayores», afirma Hernando, un personaje con fama de gran dictador dentro de su familia, muy fanfarrón con los amigos, de carácter impetuoso y de peligrosos «prontos».[2]

De su matrimonio han nacido cuatro hijos: Audena, Francisco, Eduardo y Mónica. Todos trabajan a sus órdenes, incluidos los maridos y mujeres de éstos. Dice Lucio Séneca que su hija Audena (treinta y ocho años) «es una muy buena hija, siempre servicial a sus padres», que le ha dado dos nietas: Clara y Audena. Hoy es la encargada del equipo de ventas de la urbanización Residencial Francisco Hernando, en Seseña (Toledo). Su marido, Javier, también trabaja a su lado como consejero de la empresa constructora. Fue Audena, una de las cuatro mujeres preferidas de Paco *el Pocero*, la causante de que la familia cambiara su modesta casa de la barriada de Santa Eugenia por otra más opulenta a las afue-

---

[2] *Paco Hernando. La pasión de construir*, NS, Madrid, 2004.

ras de Madrid, en la urbanización Las Lomas, en Boadilla del Monte, donde hoy todavía residen los Hernando. Dice el constructor que «cuando yo vi aquella *criaturica* sentí ganas de comerme el mundo, de conquistar América y hasta de llegar a la luna». Eso ocurrió cuando la vio jugando junto a sus humildes vecinos en un parque público de Santa Eugenia, y viéndose ya como un nuevo rico, le dijo a su mujer: «Esto se acabó, mañana nos cambiamos de casa y la niña no vuelve a jugar más aquí». Paco Hernando lo relata así en su biografía: «Una tarde, estando con mi madre y mi mujer, y viendo jugar abajo en la calle a mi hija Audena con sus amigos y amigas del barrio, tomé la decisión de cambiar de casa y de ambiente y sin más me volví y le dije a mi mujer: "Audena, mañana me pongo a buscar otra casa"... "Pero, ¿qué dices?", respondieron casi al alimón mi mujer y mi madre... "Sí, sí, lo acabo de decidir. Creo que ha llegado la hora de darles a estos niños otro ambiente y otros horizontes. Y ahora podemos hacerlo. Así que mañana mismo te vienes conmigo y comenzamos a ver casas"». Al día siguiente cogieron el Mercedes 300 D, la marca de sus utilitarios preferidos, y se recorrieron urbanizaciones por Majadahonda, Boadilla, Villaviciosa, etc., hasta que descubrieron Las Lomas. Allí compraron un terreno y Paco construyó una casa para la niña. El actual domicilio de los Hernando comprende dos parcelas de dicha urbanización madrileña: una consta de 3.029 metros cuadrados y la otra de 3.714. Sobre ellas hay una mansión construida de 674 metros cuadrados, cuya titularidad recae sobre una de las empresas del *Pocero*, Promociones del Saz 2000 S.L. El domicilio familiar fue tasado por el Banco Exterior de España en 3,5 millones de euros.

Pero si Audena es fiel a su padre, también lo es su hermano Francisco, conocido por Paco, el segundo hijo, quien lleva trabajando al lado de Hernando más de quince años (hoy tiene treinta y siete). Es el que ha sufrido a su lado todas las boyantes situaciones y también los problemas añadidos. Dice Lucio Séneca que sabe escuchar, que habla lo justo, que es frío y metódico y que sabe dirigir a los obreros. Lo mismo hace Eduardo (treinta y cinco años), el tercero de la saga, quien lleva en solitario el departamento de maquinaria de la empresa: hormigoneras, camiones, excavadoras, grúas, apisonadoras.... Para el constructor, sus hijos tienen que «terminar lo que yo he comenzado. Y son los que muy dignamente me van a suceder en la empresa familiar que junto con ellos he creado. Tengo un dicho, y es que ya me puedo morir tranquilo, pues dejo mi obra en muy buenas manos». Del matrimonio de su hijo Francisco con Gema ha nacido una niña, a la que llaman Isabelita. Del de Eduardo con Maite un niño que se llama igual que el abuelo, Francisco Hernando. Dos nuevos nietos han nacido después.

Pero quien de verdad es la niña de sus ojos, es Mónica (treinta y dos años), la benjamina de la familia. «Mi niña», como la llama Hernando. La última de sus cuatro mujeres preferidas. Quizá por la debilidad que le dio tras la complicada separación sentimental de su compañero. Estudió la carrera de Derecho y con veintidós años se licenció. Era la primera y única de la saga en sacar una carrera universitaria, pues ningún integrante de la familia por parte de padre ni por parte de madre posee estudios superiores. Hoy es la directora del Departamento Jurídico del imperio Hernando. Su padre no da un solo paso sin consultarla. «Yo la adoro y ella me adora, porque además es la alegría de la huerta [...] Sé que mis hijos no tienen vida social, pues con las horas que estamos trabajando no les da tiempo ni siquiera a estar con sus familias, sus mujeres e hijos. Pero también sé que nuestra familia entiende la profesión que hemos elegido y nos apoyan al máximo», afirma Hernando en su biografía.

Todo lo lleva él personalmente con mano de hierro. Su mujer Audena sólo figura en dos de las sociedades del imperio familiar: Promociones del Saz 2000 S.L., con domicilio social en Seseña (Toledo), cuya actividad principal es la construcción, reparación y conservación de edificaciones, dirigida por Francisco Hernando del Saz, hijo mayor del matrimonio, y donde Audena figuró como administradora hasta el año 2005;[3] y en Promociones Meseta Samargan S.L., una inmobiliaria con sede en la base familiar de Boadilla del Monte (Madrid) y donde la mujer del *Pocero* figura como administradora única desde 1999.[4]

La fortuna de los Hernando se calcula actualmente en torno a mil millones de euros y se sitúa entre las veinte más importantes de España. Los Hernando dirigen todo este imperio desde su central operativa de Seseña y desde su cuartel general en Boadilla del Monte. Aquí empezó a fabricar su imperio de ladrillos hace veinte años, construyendo en este pueblo madrileño un centro comercial de lujo y chalets adosados para ejecutivos de alto *standing*. Hoy, esta localidad alberga la mayor ciudad financiera de España, la Ciudad del Santander, y es una de las zonas más exclusivas de los alrededores de la capital de España. Uno de esos adosados de alto *standing* fue vendido por los Hernando al ex portavoz del Gobierno del PP, el asesor de imagen Miguel Ángel Rodríguez, luego reconvertido en gran amigo de la familia.

En el resto de empresas del imperio no aparece oficialmente María Audena del Saz, pero sí lo hacen, en cambio, sus cuatro hijos, Audena, Francisco, Eduardo y Mónica. Entre las empresas de la familia Hernando destacan: Hormigones Pavimentaciones y Viviendas S.A. (Horpavisa), dedicada a la fabricación de viviendas, fue su primera gran empresa y supuso el despegue en el sector de la construcción, pero quebró en 1994;[5] Obras Nuevas de Edificación 2000 S.L. (Onde 2000), creada sobre las cenizas de Horpavisa en julio de 1998 y también dedicada a las inversiones inmobiliarias; Ledger Systems S.L., con sede social en Pozuelo de

[3] Se creó el 1 de agosto de 1995 con un capital social de 60.101 euros.

[4] Su capital social es de 3.005 euros. Y su domicilio está situado en la calle Valle del Roncal, nº 54, de Boadilla del Monte (Madrid). Su administrador inicial era Luis Miguel Trigueros Gómez, vinculado a sociedades como Car Rental Management S.L., Visual Flight Aviation S.L., Edificaciones Strip Tres S.L., etcétera.

[5] Posteriormente, una sentencia de 13 de septiembre de 2004 de la Audiencia Provincial de Madrid retrotrajo definitivamente la quiebra de Horpavisa al 30 de junio de 1991.

Alarcón, que se presenta como una sociedad dedicada al comercio al por mayor de materiales de construcción, vidrio y artículos de instalación, pero que es su verdadera arma de inversión financiera;[6] Lady Mónica II S.L., dedicada al comercio al por menor de vehículos fluviales y marítimos de vela o motor y deportivos, además de la compraventa, arrendamiento, alquiler, fabricación, montaje, importación, exportación, comercialización, distribución, representación y reparación de toda clase de embarcaciones; Nuevo Semanal Seseña S.L., registrada como distribuidora y venta de películas cinematográficas excepto películas en soporte de cinta magnetoscópica, pero en realidad edita el diario gratuito *La Voz de la Sagra*, que se distribuye también en Aranjuez, Ciempozuelos y Valdemoro;[7] Parque Tecnológico Toledo Norte S.L, una empresa cuya actividad es la construcción social completa, reparación y conservación de edificios; Jets Personales S.A., compañía de aeronáutica creada en 2004 dedicada al flete de aviones, que oferta cuatro principales aeronaves, un Learjet 60, un Challenger 300, un Challenger 604 y un Gulfstream IV, además de su reciente adquisición el Global Express XRS; Promociones Marea Alta S.A., creada para las promociones en las islas Baleares; Financial & Business Corporate S.L., una financiera radicada en Madrid.

Para las distintas promociones inmobiliarias en la capital de España y sus alrededores cuenta y ha contado con otras empresas como: Promociones Arucuba S.L., Edificaciones Lagoon Dos S.L., Estudios Elizondo Tres S.L., Mar 90 S.A., Parque Tecnológico Toledo Norte S.A., Patrimonio 200 S.L., Patrimonio 3000 S.L., Residencial Quitapesares S.L., Trasma S.A., Unifor S.A.

---

[6] Aparece como administrador único Luis Simarro Belmonte, su hombre de confianza para todo tipo de pagos. Su domicilio social está en la calle Guadarrama, nº 30, de Pozuelo de Alarcón (Madrid).

[7] Hasta que despidió a sus trabajadores en agosto de 2007 ha lanzado dos ediciones del periódico, una para los municipios de Castilla-La Mancha (*La Voz de Castilla-La Mancha*) y otra para los de Madrid (*La Voz del Sur de Madrid*).

Francisco Hernando Contreras, *Paco el Pocero*, como es conocido, nació el 2 de junio de 1945 en un bajo del número 35 de la madrileña calle de Alcántara (en el barrio de Salamanca y no en el barrio madrileño de Tetuán, como él mismo ha afirmado públicamente).[8] Allí, en ese local, había una vaquería donde trabajaba como jornalero su progenitor. Con sólo tres años, sus padres, Pedro Hernando Sanz y Filomena Contreras Fernández, tuvieron que trasladarse al patio de la casa de un familiar (un tío suyo) en la calle Pinos Baja, en el barrio de Tetuán de las Victorias, que recubrieron como pudieron con uralita. Paco, el tercero de cinco varones, apenas aprendió a leer y a escribir. Y pronto se inició en la recogida de cereales y en labores de repartidor en una carnicería de la calle Goya. Su primer sueldo fue de 80 pesetas a la semana. Su padre, «maestro pocero», elevó sus honorarios hasta 120 pesetas semanales por trabajar en las alcantarillas de la glorieta de Quevedo. Ganó su primer millón de pesetas diseñando un sistema de drenaje para una gasolinera de Villaverde (Madrid). También construyó un edificio de ocho plantas y treinta y dos viviendas en la avenida de la Albufera, en la barriada de Vallecas (Madrid). Fue por entonces, durante la construcción de Mercamadrid, cuando se inició en la empresa de los transportes de mercancías. Comenzó con un camión, luego una flota de ocho vehículos, así hasta alcanzar un parque móvil de cuarenta camiones y hormigoneras. Todo este auge le permitió comprar un piso en la barriada de Santa Eugenia, adonde trasladó a su familia. Ésa fue su primera vivienda con ducha, o, al menos, de eso presume.

Poco a poco, gracias al desarrollo de sus empresas de pocería y a la construcción, pudo permitirse varios lujos de nuevo rico. Por ejemplo, la adquisición de un yate, el *Lady Mónica* (en honor a su hija pequeña), que le costó la suma de seis millones de euros, unos mil millones de pesetas. Más tarde, su crecimiento exponencial le

---

[8] Acta de nacimiento firmada en Chamartín de la Rosa el 4 de junio de 1945 (nº 1599207).

permitió adquirir dos nuevos yates, el *Cala* y el *Clarena*, éste de 46 metros de eslora y por el que ya pagó 30 millones de euros. Ahora tiene encargado un nuevo yate, el *Clarena II*, que estará listo en 2008, con 72 metros de eslora y un helipuerto, que costará 60 millones. Será construido por los astilleros italianos CRN.

Por sus yates, que disponen de un libro de honor, han pasado muchos personajes de la farándula, presentadores de televisión y periodistas —Carlos Herrera y su mujer Mariló Suárez; Pepe Oneto, etc.—, miembros de la realeza y políticos de todos los colores, como José Bono, Jaume Matas o Eduardo Zaplana.[9] Los Hernando mantienen hoy sólidas amistades con miembros del PP y del PSOE. Tanto es así que el hoy portavoz del Partido Popular en el Congreso de los Diputados, Eduardo Zaplana, le concedió al constructor la Medalla de Plata al Mérito del Trabajo cuando era ministro. Se da la casualidad que uno de los hijos de Hernando está casado con la hija de Carlos Cano, ex jefe del gabinete del Ministerio de Trabajo (PP). La orden de reconocimiento a Paco *el Pocero* fue firmada por «don Eduardo» el 19 de enero de 2004 y publicada en el *Boletín Oficial del Estado* el sábado 27 de marzo de 2004, cuando ya el Partido Popular había perdido la presidencia del Gobierno de España en las elecciones generales del 14 de marzo y Zaplana ya no era ministro oficial. En el título que le entregaron se puede leer: «En atención a los méritos y circunstancias que concurren en don Francisco Hernando Contreras, este ministerio ha tenido a bien concederle la Medalla al Mérito en el Trabajo, en su categoría de plata». Según las investigaciones del autor, por parte de algunos dirigentes de este ministerio se intentó conceder al constructor la medalla de oro, pero chocaron con el inconveniente de que no tenía merecimientos para ello.[10]

Pero, al igual que hiciera Zaplana distinguiéndole, el socialista José Bono Martínez le concedió en su día, como presidente, la

---

[9] Véase capítulo 6.

[10] Izquierda Unida ha solicitado que dicha medalla oficial le sea retirada.

aprobación de la Junta de Castilla-La Mancha para la macrourbanización de Seseña (Toledo). Y, curiosamente, la empresa Onde 2000, de Hernando, fue la que hizo las obras del centro hípico que posee la familia del ex ministro de Defensa a las afueras de la ciudad de Toledo.[11]

También la flota de aviones privados de la familia Hernando-Del Saz es la envidia del empresariado español y mundial. Con sede en la madrileña base de Torrejón de Ardoz, la compañía (Jets Personales S.A.) cuenta con los *jets* más modernos del mercado. Componen el imperio aéreo de los Hernando: un Learjet 60, con capacidad para siete pasajeros; un Challenger 300; un Challenger 604, con capacidad para nueve personas; y un Gulfstream IV, capaz de alojar a doce pasajeros. Su más reciente capricho ha sido la adquisición por unos 45 millones de euros de otro avión, el más lujoso que hay en el mercado, el Global Express XRS, capaz de recorrer 15.000 kilómetros sin repostar (más que un Jumbo). Es el que dispone de una mayor autonomía, el más caro y el más grande. Y, según reza en la publicidad de los fabricantes, la compañía aeronáutica canadiense Bombardier, que también se lo vendieron al multimillonario Bill Gates, creador del imperio Microsoft, se trata de «un avión diseñado para tener el mundo en la palma de tu mano». Hernando tiene intención de alquilar el nuevo *jet* a multimillonarios, como hace ahora con el resto de la flota. Las tarifas, para un trayecto Madrid-Nueva York, son de 18.000 euros, y con este negocio facturó 5 millones de euros en el ejercicio de 2005. Entre sus clientes están el matrimonio Beckham y el empresario Alberto Cortina y su mujer Elena Cué.

Uno de sus *jets* privados fue utilizado por la tonadillera Rocío Jurado y su familia para viajar de Houston a Madrid. Fue totalmente acondicionado por Audena para la ocasión, con sábanas, toallas y todo tipo de accesorios cuidadosamente escogidos por la

---

[11] Véase capítulo 5.

propia mujer de Paco *el Pocero*. Después, también se encargó del traslado aéreo de los restos mortales de Rocío y de sus familiares más cercanos hasta el aeropuerto de Jerez.

Dicen que para José Ortega Cano, «Paco y su familia son como hermanos». Es su gran amigo de la infancia. Como anécdota cuentan que el padre de José, que compraba melones y los repartía en una furgoneta, le regaló al matrimonio como obsequio de boda un par de ellos. Por aquel entonces Hernando no tenía una peseta y todo regalo era bueno. Ya en el verano de 2006, tras el fallecimiento de Rocío Jurado, Audena y Francisco Hernando fueron los anfitriones del torero y sus hijos en Palma de Mallorca. Navegaron con el *Clarena*, que ahora atraca en el Club de Mar tras su salida judicial de Puerto Portals.

Entre sus penetraciones sociales destaca el intento de compra del citado Puerto Portals (el club náutico más *chic* de Palma de Mallorca), una operación que negoció con la familia alemana Graf, propietaria también de la firma de electrodomésticos Teka y de las griferías Buades. Una polémica operación que terminó perdiendo en los tribunales, con Hernando expulsado por los alemanes de Puerto Portals. La familia Graf le pedía 110 millones de euros, pero Hernando sólo ofrecía nueve, porque decía que la concesión caducaba veinte años antes de la fecha que mantenían los alemanes.

La relación de Paco *el Pocero* y su familia con negocios especulativos y altercados judiciales no es nueva. En los años sesenta y setenta formó su base de capital construyendo alcantarillas, a la vez que tuvo esporádicos problemas con la Justicia. En los ochenta subió de las alcantarillas a los pisos. Hizo negocios en Boadilla del Monte, hasta que su alcalde, Aquiles Aparicios, ordenó cerrar su planta hormigonera. Tras este hecho, el edil denunció a Hernando por amenazas, quien fue condenado en 1991 al pago de una multa de 30.000 pesetas.

Después de este altercado, *el Pocero* aterrizó en Villaviciosa de Odón (Madrid). Allí compró, a través de su empresa Horpavisa,

400.000 metros cuadrados de suelo no urbanizable, en el polígono de Quitapesares, que luego intentó recalificar sin éxito. Se opusieron los funcionarios del ayuntamiento y la entonces alcaldesa Pilar Martínez (PP), más tarde concejala de Urbanismo de Madrid durante el Gobierno de Alberto Ruiz-Gallardón. Ante la negativa, Hernando declaró que «era una vergüenza que en este país un empresario hubiera tenido que invertir en política, como todo el mundo sabe que él hizo, para que funcione su empresa». Los funcionarios presentaron una denuncia contra él por considerar que esas declaraciones eran constitutivas de delito. El juez que tomó el caso le absolvió al considerar que no podían ser calificadas como vejaciones injustas ni como injurias.

Pero no quedó ahí el revuelo. La entonces alcaldesa también denunció que, tras el parón del proyecto, recibió amenazas telefónicas de muerte. Hernando fue declarado *persona non grata* por dicho ayuntamiento el 12 de febrero de 1992. Su empresa Horpavisa suspendió pagos y dejó a los trabajadores en la calle. Pilar Martínez se convirtió en otra de las mujeres inevitables en la vida de Paco *el Pocero*. La quinta, pero la única que le ha quitado el sueño, la primera que le ha vencido y a la que siempre odiará.

La popular Pilar Martínez llegó en 1991 a la alcaldía de Villaviciosa de Odón gracias a una mayoría simple y a la colaboración de los concejales del PSOE e IU. Los cinco concejales del partido Renovación Democrática, patrocinado por Hernando, se constituyeron entonces en oposición. Al principio de esta legislatura hubo ya algunos escarceos de mala convivencia, que muy pronto hicieron saltar por los aires la guerra entre Paco y Pilar. Hernando era en aquellos momentos el triunfador de Orcasitas y Boadilla, cargado de millones, ambicioso, necesitado de todo e inventor de nuevas técnicas de apoyo a sus proyectos. Por el contrario, Pilar Martínez era una abogada joven, inteligente, recién llegada a la política, ilusionada con la democracia, fiel militante del PP, recta hasta la antipatía y, sobre todo, una amante de su pueblo, Villaviciosa de Odón.

La lucha al principio fue desigual, ya que Hernando contaba con un partido político a su entero servicio (Renovación Democrática) con cinco concejales para «guerrear» en los plenos y comisiones del ayuntamiento. Tenía además un periódico local (*Nuevo Diario*)[12] con el que asustar en la calle, y disponía de un gran equipo de abogados y técnicos. Además, mantenía «patrocinadas» a las asociaciones de vecinos para incordiar en el pueblo. Y, sobre todo, tenía dinero, mucho dinero. La guerra duró tres años. Y en ese tiempo hubo de todo. Momentos de triunfo para el uno y derrota para el otro, y viceversa. El primer rifirrafe vino por la permuta del denominado Edificio Placer, colindante con el ayuntamiento de la localidad, que fue permutado al constructor apellidado Placer por unos terrenos municipales que estaban situados en los dominios de Hernando, lo cual le disgustó profundamente. El segundo llegó cuando la alcaldesa Martínez intentó crear una comisión de investigación que estudiara la relación del partido Renovación Democrática con la empresa Horpavisa, propiedad de Paco *el Pocero*. Al final se hizo y, después de varios meses de batalla, la comisión de investigación concluía su informe diciendo que:

> Dada la actuación política llevada a cabo por los concejales de Renovación Democrática durante la presente legislatura, sin que en la práctica hayan demostrado identidad política alguna, siendo el único grupo que ha venido apoyando reiteradamente cuantas iniciativas urbanísticas ha presentado D. Francisco Hernando Contreras, en representación de Horpavisa (cementerio privado extramunicipal, recalificaciones de suelo no urbanizable especialmente protegido, adquisición de patrimonio municipal en el Polígono Industrial, etc.) y habiendo sido probada su relación

[12] El periódico semanal patrocinado por Francisco Hernando salió a la calle por primera vez el 21 de septiembre de 1991. Se vendía al precio de 50 pesetas y se distribuía en los kioscos y puntos de venta de la Prensa de Madrid.

con dicho constructor mediante la declaración de un testigo de sus mismas manifestaciones en el ayuntamiento, concluimos que el grupo de concejales de Renovación Democrática es un grupo al servicio de los intereses particulares de dicho constructor, relegando a un segundo plano los intereses de nuestro pueblo.

Pero el enfrentamiento más duro entre Pilar y Paco fue con motivo del cierre de la mina del Arenero, situada a orillas del río Guadarrama. Fue la primera victoria de Hernando, en la que estaba en juego el honor y el patrimonio de la familia de la alcaldesa. Su dueño era Francisco Martínez Gómez, padre de Pilar Martínez, y su objeto social era extraer arena de las orillas de dicho río. De allí salían diariamente unos cincuenta camiones cargados en dirección a Madrid o a otros puntos de la Comunidad. O sea, un gran negocio... pero también un presunto delito ecológico contra el Medio Ambiente. Naturalmente, este hecho no escapó a la maquinación de Hernando, entre otras cosas porque aquellos camiones pasaban por delante de sus naves situadas en el polígono de Pinares Llanos, y rápidamente mandó a sus técnicos y a sus abogados que estudiaran el caso y vieran por dónde podían atacar a la familia de su adversaria.

Las influencias del *Pocero* llegaron hasta la capital de España. Madrid era por entonces una comunidad gobernada por el PSOE de Joaquín Leguina. De la noche a la mañana, el 8 de febrero de 1992, la alcaldesa Martínez recibía un comunicado oficial de la Agencia del Medio Ambiente, firmado por su director Luis Maestre Muñiz, en el que se le indicaba «la suspensión cautelar de la explotación de áridos denominada Coco Alto, propiedad de don Francisco Martínez Gómez [su padre]». Hernando ganaba su primera batalla. Y Pilar Martínez recibía el mayor mazazo de su entonces corta carrera política. Dicen por Villaviciosa que fue el día más triunfante de Paco *el Pocero* y el más negro de Pilar. Que la puso en serios problemas políticos y psicológicos. Pero, a pesar de todo, la joven alcaldesa no se rindió y decidió continuar en su lucha.

El enfrentamiento entre Pilar Martínez y su familia (conocida en este pueblo madrileño como los Coronas) con el constructor Hernando culminó en el pleno municipal del día 12 de febrero de 1992, cuando a propuesta del ex alcalde Felipe Sanz Martín, portavoz del grupo socialista, y fuera del orden del día, se presentó una Moción de Urgencia contra Francisco Hernando en la que se pedía que se le declarara *persona non grata* para Villaviciosa. Fue un pleno polémico, que estuvo a punto de terminar con la intervención de la Guardia Civil, aunque al final se aprobaría la moción. El millonario, el todopoderoso constructor Hernando, no entendía qué estaba pasando. Su familia tampoco. Ser *persona non grata* en un pueblo donde, según él, había invertido millones. Y, lo que era peor para sus intereses, la venta de las naves de sus complejos de Pinares Llanos y los Trillizos de Cristal se había estancado peligrosamente y el agua comenzaba a llegarle al cuello. Tanto que el 15 de marzo de 1994 el Juzgado de Primera Instancia nº 1 de Móstoles (Madrid) aprobaba y declaraba la quiebra necesaria de su empresa Hormigones, Pavimentaciones y Viviendas S.A. (Horpavisa).[13] Todo indicaba que era el comienzo del fin. Sin embargo, el constructor no estaba en la ruina total. Le quedaban los rentables negocios de la gasolinera madrileña de Villaverde y las promociones inmobiliarias de Las Lomas.

Y fue otro ayuntamiento, en este caso de la provincia de Toledo, el que colaboró en la recuperación económica de la familia Hernando. La historia se repetiría de nuevo en el Ayuntamiento de Seseña, con victorias y derrotas de Paco *el Pocero*. El constructor, muy ciclotímico en sus métodos, lograba que el edil socialista de la localidad de Seseña, José Luis Martín Jiménez, le pagara

[13] La disposición judicial venía firmada por la magistrada-juez Paloma García de Ceca Bonito.

246.689.000 de pesetas de sobreprecio por la primera obra que realizó en el pueblo, un colector que construyó en el año 2000. Así lo establece una sentencia del Tribunal Superior de Justicia de Castilla-La Mancha, que dio la razón a los vecinos afectados por el colector, quienes habían financiado parte de la obra. Según el Tribunal, este cambio se hizo «de espaldas y sin participación alguna de los afectados».

El ayuntamiento socialista de Seseña, que cuenta con una población de 9.290 habitantes y está a sólo 39 kilómetros de Madrid y a 50 kilómetros de Toledo, estudió tres alternativas para la obra y finalmente escogió la propuesta de Promociones del Saz 2000. El 3 de abril de 2000, el pleno aprobó con los votos del PSOE la urbanización para los dieciocho chalets de Hernando y el colector. La empresa Promociones del Saz 2000, propiedad de la familia Hernando y donde aparecía Audena del Saz hasta el año 2005 como administradora, presentó un escrito en el que se comprometía a hacer la obra por 33 millones de pesetas. Una vez terminada la obra, el ayuntamiento pagó un total de 580 millones de pesetas, con un sobrecoste de 247 millones respecto del presupuesto original. Los afectados por el colector tenían que pagar una parte de la obra mediante contribuciones especiales. Y fueron ellos quienes llevaron al juzgado el acuerdo del pleno por el sobrecoste.

Después de este primer impulso, la familia Hernando construyó siete promociones más en el pueblo de Seseña. Fueron un total de 700 viviendas, un tanatorio, un centro comercial con múltiples locales. Pero fue en mayo de 2003 cuando dio su *gran pelotazo*, con la recalificación de 1,8 millones de metros cuadrados (lo que equivale a 182 campos de fútbol) dentro del PAU de El Quiñón. Allí levantaría su megaciudad con 13.508 viviendas, en pisos de diez alturas, con un lago de 18.000 metros cuadrados y 1,5 metros de profundidad, y donde podrían vivir más de 40.000 personas. Cada vivienda está hipotecada por 156.000 euros, pero se venden entre 180.000 y 240.000 euros. El beneficio de la megaciudad puede superar, según los peritajes, los 1.237 millones de euros.[14] Una operación urbanística que Izquierda Unida ha denunciado ante la Fiscalía Anticorrupción.[15]

Con tan inmensa fortuna, dicen sus amigos que el matrimonio Hernando se dedica a los caprichos. Son amantes del caviar, el bogavante y los buenos vinos, que disfrutan haciendo caras demostraciones de su nueva riqueza. Dicen que, para ellos, el tamaño sí importa. Que el matrimonio paga todo al contado. Que rechazan cualquier tipo de crédito y no alquilan nada. Que son amantes de los coches Mercedes. Que son creyentes, aunque no van a misa a menudo. Que no van ni al teatro, ni al cine. Que apenas leen. Que al champán le llaman sidra. Que suelen utilizar para todo un escudo creado *ad hoc* para su familia. Que Audena se mareaba de entrada en los barcos, de los que siempre ha sido enemiga. Que les gustan los toros, pero sobre todo cuando toreaba su amigo del alma Ortega Cano. Que les alegra escuchar copla. Que una de sus empresas patrocina las giras y videoclips de la cantante Rocío Mohedano, sobrina de Rocío Jurado. Que les gusta comer paella, cuanto más grande mejor, y si lleva bogavante también. Que tienen un *maître* de toda la vida, que es quien les cocina en su urbanización de Seseña, donde poseen un selecto comedor para toda la familia, aunque Audena apenas acude a esta localidad toledana salvo para actos muy especiales. Que toman el caviar

---

[14] Cada bloque, de 10 plantas y 290 viviendas más bajos comerciales, está hipotecado por 45,426 millones de euros, avalados por distintas cajas de ahorros. Según reza en su publicidad, «La vivienda que puedes soñar» se adquiere por una entrada de 3.000 euros más mensualidades hasta la entrega de las llaves. El terreno le ha costado a la familia Hernando 2,5 millones, 125 veces menos de su valor actual.

[15] IU ha denunciado el beneficio de la empresa inmobiliaria del ex alcalde socialista de Seseña, José Luis Martín. Se trata de Servicios y Desarrollos Culturales Norte S.L., dedicada, en teoría, a la «elaboración y gestión de todo tipo de informes, estudios y dictámenes basados en cualquier aspecto relativo a la sanidad, asistencia y servicios sociales para niños, jóvenes disminuidos psíquicos o físicos, ancianos». De la empresa fueron apoderados solidarios José Luis Martín y su esposa, Aquilina Pardo Caballero. Actualmente figura como administrador único Óscar José Martín Pardo, uno de los hijos del matrimonio.

en tostadas de pan de molde. Que no beben mucho, aunque en su casa de Boadilla tienen una gran bodega, con los mejores caldos. Que suelen regalar botellas de Vega Sicilia y jamones de pata negra. Que en la pata del jamón, de vez en cuando, va atado un sobre con un «regalito». Que tienen una gran caja fuerte en su casa donde guardan divisas al contado. Que su mansión dispone de piscina, jardines, porche... Que se gastan todo el dinero en cuidar «bien» a su familia. Que nunca les falta de nada. Que se sienten ricos. Que amigos de verdad tienen muy pocos. Que entre sus amistades se encuentra el alcalde popular del municipio madrileño de Las Rozas, Bonifacio de Santiago, *el Boni*, que fuera vicepresidente de los populares en Madrid. Que el matrimonio se lleva también muy bien con el ex director general de RTVE durante el Gobierno de José María Aznar, el periodista José Antonio Sánchez.

Pero que, ante todo, la gran obra por la que creen que pasarán a la historia será por el Residencial Francisco Hernando, que culminará la carrera sin límites de Paco *el Pocero* y su familia, siempre unida por el poder de una mujer. Una familia cuyo progresivo enriquecimiento va unido al tamaño de sus caprichos. Nuevos ricos, con rápidas fortunas, que levantan cada día más interrogantes en España.

CUADRO PATRIMONIAL DE BIENES CONOCIDOS

MARÍA AUDENA DEL SAZ BUSTOS

Título: mujer de Francisco Hernando, conocido como *Paco el Pocero.*

→

Patrimonio

- Hoy su fortuna se calcula en más de mil millones de euros y se sitúa entre las veinte más importantes de España. Todo este imperio se dirige desde su central operativa de Seseña (Toledo) y desde su cuartel general en Boadilla del Monte, en la calle Valle del Roncal, número 54.

Propiedades inmobiliarias

- Mansión en la urbanización Las Lomas, en Boadilla del Monte (Madrid). Comprende dos parcelas de dicha urbanización madrileña (la PO.40, P27 y la PO.40, P28); una abarca 3.029 metros cuadrados y la otra 3.714. Sobre ellas hay una mansión construida de 674 metros cuadrados, cuya titularidad recae sobre una de sus empresas, Promociones del Saz 2000 S.L. El domicilio familiar fue tasado por el Banco Exterior de España en 3,5 millones de euros.

Empresas

Audena sólo aparece en dos de las sociedades del enorme imperio familiar de sociedades instrumentales:

- Promociones del Saz 2000 S.L., con domicilio social en Seseña (Toledo), cuya actividad principal es «la construcción, reparación y conservación de edificaciones». Se creó el 1 de agosto de 1995 con un capital social de 60.101 euros. Audena figuró como administradora hasta el año 2005.
- Promociones Meseta Samargan S.L., una inmobiliaria con sede en la calle Valle del Roncal, número 54, de Boadilla del Monte (Madrid). Figura como administradora única desde 1999. Su capital social es de 3.005 euros.

Inversiones

- PAU de El Quiñón en Seseña (Toledo). Allí se ubica su megaciudad, con 13.508 viviendas, en pisos de diez alturas, y un lago de 18.000 metros cuadrados y 1,5 metros de profundidad, donde podrán vivir más de 40.000 personas. Cada vivienda está hipo-

→

tecada por 156.000 euros, pero se venden entre 180.000 y 240.000 euros. El beneficio de la megaciudad puede superar, según los peritajes, los 1.237 millones de euros.

Yates

- El primer yate adquirido fue el *Lady Mónica* (en honor a su hija pequeña), que le costó la suma de seis millones de euros, unos mil millones de pesetas. Más tarde fueron dos nuevos yates, el *Cala*, de 30 metros de eslora, y el *Clarena*, de 46 metros y por el que ya pagó 30 millones de euros. Ahora tienen encargado un nuevo yate, el *Clarena II*, que estará listo en 2008, con 72 metros de eslora y un helipuerto, que costará 60 millones. Será construido por los astilleros italianos CRN y contará con una suite matrimonial de 70 metros cuadrados, además de con cinco habitaciones dobles para invitados.

Flota automovilística

- Un Maybach, un Mercedes y un Hummer, entre otros vehículos.

9. Marina Castaño, mujer de un Nobel

Se dice periodista y escritora, pero sólo estudió hasta el bachillerato en un colegio de La Coruña, de donde es natural. Su fama proviene de ser la segunda mujer del Premio Nobel de Literatura Camilo José Cela Trulock. Y, por ende, de ser la marquesa viuda de Iria Flavia o la viuda de Cela. Ella se llama Marina Concepción Castaño López. Y se unía así a la historia que rodea a otros prohombres de las letras, como Moravia, Alberti o Borges, que cuando empezaron a saborear el agridulce gusto de la tercera edad tropezaron con féminas mucho más jóvenes que ellos. Éstas, atraídas por su popularidad, dinero e inteligencia, cambiaron su devenir. Son mujeres sin grandes currículos profesionales como bagaje, pero con grandes dosis de deslumbramiento.

Dicen los protagonistas que es difícil rechazar la fuente de la vida, la fábrica de ilusiones y la tentación demoníaca del placer.

Durante su vida, Camilo José Cela mantuvo una constante contradicción entre lo que decía y lo que hacía, lo que provocó que algunos de sus íntimos le definieran como un gran comediante. Convirtió su propia existencia en una gran representación teatral, pero no sólo en el terreno profesional, social o literario sino también en el terreno personal, en su propia intimidad. Y en este ambiente Marina Castaño interpretó un papel protagonista, resultando ser una excelente actriz con grandes dotes de interpretación. Este cúmulo de circunstancias favorables a la dramaturgia se completa con el ambiente novelesco en el que se desarrolla la acción y que viene dado por la salida de escena de una mujer abandonada en el ocaso de su existencia y la entrada en escena de otra mujer, cuarenta años más joven, exultante de felicidad.

Marina nació un 14 de marzo de 1957 en La Coruña y afirma pertenecer a una familia de clase media de la sociedad gallega. Su padre, Gerardo Castaño Barca, era un empleado de banca que en sus ratos libres, para ganarse un sobresueldo, llevaba la contabilidad de la Federación Gallega de Fútbol. Éste, cuyos padres eran andaluces —él de Huelva y ella de Écija (Sevilla)— se había casado con María Luz López Rodríguez, una gallega de padre coruñés y madre ferrolense. El matrimonio vivía en la calle coruñesa de Orillamar. De esta unión nacieron dos hijas. Marina fue la pequeña y llegó al mundo seis años después que su hermana mayor. Sus padres llevaron a las dos niñas a estudiar al mismo colegio: al conocido Liceo La Paz, de La Coruña. Ya desde pequeña Marina mostraba dotes de *farandulera*. Le gustaba tocar mucho la guitarra. Así, con tan sólo diez años, comenzó a intervenir los sábados por la tarde y los domingos por la mañana en los programas musicales de Radio Juventud y de la Cadena Azul de Radiodifusión, ambos medios pertenecientes a la cadena de comunicación del llamado Movimiento Nacional. Gracias a esta efímera popularidad llegó a ser también «Reina por un día» en aquel legendario programa de Televisión Española que tenía una audiencia millonaria. Sin embargo, la principal característica de su infancia era el hecho de que le gustaba mucho *sobar* las orejas ajenas: «Nadie me quería coger en brazos porque se las dejaba inflamadas. Todavía conservo esa manía».

Sus estudios oficiales de juventud se limitan al bachillerato, aunque ella afirma que algún verano fue a estudiar inglés a Newcastle y a Londres. Con tan sólo dieciocho años, en 1975, se casó con un capitán de marina mercante, el madrileño J. L. F. A su lado viajó por medio mundo visitando puertos y más puertos, desde Nigeria hasta la extinta Unión Soviética, pasando por el Caribe y América del Sur. Después de cuatro años de relación tuvieron una hija, Laura Camila. Tras su nacimiento, la pareja se instaló en casa de los padres de Marina en La Coruña. J. L. había dejado la marina mercante para comenzar a estudiar la carrera de Derecho. Y juntos comenzaron una nueva etapa inaugurando muy pronto un establecimiento de marcos y cuadros en el centro de la capital gallega, en la plaza de San Nicolás. Sin embargo, la felicidad compartida sólo duró nueve años. Dicen sus amigos que la vida familiar y doméstica que llevaba la pareja resultaba muy aburrida para ella.

Con un matrimonio que empezaba a hacer aguas, Marina se lanzó de nuevo a la aventura. Por entonces pasó momentos difíciles buscando su primer trabajo. Su escasa formación técnica y profesional no le ayudó en demasía a lograr su objetivo. Fue gracias a aquellos pinitos infantiles ante unos micrófonos como consiguió incorporarse como locutora en prácticas —no periodista— en una cadena de radio. Primero como aprendiz en la extinta Radio Cadena Española y luego en Radio 80, donde llegó a tener un *status* de colaboradora. Cobraba en torno a 15.000 pesetas al mes, aunque con sobresueldos por horas extras llegaba a las 60.000. Su labor era multidisciplinar, desde pinchar discos, grabar cuñas y dar periódicamente la hora, hasta hacer continuidad, programas infantiles e intervenir, como simple voz, en distintos espacios de entretenimiento gracias a sus buenas interpretaciones vocales. Fue en esa época cuando comenzó a tomar clases de declamación en el Conservatorio de La Coruña, junto al profesor Santiago Fernández. También por entonces fallecería su padre, que tenía tan sólo cincuenta y nueve años. Fue su primera gran pérdida. Esta muerte le marcó su devenir: «Me hizo madurar», *dixit*.

Poco a poco, Marina comenzó a despegar profesionalmente. Su primera oportunidad le llegó de la mano del periodista Víctor Cedillo, con quien presentó un programa en Radio 80 titulado *Extraños en la noche*, eso sí, en horario intempestivo, de 1 a 6 de la madrugada. Fue en esa época cuando su matrimonio terminó de romperse definitivamente.[1] Su infelicidad no sólo se plasmaría en el terreno sentimental sino también paralelamente en su vida laboral, ya que tras la compra de Radio 80 por la cadena Antena 3 quedó de nuevo sin trabajo. Marina volvía a deambular por las calles coruñesas en busca de empleo, aunque pronto consiguió que la emisora local Ondas Galicia (luego reconvertida en Radio Minuto) le contratase como locutora fija con un sueldo de 90.000 pesetas. Pero allí también duró muy poco tiempo. Esta vez, gracias a sus buenos contactos, ya que su padre había sido un destacado militante de Alianza Popular (AP) —el partido fundado por Manuel Fraga—, consiguió que los dirigentes de la cadena pública Radio Televisión de Galicia le contratasen, dándole un programa en la emisora institucional Radio Galega. El espacio se llamaba *Parladoiro* y consistía en una entrevista de dos horas y media a un personaje popular relacionado con Galicia. Corría el año 1985. Es entonces cuando conoce al escritor Camilo José Cela. Fue durante la celebración del I Congreso de Folklore de las Comunidades y Nacionalidades Históricas, organizado a comienzos de ese mismo año en Santiago de Compostela. Con sus presuntos encantos logró que el escritor le concediera meses más tarde una entrevista para la cadena pública. La entrevista se grabó en octubre de 1985 y salió a antena un mes después. Este primer encuentro sirvió para entablar una buena amistad con el Nobel. Luego vendrían más entrevistas, y así fue ganándose su confianza y su confidencialidad. Un año después Marina trasladó su domicilio hasta Santiago de Compostela, por lo que los encuentros con el escritor fueron más constantes y duraderos. Ella quería y deseaba, a toda costa, ser su biógrafa oficial. Y así se lo decía a sus amigos y compañeros de profesión.

[1] El marino J. L. F. volvería también a casarse.

Coincidiendo con este acercamiento de Marina a Cela, se produjo otro hecho significativo. El Gobierno popular de Fernández Albor fue derrotado en las urnas, lo que ocasionó la llegada de los socialistas de González Laxe al puesto de mando de la Xunta de Galicia. Paralelamente a este cambio político, la estrella mediática de Marina Castaño cae en declive. El nuevo director de la emisora institucional, Gerardo Rodríguez —luego nombrado director de la televisión gallega TVG—, le retiró el programa radiofónico y situó a Marina de simple reportera de noticias. Este hecho tocó el amor propio de la locutora, que no tardaría mucho en solicitar una excedencia en la cadena pública. Dicen que con la falsa excusa de marcharse a estudiar periodismo a Puerto Rico. Lo que sí es cierto es que a partir de entonces se dedicó por entero a cautivar al escritor. Afirman sus ex compañeros que le seguía allá donde fuera. Lo hacía en cuerpo y alma. Dicen que se coló en la vida del escritor con la tenacidad que emplea una *fan*. «El amor es un secreto entre los enamorados, ni ellos saben los motivos por los que se aman».

Para ella Camilo «era un hombre simpatiquísimo, seductor, que arrollaba... una locomotora... Lo peor que nos podía pasar era tener que vivir una noche separados, y creo que en tantos años juntos se pueden contar con los dedos de una mano». Dice que la caballerosidad del escritor era algo vital y enternecedor. «Los muchachos de hoy apenas tienen en cuenta esa consideración hacia la mujer. El hombre debe ser amable, cordial y caballeroso con la mujer...». Sin embargo, muy pocos conocen esta capacidad del escritor gallego, ya que éste era capaz de afirmar en público que lo primero que hacía cuando conocía a una señora era mirarle el trasero: «Como soy de pueblo, los ojos se me van al culo de la señora en cuestión. Luego ya me fijo en el canalillo de las tetas y en otras cosas. El culo tiene la ventaja de la consistencia, es para magrear. Las tetas son para acariciar». O aquello de «las mujeres más baratas son las putas, porque no aspiran a mucho. Les das dos mil duros y salen dando saltos. Líese con otra y verá lo que le cuesta». Para concluir que «todo falo introducido en una vagina desaloja el justo volumen de carne que precisa para la placentera eyaculación del macho».[2]

Marina hacía oídos sordos. El mundanal ruido no iba con ella. Quizás atraída por las grandes dotes de actor del escritor, entre ellas, una voz poderosa, una excepcional capacidad paródica y una sabia dosificación de la sorpresa; además de tener empatía con el auditorio y un gran sentido del espectáculo. Dicen sus amigos que hay un Cela que todos conocemos: el público, el grotesco, el ofensivo. Pero también afirman que hay otro Cela que apenas nadie se ha encargado de recoger, mucho más racional, reservado e incluso sentimental.[3]

Fue en la primavera de 1988 cuando se les vio unidos por primera vez en un acto oficial. Ocurrió en la Fundación Camilo José Cela, en Santiago de Compostela. Allí, ante la curiosidad de todas las fuerzas vivas gallegas, el escritor presentó a su entonces novia Marina como su «secretaria particular». A partir de entonces la locutora pasó a convertirse en objetivo primordial de los *flashes*. La pareja se refugió secretamente durante los siguientes meses en un chalet que el escritor había alquilado en la urbanización El Clavín, a las afueras de la ciudad de Guadalajara. Durante 1989 y 1990, Cela y Castaño habitaron en una propiedad situada en la calle Los Robles.[4] Fue en aquel tiempo, en el verano de 1989, cuando el romance saltó oficialmente a la opinión pública, en medio de un gran revuelo. Marina Castaño, con una inicial imagen optimista, vital y decidida, se convertía en un personaje *famoso*. Dejaba de ser una persona de a pie, una locutora de continuidad, para convertirse en la señora de Cela, la mujer de un

[2] Revista *Tiempo*, nº 391, octubre de 1989.

[3] Su íntimo amigo Francisco García Marquina publicó el libro *Retrato de Camilo José Cela*, un volumen de 621 páginas editado en 2006 por la Universidad de Colorado, donde se recoge la semblanza mejor y más completa del escritor.

[4] El 18 de mayo de 2007 Marina Castaño descubrió un monolito de piedra en El Clavín con el que los vecinos del núcleo residencial quisieron homenajear al Nobel.

señor célebre y rico. Desde esa fecha su presencia en todos los actos públicos acompañando al escritor fue constante.

De hecho, el 10 de diciembre de 1989 acompañó a éste a Suecia para la ceremonia de entrega de los premios Nobel, lo que levantó de nuevo una enorme expectación. Con su espectacular traje de noche se convirtió en la reina de Estocolmo. En las horas anteriores había cambiado hasta dos veces de peinado. «La primera vez me dejaron horrorosa, menos mal que luego me trajeron a la mejor peluquera de Estocolmo», dijo. Las fotografías de su baile junto al nuevo Nobel de Literatura, de setenta y tres años de edad, en la fiesta de gala posterior a la entrega, dieron la vuelta al mundo. Un pasodoble bailado con mucho tronío y garbo torero, arrastrado de un extremo a otro de la pista, llevó la apoteosis a la sala azul del Ayuntamiento de Estocolmo y llenó de fogonazos de *flashes* los habitáculos donde se celebraba la fiesta. Todas las miradas se centraban en la pareja que había roto el rígido protocolo con el que la Corte sueca organiza el Premio Nobel desde 1901.

Su todavía mujer, María del Rosario *Charo* Conde Picabea, un año mayor que él, no apareció esos días por Estocolmo, como tampoco lo hizo el ministro de Cultura del entonces Gobierno socialista de Felipe González, el también escritor Jorge Semprún. Charo vio la ceremonia por televisión desde la casa de una de sus tres hermanas. Había abandonado temporalmente su residencia de Palma de Mallorca, la vivienda que compartió con el escritor y su hijo Camilo José Cela Conde, para recalar en Madrid. «Durante muchos años hicimos planes para ir a recogerlo juntos, pero ahora me ha producido una gran tristeza que mi marido haya dicho públicamente que prefiere no tenerme a su lado. Eso me duele mucho más que no estar en Estocolmo junto a él», llegó a afirmar la primera mujer del Nobel, con quien compartió cuarenta y cinco años de su vida. El escritor y Charo Conde se casaron un 12 de marzo de 1944 en la iglesia parroquial de San Martín, en Madrid. Él tenía veintiocho años y ella veintinueve. Ella, nacida en Gijón, era hija de Arcadio Conde, por entonces juez de Primera Instancia de dicha ciudad asturiana, y de Ignacia Picabea. Fue en Madrid donde se desarrolló gran parte de los primeros años de su vida. Ahí también conoció al que luego se convertiría en su marido.

Muchas de estas horas compartidas con el escritor las ocupó Rosario pasando a máquina, hasta cinco y seis veces, las pruebas de los textos, porque éste los corregía una y otra vez. El Nobel no sabía escribir a máquina y todo lo hacía a mano («con bolígrafo, con rotulador, con lápiz... pero siempre a mano»), por lo que necesitaba la ayuda de su mujer. «Se pasaba el día trabajando y a mí me hacía trabajar igual. Lo hacía gustosa». Su influjo fue decisivo en la amplia producción desarrollada por el escritor durante su etapa mallorquina. Fueron treinta y cinco novelas escritas en la isla y todas mecanografiadas por Rosario Conde, que tenía que descifrar la escritura diminuta y enrevesada del Nobel. Pero dicen que su mayor hazaña fue rescatar de las llamas el manuscrito de *La colmena*, que Cela había arrojado en un ataque de furia y locura. «Era muy impulsivo, pero luego se le pasaba».

Sin embargo, Charo nunca consiguió lo que Marina logró en muy poco tiempo, escasos meses después de conocerle: ponerle a régimen alimentario. «Conseguí que fuese a una clínica en Marbella, a Incosol... Allí estuvo veinte días». De este modo Cela adelgazó 31 kilos y la Costa del Sol se convirtió desde entonces en lugar favorito de la nueva pareja en sus periodos vacacionales. Allí, incluso, hicieron *piña* con la familia Gil y Gil, acudiendo a los innumerables y horteras ágapes que organizaba el ex alcalde marbellí.

Dicen los amigos de Cela, entre los que se encuentra el biólogo Francisco García Marquina y el editor de periódicos mallorquín Pedro Serra, que éste siempre les aseguraba que de la única mujer de la que se enamoró de verdad fue de Marina. Afirman también que fue un hombre de muchas mujeres, pero que desde febrero de 1991, cuando su relación con la locutora quedó ya inmortalizada, no se le conocen nuevos avatares románticos. Atrás quedaban expresiones tan explícitas y directas a su pasión por el sexo, como ésta: «Cuando murió Franco, una socióloga me preguntó como había resuelto yo el problema sexual durante el franquismo: "Señorita, jodiendo"... Joder es entretenidísimo. Si llego al cielo algún día prefiero encontrarme angelitos con coño». O exclamaciones como: «Benditas sean las vaginas propicias y acogedoras y que Dios las conserve, pero que no las aumente, porque uno ya no está para muchos trotes».[5]

Dicen sus amigos que Cela, ya avejentado y barrigudo, se convirtió en un anciano preso del amor por una señora muchísimo más joven que él. Cuando se conocieron ella tan sólo tenía veintisiete años y él casi sesenta y ocho. Marina, una mujer menuda o menuda mujer, lo cautivó. «Los grandes hombres siempre han necesitado sangre joven a su lado para seguir ellos siendo jóvenes», llegó a decir la locutora.[6] Esta diferencia de más de cuarenta años no interfirió en absoluto en los proyectos de Marina: «Camilo decía que somos inevitables y yo añado imprescindibles [...] Lo de la edad es un topicazo; entre nosotros, el joven era él».[7] Para ella, su vida antes de encontrarse con el Nobel era fabulosa, aspecto este en nada parecido con la cruda realidad: «Yo vivía divinamente antes de irme a vivir con Camilo José. Tenía dos casas, un coche, un trabajo magnífico y estaba muy bien considerada. Y, todo, todo lo he dejado por él. Me he convertido en su niñera, y es un placer».[8] Naturalmente, es difícil imaginar el amor entre dos personas con cuarenta años de diferencia en los términos de una pasión juvenil. Y ella misma lo reconocía al expresar que «ahora gozo de un equilibrio emocional que no siempre he tenido. Es algo parecido a la felicidad».

---

[5] Revista *Tiempo*, nº 391, octubre de 1989.

[6] *El Mundo*, 9 de agosto de 2003.

[7] *ABC*, 23 de enero de 2002.

[8] Revista *Panorama*, nº 127, 30 de octubre de 1989.

Quizá por el afán de fortalecer este equilibrio la locutora daba un nuevo paso de gigante en su relación con el escritor. El 10 de marzo de 1991 la pareja se casaba por lo civil, en régimen de separación de bienes. Marina había conseguido el divorcio el mes anterior y Cela en diciembre de 1990. El enlace tuvo lugar en la más estricta intimidad en la finca que el escritor poseía en Guadalajara. Una heredad conocida por el nombre de El Espinar, que cuenta con un edificio de tipo inglés de unos 450 metros cuadrados, repleto de libros y cuadros, y que fue comprada a los herederos de un rico conde. La finca está situada en la orilla derecha del río Henares, entre la capital y el municipio de Fontanar. Fue una boda sin fotógrafos, en un domingo apacible, con sol y nubes. Parecía tratarse de una película americana. Allí, a mediodía, acudió la juez titular de Instrucción nº 3 de la capital alcarreña, Ofelia Ruiz Pontones, como también la secretaria del juzgado, Concepción Alvariño. Actuaban de testigos su hermano, José Luis Cela Trulock, el único miembro de la familia del escritor presente, y Carmen Balcells Segelá, la agente literaria del Nobel. Por parte de la novia se encontraban su hija Laura y su madre, Mari Luz López de Castaño. El traje de la novia era de Chanel, nada espectacular, en dos piezas (chaqueta y falda corta), todo en blanco y con ribetes bordados. Lo había estrenado varios días antes para acudir al programa de su íntima amiga, la periodista Nieves Herrero, en Antena 3 TV.[9] El escritor vestía un traje gris marengo a rayas, camisa blanca y corbata en tono rosado.

Entre los selectos invitados escogidos para el acto se encontraba el entonces ministro de Justicia y luego defensor del Pueblo, Enrique Múgica, quien había hecho todas las gestiones privadas y oportunas para que la juez guardara total discreción antes del evento. También se encontraba el —hoy fallecido— ex presidente del Real Madrid, Ramón Mendoza, y su entonces compañera sentimental

---

[9] En esa misma cadena de televisión, Marina Castaño entrevistó a Cela en el programa titulado *De tú a tú*. Fue el 26 de febrero de 1991.

Jeanine Giraud. También estaban el abogado de Cela, Fernando Castedo; el doctor José Luis Barros; el pintor Jesús Campoamor; el escultor Otero Besteiro; el periodista Pablo Sebastián; el presidente del PP de Guadalajara, Francisco Tomey; el biólogo y escritor Francisco García Marquina y Carmen García Moreno. Todos ellos degustaron, tras una ceremonia muy breve, de apenas tres minutos, un singular cóctel compuesto por tortillas, empanadas, rellenos, chuletas y pasteles, regados con vino y champán, que duró hasta el anochecer. Antes de su marcha, Marina Castaño mostró a los invitados las obras que se estaban llevando a cabo en la hacienda para mejorar su habitabilidad y espectacularidad.

Según publicó la revista *Época* en su número 316 de marzo de 1991, la madre de Marina quiso hacer un gran negocio con la boda de su hija. Aseguraba que quiso vender la exclusiva del «sí quiero» y que para eso llevó a la ceremonia una cámara fotográfica *autofocus* que le fue retirada por el propio Camilo José Cela al grito de «yo no vivo de esto». El escritor se anticipaba a las malas intenciones de su suegra, también mucho más joven que él. La pareja había preparado todo con sigilo y prudencia. Y nada podía romper lo establecido (aunque alguna fotografía luego sí saliera publicada). La boda era desconocida hasta por los propios allegados al escritor, que en un número inferior a los cincuenta fueron convocados al mediodía del 10 de marzo en la finca de Guadalajara, dicen que sin saber bien por qué, otros creyendo que era el cumpleaños de Marina. De hecho, el único hijo de Cela no llegó a saber nada del enlace hasta horas después de producirse: «Me enteré por la radio. Yo suponía que mi padre tenía intenciones de volver a casarse por el interés que tenía en obtener tan rápido el divorcio... A esas alturas, ¿para qué quiere una persona el divorcio si no es para celebrar una segunda boda?... Pero no tenía ni idea de que podría ser tan pronto», llegó a afirmar Camilo José Cela Conde después del enlace.

Lejos quedaban ya los días en los que Rosario Conde se negaba a conceder el divorcio al Nobel. «Me da la impresión de que he estado viviendo durante cuarenta y cinco años la vida de otra persona y que no he vivido la mía. Ahora ya tengo bastantes años, pero aún puedo empezar. Siempre he estado en un segundo plano y prescindiendo de mí para todo. Siempre he creído que la mujer de alguien como Cela debía estar en segundo término, pero ahora estoy empezando a plantearme las cosas de otra manera. No fue algo que me impusiera Camilo, sino que lo hice por mi propio impulso. Era un modo de vivir que yo no conocía, porque mi familia era de la burguesía [vasca], mi padre era juez y yo había vivido un mundo ajeno a la literatura. En aquel momento esa vida me pareció muy bonita y esa entrega también, pero ahora pienso que tal vez me haya pasado en ese anonimato. Tal vez haya sacrificado muchas cosas», afirmaba Charo Conde.[10]

Finalmente, las negociaciones del divorcio no fueron tan duras como se preveían. Dicen que a pesar de la fama de tacaño de Cela («no hablo de dinero, es una ordinariez», *dixit*), éste acabó cediendo a casi todas las pretensiones de su ex mujer, con tal de acelerar los trámites y poder casarse cuanto antes con Marina Castaño. En el acuerdo, firmado en 1990, Rosario Conde se quedaba con una pensión complementaria de 4.808 euros mensuales (unas 800.000 pesetas) y las dos propiedades del matrimonio en Mallorca; una de ellas, su casa familiar de la Bonanova, en la parte alta de la ciudad de Palma.[11] El abogado que veló por los intereses del escritor fue Fernando Castedo, el que fuera director general de RTVE, y por parte de ella, el letrado balear Miguel Capellà. Posteriormente, el acuerdo fue llevado a los tribunales por incumplimiento. Rosario Conde reclamó una deuda de 40 millones de pesetas por impagos del escritor.

El matrimonio religioso de Camilo y Marina se produciría mucho más tarde. Fue el 29 de junio de 1998, también en su casa,

[10] Revista *Época*, nº 316, marzo de 1991.

[11] Los Cela también vivieron en la casa de la calle de José Villalonga, número 87, de Palma de Mallorca.

pero esta vez en la urbanización madrileña de Puerta de Hierro, en un chalet que la pareja había adquirido un año antes. Ambos habían conseguido su nulidad matrimonial eclesial gracias a sus buenos contactos con el clero. Marina lo había hecho a comienzos de 1998 y el Nobel, poco antes, en julio de 1997. «Los dos queríamos vivir con nuestras creencias, de modo que por eso deseamos casarnos por la Iglesia», *dixit*. Sin embargo, el hecho de que el Nobel alcanzara la nulidad de su matrimonio mediante artilugios muy poco claros levantó polémica y disgustó mucho a Rosario Conde, quien ya no se lo perdonaría de por vida: «Yo me preguntaba: quién es el arzobispo de Valencia para quitarme una cosa que me dio Dios».[12]

El enlace fue oficiado por el sacerdote y catedrático de Derecho Canónico José Salazar Abrisqueta, previa licencia del arzobispo de Madrid, el cardenal gallego Antonio María Rouco Varela. Actuaron de padrinos Laura, la hija de Marina Castaño, y Federico Trillo, entonces presidente del Congreso de los Diputados. Sus amigos afirman que cuando acabó la ceremonia, el escritor le dijo a su padrino, el ex ministro del PP: «Ahora sí que estoy en paz con Dios... porque también conviene tener los papeles en regla con él». A la boda asistieron setenta y un invitados. La ceremonia, que comenzó a las 20.15 de la tarde, tuvo lugar en el pabellón de la casa, y el banquete en el jardín a base de canapés, montados de solomillo, tartaletas de *foie*, etcétera, todo ello regado con champán francés. Un detalle: no hubo tarta nupcial. Entre los invitados estaban el también ministro del PP, Francisco Álvarez Cascos, y su entonces mujer, Gemma Ruiz; el ex presidente del Senado, José Federico de Carvajal, y su mujer, Elena Boyra; el humorista Antonio Mingote; el naviero gallego y ex presidente de la Cámara de Comercio de Madrid, Fernando Fernández Tapias, *Fefé*, y la que fuera luego su mujer, Nuria González; y tres de los hermanos de Cela: José Luis, Ana y María Ramona

[12] *Diario de Mallorca*, 4 de febrero de 2003.

(*Maruxa*), así como Nina Trulock, prima hermana de Cela, y la madre y la hermana de la novia. Ésta llevaba un vestido largo blanco y lila y una corona con flores.

Al parecer Marina Castaño intentó varias veces quedarse embarazada de Cela e, incluso, creyó estarlo al comienzo de la relación durante dos meses. Pero su gozo cayó en un pozo. No obstante, las fuertes creencias religiosas, de las que dice hacer gala Marina Castaño, también han llevado a la locutora a afirmar públicamente, y con rotundidad, frases como ésta: «Tener un hijo homosexual me rompería los esquemas, para mí sería terrible. He llevado siempre una vida del todo convencional». Para después afirmar: «Un ser humano sale de la unión de un hombre y una mujer, al margen de las clonaciones y fecundaciones artificiales. Lo demás me parece que es ir contra natura [...] Además, hay muchas parejas de heterosexuales que no pueden tener hijos por problemas de esterilidad. Creo que deberían tener preferencia sobre las parejas homosexuales. Naturalmente que un niño estará mejor en una familia, aunque sea homosexual, que en un orfanato, sin cariño ni afecto. Soy madre y considero que un hijo debe tener un referente masculino y otro femenino». Marina Castaño parecía refrendar lo ya dicho por Cela en otras ocasiones. Por ejemplo, durante una charla que dio en Ponferrada (León) con motivo de un homenaje a Federico García Lorca y donde le preguntaron respecto al célebre poeta andaluz: «¿Qué tiene usted contra los homosexuales?». Y el escritor gallego respondió: «Contra los homosexuales no tengo nada, ni a favor ni en contra. Me limito a no tomar por culo... No creo que a los maricones haya que perseguirlos con perros por el monte, pero tampoco que nos miren con tanto desprecio a los que no lo somos. Podríamos pactar que nos dejasen a los heterosexuales por lo menos unas reservas, como a los indios en Arizona».[13] Los asistentes fueron incapaces de entender por qué un señor con tanta gloria literaria se reba-

[13] Revista *Panorama*, nº 13, julio de 1989.

jaba a simplezas de la lengua o argumentos insultantes para convertirse en protagonista.

En esta faceta convencional, Marina ocupaba su tiempo acompañando allá donde fuera al escritor, al que llamaba «mi chico», y colaborando, gracias a ser quien era, con distintos medios de comunicación, como el diario *ABC* (su columna se llamaba «Vuelo sin motor»), Onda Cero (*A toda radio*), Tele 5 (*Día a día*) y más tarde en la revista *¡Hola!* y en Telemadrid. «Lo hice para contribuir económicamente a los gastos familiares... Ésa es la obligación de toda mujer».[14] Dicen sus conocidos que su viejo afán de discreción ya había pasado a un segundo plano. Desde ese momento la pareja fue el objetivo principal de la prensa rosa, amarilla y sarcástica. Muchos la reconocían con el apodo de la «villana mayor del reino». Marina logró que el autor de *La familla de Pascual Duarte* fuera perseguido por las cámaras del programa *Caiga quien caiga*, por citar un ejemplo. Sus apariciones públicas despertaban morbo a cada paso. «El márketing en estos tiempos es imprescindible», les decía a sus amigas. Quizá por eso, tan sólo un mes después de recoger Cela el Nobel, Marina Castaño aconsejó a su por entonces compañero sentimental que publicara un manual de poesía de amor titulado *Reloj de arena, reloj de sol, reloj de sangre*. Pero lo significativo del caso es que sólo se sacaron a la venta 225 ejemplares al precio de 350.000 pesetas cada uno. Siempre se ha afirmado que Cela, inspirado por Marina Castaño, le sacó un buen partido económico a su condición de Premio Nobel. Dicen que llegó a cobrar hasta por los homenajes que le hacían, como el que se le tributó dentro de la Feria del Libro de Madrid en 1996, promovido por una firma editorial. También, que pidió 800.000 pesetas por un breve artículo destinado a un suplemento especial de prensa dedicado a su colega Francisco Umbral.[15] Como el diario no estaba

[14] *ABC*, 23 de enero de 2002.

[15] Francisco Umbral falleció en Madrid el 28 de agosto de 2007, a la edad de setenta y dos años.

dispuesto a tal desembolso, Umbral pidió a su colega que prestara su colaboración en base a la amistad, cosa que finalmente hizo. Asimismo, consiguió embolsarse 50 millones de pesetas, además de los derechos de autor por las numerosas ventas, gracias a la consecución del Premio Planeta en 1994 por su novela *La cruz de San Andrés*, de la que le acusó de plagio la maestra gallega Carmen Formoso, quien presentó una querella por un delito contra la propiedad intelectual y otro por apropiación indebida contra Cela y la editorial Planeta. El Nobel se defendió de la acusación diciendo que para construir la novela se inspiró en una historia real que le contó su mujer, Marina Castaño, sobre dos compañeras de colegio que habían sido captadas por una secta. En 2001, el Juzgado de Instrucción nº 2 de Barcelona incoó diligencias previas y, posteriormente, tras un recurso ante la Audiencia Provincial de Barcelona, se acordó el sobreseimiento libre y el archivo de las actuaciones. Marina Castaño se convirtió muy pronto en administradora única del patrimonio del escritor gallego, en su ideóloga, relaciones públicas, secretaria personal y mánager.

Por el contrario, la locutora no admitía estos calificativos, aun siendo *vox populi*. Y no paraba de afirmar que ante todo era una mujer trabajadora y que, luego, podría ser «mujer de». Así, a la primera oportunidad que tenía, narraba a quien le escuchara su currículo profesional y sus avatares en el mundo de la comunicación, por cierto muy escasos antes de casarse. Y siempre, ante la persecución de las cámaras, como hace todavía hoy en día, mostraba un talante nervioso y agresivo: «En otras circunstancias, soltera y sin compromiso, a lo mejor mi comportamiento sería otro, o insultaría a alguien con el mejor lenguaje de Bukowski. Pero no me lo permite el estatus académico, intelectual y literario de mi marido», amenazaba por entonces.

A pesar de sus estudiados estilismos y poses en las reuniones, su conocido *pronto* o mal humor le traiciona en ocasiones. Así ocurrió durante la entrega de los Premios Príncipe de Asturias celebrada en 1991, en Oviedo. A día de hoy todavía los miembros del cuerpo de seguridad de La Zarzuela recuerdan el «numerito» que montó la marquesa viuda cuando le solicitaron educadamente que abriera su bolso por medidas de seguridad. Los gritos se oyeron hasta en Covadonga. O también cuando, coincidiendo con el aniversario de la muerte del Nobel en 2005, concedió una entrevista al corresponsal del periódico italiano *Corriere della Sera* y luego ésta salió publicada en el semanario español del corazón *Gala.*[16] La locutora se sentía engañada por el periodista (José Ignacio Aguirre), ya que creía que era una entrevista de corte cultural. «Si tuviera que hablar lo haría en *¡Hola!*, que es la revista en la que trabajo», gritaba enfurecida.

En dicha entrevista afirmaba «soy envidiada, y mucho, porque he compartido diecisiete años de vida con un genio universal y sin fisuras en el matrimonio». También Marina hablaba de intimidades de su vida y hasta de la fallecida Rosario Conde[17] en términos poco halagadores: «Las etapas pasan. Mi marido era monógamo y no bígamo. El Nobel lo compartió con quien él quiso compartirlo. Si su primera mujer [Rosario Conde] no estuvo allí, es porque él así lo decidió. Ella declaró que le había sido infiel. Imagino que, al serle infiel, no encontró los merecimientos necesarios para compartir ese premio ni ningún otro». Marina Castaño aludía a la conocida relación de Charo Conde con el poeta José Manuel Caballero Bonald, con quien mantuvo relaciones durante siete años, según ella misma confesó a la revista *Interviú* en 1989.[18] El propio escritor jerezano lo reconoce abier-

---

[16] *Gala*, nº 17, 17 de enero de 2005.

[17] Rosario Conde falleció el 3 de febrero de 2003 en Mallorca, a la edad de ochenta y ocho años y justo un año después de muerto Cela.

[18] Caballero Bonald nació el 11 de noviembre de 1926 en Jerez (Cádiz). En los años cincuenta comenzó a ser reconocido como escritor. Fue detenido y encarcelado en Carabanchel durante el régimen del general Francisco Franco. Entre sus principales obras se encuentran las novelas *Ágata ojo de gato*, una de sus obras predilectas; *Toda la noche oyeron pasar pájaros*, con la que obtuvo el Premio Ateneo de Sevilla; *En casa del padre*, Premio Plaza y Janés; y su obra poética completa *Somos el tiempo que nos une*. En el año 2005 obtuvo el Premio Nacional de las Artes y las Letras en reconocimiento al conjunto de su obra literaria.

tamente en sus memorias. «Yo tenía que contarlo, aunque no quería de ninguna manera entrar en ese asunto porque es muy peliagudo y por mi parte puedo pecar de impúdico o de desvergonzado o de irreflexivo, pero tenía que contarlo porque eso se sabía. No podía soslayarlo. Pero, por otra parte, yo sólo quería apuntar veladamente lo que había ocurrido y eso es lo que intenté hacer, incluso, usando una retórica bastante nebulosa», según afirmó a su amigo Antón Castro.[19] En referencia a si la primera esposa del Nobel era de por sí una mujer infiel como había escrito el ya fallecido Francisco Umbral en su libro *Cela, un cadáver exquisito*, éste respondía: «La infidelidad de su mujer tampoco es verdad. Fue conmigo y punto. Porque parece que Umbral hablaba de Charo como una mujer descocada, de que más o menos tenía aventuras consecutivas, y eso no es cierto. Me sorprende porque yo creía que Umbral, aparte de amigo, era un discípulo, aventajado, de Cela, y que Umbral siempre había defendido a quien le dio el Premio Cervantes, el Premio Príncipe de Asturias».

Cela fallecería en una clínica de Madrid el 17 de enero de 2002 a consecuencia de una insuficiencia cardiaca. Antes de morir, según relató el director de la clínica, el doctor Pedro Guillén, le dijo al oído: «Cuida de Marina, parece frágil pero no lo es. Cuídala, porque esta criatura se lo merece».

Camilo José había nacido en un pueblecito de La Coruña (Iria Flavia) en mayo de 1916. Fue el primogénito de los nueve integrantes de la familia Cela Trulock, siendo bautizado en la Colegiata de Santa María la Mayor de Adina, donde residían sus padres. Y lo fue con los nombres de Camilo José Manuel Juan Ramón Francisco de Jerónimo. Pasó su infancia en Vigo y a los nueve años se trasladó a Madrid, donde estudió con los padres escolapios y los hermanos maristas. Durante 1931 y 1932 fue internado en el sanatorio de Guadarrama, aquejado de tuberculosis pulmo-

[19] Cfr. *www.antoncastro.blogia.com*.

nar, viéndose obligado a guardar largos periodos de reposo, los que empleó y pasó leyendo las obras de Ortega y Gasset, conjuntamente con una colección que por aquella época estaba de moda, «Los Clásicos Españoles», de la editorial Rivadeneyra. Una vez curado de la enfermedad, que había llegado a poner en peligro su vida, concluyó en 1933 sus estudios secundarios y un año después inició la carrera de Medicina, licenciatura que se proponía realizar en la Universidad Complutense, pero que muy pronto abandonaría. Luego pasó a estudiar en la nueva Facultad de Filosofía y Letras, donde fue alumno de Pedro Salinas, profesor de literatura contemporánea española. Fue a éste a quien confió sus primeros poemas, entablando una estrecha amistad con los escritores Alonso Zamora Vicente, Miguel Hernández y María Zambrano, en cuya casa de la plaza del Conde de Barajas conoció a escritores e intelectuales, como Max Aub. Al comenzar la Guerra Civil española, Cela escapó a la zona nacional. Allí fue soldado, hasta que una herida le apartó del servicio activo. Terminada la contienda, regresó a la capital madrileña y comenzó a estudiar Derecho, carrera que también abandonaría. Pasó a ser funcionario de los sindicatos verticales del franquismo. Y ocupó varios empleos de carácter burocrático, uno de ellos en el cuerpo de Investigación y Vigilancia, donde trabajó como censor de revistas, trabajo que consiguió gracias a Juan Aparicio López, delegado nacional de Prensa, su gran valedor.

En esta época publicó la novela *La familia de Pascual Duarte* (1942). La descripción de la realidad que envolvía y penetraba a Pascual Duarte nada tenía que ver con la actitud triunfalista del régimen de Franco. Era por entonces cuando Cela malvivía de colaboraciones en la prensa del Movimiento Nacional. Su segunda novela más célebre fue *La colmena*, que le consagraría como novelista. Fue prohibida en España y publicada en 1951 en Buenos Aires (hasta 1963 continuaría prohibida). En 1954 Cela fijaría su residencia en Mallorca y continuaría escribiendo novelas como *Oficio de tinieblas*, *Mazurca para dos muertos*, *San Camilo 1936*, etcétera, así hasta un total de unas setenta.[20] Paralelamente, desde la capital balear dirigió la revista *Papeles de Son Armadans*, que recogió las corrientes más vanguardistas del arte durante veinte años y donde colaboraron pintores como Miró o Picasso.[21] Desde 1957 hasta su muerte fue miembro de la Real Academia Española, donde, después de muchos avatares, ocupó el sillón Q. Maestro del lenguaje y gran innovador de la narrativa en lengua castellana, es considerado hoy uno de los mayores escritores del siglo XX. En 1977 fue nombrado senador por designación real. Su etapa como senador concluyó dos años más tarde, tras la convocatoria de nuevas elecciones generales. Después vendría el Premio Nobel, su separación matrimonial y su nueva vida sentimental. Cela era la vida misma.

Tras su fallecimiento, Marina Castaño consiguió heredar la principal fortuna del Nobel, que por tal título se embolsó en su día un cheque de tres millones de coronas suecas (unos 54 millones de pesetas). Marina fue declarada heredera única, lo que de nuevo dio pie a todo tipo de rumores y comentarios en todos los círculos de la vida pública, y no sólo en los literarios y periodísticos. Actualmente la viuda disfruta, aunque oficialmente no es suyo, del marquesado de Iria Flavia, en base al título que el rey Juan Carlos concedió a su segundo marido el 11 de junio de 1996, coincidiendo con su ochenta aniversario. La concesión del marquesado, cuyo nombre proviene del pueblo natal del escritor en Galicia, se produjo por Real Decreto 1137/1996, de 17 de mayo. Se le dio

---

[20] Entre sus principales obras narrativas figuran: *La familia de Pascual Duarte* (1942), *Pabellón de reposo* (1943), *Nuevas andanzas y desventuras de Lazarillo de Tormes* (1944), *Viaje a la Alcarria* (1948), *La colmena* (1951), *Mrs Caldwell habla con su hijo* (1953), *La catira* (1955), *Judíos, moros y cristianos* (1956), *Tobogán de hambrientos* (1962), *Viaje al Pirineo de Lérida* (1965), *San Camilo 1936* (1969), *Oficio de tinieblas 5* (1973), *Rol de cornudos* (1976), *Mazurca para dos muertos* (1984), *Izas, rabizas y colipoterras. Drama con acompañamiento de cachondeo y dolor de corazón* (1984), *Nuevo viaje a la Alcarria* (1987), *Cristo versus Arizona* (1988), *Memorias, entendimientos y voluntades* (1993), *El asesinato del perdedor* (1994), *La cruz de San Andrés* (1994), *Madera de boj* (1999). Y en poesía: *Pisando la dudosa luz del día* (1945) y *Poesía completa* (1996).

[21] En noviembre de 2006 se celebró un homenaje en Palma de Mallorca con motivo del cincuentenario de esta revista, de la que se editaban 1.300 ejemplares cada mes.

por su cultivo de la lengua castellana y su extraordinaria dedicación literaria reconocida universalmente. En el escudo se ven dos unicornios, inspirados en una reja de la Colegiata de Iria, ambos con la medalla de oro del Nobel. Asimismo, las veneras de plata y la estrella simbolizan las armas de su villa. El lema que acompaña al escudo del marquesado es: «El que resiste, gana».

No obstante, este rango nobiliario pertenece por Ley al único hijo del escritor, el catedrático de la Universidad de las Islas Baleares (UIB), Camilo José Cela Conde, título que asumió como legítimo heredero previo pago de los impuestos que genera. El traspaso quedó registrado en el *BOE* el 11 de abril de 2003. Desde ese día Cela Conde asumió formalmente el rango de II marqués de Iria Flavia, «aunque no pienso hacer ostentación de él. No obligaré a mis compañeros de universidad a que me hagan una reverencia cada día al entrar en el departamento», *dixit*. Marina Castaño perdía de este modo toda posibilidad de poder usar formalmente dicho marquesado, aunque hasta que se muera será marquesa viuda de Iria Flavia. Según los especialistas en heráldica y genealogía, sólo podía haber heredado el título si hubiera existido un documento en el testamento de Cela firmado por el rey Juan Carlos donde éste autorizara expresamente a Camilo José Cela a transmitir su título a quien él creyera conveniente. Cosa que no ocurrió.

El II marqués de Iria Flavia nació el 17 de enero de 1946 en Madrid y es catedrático de Filosofía del Derecho, Moral y Política de la UIB, además de un acreditado investigador antropólogo.[22] Se casó en primeras nupcias con Carmen Mateu y en segundas con Giselle Marty, con la que ha tenido una hija, de nombre Camila Cela Marty, hoy con diecisiete años. Dicen los allegados que su abuelo apenas la conoció, que sólo la vio en dos ocasiones. Una

[22] Es director del Laboratorio de Sistemática Humana de la Universidad de las Islas Baleares. Asimismo, realiza colaboraciones en distintas revistas de tirada nacional, y como docente ha desarrollado numerosas investigaciones sobre ética, filosofía de la biología, filosofía política y sociología de la conducta innata.

el día de su bautizo y otra en el hotel Miguel Ángel de Madrid, en el que el escritor le regaló una muñeca. Que nunca recibió ni un solo libro dedicado por él, ni una carta, ni una llamada telefónica. «Creo que Marina veía a mi hijo Camilo como un escollo y quería que Camilo padre prohijara [al igual que hizo el barón Thyssen con Borja, el hijo de Tita Cervera] a su propia hija. Sin embargo, mi nieta estaba loca por conocerlo», llegó a afirmar Charo Conde.[23] Al igual que su padre, Camilo José Cela Conde es autor de varios libros. Su primera obra, *El resto de los halcones*, fue publicada en 1975 y hasta la fecha tiene en su haber otros títulos, entre los que destacan la novela *Como bestia que duerme*, con la que ganó el Premio Fernando Quiñones. También figuran *De genes, dioses y tiranos* o *Cela, mi padre*, libro que publicó unos días después de que el escritor gallego recibiera el Premio Nobel de Literatura. En él termina su relato diciendo:

> Cualquiera está autorizado a añadir, de su puño y letra, lo que le parezca, todo rumor, toda anécdota, por disparatados que parezcan, podrían acabar siendo finalmente ciertos. Con CJC no vale el sentar unas reglas, unas fórmulas matemáticas que nos sirvan para separar del todo lo verídico de lo falso. Porque lo único que resulta realmente verdadero en un escritor son sus libros. Y Camilo José Cela, mi padre, es, sin lugar a dudas, uno de los personajes mejor logrados de toda su larga y fecunda carrera literaria.[24]

Sin embargo, a pesar de sus cualidades literarias, y sólo un mes después de la muerte de su padre, el patronato de la Fundación Camilo José Cela (CJC) no lo elegía como presidente. La preferida por los miembros fue Marina Castaño. Cela no había dejado, entre sus voluntades, designado al nuevo presidente de la Fundación, para lo que sí tenía potestad, por lo que tuvieron que ser los

[23] *Diario de Mallorca*, 4 de febrero de 2003.

[24] *Cela, mi padre*, Ediciones Temas de Hoy, Madrid, 1989.

patronos con derecho a voto, y presentes en una junta general extraordinaria celebrada a puerta cerrada, los que la eligieran.[25] Este hecho provocó otra rebelión familiar. Así, en octubre de 2004, uno de los hermanos del escritor, Juan Carlos Cela, dirigió una carta al entonces presidente de la Xunta de Galicia, Manuel Fraga, en nombre suyo y de dos hermanos más (Maruxa y Jorge), pidiéndole su intercesión para que fuera el hijo del escritor y no Marina Castaño quien presidiera la Fundación CJC. Los otros dos hermanos todavía con vida del Nobel, Ana y José Luis, que sí pertenecen al patronato, respaldaron a su cuñada.[26] Se da la casualidad de que esos tres hermanos del escritor apenas tuvieron contacto con él durante los últimos años de su vida, al menos eso asegura la locutora gallega: «Nuestra casa estuvo siempre con las puertas abiertas de par en par. Y el teléfono nunca ha estado descolgado». Lo que sí es cierto es que, tras esta tentativa frustrada de cese, la locutora salió muy respaldada en su puesto. En la carta de apoyo a su figura, firmada por los miembros del patronato, se hacía mención a su generosidad desde el fallecimiento de su marido: «[Marina] viene realizando continuas donaciones de manuscritos, libros y colecciones y hasta el propio despacho del escritor; esto es, todo aquello que, interpretando la voluntad de CJC, debería conservarse en la sede de Iria Flavia mejor que en cualquier otro lugar».

Tras la muerte del Nobel se produjo una guerra familiar por el reparto del peculio del escritor. Cela estableció en su testamento la designación de tres contadores repartidores de su herencia: el rector de la Universidad de Santiago de Compostela, Darío Villanueva; el alcalde de Padrón, Jesús Villamayor; y el ejecutivo bancario Ángel Rodríguez. Este núcleo de confianza debía dirimir las desavenencias familiares y definir la herencia yacente. La última voluntad registral del escritor fue un testamento otorgado en julio de 1991

[25] 26 de febrero de 2002.

[26] El resto de hermanos que tuvo Cela ya habían fallecido. Santos nació muerto en 1918; Teresa murió en 1922, a los dos años; y Rafael falleció en 1969.

en el municipio coruñés de Padrón. Precisamente, escasos meses después de haber contraído nupcias con Marina Castaño. Desde muy pronto Camilo José Cela tuvo conciencia del valor de su legado cultural. Y desde siempre guardó todo con esmero y sigilo. Las ventas y transmisiones patrimoniales en vida de Cela minusvaloraron la herencia final, dicen los expertos que en detrimento de los herederos legítimos. Aseguran que la compleja maquinaria mercantil que montó el escritor, bajo la atenta supervisión de su segunda mujer, sirvió para urdir una serie de sociedades interpuestas y blindar así su patrimonio. Ésta era la manera de ir colocando propiedades y bienes a nombre de Marina Castaño y de este modo impedir que la primera mujer de Cela pudiera resarcirse. Un ejemplo es el chalet que poseía el escritor desde 1997 en la urbanización madrileña de Puerta de Hierro, valorado en más de 600.000 euros (más de cien millones de pesetas).

Muchos expertos consideran que Marina Castaño, que también ha llegado a ser consejera de la Caja de Ahorros Provincial de Guadalajara, heredó un patrimonio valorado en unos nueve millones de euros. Todo ello controlado a través de sociedades instrumentales de las que ella es accionista o administradora única. La actividad de estas sociedades instrumentales es muy diversa. Va desde los servicios de «hospedaje, hostales y pensiones» hasta la «producción, compraventa, representación, explotación de obras literarias o teatrales», pasando por la «adquisición de fincas rústicas y urbanas».

Una de las sociedades patrimoniales, donde aparecía la locutora, fue la denominada «Camilo José Cela Producciones (CJC Producciones)», actualmente disuelta. Esta empresa había sido constituida en octubre de 1988 —Cela ya estaba saliendo con la locutora gallega— para que regulase todos los aspectos económicos de la familia. En su constitución se acordó que el hijo de Cela tuviera el 50 por ciento del capital, quedando un 25 por ciento en manos del escritor y su primera mujer.[27] Escasos días

[27] El capital social era de 60.101 euros.

después de casarse el Nobel con Marina Castaño, Cela Conde vendió sus acciones y dejó de pertenecer a la sociedad. Luego lo haría Rosario Conde tras el acuerdo de separación.

Desde el 5 de abril de 1991, el escritor gallego pasó a ser administrador único, puesto que abandonó el 27 de febrero de 1997 para cedérselo a su nueva mujer.

Otras sociedades en donde figura Marina Castaño son Palabras y Papeles, S.L., constituida el 15 de enero de 1991 en Guadalajara y cuya actividad es la explotación de obras literarias; o Letra y Tinta, S.L., constituida el 23 de junio de 1997 y cuya actividad es la producción, en general. Se da la casualidad de que desde su constitución esta sociedad administra los cuantiosos derechos de autor del escritor. Por ejemplo, un año antes de la muerte del Nobel movió la cantidad de un millón de euros.

En el apartado inmobiliario, Marina Castaño figura en sociedades como Estudios Iceberg, constituida el 17 de diciembre de 1999 y dedicada a la promoción inmobiliaria; Lengua y Literatura Agrupación de Interés Económico (AIE), cuya actividad es «la industria del mueble de madera», según el Registro Mercantil, y cuyo capital inicial de 3.005 euros fue aportado en un 80 por ciento por la Fundación CJC y en un 20 por ciento por la sociedad patrimonial Letra y Tinta. Esta curiosa empresa se encargó de realizar las obras de las casas patrimoniales de Iria Flavia. En diciembre de 2000 se compraron cinco edificios para la Fundación por valor de 312 millones de pesetas. Para otros menesteres, como la gestión de los establecimientos turísticos, se constituyó otra sociedad, Salbos de la Sierra.

El Nobel y la locutora habían blindado su patrimonio. Camilo José Cela ya no tuvo reparo en considerar pagada la «legítima» a su hijo con la mitad de un cuadro de Joan Miró que le donó en vida. El cuadro, titulado *Recuerdo de una tela apuñalada*, está valorado en 1.200.000 euros (200 millones de pesetas). La historia de esta obra es muy curiosa, ya que la pintura inicialmente no era de Joan Miró. El francés Jacques Dupin, experto en la pintura del catalán y autor del catálogo razonado sobre su obra, fue quien a principios de los años setenta comunicó a Cela que el cuadro, que el escritor había comprado y pagado como si fuera del artista catalán, era falso. Era obra de Manuel Viola, quien además había empleado en ella unos tonos ocres y naranjas, muy poco *mironianos*. Fue en una visita a Mallorca, donde por entonces vivían tanto el escritor como el pintor, cuando Dupin, que fue ayudante del pintor durante casi cuarenta años, comprobó el falso Miró. Y así ocurrió y lo explica: «Miró me dijo: "Te necesito. Cela tiene un cuadro mío que es falso y no me atrevo a decírselo. Ven conmigo y díselo tú"; fuimos a su casa a media tarde, vi el cuadro y le dije lo que había. Cela entonces se giró hacia su escritorio, abrió un cajón y sacó un gran cuchillo. Se abalanzó sobre el cuadro con él y lo desgarró de arriba abajo hasta dejarlo completamente mutilado. Después tomamos juntos una copa y nos reímos», recuerda Dupin. Ello divirtió al conocido pintor que solicitó a Rosario Conde que cosiera el lienzo para poder pintar encima y autentificarlo luego con su firma. Miró se llevó el cuadro a su estudio y pintó una obra, de 82 centímetros por 61, que desde entonces se llamó *Recuerdo de una tela apuñalada*. En la parte trasera del cuadro escribió, de su puño y letra, la historia de la falsa tela apuñalada que había dado lugar a la obra auténtica. Tras el divorcio de Rosario Conde, Cela logró una orden judicial que impidió la posible venta del cuadro en Italia por parte de su hijo.

Además de este lienzo, el Nobel poseía una valiosa colección de arte que atesoró en vida y que reunía en torno a quinientas obras de pintores muy conocidos, además de Miró, como Picasso, Viola, Úrculo o Tàpies. También poseía miles de manuscritos, unas noventa mil cartas y una gran biblioteca con más de cuarenta mil volúmenes. Estos objetos y materiales fueron en gran parte legados a la Fundación CJC, de Iria Flavia, en 1990. Desde que alcanzó el Nobel, casi todo el material que Cela fue recogiendo recaía en su Fundación, que a su muerte fue valorada en 27.045.544 euros (unos 4.500 millones de pesetas). Hoy, la Fundación, que preside Marina Castaño, ocupa tres edificios de finales del siglo XVIII, en el complejo conocido como Casa dos Coengos. En ella, la locutora guarda todo tipo de recuerdos de la vida del escritor. Como curiosidad se puede apuntar que adquirió la cristalería y el juego de café, para dieciocho personas, que se utilizaron en Estocolmo el día de la entrega del Premio Nobel de Literatura y que la organización sueca puso a disposición de los premiados para quienes quisieran comprarla. Marina lo hizo. «Nos gustará o no, pero la realidad es que su viuda es la mejor conservadora de la obra de Cela», ha llegado a afirmar su abogado Jorge Trías.[28]

Pero esta situación de lucha por la herencia de un artista no es nueva en el panorama intelectual español: ya le ocurrió al pintor y ceramista Daniel Zuloaga, cuya herencia no tuvo dueño hasta treinta años después de su muerte. O las disputas por la Fundación del pintor Antonio Saura, en Cuenca. O por la herencia de Salvador Dalí o de Pablo Picasso. También ocurrió con el legado del escritor Rafael Alberti (El Puerto de Santa María, Cádiz, 1902-1999), que fue a parar en su mayor parte a su viuda María Asunción Mateo, que tuvo que litigar con la hija del escritor, Aitana Alberti León, que amenazó con impugnar el testamento de su padre. Ésta llegó a declarar que el documento —que otorgaba la mayoría de los bienes a la viuda sobre una herencia valorada en 3.000 millones de pesetas— era un fraude y un expolio. Aunque los problemas entre estas dos mujeres comenzaron muchos años antes. Según manifestó Aitana, el escritor gaditano «temía la influencia que podían ejercer sus mujeres sobre él. Era débil, y enfrentarse a una situación desagradable le agobiaba, no sabía cómo resolverla. Prefería que el tiempo arreglara las cosas, dejarse llevar». Alberti había contraído segundas nupcias en julio de 1990 con María Asunción Mateo, su secretaria personal. Sólo

[28] También, tras la muerte del escritor, el anillo de boda pende del cuello de Marina Castaño, colgado de una fina cadena de oro, dice que en recuerdo a los diecisiete años juntos.

dos años antes había enviudado de su primera mujer María Teresa León, con quien había tenido a su hija Aitana.

Como se ha indicado al comienzo del capítulo, Marina Castaño se añade así a la lista de jóvenes viudas de celebridades literarias, como María Kodama (José Luis Borges), Carmen Llera (Alberto Moravia), María Asunción Mateo (Rafael Alberti) o María José Trianin (también llamada Marie Jo Paz), esposa del Nobel Octavio Paz. Todos estos grandes literatos coincidieron en elegir en segundas nupcias mujeres mucho más jóvenes que ellos. Chicas enamoradas a la vez del hombre y de su obra. Cela era cuarenta años mayor que la periodista Marina Castaño; Borges, cuarenta y seis años mayor que María Kodama; Rafael Alberti, cuarenta y dos años mayor que la profesora María Asunción Mateo, y el italiano Alberto Moravia, también nominado al Nobel en dos ocasiones, cuarenta y nueve años mayor que la filóloga española Carmen Llera. Para ellos fueron sus secretarias, copistas, representantes de prensa y relaciones públicas. Además, como guardianas de trabajos de valor incalculable y ricas herederas, estas mujeres han sido a menudo viudas polémicas. Recordemos los pleitos de María Kodama con la familia de Borges; los de María Trianin con la anterior mujer de Octavio Paz. Pero todas dicen que, en cambio, nadie ha apreciado, como señalaba puntualmente María Asunción Mateo, «la suerte que han tenido de encontrar una mujer mucho más joven, capaz de amarlo y cuidarlo hasta el final [Alberti murió con noventa y seis años]. En cambio, prefieren alimentar la versión machista de la aprovechada y trepa». Todas critican esa imagen estereotipada del anciano sometido.

Lo que sí se demuestra es que todas ellas, tras enviudar, encabezan las distintas fundaciones culturales encargadas de perpetuar la memoria de sus maridos. Carmen Llera donó la casa romana de Moravia para este propósito; Kodama dirige la Fundación Borges y se ocupa casi exclusivamente de dar conferencias sobre su obra, presidir cursos e inaugurar exposiciones; María Asunción Mateo preside la Fundación Alberti en Cádiz; y Marina Castaño, como ya se ha dicho, impulsa la Fundación que Camilo José Cela dejó en Iria Flavia.

Por eso, explorar la historia de estas relaciones es descubrir cosas muy curiosas. Por ejemplo, que María Kodama, hija de japonés y argentina, conoció a Borges a los dieciséis años, cuando su padre la llevó a una de las conferencias del ya maduro escritor (entonces tenía sesenta), y que jamás volvió a apearse de su vida. Desde los treinta años lo acompañó en todos sus viajes. Pocos días antes de morir, y ya divorciado de su primera esposa Elsa Helena Astete, Borges se casó con ella. Fue el 26 de abril de 1986 cuando Borges y Kodama se casaron en la diminuta Colonia Rojas Silva, del Paraguay. No obstante, Borges ya la había elegido como heredera universal un año antes.

Todas estas mujeres son excepcionalmente maduras y reflexivas, a menudo debido a sus anteriores matrimonios fracasados. Carmen Llera, por ejemplo, se había casado a los diecisiete años con su profesor de Literatura, del que tuvo un hijo que se llamó Héctor. Y hay que recordar que Marina Castaño estaba divorciada de un marino mercante, J. L. F., con el que contrajo nupcias a los dieciocho y que fue padre de su hija Laura. A su vez, alguna de estas mujeres tampoco ha escondido la doble relación amorosa que llevaba. Así, por ejemplo, Carmen Llera nunca ocultó la relación sentimental que, entre otros, mantuvo con el líder druso del Líbano, Walid Jumblat, estando aún vivo Moravia. Según ha afirmado Marina Castaño, «está claro que los cuernos, en determinados momentos y con determinadas parejas, son muy saludables».

Desde la muerte de Cela, a su viuda sí se le ha adjudicado alguna que otra nueva relación sentimental. Una de las que más ha dado que hablar ha sido la que mantuvo con el decorador y escultor inglés Richard Hudson. Éste conoció a Marina Castaño en el verano de 2002, seis meses después de fallecer Cela, en una fiesta celebrada en la mansión mallorquina de la relaciones públicas Cristina López Mancisidor, más conocida por Cristina

Macaya, pareja durante muchos años del empresario asturiano Plácido Arango, dueño de la cadena Vips.[29] La Macaya, la gran valedora de Marina, suele ser muy buena introductora de personajes singulares en el círculo de los ricos y famosos. De nuevo, *el club de las ex* funcionaba.

La relación de este atractivo y maduro escultor inglés con la viuda de Cela continuó más allá de un simple verano, lo que le hizo ser conocido popularmente. Los *paparazzi* les persiguieron. Estuvieron juntos en torno a un año y medio, compartiendo barrera en los toros de las Fallas de Valencia, viajes culturales por Bilbao, hoteles en Ibiza... pero dicen sus amigos que nunca fueron novios. Posteriormente, en el verano de 2005, el escultor inglés aparecía ya en las fotografías de las revistas del corazón acompañando a otra ínclita del *club de las ex* y figura del papel *couché*, Marta Chávarri, ex mujer del marqués de Cubas, que le doblaba en edad, y luego del financiero Alberto Cortina.[30] Y lo hacía por aguas de Ibiza, ya que el decorador está afincado la mayor parte del año en las islas Baleares.

Otro personaje vinculado a Marina Castaño fue el pintor holandés Alwin Van der Linde (La Haya, 1957), que reside en España desde 1998 y que es uno de los exponentes de la pintura realista y la figuración de los últimos años. Dicen que esta relación duró muy poco tiempo. Actualmente, Marina se guarda mucho de ser sorprendida *in fraganti*.

Sin embargo, al margen de sus devaneos sentimentales, una de las mayores controversias protagonizadas por la viuda de Cela fue la que tuvo lugar durante el último año de mandato del Gobierno de José María Aznar. La Comisión Organizadora de las Pruebas de Acceso a la Universidad determinó que en la prueba de lengua castellana fuese obligado comentar un artículo escrito por Marina Castaño, publicado el 17 de marzo de 2002 en el diario *ABC*,

---

[29] Véase capítulo 3.

[30] Véase capítulo 1.

en el cual hacía referencia a las críticas de las que fue objeto por recibir la herencia de su marido. El estupor de parte del profesorado fue total. Mostraban públicamente su disgusto porque culturalmente se tocaba fondo. ¿No hubiera sido mejor, se preguntaban, realizar un comentario crítico sobre un texto del propio Camilo José Cela o de otros grandes de la literatura española como Cervantes o Machado? Se daba, además, la paradoja de que muchos estudiantes de Selectividad desconocían quién era Marina Castaño. O al menos no conocían la disputa por la mencionada herencia. Este hecho dañó mucho la imagen pública de Marina Castaño, que personajes próximos al PP quisieron relanzar tras la muerte de Cela.

A pesar de este empuje social, desde que muriera el Nobel su círculo de conocidos se redujo considerablemente. La locutora intenta contrarrestar este hecho con su presencia en cualquier acto al que es invitada, ya sea social o literario, asistiendo incluso a inauguraciones de bodegas o a desfiles de moda. Poco después del fallecimiento de Cela y con el objeto de seguir manteniendo el negocio, protagonizó la presentación de la obra *Cuadernos de El Espinar*, una supuesta colección póstuma del escritor compuesta por doce textos y trece grabados. Se preparó para ello una cuidada edición de trescientos ejemplares, cada uno de los cuales se vendió por una suma superior a los dos mil euros. El negocio del nombre de Cela seguía, incluso, desde la tumba. Pero ya antes de quedarse viuda publicó una novela («Mi idea era hacer un libro de relatos, pero Camilo me convenció») con un sugerente título: *Toda la soledad*.[31] La novela, ambientada en un pueblecito inglés, relata en clave folletinesca las miserias, odios y represiones de los habitantes de Ellison Place. Se trata de una sociedad hipócrita en la que todas las personas están profundamente solas. Cuando alguien le preguntaba si ella se veía reflejada en su libro, contestaba: «La vida hay que vivirla y disfrutarla, por-

[31] *Toda la soledad*, Círculo de Lectores, Barcelona, 2002.

que, total, son cinco minutos los que vamos a estar aquí [...] Nunca me planteé la viudedad, porque [Camilo] era fuerte como un roble, una fuerza de la naturaleza».

Dicen sus amigos que Marina es mucha Marina. El ex secretario de Cela llegó a afirmar que la locutora manejaba al escritor a su antojo, que lo trataba como a un auténtico pelele y que tenía muchos aires de grandeza. Incluso, que obligaba al servicio doméstico a tratarla de marquesa.[32] Por su parte, el escritor Francisco Umbral, amigo de su marido, la tildó en su libro *Cela, un cadáver exquisito* de ser una persona «rapaz de lujos, vestidos, champán y fama social», calificándola de «nueva rica». Pero todos coinciden en señalar que Marina es fiel a sus principios.

Que es fuerte y tenaz. Que intenta ser dueña de sí misma. Que su serenidad, si es franca, impresiona. Que tiene el paso corto pero apresurado. Que tiene un punto de prepotencia. Que no permite que nadie la coarte. Que es muy desconfiada con los desconocidos. Que no suele ser muy simpática. Que suele decir lo que le sale «de las vísceras». Que no esconde su ánimo, ni sus reacciones. Que es muy cuadriculada y puntillosa. Que para ella las manifestaciones de dolor están fuera de lugar. Que no siempre logra su equilibrio emocional. Que capea siempre el temporal huyendo de los *paparazzi*, por los que se siente maltratada. Que tiene varios tics nerviosos, por ejemplo, mover la pierna. Que su sonrisa también es nerviosa. Y que su piel es amarillenta.

También dicen que suele afirmar que el dinero para ella no es importante («Cuando me casé con Camilo acababa de heredar»). Ha llegado a afirmar que «lo del pringue del dinero siempre me ha dado asco, quizá porque nunca he sentido su necesidad».[33] Sin embargo, le gusta vestir bien. Enseña bolsos y pañuelos de Hermès, neceseres de Armani y relojes de oro de Cartier. Le gusta lucir ropa de los diseñadores gallegos («lo hago por puro patrio-

[32] Europa Press, 21 de abril de 2003.

[33] *ABC*, 23 de enero de 2002.

tismo»). Y considera que la imagen es muy importante, aunque no es nada glamurosa. Dicen que le gusta lavarse mucho el pelo. Que no tarda mucho tiempo en arreglarse. Que es muy aficionada a los toros. Que le gusta el toreo de Enrique Ponce. Que le priva ir a la barrera de la plaza de Las Ventas, como hizo en la Feria de San Isidro de 2007, situándose al lado del ganadero y amigo del rey Juan Carlos, Samuel Flores. Que es creyente y practicante. Que es conservadora y monárquica («hasta la médula»). Que es muy tradicional en las costumbres de la vida familiar. Que desde siempre ha fumado. Que le gusta el vino. Que cocina bien («Mis consomés, mis lentejas y mi merluza a la gallega le volvían loco a Camilo»). Que le encantan las melodías de Frank Sinatra y de John Lennon, sus grandes ídolos de juventud. Que no le gusta la soledad. Y que siempre desea estar rodeada de mucha gente.

Dicen que en los personajes imaginativos o en los fantásticos, como Cela, cuando luce el escepticismo, tiene que aparecer la ilusión. Y que ésta a veces aparece en forma de mujer. Y que en esta novela así ha sido. Marina Castaño logró que Camilo José Cela hiciera realidad una de sus frases literarias: «Amo la palabra como a veces se ama a una mujer: con frenesí, pasión e inconveniencia». Pero los últimos años de la vida del Nobel se convirtieron en un expresivo reflejo de lo que acabó siendo progresivamente su existencia al lado de una joven locutora: un lucrativo negocio.

CUADRO PATRIMONIAL DE BIENES CONOCIDOS

MARINA CONCEPCIÓN CASTAÑO LÓPEZ

Título: marquesa viuda de Iria Flavia y segunda mujer de Camilo José Cela.

Patrimonio

- Marina Castaño fue declarada heredera única de la principal fortuna del Nobel, que por tal premio se embolsó en su día un cheque de tres millones de coronas suecas (unos 54 millones de pesetas). Muchos expertos consideran que obtuvo un patrimonio valorado en unos nueve millones de euros.

Propiedades inmobiliarias

- Chalet en la urbanización Puerta de Hierro (Madrid), valorado en más de 600.000 euros (más de cien millones de pesetas).
- Casas patrimoniales en Iria Flavia. En diciembre de 2000 se compraron cinco edificios para la Fundación CJC por valor de 312 millones de pesetas. Hoy, la fundación, que preside Marina Castaño, ocupa tres edificios de finales del siglo XVIII en el complejo conocido como Casa dos Coengos.

Nota: figura en sociedades como Estudios Iceberg, constituida el 17 de diciembre de 1999 y dedicada a la promoción inmobiliaria.

Empresas

La actividad de las sociedades instrumentales donde figura o ha figurado Marina Castaño es muy diversa. Va desde los servicios de «hospedaje, hostales y pensiones» hasta la «producción, compraventa, representación, explotación de obras literarias o teatrales», pasando por la «adquisición de fincas rústicas y urbanas». Entre ellas están:

- Camilo José Cela Producciones (CJC Producciones), actualmente disuelta. Fue creada en octubre de 1988 con un capital social de

→

60.101 euros. Desde el 5 de abril de 1991, el escritor gallego pasó a ser administrador único, cargo que abandonó el 27 de febrero de 1997 para cedérselo a Marina Castaño.

- Palabras y Papeles, S.L., constituida el 15 de enero de 1991 en Guadalajara y cuya actividad es la explotación de obras literarias.
- Letra y Tinta, S.L., constituida el 23 de junio de 1997 y cuya actividad es la producción en general.
- Lengua y Literatura Agrupación de Interés Económico (AIE), cuya actividad es «la industria del mueble de madera».
- Salbos de la Sierra, dedicada a la gestión de establecimientos turísticos.

Nota: llegó también a ser consejera de la Caja de Ahorros Provincial de Guadalajara.

Fundaciones

- Preside la Fundación Camilo José Cela (CJC), con sede en la localidad coruñesa de Iria Flavia. A la muerte del escritor fue valorada en 27.045.544 euros (unos 4.500 millones de pesetas). En ella se guardan todo tipo de recuerdos de la vida de Cela.

10. Pitina, una mujer de las de antes

Se llama María de los Ángeles Sandoval Montero, más conocida por *Pitina*. Es la mujer de toda la vida de un político de vocación reconvertido más tarde en empresario. Es la esposa de Florentino Pérez Rodríguez, ex presidente del Real Madrid y uno de los principales accionistas de la megaconstructora ACS. Dicen de él que es un hombre de fortuna incalculable. Y de ella que es una gran desconocida, con una vida relativamente sencilla para alguien de su posición social y económica. Aseguran que se dedica a las labores domésticas como cualquier otra ama de casa. Sin embargo, no necesitaría hacerlo ella misma. María Ángeles es igual de rica que su marido, porque comparte el mismo poder en las empresas financieras familiares. Ella opta por la prudencia, el avance sigiloso, el crecimiento paulatino, pero firme, y el convencimiento de que jamás se puede presumir de nada sin correr el riesgo de que te lo echen en cara.

Pitina nació hace cincuenta y siete años en Bata, la segunda ciudad de Guinea Ecuatorial y capital de la región continental, por entonces en manos del protectorado español. Su padre era constructor y se había trasladado a este país africano para comenzar sus negocios. Su familia la componían siete hermanos, uno de los cuales murió. Ella es la mayor. Sus estudios primarios los realizó en el Colegio de las Teresianas del Padre Poveda, en León, donde vivían sus abuelos paternos y donde ella pasaba largas temporadas. La pequeña Pitina iba y venía de León a Guinea: cada seis meses se trasladaba de un sitio al otro. «Recuerdo los viajes, en los aviones te daban unas zapatillas, un abanico para el calor y un impermeable, por si llovía dentro, que era lo más frecuente. El vuelo era Madrid-Cádiz-Casablanca y la última parada era en El Aaiún, el viaje duraba veinticuatro horas. En nuestra casa de Guinea no había luz eléctrica, así que, cuando llegaba a España, lo que más me llamaba la atención eran las llaves de la luz» *(sic)*. A la edad de catorce años se marchó a vivir a Madrid junto a su familia, que se había trasladado definitivamente a España tras la llegada de la independencia a Guinea. El 12 de octubre de 1968, el entonces ministro de Información y Turismo, Manuel Fraga Iribarne, firmó la declaración de independencia de este país con quien luego sería el sangriento dictador Francisco Macías Nguema. Menos de seis meses después, casi siete millares de españoles abandonaron la ex colonia, dejando atrás un patrimonio y una experiencia vital que la diplomacia española no supo, o no quiso, defender. En los meses siguientes, Guinea iniciaría una cuesta abajo económica y social debida precisamente a esa repatriación, de la que aún no se ha recuperado pese al petróleo. «Mi padre vio que era el momento de regresar. Se estableció en Madrid y empezó a hacer negocios de construcción».

Por entonces Pitina comenzó a estudiar el bachillerato en el colegio de las madres jesuitinas. No era una gran estudiante, aunque al final sacaba como podía las asignaturas en junio. Se dedicaba fundamentalmente a apoyar al grupo de teatro del colegio. Una de las obras que más le gustaba interpretar era *La dama del alba*, de Alejandro Casona, una pieza literaria española del llamado teatro de la posguerra. Su estatura (era muy alta para su época) y su mirada entrañable la llevaron a las tablas del escenario. Sin embargo, no triunfaría. Posteriormente, conseguiría sacarse el título de ATS, aunque su padre le había pedido que hiciera Secretariado Internacional para que le echara una mano en su despacho de exportación con ramificaciones en Guinea Ecuatorial. «En Guinea, mi padre tenía factorías, eran unas tiendas de esas que vendían de todo». Su primer trabajo fue precisamente como secretaria, en el cuerpo médico de El Corte Inglés, en las oficinas de la calle de Goya. Pitina conoció a Florentino Pérez cuando ella contaba con veinte años y él con veinticuatro. Por entonces Florentino estaba entregado al séptimo arte. Le gustaba el cine de arte y ensayo, las versiones originales y le entusiasmaban directores como Fellini o Bergman; por eso se había matriculado en la Escuela de Cine. Pero su noviazgo no se fraguaría en un cine, sino primero en una cafetería del barrio madrileño de Argüelles y luego en las gradas del Estadio Bernabéu. «Un día mis padres me pidieron que saliera con la hija de unos amigos suyos de Canarias. "Llévala a un museo", me dijo mi padre. Y claro, a los veinte años, lo que hicimos fue ir a una cafetería de Argüelles. Y allí estaba un amigo que nos presentó a Florentino: tenía veinticuatro años y estaba acabando Ingeniería de Caminos. Nos caímos fatal. Él hablaba con unos amigos y no nos hacía ni caso, me parecía un poco machista. Encima, la primera vez que me llamó —unos días después—, no lo hizo por mí, sino para salir con mi amiga, que ya se había vuelto a Canarias. A pesar de todo, tomamos un café y luego tardó en llamarme más de un mes; aquello no tenía pinta de ir a ninguna parte».[1]

Sin embargo, no fue así. Florentino caía bien a toda su familia política. «Tan buen chico, tan serio…», dicen que comentaban sus futuros suegros. Además, la pareja compartía las mismas aficiones: el cine y el fútbol. «En la primera salida juntos me llevó a un bar en el que retransmitían un partido y no me hizo ni caso. Luego me hizo socia [del Real Madrid] y hasta hoy...». Tras un noviazgo muy corto, de unos seis meses, la pareja contrajo matrimonio en 1971 en la iglesia madrileña de Jesús de Medinaceli, justo al lado del hotel Palace, en pleno Barrio de las Letras. Su

[1] Suplemento «Crónica» de *El Mundo*, diciembre de 2003.

luna de miel la pasaron en las islas Canarias. A su vuelta, Florentino tenía aún pendiente por realizar el segundo campamento de la milicia universitaria como alférez de compañía. Por eso no tenía todavía un trabajo fijo y no había rentas profesionales, vivían del dinero que sacaron como regalo de bodas por parte de su familia y amigos. El primer trabajo lo consiguió Pérez en la Asociación Española de Carretera, donde era presidente Juan de Arespacochaga, un ingeniero de Caminos que luego sería alcalde de Madrid. Su primera vivienda fue en un piso alquilado en la calle del General Orgaz, muy cerca del Estadio Bernabéu y del Palacio de Congresos y Exposiciones de la capital de España. La vida en familia era muy tranquila. «Él venía a casa a comer y a cenar, y, aunque daba clases en la Escuela de Caminos, creó una especie de academia con un amigo y hasta escribió un libro sobre resistencia de materiales; nunca estuvo con los brazos cruzados». De su unión, a pesar de que su planteamiento inicial era tener muchos niños, sólo nacerían tres descendientes: Florentino, Eduardo y María Ángeles, a los que todos llaman por sus apodos: *Chivo*, *Over* y *Cuchi*, respectivamente.

La vida de los Pérez seguía con su monotonía inicial, con Pitina en las labores del hogar y Florentino ejerciendo de *pater familias* y llevando el jornal a la casa. Pronto comenzaría su incursión en el mundo de la política con su incorporación en la extinta UCD. Primero trabajó como ingeniero de Caminos en el Ayuntamiento de Madrid, que ya encabezaba su valedor y antiguo jefe, Juan de Arespacochaga. Éste le nombraría después delegado de Saneamiento y Medio Ambiente, donde inició su carrera política de la mano de la UCD. Resultó elegido concejal en Madrid en las elecciones de abril de 1979 (compareció en las listas de este partido con el número catorce) y ocupó posteriormente tres altos cargos ministeriales: primero, subdirector general en el Ministerio de Industria; después, director general de Infraestructura del Transporte en el Ministerio de Transportes; y, por último, presidente del Instituto Nacional de Reforma y Desarrollo Agrario

(IRYDA) en el Ministerio de Agricultura. Muy a pesar de los reproches de Pitina y del progresivo abandono de sus funciones familiares, el *pater* continuaba su camino político. «A mí no me gustaba, porque trabajaba tanto que se olvidaba de la familia. Yo protestaba, pero no me hacía caso. Era la primera vez que no me escuchaba. Hasta que llegaron las elecciones de 1982 y perdieron», afirma Pitina. Tras el hundimiento de UCD, se unió al partido liderado por el catalán Miguel Roca y el liberal Antonio Garrigues Walker, el Partido Reformista Democrático (PRD), ocupando su secretaría general. Tras el fracaso de la «Operación Reformista» (elecciones generales de 1986, en las que no obtuvo ningún diputado) su labor ha transcurrido únicamente en el sector privado, donde emprendió una vertiginosa carrera empresarial.

Pero nadie duda ya de que su paso por la política le puso en contacto con la realidad económica y financiera de España y que con el tiempo le sirvió para incrementar su agenda empresarial. Que supo cultivar y aprovechar muy bien sus relaciones personales. Un aspecto que comparten quienes le han estudiado a fondo y que definen su camino como prosaico y político, «el de las relaciones personales cultivadas en incontables comidas y veladas, el de ese amiguismo que ocupa un espacio difuso entre el legítimo interés y el tráfico de influencias».[2]

Una carrera empresarial y política que siempre ha sido apoyada por Pitina, cuya presencia al lado de su marido en actos y ágapes ha sido manifiesta, desde una recepción oficial en el Palacio Real por el presidente de la República de Colombia, Álvaro Uribe, hasta una fiesta de despedida de soltera de Carmen March, la hija del financiero mallorquín Carlos March, su socio en la constructora ACS, pasando por su presencia en el Máster de Tenis de Madrid, cámara en mano. El inicio de la carrera en el sector

[2] Juan Carlos Escudier, *Florentino Pérez, retrato en blanco y negro de un conseguidor*, Editorial Foca, Madrid, 2005.

privado de los Pérez —unidad de acción— comenzó con la puesta en marcha de la editorial donde se editaba la conocida *Guía del ocio* madrileña, que Florentino copió en uno de sus viajes por Europa de la revista francesa *Pariscope*. El marido de Pitina logró definitivamente sacarla a flote. Como también en 1983 acudió al Fondo de Garantía de Depósitos, junto a sus amigos Pedro López Jiménez y Juan Torres, para sacar de la UVI a una sociedad llamada Construcciones Padrós, de la antigua Banca Catalana, que luego compraría por cinco millones de pesetas, a una peseta por acción.[3] En su primer ejercicio, la renovada constructora de Florentino alcanzaría una facturación de mil millones de pesetas. Y, a partir de ese momento, su trayectoria empresarial fue en ascenso. En 1986 compró la constructora Ocisa, también mediante el pago de una peseta por acción al Banco Hispanoamericano. En febrero de 1991 entró a formar parte del consejo de administración de la Societé Auxiliaire D' Enterprises (SAE), empresa francesa de construcción. El 9 de diciembre de 1992 fue nombrado presidente y consejero delegado del Grupo Ocisa, en sustitución de Jesús Roa Baltar, quien tuvo que dimitir al verse inculpado en un caso de comisiones ilegales para financiar al PSOE. En esos complicados momentos, Florentino Pérez no dudó en coger el timón. Sólo un mes después ya se iniciaban los estudios de viabilidad de una fusión con Construcciones Padrós, de la que poseía una participación del 34 por ciento, según informó entonces la Comisión Nacional del Mercado de Valores (CNMV). En 1993, Ocisa ya cambiaba su denominación por la de OCP Construcciones S.A. y Florentino pasaba a ocupar la presidencia de esta nueva empresa, que en 1997 lograría fusionar con Ginés Navarro (la entonces constructora de la familia March). Era el germen de lo que luego se convertiría en el *holding* Actividades de Construcciones y Servicios (ACS), compañía que también pasó a presidir. Anteriormente había incorporado

[3] Construcciones Padrós S.A. fue fundada en 1968, con sede en Barcelona.

a su grupo la constructora pública Auxini, previo pago de 54 millones de euros, lo que fue considerado en el sector como un «auténtico regalo», ya que la empresa pública contaba con 60 millones invertidos en Letras del Tesoro y disponía de una tesorería saneada con una cifra de negocios por encima de los 350 millones. A su vez, durante el año 1999 entraron a formar parte del Grupo ACS las empresas de transportes de viajeros Continental Auto (cien por cien) y Autobuses del Norte ANSA (50 por ciento). También en los primeros meses de 2000 se produjo la absorción por ACS de las sociedades Imes, Vertresa y Venelín, controladas por los primos Alberto Cortina y Alberto Alcocer. Por entonces Florentino Pérez ya se había convertido en el presidente de una de las constructoras más importantes de Europa. Más tarde, en el año 2002, la empresa se fusionaría con su homóloga Dragados. Hoy el megagrupo ACS cuenta con seis grandes áreas de negocio: construcción, servicios, comunicaciones y energía, medio ambiente, transporte, concesiones y telecomunicaciones. Y Florentino sigue en el cargo. Dicen que sabe muy bien navegar y que Pitina le ayuda a llevar el timón.

Precisamente, el ocio de la familia Pérez se desarrolla fundamentalmente en torno al mar y, en concreto, en referencia al yate que tienen atracado en Puerto Portals, una de las zonas más exclusivas de Mallorca. Allí está fondeado el *Pitina III*, que lleva el nombre de la matriarca de la saga y la marca de los astilleros Astandoa, un detalle que es muy apreciado por los amantes de la náutica. El yate de los Pérez es un Astandoa 102 GLX con 31,4 metros de eslora y 6,5 de manga. Tiene dos motores de 2.000 CV de potencia que lo propulsan a una velocidad de 28 nudos, es decir, unos 52 kilómetros por hora, y su depósito puede almacenar hasta 15.129 litros de combustible. Su capacidad es para doce pasajeros y una tripulación de cuatro personas, y está valorado en más de siete millones de euros. Su interior es de maderas nobles. Dispone de dos lujosas cabinas, dos amplias habitaciones y una enorme sala de estar situada en el centro. Todo en él está cuidado hasta el más mínimo detalle por María Ángeles Sandoval. Y fue estrenado durante el verano de 2005.

El anterior barco de la familia, el *Pitina II*, estaba fondeado en Puerto Portals y también fue fabricado por la marca española Astandoa. Este astillero, fundado en 1916 en Santa Pola (Alicante), es uno de los preferidos por las grandes fortunas. El *Pitina II* tenía 82 pies de eslora y fue puesto a la venta por el matrimonio durante el verano de 2004 por un precio inicial de 1,2 millones de euros. No obstante, en el verano de 2007 el barco todavía fue utilizado por la hija del matrimonio, Cuchi, para pasear por aguas del Mediterráneo junto a su amiga Alejandra Prat. El antiguo yate de los Pérez tenía catorce años y, aunque era más pequeño que el megayate que ahora disfrutan, también tenía dos motores de 2.000 CV, aunque sólo alcanzaban una velocidad de 26 nudos. Tenía ocho habitaciones, cuatro de ellas dobles, tres salones, cinco cuartos de baño con grifería de oro, *jacuzzi*, piscina interior y exterior, comedor de invierno y verano, chimenea-hogar, escalera de acceso posterior, cocina española y americana, GPS, antena parabólica y frenos de disco.

Pero lo más importante es que el *Pitina II* será un barco que pasará a la historia más reciente del Real Madrid, pues en él se celebraron varias reuniones de gran calado deportivo tras la toma de la presidencia blanca por parte de Florentino. El encuentro más famoso a bordo fue el protagonizado en julio del año 2000 por los matrimonios Pérez y Gaspart. Era el verano en que ambos resultaron vencedores en las elecciones presidenciales de Real Madrid y Barcelona, respectivamente. También los llamados galácticos pasaron en varias ocasiones por el *Pitina II*, uno de cuyos salones se llamaba, precisamente, «Salón Galáctico», y estaba adornado por María Ángeles Sandoval con fotografías y dedicatorias de Roberto Carlos, Zidane, Ronaldo, Beckham y compañía. Muchos dicen ya que el mar Mediterráneo siempre ocupará un lugar de honor en la historia madridista. No es de extrañar, ya que el gran patriarca por excelencia del Real Madrid, Santiago

Bernabéu, también se aposentó en otra localidad costera de este mar, en el pueblo alicantino de Santa Pola. Eran otros tiempos y Bernabéu sólo tenía una pequeña barca, de nombre *La Saeta*, en honor a Alfredo Di Stefano, y no un yate de superlujo.

Dicen sus amigos que, al no poseer los Pérez fincas en los Montes de Toledo ni practicar con asiduidad el *swing* en los campos de golf, todos sus objetivos siempre se han centrado en la adquisición de un gran barco, y que cada periodo de tiempo van cambiando de herramienta. Precisamente hasta el verano de 2007, en que han adquirido una espléndida *possesió* en la isla, siempre que iban a pasar un fin de semana a las Baleares se quedaban a descansar en su yate y salían por la noche a cenar por los restaurantes de más renombre de Puerto Portals, entre ellos, Flannigan y Tristán. A Florentino Pérez le gusta estar rodeado, de vez en cuando, de estos pequeños lujos. Pero parece que a su mujer le interesaba de una vez por todas tener una propiedad en tierra firme mallorquina, cansada quizá de los vaivenes del puerto deportivo. Así, en el otoño de 2006, el matrimonio comenzó la búsqueda. Primero negoció la adquisición en Mallorca de una suntuosa mansión de 20.000 metros cuadrados situada en la urbanización Las Brisas, en el puerto de Andratx. La *possesió*, de nombre Villa Yasmin, era propiedad de un empresario alemán afincado en Suiza. La cantidad barajada rondaba entre los 18 y los 20 millones de euros. En el interior de la finca se encuentra una casa de 800 metros cuadrados de estilo mallorquín, rodeada de grandes jardines de vegetación mediterránea y con unas excelentes vistas panorámicas desde donde se puede dominar el puerto de Andratx. Sin embargo, cuando todo apuntaba a la adquisición, las negociaciones se rompieron y al parecer los Pérez se hicieron con una torre en una de las urbanizaciones más elitistas cercana a Palma de Mallorca y, por tanto, a escasos minutos de donde se encuentra amarrado su yate.

Otro «pequeño» lujo del matrimonio es la nueva mansión familiar que los Pérez se están haciendo construir en el barrio madrileño de El Viso, donde viven personajes como Alberto Cortina, la condesa de Romanones o los banqueros de la familia March, sus socios en ACS. Hasta entonces seguirán viviendo en el mismo chalet adosado que compraron cuando Florentino era concejal de la UCD, en el barrio madrileño de Chamartín y muy próximo a la calle de Padre Damián; un chalet con 331 metros cuadrados y distribuido en dos plantas. La materialización de su nueva casa, sobre una parcela de esquina de 2.600 metros cuadrados de extensión, con tres alturas más ático, sótanos, trasteros y varias plazas de garaje, provista de los mejores sistemas en seguridad y lo último en telecomunicaciones, le costó al matrimonio más de 30 millones de euros. El terreno, circundado por las calles Velázquez, Castellón de la Plana y Pablo Aranda, fue comprado por Florentino Pérez en septiembre de 2003 a Dolores Utrera Patuel, una prima lejana del productor ya fallecido Vicente Patuel, marido de la actriz Carmen Sevilla. Para hacer frente a su compra, los Pérez suscribieron una hipoteca de 19 millones de euros con el Banco Santander Central Hispano, cuyo vencimiento terminaba el 30 de septiembre de 2006. La finca fue tasada por el BSCH, según el Registro de la Propiedad, en 27.360.000 euros. La mansión familiar de los Pérez, donde, en teoría, vivirán el matrimonio y las familias de sus tres hijos, dada la independencia de cada una de las diferentes plantas, comenzó a construirse en 2005 a cargo de la empresa Dragados, integrada en el *holding* ACS, que preside Florentino Pérez. El proyecto arquitectónico ha sido realizado por la firma Arquetipo Arquitectos Asociados. Los sistemas de comunicaciones fueron encargados a World Consulting, y el movimiento de tierras, encofrados y andamiajes a distintas subcontratas. Por ejemplo, en su jardín se plantarán más de veinte árboles «de gran porte» con «tronco de diámetro superior a 30 centímetros», según el proyecto original.[4]

Sin embargo, ya han surgido los primeros problemas. En un principio, con su vecina Aline Griffith, la condesa de Romano-

[4] Revista *Interviú*, 13 de marzo de 2006.

nes. La disputa tiene que ver con el permiso municipal que deja a los Pérez edificar más alturas de lo permitido en este cruce de calles. Al parecer, sobre el papel se ha considerado que las viviendas de Florentino se edifican en la calle Velázquez número 139, donde sí está permitido elevar las cuatro plantas que tiene el inmueble. El problema es que la mayor parte de la fachada del nuevo bloque se extiende por las calles de Castellón de la Plana y Pablo Aranda, donde no está permitida la edificación de tantas alturas. La batalla continúa, pero la condesa ya la da casi por perdida, a pesar de su carácter indomable.

Para realizar todas sus operaciones financieras, los Pérez suelen recurrir a dos de sus sociedades instrumentales: Inversiones Vesan S.A. y Rosan Inversiones S.L. En ambas figuran como administradores el propio Florentino Pérez y su mujer, María Ángeles Sandoval. El *family office* del matrimonio Pérez-Sandoval es Rosan Inversiones, con domicilio en la calle Fray Bernardino Sahagún, número 20, en pleno barrio madrileño de Chamartín. Fue creada en diciembre de 1988 con un capital de 28,3 millones de euros. Los balances contables de los ejercicios 2001 y 2003 indican que durante esos años la sociedad estuvo inactiva. Como apoderados de ella figuran el hijo mayor del matrimonio, Florentino Pérez Sandoval, y Andrés Sanz Carro, un hombre muy utilizado por la casa.[5] Esta sociedad es a su vez la matriz de Inversiones Vesan, de la que mantiene el cien por cien del capital. Vesan fue constituida por los Pérez en diciembre de 1997 con un capital social de cerca de 100 millones de euros. Su domicilio social también se encuentra en la calle Fray Bernardino, su verdadero cuartel general.

Con estas dos sociedades el matrimonio ha incrementado a lo largo de estos últimos años, mediante la compra sucesiva de

[5] Andrés Sanz Carro figura como apoderado en las siguientes sociedades de los Pérez-Sandoval: Hispavesan, Rosan Inversiones, Inversiones Vesan, Inverpe y Peyflosa; y también lo fue de ACS Actividades de Construcción y Servicios. A su vez, aparece como presidente de Reva Inversión y Gestión S.L.; como vicepresidente de Gestión Tresan S.L.; y como administrador de Construcciones Dorsa S.A. y de la Sociedad Española de Montajes Industriales S.A.

paquetes de acciones, su poder en ACS, situándose como tercer accionista de la constructora (en torno al 11 por ciento), después de Corporación Financiera Alba (el *holding* de la familia March), y los empresarios Alberto Cortina y Alberto Alcocer, que poseen a través de su sociedad Corporación Financiera Alcor un significativo paquete de la compañía (alrededor del 14 por ciento). Según fuentes cercanas a la familia Pérez, la compra de acciones la llevan a cabo a través de créditos con entidades financieras, entre las que está Caja Madrid, donde figura como presidente su amigo el jienense Miguel Blesa, a quien vendió en su día el 20 por ciento de los derechos de explotación del *merchandising*, imagen e internet del Real Madrid, club que dirigía.[6] Dicen sus conocidos que éste es el grave problema del matrimonio Pérez: que todo lo tienen a base de créditos y viven a expensas de los vaivenes del mercado y de la Bolsa, aunque por el momento los hados les favorecen.

Pero ¿quién es Florentino Eduardo Pérez Rodríguez? ¿Y cómo cautivó a María Ángeles Sandoval? Se trata, sin duda, de un hombre hecho a sí mismo. Formado en una familia de clase media, que ha conseguido la condición de rico sin los lastres habituales de la opulencia. Dicen que es una persona que, aunque en algún momento flojea, cuando toma una decisión es que está seguro y decidido. Que es inteligente, organizado y responsable. Que difícilmente pierde las formas. Que la diplomacia es una de sus señas de identidad, pero que siempre guarda un as en la manga. Que es una persona sin alma. Que odia que haya papeles encima de la mesa, porque, según dice, «es síntoma de tener trabajo pendiente». Que no perdona la mentira. Que sólo le puedes engañar una vez. Que no gusta de excesos y se deja guiar poco por las pasiones mundanas. Que apenas bebe y que come muy

[6] A su vez, Florentino Pérez vendió a través de Ocisa, junto a Caja Madrid, el Parque de Atracciones de la capital de España a Mercapital y otros inversores, con unas plusvalías de más de 1.300 millones de pesetas.

frugalmente en las comidas de empresa. Que uno de sus platos más comunes es la tortilla francesa y la ensalada de tomate. Que su gran fallo en el Real Madrid fue que maleducó a los jugadores. Que ése es uno de sus defectos y virtudes. Que en su casa también le ha pasado con sus hijos, «que al final hacen lo que les da la gana», dice Pitina.[7] Que tiene ya asumido que ninguno de sus tres hijos se ajusta al perfil de heredero de su poder empresarial. Y que nunca ha dejado de encargar a la sastrería de Cristóbal sus trajes de señor serio y formal.

Florentino nació el 8 de marzo de 1947 en Madrid. Es el tercero de cinco hermanos, todos ellos muy unidos, hijos de un empresario, don Eduardo, que poseía dos perfumerías en la capital de España. Estudió en su infancia en el colegio de los Escolapios de San Antonio, donde nunca fue el primero de la clase. Con el paso de los años se licenciaría por la Escuela Técnica Superior de Ingenieros de Caminos, Canales y Puertos de la Universidad Politécnica de Madrid, en la que posteriormente ejerció como profesor de Fundamentos Físicos de las Técnicas. Junto a su amigo José Miguel Juárez, luego reconvertido en productor cinematográfico, escribió un libro de física y montó una academia. Dicen que sus padres le llaman Tinín y sus amigos Floro. Que desde pequeño tenía un espíritu competitivo y de ganador fuera de lo común. Que le gustaban mucho los deportes. Que jugaba de portero al fútbol y al balonmano. Que una de sus aficiones es el arte contemporáneo. Y que sus mejores amigos en el PP son Eduardo Zaplana y Jaume Matas; en el PSOE, Alfredo Pérez Rubalcaba; y entre los sindicatos, Cándido Méndez, el líder de UGT.

Fue en febrero de 1995 cuando se presentó por primera vez a las elecciones para presidir el Real Madrid, en cuyas campañas siempre ha participado activamente Pitina. Después de dos meses de dura competición contra Ramón Mendoza y un tercer candidato, el empresario Santiago Gómez Pintado, perdió la poltrona

[7] *Marca*, 9 de marzo de 2006.

por tan sólo 698 votos (15.203 de Mendoza frente a los 14.505 de Pérez). Pero en el año 2000 se presentó de nuevo a presidir el club blanco frente al intermediario de terrenos, *el pegapases* Lorenzo Sanz, al cual derrotó en una campaña estudiada y, por sorpresa, tras haber conquistado el Madrid la octava Copa de Europa (ganó a Sanz por 16.469 votos frente a 13.302). Entre sus primeros directivos figuraban pesos pesados de la vida económica española, muchos de ellos, en teoría, amigos del matrimonio, como Fernando Fernández Tapias, Juan Abelló Gallo, Luis del Rivero Asensio, Manuel Cerezo, Miguel Ángel Arroyo Gómez, Fernando Martín Álvarez, Luis Gómez-Montejano Arroyo, José Sánchez Bernal, Enrique Sánchez González, etcétera. El palco del Madrid se convirtió en un centro de poder y de comercio de primera magnitud. Un escenario al que iban desde el rey de España hasta el presidente del Gobierno, pasando por el alcalde de Madrid. «Pero yo no he visto a nadie hacer negocios allí. Florentino y toda la directiva del Madrid firmaron un acuerdo para no mezclar sus negocios privados con los asuntos del club. Por ejemplo, él como constructor no puede hacer obras para el Real Madrid. La gente va al palco a relajarse y a ver a sus amigos. A mí nadie me ha pedido nunca que le lleve al palco para conocer a alguien. Por allí han pasado Trinidad Jiménez, Esperanza Aguirre, todo el mundo», aseguró en su día Pitina.

Dicen sus amigos que María Ángeles es una seguidora acérrima del Real Madrid. Que le encanta ir al Bernabéu. Que desde hace muchos años tiene su abono. Que, al margen del Madrid, es muy aficionada al fútbol. Que nunca pierde los nervios. Que su temperamento es tranquilo. Que es afable. Que imparte casi siempre una energía positiva. Que es una mujer resuelta y firme. Que mira de frente a las personas. Que fuma mucho. Que siempre ha fumado Ducados. Pero que últimamente fuma cigarros Davidoff, una especie de puritos suaves y largos. «He empezado con los puros para fumar menos. Fumaba un montón de Ducados y todo el mundo me agobiaba con los peligros del papel, el filtro... y como soy incapaz de dejarlo, me pasé a los puritos; ya he dado el paso de fumar menos. Florentino lo dejó; los demás seguimos todos...».[8] Que a pesar de que le gusta mucho el cine, como a su marido, se le ve poco en las salas cinematográficas. Que prefiere ver vídeos en casa. Que en su casa cada uno tiene su televisión. «Yo tengo la mía y Florentino la suya. Jamás nos peleamos por ver una cosa u otra». Que, al contrario que su marido, le gusta bailar y que de joven acudía con asiduidad a los bailes de discoteca. Que le encanta el flamenco. Que dio clases de baile en la academia de La Camboria. Que nunca ha sido muy deportista. Que poco después de sobrepasar la cincuentena ya era abuela. Y que tiene un don de gentes que ejerce en las fiestas sociales.

Sin embargo, afirman sus conocidos que, a pesar de ser quien es, no le gusta figurar mucho. Pero que sí le gusta viajar. Que no tiene pereza y que cuando viajaba con el Real Madrid se divertía mucho. Que allí aprendió a jugar al mus. Que han sido muchas las veces que ha jugado, haciendo pareja con otra amiga, contra los ex jugadores del Real Madrid, entre ellos, Amancio y Alfredo Di Stefano. Que uno de sus principales placeres es sentir la lluvia sobre la cubierta de su yate. Que suele pasear por las dársenas acompañada de su perrita. Que se codea con las personalidades de todo el mundo. Que entre sus amigos hay muchos conocidos de la vida pública española, como el presidente de la compañía aérea Spanair, Gonzalo Pascual Arias, y su socio Gerardo Díaz Ferrán, actual presidente de la CEOE, con quienes comparte sus horas de verano en altamar. Pero que sigue conservando, al igual que su marido, sus amigos de siempre, incluso los del colegio, con los que se reúnen periódicamente («Valoramos muchísimo la amistad; el día que vengan mal dadas, los que te van a ayudar son los amigos de siempre, no los que te salen ahora»). Aseguran que le encanta estar siempre ocupada. Que le desagrada

[8] Suplemento «Crónica» de *El Mundo*, diciembre de 2003.

mucho el aburrimiento. Que suele llevar el pelo largo, con tinte rubio, y recogido muchas veces en cola de caballo. Que le gusta saber los últimos detalles en el vestir, pero que no le quitan el sueño. Que viste como un ama de casa de clase media, sin excesivos oropeles ni atuendos estudiados. Que no acude con asiduidad a los desfiles de moda.Y que lo que siempre le ha gustado han sido las labores.

Un *hobby* que acabó convirtiéndose en profesión, ya que Pitina regenta y es la propietaria de una tienda de labores llamada Don Bolillo, que abrió sus puertas en mayo de 1999 en la calle Padre Damián, número 46, de Madrid. Por entonces su marido no era todavía presidente del club merengue. Posteriormente, cambió su domicilio social y se situó en el paseo de La Habana, número 174. La tienda está situada a mitad de camino entre el Estadio Santiago Bernabéu, que durante seis años fuera la casa de su marido, y su vivienda personal, situada próxima a la urbanización de El Viso. Ésta es su zona natural desde ya hace muchos años. En esta tienda-taller es donde actualmente pasa su tiempo y en la que imparte clases de punto de cruz y bolillos a señoras de toda clase y condición, desde una aristócrata hasta una limpiadora. En Don Bolillo se imparten clases de diez modalidades de labores textiles artesanales: bordado, bolillo, canastillas bebé, encaje de agua, macramé, *patchwork*, *petit point*, punto de cruz, punto de media y vainicas. Las lecciones suelen comenzar a las diez de la mañana y duran dos horas, como media. «La idea surgió porque un día vi que mi madre estaba parada y aburrida y le dije: "Mamá, hay que hacer algo". Ella me respondió que le gustaría aprender a hacer encaje de bolillos y así empezamos».[9] El encaje de bolillos alcanzó su época de máximo esplendor en España en el siglo XVII, como puede observarse en los cuellos y puños presentes en los personajes de los cuadros de Diego de Velázquez. Un siglo más tarde, el encaje de bolillos se utilizó, sobre todo, para man-

[9] Revista *Época*, nº 805, 30 de julio de 2000.

tillas de blondas. Y hasta casi la finalización del régimen del general Franco era una materia que se consideraba tan importante que se enseñaba en las escuelas a las niñas, que heredaban de sus madres estos diseños. Esta práctica textil era frecuente realizarla en común, en un lugar de encuentro y charla para las mujeres.

Las alumnas de Pitina aseguran que Don Bolillo es una especie de mercería donde se puede adquirir desde sábanas, cobertores, canastillas, faldones con entredoses, toallas bordadas para casas de campo... La mujer de Florentino ha montado, incluso, un servicio de mantenimiento para mantelerías de hilo y lino que resultan complicadas de planchar. Dicen que las recogen en casa y las devuelven impolutas para el siguiente evento familiar. En la empresa tiene introducida a su costurera de siempre, María José Mollinedo, y a su hermana Mercedes, que le ayuda en las labores. Todo lo gestiona a través de la sociedad Ezamasán S.L., de la que es administradora única. Esta sociedad la creó en marzo de 1999, con un capital social de 24.040 euros, y su objeto social es «el comercio al por menor de productos textiles, confección, calzado, pieles y artículos de cuero». Según las bases oficiales de datos, en la empresa sólo figura un empleado, y como apoderada aparece su hermana Mercedes Sandoval Montero.[10]

Pero, al margen de la sociedad de los bolillos, Pitina también figura al frente de otras significativas empresas familiares como la financiera Hispavesan S.L., donde se encuentra desde 1998 como administradora única. La sociedad, con domicilio en la calle Orense, número 34, de Madrid, se constituyó en abril de 1987 para dedicarse a las actividades de «contabilidad, teneduría de libros, auditoría y asesoría fiscal». Su capital social inicial fue de 48.080 euros y como apoderado figura también su hijo mayor, Florentino. Esta empresa fue objeto en el otoño de 2005 de un embargo por parte del Ayuntamiento de Madrid por un impago

[10] Hasta octubre de 2003 figuraba también como administradora de la sociedad, junto a Pitina, María de los Ángeles Ezama de la Calle.

en los impuestos municipales.[11] En el cuartel de la calle Orense también se sitúa otra empresa financiera de la familia, Inverpe S.L., en la que Pitina aparece como apoderada, junto a su hijo Florentino, y con su marido como administrador único y principal accionista.[12] Esta sociedad les sirvió a los Pérez como vehículo para adquirir una importante participación (un 16 por ciento) en la empresa ACS Telefonía Móvil S.L.

A su vez, María Ángeles Sandoval aparece como administradora única de otra sociedad familiar dedicada al comercio al por mayor de muebles, y de nombre Sanher Interiorismo S.L. Su domicilio lo situaron en la calle Fray Bernardino Sahagún, donde se ubican, como ya se ha mencionado, las principales sociedades de inversión del matrimonio Pérez (Vesan y Rosan). Esta empresa de muebles e interiorismo fue creada en el verano de 1996 con un capital de 15.025 euros y su única accionista es Pitina, según el *Boletín Oficial del Registro Mercantil Español* (*BORME*).

Pero María Ángeles no sólo ejerce sus labores profesionales, sino que también lo hace de abuela de sus nietos. Sus tres hijos están casados. La niña, que lleva su mismo nombre, fue la última en casarse: lo hizo el 12 de septiembre de 2003 con el abogado y empresario Jesús *Chus* Martín Buezas, pariente del ganadero andaluz José Luis Martín Berrocal. Como anécdota hay que recordar que los novios se conocieron dos años antes en una corrida que ofreció el ganadero Samuel Flores, amigo del rey Juan Carlos, en la localidad albacetense de Povedilla, donde tiene su finca, llamada El Palomar. El yerno de los Pérez también tiene su propia ganadería de vacas de leche en Portugal, pero su gran negocio está relacionado con el sector de las energías renovables. Figura como presidente de Capital Energy S.A., de Capital Millennium

---

[11] Publicado en el *Boletín Oficial de Madrid*, Anexo 02, de fecha 5 de octubre de 2005, página 159.

[12] Florentino Pérez figura con el cien por cien del capital de Inverpe S.L., según el *BORME* de 23 de febrero de 2004.

Energy S.L. y de Celec Energy Servicios S.L.; como consejero delegado de Diesel Energy S.L.; como administrador único de Capital Solar II S.L., etcétera, así hasta sobrepasar la cincuentena de empresas dedicadas principalmente al sector de la energía. Su primera empresa, Capital Energy, está situada en la localidad madrileña de Majadahonda y se constituyó en septiembre de 2002 con un capital social de 5,6 millones de euros.

Cuchi, que por entonces contaba con veintiséis años y acababa de terminar su carrera de Periodismo en la Universidad Europea CEES, de Madrid, vistió un modelo totalmente blanco, como la ocasión requería, pues su padre era todavía presidente del Real Madrid. El traje llevaba la firma de la modista habitual de la casa, María José Mollinedo. Se trataba de un diseño clásico, de estilo romántico. Como joyas lució un broche de su madre y una pulsera de Cartier que formaba parte del regalo de pedida (el juego Love con pendientes y sortija). La ceremonia religiosa se celebró en la iglesia madrileña de Los Jerónimos y reunió a cerca de mil invitados, entre ellos, toda la *jet set* empresarial y política española. Fue oficiada por el párroco «don Blas», que fue profesor y tutor del novio en el colegio Retamar, institución educativa vinculada al Opus Dei. De la música que se escuchó durante la ceremonia se encargó el tenor Julio Cendal. Y como padrinos actuaron Florentino Pérez y la madre del novio, María Gloria Buezas García. Entre los testigos figuraban amigos, familiares y conocidos de los novios, como Samuel Flores hijo y Alejandra Prat. Todos los invitados se desplazaron después para degustar un ágape a la finca Peñarrubia, situada en la localidad madrileña de San Agustín de Guadalix y propiedad del restaurador Raúl Ronda, dueño del conocido restaurante Araceli, donde acuden a menudo los jugadores blancos.

La luna de miel consistió en un safari por África. A su vuelta, la pareja no tardaría mucho tiempo en darle a Pitina una nieta. A mediados de 2005, Cuchi daba a luz a una niña a la que no dudó en poner el nombre de Florentina, en referencia a su padre, al que adora. La abuela Pitina le regaló una cunita de ensueño. Una pieza de anticuario, a la que vistió con encajes, lazos, bordados y entredoses de su tienda Don Bolillo. Las sábanas y los faldones, del tipo «princesita», también provenían del negocio familiar.

La única hija del presidente de ACS, de quien dicen sus amigos que es una mujer de fuerte carácter, figura al frente de dos empresas muy distintas: una de comunicación (Conoco S.L.) y otra relacionada con el mantenimiento físico corporal (Best Attendance S.L.). Esta última tiene como actividad los «establecimientos sanitarios, balnearios y baños de agua dulce y de mar». Fue creada en noviembre de 2005 y junto a Cuchi figura como administradora Juliana Esquinas Álvarez. Su domicilio está en la calle de Padre Damián, número 40, de Madrid.[13]

Pero su principal empresa es una agencia de comunicación de nombre Conoco S.L., con domicilio también en la calle madrileña de Padre Damián.[14] Se constituyó el 20 de septiembre de 2004 con un capital social de 5.000 euros. María Ángeles Pérez Sandoval figura como administradora única desde febrero de 2005. Hasta esa fecha también figuraba como administrador el empresario hotelero Jorge Roy Pérez (Trantabar S.L., Ego Club Madrid S.L., Premier Music S.L., Colette Entertainment S.L., etcétera). Sin embargo, su verdadera compañera en esta aventura es la modelo y presentadora de televisión Alejandra Prat, hija del ya fallecido locutor Joaquín Prat.[15] Por eso María Ángeles, *Cuchi*, no dudó en acudir junto a su pequeña Florentina (que actuó de damita de honor) a la boda de su íntima amiga, acaecida el 23 de junio de 2007 en la catedral de Palma de Mallorca, un

[13] Su capital es de 3.006 euros.

[14] En el número 32.

[15] Alejandra Prat presentó durante la temporada 2006-2007 un programa en la cadena autonómica Telemadrid llamado *Directo a la noche*, que copresentó con Daniel Domenjó, y que recogía la actualidad de la noche madrileña a través de reportajes y conexiones en directo con distintos puntos de esta Comunidad. Su padre, Joaquín Prat, falleció el 3 de julio de 1995 en Madrid.

territorio muy común para la familia Pérez. Alejandra —*Alex*, como la llaman cariñosamente sus amigos— se casaba con el empresario catalán de la construcción Juan Manuel Alcaraz, a quien conoció en el verano de 2006 a través de unos amigos comunes. La boda se celebró ante seiscientos invitados, que posteriormente acudieron al banquete nupcial que tuvo lugar en la fortaleza de Cap Enderrocat, en la localidad mallorquina de Llucmajor. El padrino del enlace fue Joaquín Prat junior, y la madrina, Marisol Casas, madre del novio. *Alex* vestía un modelo de sirena de encaje de Manuel Motta. El recogido de su pelo era obra del peluquero catalán Alberto Cerdán. Y como fin de fiesta hubo un sarao flamenco a cargo del grupo sevillano Siempre Así. Un hecho ya habitual en este tipo de bodas.

Juan Manuel Alcaraz, de treinta y nueve años, diez más que Alejandra, trabaja en la empresa familiar Construcciones y Promociones Alcaraz, con sede en Sant Cugat del Vallés, una zona residencial de alto *standing* muy próxima a Barcelona. La pareja reside en la Ciudad Condal, donde Alejandra se encarga de la delegación que allí ha montado la empresa de comunicación Conoco, es decir, la hija de Florentino Pérez. Quienes conocen a Alejandra Prat, dicen que parece haber calmado sus ansias de protagonismo mediático. Que su vida, desde que rompió su relación con el tenista Feliciano López (cuyo noviazgo fue portada de todas las revistas del corazón), está más sosegada y controlada. Los que conocen bien al novio aseguran que es un deportista nato, que le gusta alquilar un barco para recorrer con sus amigos las islas Baleares en verano y disfrutar de las aguas ibicencas. Que está vinculado a Convergencia i Uniò; no en vano, a su boda acudió el presidente de esta formación política, Artur Mas. Que tiene dos hermanos menores y que está perfectamente integrado en el negocio familiar de la construcción. Uno de sus mejores amigos es José Luis Núñez junior, hijo del ex presidente del equipo de fútbol del Barcelona y también vinculado con el mundo del ladrillo.

Se repetía la misma escena social que años antes, al comienzo de esta década, cuando los Pérez casaban a su hijo mayor Florentino, más conocido por *Chivo*, con Leticia Mata y acudía lo más granado de la alta sociedad madrileña. La ceremonia nupcial fue oficiada entonces por el sacerdote Urbano Monedero, amigo personal de Florentino Pérez. *Chivo* ya figura al frente de algunos negocios financieros de sus padres, como apoderado de Inversiones Vesan, Hispavesan, Iverpe, Rosan Inversiones, Infaper e Inrosan, estas dos últimas sociedades ya extinguidas. Pero también es el administrador único de la financiera Peyflosa S.L., creada en abril de 1998 «para actividades empresariales» con un capital de 10.818 euros.[16] Dos son los empleados que trabajan oficialmente para esta empresa, según las bases de datos. Nada que ver con la pujanza de otra de las sociedades en la que el hijo mayor de los Pérez aparece como administrador: por ejemplo, Idealista Libertad y Control S.A., que controla el portal de Internet *Idealista.com*. Este portal, especializado en el sector inmobiliario, es el tercero de Europa por su envergadura y la página web en castellano de compraventa de pisos más visitada a nivel mundial. Tiene presencia en casi toda España y registra en torno a 11.000 transacciones inmobiliarias al mes. Su domicilio social se encuentra en la madrileña plaza de las Cortes, número 2, y su facturación es superior a los 5.000 millones de euros.[17] Entre sus fundadores se encuentra el empresario Jesús Encinar Rodríguez, el actual presidente. Recientemente iniciaron su expansión internacional con una oficina en Milán (Italia).

Por su parte, Leticia ejerce de jefa de la Asesoría Jurídica de Distribución (Redes) de Unión Fenosa, compañía eléctrica donde su padre, Ernesto Gerardo Mata López, es consejero ejecutivo y donde llegó a ser presidente de la filial de servicios profesionales

---

[16] Su domicilio social está también situado en la calle Fray Bernardino Sahagún, nº 20, de Madrid.

[17] Su anterior domicilio estaba en la calle Alfonso XII, nº 7, de Madrid. Su capital social es de 111.000 euros y su beneficio neto operativo fue en el año 2005 de 1.600 millones.

Soluziona. Se da la coincidencia de que dicha compañía eléctrica, Unión Fenosa, está controlada en más de un 40 por ciento de su capital social por su suegro Florentino, a través de ACS. De esta manera la familia Pérez se unía a otra conocida familia de empresarios vinculados también al sector de la construcción y la energía. El padre de la nuera de Pitina, Ernesto Mata, nació en Tánger el 6 de marzo de 1941, cuando todavía esta localidad marroquí era territorio español. Es licenciado en Ciencias Económicas por la Universidad de Ginebra y Graduado por el IESE de Barcelona. Inició su actividad profesional en la empresa Alcan-Aluminio Ibérico y poco después pasó a la dirección exterior de Dragados. En 1974 entró en Autopistas del Atlántico, donde se responsabilizó del área financiera, hasta que fue nombrado consejero delegado de Ingeniería del Atlántico. En 1983 asumió la presidencia de la Corporación Financiera Bancobao. Y un año después ya ingresaba en Unión Fenosa como secretario general financiero, incorporándose al consejo de administración en 1990.

Sin embargo, *Chivo* no parece seguir los pasos de su relevante suegro. Más bien, dicen sus amigos, su protector o al menos el que le ha situado su padre a su lado es Alejandro Batuecas Torrego, un consejero de ACS que fuera presidente de Continental Auto, la empresa de autobuses filial de la constructora hasta su venta en la primavera de 2007 al gigante británico del sector Nacional Express, que con anterioridad ya había adquirido la firma española Alsa.[18] Todo indica que Florentino Pérez quiere que su primogénito vaya aprendiendo con paciencia, y al lado de determinados personajes, los entresijos del negocio de la construcción, un sector en el que *Chivo* penetró en la primavera de 1999 a través de su empresa Flotover S.L., dedicada a la «construcción general de inmuebles y obras de ingeniería civil». Pero su resul-

[18] Nacional Express pagó 701,6 millones de euros a la constructora que preside Florentino Pérez. De esa cantidad, 510 millones se recibían en plusvalías, siete años después de haber comprado Continental Auto a las familias propietarias.

tado inicial no fue en nada boyante. En esta empresa también figuraba su hermano menor Eduardo.[19]

El segundo hijo de Pitina, Eduardo, más conocido por *Over*, está unido —no casado oficialmente— con Elena Ortiz Urdiain, que trabaja en una empresa filial de la constructora ACS. Elena es administrativa de la empresa Urbaser, la filial de ACS en temas de Medio Ambiente. Eduardo y Elena ya le han dado dos nietos a Pitina y fueron los primeros en hacerla abuela. La pareja vive en una zona próxima a la capital de España, en uno de los últimos PGOU donde el *pater* ha penetrado con sus empresas. Actualmente, Eduardo se dedica a las actividades artísticas y de espectáculos, un componente innato a la familia. Para estos menesteres constituyó en diciembre de 2005 la empresa Overpesa S.L., donde se encuentra como único accionista y administrador único.[20] Su domicilio está también situado en la calle Fray Bernardino Sahagún.

Hoy los Pérez mantienen su gran poder adquisitivo gracias a sus plusvalías en la Bolsa. Los expertos afirman que su fortuna bursátil supera con creces los 2.500 millones de euros y que a veces, en sólo un semestre, ésta se revaloriza en más de 100 millones. Son muy pocos quienes gozan de este privilegio, aunque la lista es cada vez más amplia. Dinero llama a dinero y la Bolsa es el vehículo ideal. La familia Pérez pertenece al grupo de los principales accionistas de las grandes empresas relacionadas con el mundo de la construcción, que hoy han salido ya del tradicional ladrillo para incorporarse al sector energético con el fin de diversificar sus posiciones ante las expectativas de una caída del *boom* inmobiliario. Algunos eran ricos y ahora lo son más, otros emergen de una forma espectacular y su patrimonio va *in crescendo*,

[19] Su capital inicial fue de 3.606 euros, y su domicilio se estableció en la calle del Doctor Fleming, número 30, de Madrid. Como administrador también figuraba Javier Izuzquiza Fernández.

[20] Su capital inicial es de 4.000 euros.

como Pitina y su marido, para quienes la construcción es su nido de riqueza, y el fútbol, su pasión. Pero siempre conectados con el poder, al que siempre han tratado bien.

CUADRO PATRIMONIAL DE BIENES CONOCIDOS

MARÍA DE LOS ÁNGELES SANDOVAL MONTERO

Título: mujer de Florentino Pérez.

Propiedades inmobiliarias

- Mansión familiar en el barrio madrileño de El Viso. Se ubica sobre una parcela en esquina de 2.600 metros cuadrados de extensión, con tres alturas más ático, sótanos, trasteros y varias plazas de garaje, provista de los mejores sistemas de seguridad. El terreno está circundado por las calles Velázquez, Castellón de la Plana y Pablo Aranda. Fue comprado en septiembre de 2003 a Dolores Utrera Patuel. Para hacer frente a su pago, suscribieron una hipoteca de 19 millones de euros con el Banco Santander Central Hispano. La finca fue tasada por el BSCH, según el Registro de la Propiedad, en 27.360.000 euros.
- Chalet adosado en el barrio madrileño de Chamartín, muy próximo a la calle de Padre Damián. Fue comprado cuando Florentino Pérez era concejal de la UCD en la capital de España. Se trata de un chalet de 331 metros cuadrados, distribuido en dos plantas.
- *Possesió* en la isla de Mallorca, muy cerca de su capital, Palma.

Empresas

- Ezamasán S.L., propietaria de una tienda de labores llamada Don Bolillo, que abrió sus puertas en mayo de 1999 en la calle Padre Damián, número 46, de Madrid. Posteriormente cambió su domicilio social, situándose en el paseo de la Habana,

⟶

número 174. Pitina (María de los Ángeles) figura como administradora única. Se creó en marzo de 1999, con un capital social de 24.040 euros, y su objeto social es «el comercio al por menor de productos textiles, confección, calzado, pieles y artículos de cuero».

- Sanher Interiorismo S.L., dedicada al comercio al por mayor de muebles. Su domicilio está en la calle Fray Bernardino Sahagún. Fue creada en el verano de 1996 con un capital de 15.025 euros y su única accionista es Pitina, según el Boletín Oficial del Registro Mercantil Español (BORME).
- Hispavesan S.L., donde María de los Ángeles figura desde 1998 como administradora única. La sociedad, con domicilio en la calle Orense, número 34, de Madrid, se constituyó en abril de 1987 para dedicarse a las actividades de «contabilidad, teneduría de libros, auditoría y asesoría fiscal». Su capital social inicial fue de 48.080 euros y como apoderado figura también su hijo mayor, Florentino.
- Inverpe S.L., en la que aparece como apoderada, junto a su hijo Florentino, y con su marido como administrador único y principal accionista. Esta sociedad les sirvió a los Pérez de vehículo para adquirir una importante participación (un 16 por ciento) en la empresa ACS Telefonía Movil S.L.

Principales instrumentos financieros

Dos son sus principales sociedades instrumentales: Inversiones Vesan S.A. y Rosan Inversiones S.L. En ambas figura como administradora María Ángeles Sandoval.

- Rosan Inversiones, con domicilio en la calle Fray Bernardino Sahagún, número 20, en el barrio madrileño de Chamartín. Fue creada en diciembre de 1988 con un capital de 28,3 millones de euros.
- Inversiones Vesan, participada al cien por cien por Rosan. Fue constituida en diciembre de 1997 con un capital social de casi 100 millones de euros. Su domicilio social también se encuentra en la calle Fray Bernardino Sahagún.

Inversiones

- Tercer accionista de la constructora ACS (en torno al 11 por ciento), después de Corporación Financiera Alba (el *holding* de la familia March), y los empresarios Alberto Cortina y Alberto Alcocer, éstos a través de su sociedad Corporación Financiera Alcor.

Yates

- Tienen atracado su yate en Puerto Portals (Mallorca). Se llama *Pitina III*. Es un Astandoa 102' GLX con 31,4 metros de eslora y 6,5 de manga. Tiene dos motores de 2.000 CV de potencia que lo propulsan a una velocidad de 28 nudos, es decir, unos 52 kilómetros por hora. Su capacidad es para doce pasajeros y una tripulación de cuatro personas y está valorado en más de siete millones de euros. Su interior es de maderas nobles. Dispone de dos lujosas cabinas, dos amplias habitaciones y una enorme sala de estar situada en el centro. Fue estrenado durante el verano de 2005.
- El anterior barco, el *Pitina II*, estaba también fondeado en Puerto Portals y fue fabricado a su vez por la marca española Astandoa. Tenía 82 pies de eslora y fue puesto a la venta por el matrimonio durante el verano de 2004 por un precio inicial de 1,2 millones de euros; aunque en el verano de 2007 todavía ha sido utilizado por la hija del matrimonio, Cuchi, para sus paseos náuticos.

11. El poder del dinero: Ana Gamazo

Su nombre señala una de las grandes fortunas de España. Su apellido pertenece a una familia de hacendados aristocráticos que ha estado siempre vinculada al dinero y al mercado de las influencias. Y su persona integra una notable saga familiar con un inmenso patrimonio a sus espaldas. Ella es Ana Isabel Gamazo Hohenlohe, la poderosa mujer de uno de los hombres más poderosos de España, Juan Abelló Gallo. Dos apellidos acaudalados que unieron sus destinos. Dos personas que llevan toda su vida subidas al carro de los negocios, con éxito en ellos, con una etiqueta aristocrática y con «amigos» por doquier, tanto entre los grandes empresarios como en el mundo de la cultura, del deporte, de la política o en la *jet set*. Su etiqueta de *tiburones financieros* les ha permitido amasar una fortuna que supera con creces los 3.000 millones de euros. Juntos tienen cuatro descendientes, todos ellos varones: Juan Claudio, Alejandro, Christian y Miguel. Sin embargo, ven que la tradición familiar se puede perder en el horizonte más cercano. Del quehacer de sus sucesores, que por ahora no están por la labor, dependerá el desenlace. Pero los descendientes del matrimonio Abelló-Gamazo tienen además la suerte de que son herederos de una inmensa fortuna que percibirán por partida doble, no sólo por vía paterna, sino también materna.

La matriarca de esta saga es Ana Isabel Gamazo de Hohenlohe-Langenburg, nacida en 1947, hija del fallecido Claudio Gamazo y Amús, marqués de Soto de Aller, y de la princesa María Francisca de Hohenlohe-Langenburg, marquesa de Belvis de las Navas. Su padre llegó a ser consejero de Banesto y gobernador del Banco de España. Ana tiene tres hermanos: Alexandra, Clara y Germán Manuel. Este último es marqués de Soto de Aller, conde de Gamazo y vizconde de Miravalles. Está casado con Isabelle Sourdeau Conadau y tienen dos hijos: Manuel Claudio y Diego Gamazo Sourdeau.

La infancia de Ana se desarrolló principalmente en Marbella, la bella ciudad de la Costa del Sol fundada por su abuelo materno, el príncipe Maximiliano de Hohenlohe. No tiene estudios universitarios, aunque dicen sus amigos que Ana es una de esas mujeres que suplen la falta de un título con el sentido común y un olfato extraordinario. «Es enérgica y decidida, muy disciplinada, seguramente por su educación alemana», cuenta una de sus amigas. «De niños estudiábamos en Austria, y a Ana la mandaron a un colegio de Salzburgo».

Ana Gamazo contrajo matrimonio con Juan Abelló en 1968, en régimen de bienes gananciales. Por tanto, tiene a medias con Abelló todo el patrimonio generado después de su boda. Es decir, una auténtica millonada. El matrimonio no ha estado exento de sobresaltos y en varias ocasiones se ha especulado sobre su ruptura. Por un lado, según publicó en su día el diario *El Mundo*, el descubrimiento de las visitas nocturnas de Juan Abelló al domicilio de Marta Chávarri, en la céntrica calle madrileña del General Arrando, levantó en noviembre de 1996 una increíble polvareda informativa.[1] Este hecho abrió una guerra entre dos poderosos, Abelló y Alberto Cortina, que venía de romper con esta joven aristócrata. Incluso se llegó al punto de que Natalia

[1] Se trató de tres visitas nocturnas correspondientes a los días 8, 12 y 13 de noviembre de 1996.

Figueroa, mujer del cantante Raphael y tía de Marta, escribiera una carta abierta a la opinión pública desmintiendo que su sobrina mantuviera una relación sentimental con el financiero Juan Abelló. El efecto era parecido al que se produjo con la publicación de las fotografías de Marta Chávarri y Alberto Cortina aquel 1 de febrero de 1989 y que le supuso al menor de los Albertos la separación de Alicia Koplowitz. Pero en esta ocasión Ana Gamazo no dudó en salir al quite informativo y defender la unión de su familia: «Fue en el puente de Todos los Santos. El matrimonio Lapique decidió invitar a una cena a todos los amigos que nos habíamos quedado en Madrid, cena a la que yo asistí con mi marido Juan. Después de la cena, Marta, que se encontraba entre los invitados, junto a su hermana Isabel y otros amigos, propuso terminar la noche tomando una copa en su casa. Yo no podía. Tenía que levantarme muy temprano para viajar a Sevilla y asistir al entierro de una amiga mía».[2] Pero Juan Abelló sí que asistió a la invitación a esa copa. Dicen que al llegar a casa de Marta Chávarri, el vigilante jurado pidió al empresario que se identificara. Y así lo hizo. Desde ese momento el escándalo estaba servido.

Según publicó la revista *Tribuna*, Abelló —conocido entre sus amigos de infancia como «el Pildorilla»— mantuvo algún devaneo con Cristina López Mancisidor, viuda de Macaya y ex compañera sentimental de Plácido Arango. Un hecho que también estuvo a punto de costarle el matrimonio y que saltó a las primeras páginas de los medios de comunicación nacionales. Según aseguraba la revista en la primavera de 1995, estaba de nuevo enamorado y la dama en cuestión era «su alma gemela». Abelló afirmaba en otros medios que con ella había encontrado «un amor en la mitad del camino».[3] Lo que es más cierto es que desde hace ya años, aseguran los íntimos de la pareja, Ana Gamazo y Juan

---

[2] *El Mundo*, 1 de diciembre de 1996.

[3] *El Mundo*, 4 de abril de 1995.

Abelló hacen vida independiente. Aunque afirman que «si bien se les acabó el amor, les une una profunda amistad».

Han pasado ya casi cuarenta años desde que formalizaron su matrimonio, y ahí continúan. El peso de Ana Gamazo como madre y esposa ha sido destacado por casi todos los cronistas de sociedad. La firme determinación de ella, y en ocasiones de su marido, por mantener «la familia unida», les ha convertido en un tándem, por ahora, indestructible ante las dificultades. «Mi familia, firme como una roca, está por encima de todo. Y pienso defenderla», ha dicho Ana. Aseguran algunos que los matrimonios donde hay intereses comunes, complicidad y amistad son mucho más sólidos que las exhibiciones de amor y *glamour* que suelen aparecer en las revistas del corazón y no llegan al siguiente aniversario. Dicen que los problemas conyugales son algo habitual en este tipo de familias donde hay más puntos de unión que de separación. Ya en 1968 su boda tuvo en vilo a los novios y a sus familias. París vivía por aquel entonces la revolución estudiantil de Mayo del 68, y el traje que había elegido la novia para su enlace, un diseño del modisto español Miguel Castillo, uno entre los grandes de la costura francesa, no acababa de llegar a su destino. Esta anécdota fue la antesala de lo que luego sería su vida. Un periplo lleno de sobresaltos que hoy les ha llevado a disfrutar de una envidiable capacidad de influencia en medios políticos y empresariales, tanto en España como en Europa

Dicen sus amigos que Juan Abelló no sería uno de los grandes empresarios del país de no haber tenido una mujer como ella. Que el papel jugado por Ana no ha sido en nada desdeñable. Que le ha cubierto el flanco de la aristocracia, de la *jet set* y, por supuesto, su acercamiento a la Casa Real. Sin ella, seguro que no hubiera sido un invitado habitual de las bodas de personalidades próximas a la Familia Real, como la de Inés de Borbón Dos Sicilias, hija del duque de Calabria, primo hermano del rey Juan Carlos, que se unió con el duque italiano Michelli Caroli. O, incluso, al enlace nupcial del príncipe Felipe de Borbón con Letizia Ortiz Rocasolano. Se cuenta por los cenáculos madrileños la anécdota de que, al pasar los días y no recibir Ana Gamazo la invitación oficial para la boda real, llamó en persona al monarca y le preguntó directamente: «¿Me vais a invitar o no?». La respuesta fue sí, «ya que formáis parte de la Fundación Príncipe de Asturias».[4] El Rey obviaba en su contestación su amistad con Abelló, uno de sus compañeros habituales en el deporte de la caza.

Ana Gamazo es una mujer singular, de disciplina férrea, enérgica, decidida, con voluntad de hierro y que ha demostrado criterio, incluso en muchas decisiones en las que ha aconsejado a su marido. Dicen que tiene una gran intuición. Que no desaprovecha las ocasiones que se le presentan. Que es la más inteligente de la familia. Y que aunque algunos se empeñan en colgarle el apellido del marido, Abelló, para difuminar su fuerte personalidad e imagen, no logran su objetivo. Una misión imposible, ya que ella es una persona que administra su propia fortuna.

Al igual que el resto de potentados, el instrumento que utiliza para mover sus inversiones son las Sicav (sociedades de inversión de capital variable). Entre ellas están Naira y Arbarin, donde figura como presidenta y que cuenta con un capital social de 36 millones de euros. Con ellas, y junto a su marido, ha penetrado activamente en empresas como Endesa, Iberdrola, Repsol YPF y en el capital de Inditex, la empresa del gallego Amancio Ortega.[5] El dinero de sus Sicav lo gestionan tanto Banif, una filial del SCH, banco de su amigo Emilio Botín, como UBS, Unión de Bancos Suizos. Estas Sicav participan a su vez en otras, como la sociedad de capital variable Mackerel.

Sus miras no sólo se dirigen al campo financiero: Ana Gamazo también figura al frente de otras muchas sociedades dedicadas a sectores muy variados, algunas de ellas directamente relacionadas con su marido (como Torreal y Nueva Compañía de Inversio-

---

[4] *elconfidencial.com*, 21 de mayo de 2004.

[5] Véase capítulo 2.

nes), y otras no. Por ejemplo, aparece como presidenta de Quintana del Jarama S.A., una empresa dedicada al cultivo de cereales, que tiene un capital social de 894.288 euros y domicilio social en la calle Fernando el Santo, número 23, de Madrid, una de las sedes empresariales de la familia Abelló. En esta empresa agrícola figuran a su vez como administradoras las cuatro hermanas de su marido: María Victoria, María Teresa, Nieves y Beatriz Abelló Gallo.[6] Los tentáculos empresariales de Ana Gamazo también llegan al terreno de la construcción. Así, aparece como consejera delegada de la Inmobiliaria Padilla S.A., una empresa de la familia Gamazo Hohenlohe donde figuran como consejeros los tres hermanos de Ana: Alexandra, Clara y Germán.[7] Pero también ha ejercido como administradora de empresas como: Inversiones Inmobiliarias Paher S.L., Oropesa Inversiones S.L., Inversiones Inmobiliarias Herpago S.L., Inversiones Abarca S.L., Ancheta Miravalles S.L., etc. Es decir, un verdadero cúmulo de sociedades.

Pero, además de su vertiente empresarial, Ana Gamazo es una mujer solidaria que promueve proyectos humanitarios. De hecho, a través de su ONG Fundación Gamazo financia directamente varios hospitales y centros de día en Hispanoamérica y Tanzania, un país muy visitado por su marido para realizar sus safaris. Ana Gamazo también ha apoyado la creación de otras fundaciones como la Fundación Anti Sida de España (FASE) y la Fundación Humanitaria AGH. Esta última fue creada en el año 2001, con un capital inicial desembolsado de 300.506 euros, para ayudar a la asistencia social tanto en España como en el extranjero. Precisamente, entre las características comunes al grupo de mujeres con poder y dinero —por ejemplo, las hermanas Koplowitz— se encuentra su derivación hacia las actividades filantrópicas, al

[6] Su consejero delegado es Francisco Ortiz Ortega.

[7] Su capital social es de 287.879 euros y su domicilio se constituyó en la calle Padilla, nº 32, de Madrid.

margen de su pasión por el arte. Muchas de ellas dedican parte de su patrimonio a la creación de fundaciones y a invertir en obras sociales.

Una de las curiosas iniciativas solidarias de Ana Gamazo fue la creación en la capital de España de un establecimiento denominado Living in London Tea Room, una especie de tienda al estilo británico asociada a un salón de té. Con la inauguración de este «T-room» pretendía financiar sus empresas solidarias, en concreto el Proyecto Valle De Mang'ola Chini, que mantiene una escuela secundaria con internado para 650 niños y un hospital con cien camas en Tanzania, un país donde Ana empezó junto a Médicos del Mundo y donde ahora navega ya en solitario. Aunque, como su nombre indica, la estrella del local es el té, también sirven desayunos, comidas y meriendas. Está situado en la madrileña calle de Santa Engracia, número 4.

Dicen sus amigos que Juan Abelló no es indiferente a las ocupaciones de su mujer. Que aunque nunca ha financiado sus proyectos humanitarios, la gente de su despacho se vuelca con la Fundación Gamazo, que ha levantado escuelas, hospitales y guarderías en América Latina y África. Dicen que la pasión de Ana por este último continente viene de antes de su matrimonio con Juan. Afirman que su imagen solidaria nunca ha salido a la luz, ni se ha hecho acompañar en sus viajes por un fotógrafo que haya dejado testimonio de ello. Únicamente su imagen apareció de forma oficial en la página de una ONG cuando se creó la Fundación Anti Sida FASE. Los que la conocen bien dicen que Ana tiene muy poco de misionera y que no aspira a alcanzar la santidad en vida. Y que, muy al contrario, acude a cualquier fiesta o acto social donde la inviten. Y que lo hace, generalmente, acompañando a su marido. Ya sea una fiesta exclusiva de Celso García o de Maituca Villanueva, una recepción real o una boda de su entorno familiar. Como el enlace de Pablo de Hohenlohe y María del Prado, considerada como una de las «bodas del año 2002». Allí asistió, vestida con un espectacular traje de Valentino y un tocado de rejilla dorada que le cubría la cara, para oír el «sí quiero» de la novia (hija de los marqueses de Caicedo) y del novio, nieto de la duquesa de Medinaceli e hijo de Ana Medina y Fernández de Córdova y de Bonnie de Hohenlohe, hermano ya fallecido del príncipe don Alfonso. Felipe de Borbón ejerció como testigo en el enlace, celebrado en la iglesia de San Juan Bautista del antiguo Hospital de Tavera (Toledo), propiedad de la Casa de Medinaceli, y al que asistieron algunas de las damas más singulares del país como Alicia y Esther Koplowitz, Isabel Sartorius o Eugenia Martínez de Irujo. Pero Ana Gamazo tampoco tiene reparo en acudir en solitario a los eventos sociales, como hizo en el año 2001 cuando se desplazó hasta Cuba para mantener un encuentro con el mandatario caribeño Fidel Castro, que había organizado una reunión con un grupo de destacadas señoras españolas, entre las que se encontraban también las hermanas Cari y Miriam Lapique, grandes amigas de la potentada mujer de Abelló.

Entre los bienes que Ana Gamazo heredó de su familia figuran fincas en el término municipal de Oropesa (Toledo) y en la provincia de Barcelona, y la mansión familiar de Marbella, vendida y adquirida posteriormente a los multimillonarios Rothschild. Se trata de una sencilla construcción levantada en su día junto al mar por el abuelo Max, cuando el pueblo de Marbella sólo tenía pescadores y un especial encanto. Antes de comenzar esta nueva década, Ana Gamazo consiguió de nuevo la propiedad de esta casa familiar. Y la dejó como antaño, con los mismos muebles y la misma atmósfera de entonces. Dicen sus amigos que al no tener ni avión privado ni yate que la perturbe, lo suyo es el cuidado de sus numerosas fincas y propiedades, modernísimamente equipadas, repletas de obras de arte, antigüedades y trofeos de caza, tanto de reses autóctonas (venado, jabalí, corzo, gamo o muflón) como de animales cazados en safaris. Por ejemplo, su mansión toledana de Postuero de las Navas, con interiores del decorador Jaime Parlade, fue objeto de un reportaje en la reconocida revista *Architectural Digest*. Hoy, los Abelló ocupan el primer puesto del ránking de terratenientes de España, por delante incluso de la propia duquesa de Alba.

Un extenso patrimonio inmobiliario que en los últimos años ha ido multiplicando el número de sus fincas y mansiones rurales. Heredades que han sido visitadas, bien para fiestas sociales o bien para cacerías, por los más importantes personajes del mundo de la política, de las finanzas y de la aristocracia. Un cóctel que no todos pueden ofrecer. Precisamente, a sus conocidas fiestas de onomástica acuden «ilustres» como José María Aznar y Ana Botella, o los duques de Lugo, Elena de Borbón y Jaime de Marichalar, con los que Ana Gamazo mantiene magníficas relaciones. También asisten singulares personajes como el ex presidente del Senado, José Federico de Carvajal, y su esposa Elena Boyra. Éste es otro ejemplo notorio de hombre maduro unido a una joven. Ella, vestida normalmente de Chanel, forma parte de cualquier fiesta de elite que hoy en día se precie, pero nunca se sabe si está allí por gusto o por obligación.

El abogado José Federico de Carvajal se unió sentimentalmente a Elena Boyra en febrero de 1987, a la edad de cincuenta y siete años. Él ejercía por entonces el cargo de presidente del Senado en el Gobierno del socialista Felipe González, y ella era treinta años más joven que él y empleada suya, como directora de las Comisiones Parlamentarias de la Cámara Alta. Elena Boyra pertenecía a una familia de clase media alta de Barcelona y había aprobado dos años antes las oposiciones al Cuerpo de Letrados del Estado. Su primer trabajo fue como directora de Relaciones Interparlamentarias y Protocolo del Senado. Tan sólo un año y medio después de conocerse, Elena se quedaba embarazada, provocando el estupor en las entonces cerradas filas socialistas. En aquellas fechas, José Federico de Carvajal estaba casado con Matilde González, propietaria de una céntrica boutique de moda en Madrid, a la que estuvo unida durante casi treinta años y con la que tiene tres hijos: José Federico, Gador y Pablo. Fue precisamente Gador la que presentó a Elena a su padre, aunque luego el trabajo en común hizo todo lo demás. A pesar de las voces que, desde dentro del partido socialista, pidieron su dimisión por inmoralidad, Carvajal se mantuvo impertérrito. Amigo personal del presidente Felipe González, ni se movió y ni siquiera consideró la oferta de una salida honrosa a una embajada europea. Al contrario, en octubre de 1987 dio un paso más y se fue a vivir con Elena Boyra a un piso que compró en la calle de Zurbano, en uno de los barrios residenciales más caros de la capital de España. Precisamente, no muy lejos de donde vivía su familia de toda la vida, en la calle de María de Molina. Pero tampoco lejos de la casa de su novia, en la calle Cid. La pareja comenzó a ocupar un cuarto piso de doscientos metros cuadrados, valorado entonces en sesenta millones de pesetas. Poco a poco fueron incrementando su patrimonio inmobiliario, que evidentemente no llega ni a una mínima parte del de sus amigos y anfitriones.

Los Abelló cuentan con cinco fincas en Toledo, cuatro en Ciudad Real y varias repartidas por Andalucía, principalmente en Jaén y en Cádiz. A través de ellas reciben millonarias subvenciones y ayudas de la Unión Europea. Aunque Abelló sea una de las primeras escopetas de España y la finca familiar de Las Navas, en la provincia de Toledo, una de las mejores del país, su mujer no suele disparar un tiro. Ella prefiere acompañar a los ojeadores y disfrutar del campo.

El listado de sus fincas cruza España desde Madrid hasta Cádiz, aunque casi la mitad de ellas se ubican en los alrededores de los Montes de Toledo, la zona más cotizada por los ricos empresarios dada la calidad de su fauna y su relativa cercanía a Madrid. Una de ellas, Dehesa del Avellanar, atraviesa tres provincias: Ciudad Real, Toledo y Badajoz. Pero la más emblemática de todas es la conocida como Postuero de las Navas, en el pueblo toledano de Los Yébenes. Se trata de un cortijo de 2.751 hectáreas, que es el lugar preferido por los Abelló para la toma de decisiones ante sus retos empresariales. También en Toledo cuenta con otros predios importantes como Los Torneros, con 1.446 hectáreas, Las

Sierpes, con 1.376, y Ballesteros, con 2.291 hectáreas; en la provincia de Ciudad Real posee la Garganta, en Almodóvar del Campo, y El Lobillo, en Alhambra, con 4.000 hectáreas de terreno dedicados a la caza menor y mayor, que le compraron a la familia banquera de los Garnica. Posteriormente adquirieron la finca de El Quinto de la Tejera, con más de 3.500 hectáreas, que añadieron a la adyacente finca de El Lobillo, para completar uno de los cotos de caza más importantes de Europa. También compraron las heredades de Renúñez y de Casa de la Muerte, en La Solana (Ciudad Real); la de Navalcaballo, en Montizón (Jaén). Junto a ésta, se hicieron con la propiedad de Corcicas, Lametón, La Madera y El Toscar, unas fincas que ocupan otras 4.000 hectáreas. En Los Barrios (Cádiz) son los dueños de Zanona, otra inmensa extensión de terreno de 4.000 hectáreas en la que crían ganado bravo y que se ha convertido a su vez en una de las principales explotaciones de corcho de España.

Pero, al margen de ganaderías, reservas cinegéticas y cultivos, la familia Abelló cuenta en su haber con una gran colección de pintura. Probablemente sea la tercera pinacoteca privada más importante de España. Se ubica, en parte, en la residencia familiar situada en el barrio madrileño de El Viso, en un palacete que fuera propiedad de la marquesa de Casa Valdés. Allí es donde Ana Gamazo y Juan Abelló cuelgan obras de Darío de Regoyos, de Goya, de Murillo, de Berruguete, de Ribera, de El Greco, de Nonell, de Zabaleta, de Cossío, de Sorolla, de Solana, de Bacon, de Chagall, de Juan de Flandes, de Braque y alguno de Antonio López. Su colección viaja con frecuencia a museos de Europa.[8] Sólo ponen una única condición: que sus obras no tengan que cruzar el Atlántico, ya que los desplazamientos largos de sus cuadros les

---

[8] En 1994, por ejemplo, el Museo de Bellas Artes de Santander organizó una exposición con los más de sesenta dibujos que habitualmente decoran el dormitorio de los Abelló, firmados por Van Gogh, Toulouse-Lautrec, Picasso, Iturrino, Nonell, Juan Gris, Pierre Bonnard, Salvador Dalí o Benjamín Palencia.

intranquilizan. En caso de accidente, el dinero del seguro nunca podría resarcirles de la pérdida. Dicen que cada cuadro de la pinacoteca de los Abelló ha pasado por las manos de Ana Gamazo en su previa elección. Un galerista asegura que «para que Juan Abelló compre un cuadro hay que ir siempre a por la peana, no hay marchante de arte que no la llame a ella primero».[9] Dicen que los Abelló tienen en su casa un Úrculo que por detrás tiene dibujado todavía el desnudo de María Jesús Llorente, la compañera sentimental del ex vicepresidente del Gobierno socialista Alfonso Guerra, que también mantuvo una relación con el pintor. En esta compra, como en casi todas, fue decisiva la opinión de Ana Gamazo.

Pero, además, algunas obras de esta extensa colección han servido para que la familia Abelló saldase en más de una ocasión sus cuentas pendientes con el Fisco. Por ejemplo, en 1995 pagaron a Hacienda con la tela titulada *Construcción con línea diagonal*, de Antoni Tàpies, que acabó en el Centro Nacional de Arte Reina Sofía. Con anterioridad había empleado el mismo sistema de pago con la obra *La Nageuse* de Pablo Picasso, que también fue a parar al Reina Sofía, y con otro cuadro de Lucas Cranach, que terminó en el Museo del Prado.

Cada verano, la revista *Artnews*, una de las grandes señas de identidad del negocio del arte, publica la lista de los doscientos coleccionistas más importantes del planeta, en función no sólo de sus inversiones anuales, sino de un profundo estudio de la calidad de las obras que compran. El pasado verano cuatro nombres españoles figuraban entre sus elegidos: Alicia Koplowitz, Plácido Arango, José Luis Várez Fisa[10] y los Abelló, un apellido que se repite año tras año en esta selecta relación formada por un restringido

[9] *http://www.fundaciones.org*.

[10] Este coleccionista vendió hace años al Estado su gran colección de piezas de cerámica griega y romana. Es dueño de un Velázquez (un retrato del conde-duque de Olivares) y poseedor de una importante colección de pintura antigua española que ha ido adquiriendo en el extranjero.

grupo de los principales coleccionistas internacionales. Un colectivo hermético, obsesionado con la discreción, como Ana Gamazo. Sin embargo, dicen los expertos que el coleccionismo de obras maestras está más activo que nunca. Que las ventas baten récords en un clima de euforia y bonanza económica. Que no hay mejor relumbrón para el dinero que mostrar la fortuna de la mano de las mejores obras de arte. Precisamente, una de las últimas adquisiciones de los Abelló fue un tríptico del pintor inglés de origen irlandés Francis Bacon, que les costó alrededor de 25 millones de euros. Los Abelló son grandes amantes de este pintor, del que ya poseen otras obras, como también de Degas (por un cuadro de sus célebres bailarinas pagaron hace ya años diez millones de euros). Asimismo, en el año 2000 pujaron por el conocido cuadro de Francisco de Goya y Lucientes *La condesa de Chinchón*, quizá el más famoso de los retratos femeninos del pintor aragonés. La oferta de los Abelló fue de 24 millones de euros (unos 4.000 millones de pesetas). Esto obligó al Ministerio de Cultura, entonces presidido por el popular Mariano Rajoy, a ejercer el derecho de tanteo y pagar esta elevada cantidad, que al financiero y a su mujer no parecía suponerles ningún esfuerzo.

A Juan Abelló y Ana Gamazo no se les ve mucho en la prensa rosa; en realidad no les gusta aparecer en los papeles. Abelló sale más en las fotos porque frecuenta las canchas deportivas y los cosos taurinos; por ejemplo, Las Ventas en San Isidro, pero a su mujer no se le ve nunca en la plaza. No le gustan los toros. Prefiere los caballos y los perros. Dicen que los Hohenlohe siempre han sido amantes de estos animales. Tampoco se le ha visto jamás en el palco del Real Madrid, aunque Abelló tuviera mucho que ver con la directiva de Florentino Pérez, de la que también formaba parte Fernando Fernández Tapias, buen amigo de la familia. Dicen que lo que más le gusta a Ana es vestir los modelos de Valentino. Que ella siempre figura en la lista de las mujeres más elegantes del país. Que aunque no tiene barco en propiedad, no duda en acudir cuando se le invita a pasear en un yate, como ocurrió cuando el magnate venezolano Ricardo Cisneros le ofreció navegar por el Guadalquivir durante la Feria de Abril de Sevilla de 2001.

También aseguran que su agenda sería la envidia del más brillante de los *public relations.* Que, junto a su marido, ha reunido una red de amistades y asociados difícil de superar. Que posee los teléfonos de centenares de primeras figuras, que están sólo al alcance de su móvil, lo que supone todo un capital. Que tiene una gran capacidad de convocatoria y seducción. Que es una mujer de tuteo fácil y que habla con todo el mundo que se le dirija. Que su día a día se asemeja a un choque de mundos diversos y a veces antagónicos. Es decir, que es un permanente fluir de señales y percepciones en un mercado de márketing del más puro estilo.

Pero dicen que Ana Gamazo, al contrario de sus ilustres amigos/as, no baila ni le gustan las sevillanas. Que tampoco lo hacía años atrás en El Portón madrileño, cuando el ex socio de su marido, Mario Conde, se quitaba la chaqueta y se marcaba los pasos en tirantes y con la gomina intacta, bajo la complaciente mirada de Juan Abelló. Que ella prefiere la música sudamericana. Aunque, afirman sus amigos, que no es óbice que tengan gustos distintos para que disfruten de otras muchas cosas en común. Aseguran que Ana nunca ha sido ajena a los negocios de su marido. Que todos los integrantes de su familia le consultan, y ella opina y da consejos. Dicen que, por ejemplo, cuando Mario Conde entró en su casa por primera vez, Ana vio enseguida el peligro. Que lo caló al instante y que advirtió a su marido de que tenía el enemigo en casa, aunque entonces no le hicieron mucho caso. Aseguran que Mario Conde también supo reconocer la inteligencia natural de su contrincante y la fuerza que significaba en la familia. Dicen que por eso no jugó limpio con ella y que empleó la táctica del divide y vencerás. Pero que ganó únicamente las primeras batallas y que perdió la guerra. Conde acabó en la cárcel, Abelló salió intacto de aquella relación y la familia multiplicó su patrimonio. Una vez más, a Ana Gamazo tuvieron que darle la razón. Se dice que cuando su marido rompió su pacto con el ex banquero, ella comentó: «Conde era un empleado nuestro y Juan siempre trató con deferencia al servicio». También se afirma que cada vez que Conde llamaba por teléfono a su casa, le pasaba el auricular a su marido diciendo: «Juan, es tu empleado». Toda una Hohenlohe no podía soportar que un joven abogado del Estado, que había sido su subordinado, hiciera el feo de relegar a su marido al papel de segundón. Y máxime después de ganar Conde 12.000 millones de pesetas con la venta de la empresa Antibióticos, propiedad en su mayoría de Abelló. Fueron 80.000 millones de beneficio total, el primer gran «pelotazo» de la historia reciente de España.

El germen de todo este inmenso imperio financiero tiene un nombre en mayúscula, además del de Ana Gamazo: el de Juan Abelló Gallo, el llamado «rey de las compras y ventas», uno de los diez hombres más ricos de España. El empresario nació en Madrid el 16 de diciembre de 1941. Estudió en el elitista colegio del Pilar, de Madrid, y se matriculó después en la carrera de Farmacia, en la Universidad Complutense, en donde se licenció en 1964.[11] Un año después ya comenzaba a trabajar en la empresa familiar de su padre, Juan Abelló Pascual, un farmacéutico de Reus (Tarragona). En Laboratorios Abelló, ocupó diferentes puestos ejecutivos hasta que en 1973 fue nombrado vicepresidente. Fue en 1976 cuando conoció al abogado del Estado Mario Conde, con quien desde entonces realizaría múltiples y significadas operaciones financieras hasta su llegada a la presidencia y vicepresidencia del Banco Español de Crédito (Banesto). Una de estas operaciones fue en 1983, cuando ayudado por Mario Conde, que por entonces trabajaba en su empresa, vendió Laboratorios Abelló a la multinacional norteamericana Merk Sharp and Doohme

[11] Catorce años después, en 1978, consiguió el título de doctor en Farmacia con la calificación de sobresaliente *cum laude*.

por 2.700 millones de las antiguas pesetas. Después se hicieron con el control de Antibióticos S.A. Tras sanear esta empresa y obtener unos beneficios altos, decidieron venderla en marzo de 1987 al grupo industrial italiano Montedison. Fue el gran *pelotazo* económico de la época, por el que obtuvieron 58.000 millones de pesetas (348 millones de euros). Paralelamente, el tándem Abelló-Conde compraba un 3 por ciento del capital de Montedison por 18.000 millones de pesetas. Y con el dinero restante comenzaron a invertir en distintas empresas, como Advent International (sociedad de capital de riesgo) o Advent España (sociedad de gestión).

Una vez cerrada la operación, y como ha sido siempre norma en el comportamiento de Abelló, éste estaba dispuesto a traducir todo el dinero que había ganado en más dinero, en más poder y en más influencias. Por eso, pasó a ser accionista del Banco del Progreso de los hermanos March, se hizo consejero de Sotheby's España, S.A. y adquirió, junto a su entonces socio Mario Conde, el 60 por ciento de las acciones de General Medical Merate, una empresa italiana dedicada a la venta y fabricación de equipos médicos de alta especialización. Pero la operación más destacada del tándem Abelló-Conde fue su incursión en el Banco Español de Crédito. Esto ocurrió en junio de 1987, cuando se concretó la inversión de unos 25.000 millones de pesetas en Banesto a través de la sociedad Torreal. De esa cantidad global, 13.000 millones correspondían a Abelló y 7.300 a Conde.[12] Una vez tomado el control, decidieron que era mejor que Mario Conde accediera a la presidencia del banco y Juan Abelló a la vicepresidencia. Desde allí intentaron la fusión con el extinto Banco Central. El poder de Abelló continuaba. En junio de 1988 era nombrado presidente de la aseguradora La Unión y el Fénix.

---

[12] Tres mil millones de los 7.300 procedían de un crédito personal de Juan Abelló a Mario Conde.

Sin embargo, en esta carrera meteórica surgió un problema. Su unión patrimonial con Mario Conde se rompía como consecuencia de las divergencias surgidas entre ambos. Tras la ruptura, Abelló conservó el 3,5 por ciento de los títulos de Banesto y Conde el 1,5 por ciento. Al mismo tiempo que se producía este desencuentro, el proceso de fusión con el Central también se rompía. En este estado de cosas, el 23 de febrero de 1989, Abelló dimite de sus cargos de vicepresidente de Banesto, presidente de La Unión y el Fénix, vicepresidente de Fenosa, consejero delegado del Banco Central y de Tudor. Pero, como también es costumbre en Abelló, su salida no le ocasionó ningún trauma ni problema y comenzó a invertir en otras empresas. Así, sólo seis meses después de dejar Banesto era nombrado presidente de la Compañía Inversiones Ibersuizas,[13] participada por su empresa Torreal, de la que seguía como presidente. Su cascada de inversiones continuó con la toma de participaciones en sectores muy diversos, desde el farmacéutico hasta el alimentario. Penetró en la empresa farmacéutica Alcaliber; en el grupo CEPA (Compañía Española de Penicilina y Antibióticos), una filial de la sociedad francesa Paribas Santé; y en la empresa cárnica Oscar Mayer, la segunda en importancia de España.

Sus habilidades con el bolígrafo y el talón no le hacían olvidar su pasión cinegética ni dejar de disfrutar de sus cacerías toledanas, sin más preocupación que abatir venados y perdices convenientemente criados para la ocasión. Como tampoco abandonaba sus negocios en la sala rociera El Portón, por donde a comienzos de los años noventa pasaba toda la *jet* madrileña para sus festines nocturnos. Dicen sus conocidos que Abelló siempre ha sido muy poco amigo de madrugar y que sus grandes operaciones las ha cerrado de noche. Una de sus apuestas más singulares ha sido la incursión en los medios de comunicación. En 1991 entraba en Antena 3 TV como consejero y un año más tarde vendía su participación al editor catalán, ya fallecido, Antonio Asen-

[13] Inversiones Ibersuizas es una sociedad dependiente de Swiss Bank Corporation.

sio, dueño del Grupo Zeta. Poco después tomaba partido en el capital de la Cadena COPE, la emisora radiofónica de la Conferencia Episcopal española, donde se introduce a través de Cartera de Medios, una sociedad participada en un 40 por ciento por Multitel, que a su vez era una empresa vinculada al entonces consejero delegado de la COPE, Eugenio Galdón.

Estas incursiones en el mundo de la comunicación, sin una rentabilidad económica clara y manifiesta, le sirvieron para abrirse camino en un negocio muy próspero, como el de las telecomunicaciones. Éste ha sido siempre su sino: más y más dinero. En la primavera de 1996 era ya nombrado presidente de Airtel Móvil S.A., en sustitución de Eduardo Serra, que dejó el cargo al ser nombrado ministro de Defensa por José María Aznar. Por esas mismas fechas, junto al grupo alemán Tengelmann, Abelló se hizo con la propiedad de una cadena de tiendas llamada Plus Superdescuento.[14] Luego se hizo con una participación de Veo TV, a través de su empresa Innova, una sociedad de capital riesgo especializada en valores de la Nueva Economía. Esta carrera inversora era paralela a su creciente protagonismo en la elite económica-empresarial afín al PP y forjada durante los ocho años de mandato del presidente Aznar. En el año 2000 vendía Airtel al grupo británico Vodafone, en otro de sus ya consabidos *pelotazos* financieros, que le reportó 650 millones de euros. Desde el inicio de este siglo, todos sus negocios más importantes los ha concentrado en su sociedad patrimonial Torreal, la cabeza visible de su gran imperio financiero.

Fue en el año 2004 cuando Abelló cambió la sede de Torreal para situarla en un palacete madrileño de principios del siglo XX, en la calle Fortuny número 1.[15] El financiero siempre ha deseado que su sede más representativa estuviera ubicada en una de las

[14] Invirtieron en torno a 40.000 millones de las antiguas pesetas.

[15] Antes, la sede de Torreal ocupaba dos plantas del edificio del paseo de la Castellana 40, de Madrid, que Abelló compró al Saudesbank por 2.900 millones de pesetas.

zonas nobles de la capital de España. Precisamente, a pocos metros de distancia, está la sede de la Fundación Rafael del Pino, presidente honorario de Ferrovial. En la compra y rehabilitación del nuevo edificio invirtió diez millones de euros, siete en su adquisición y tres en su rehabilitación. El palacio dispone de 1.500 metros cuadrados, repartidos en tres plantas de cuya decoración interior se encargaron Mario Conío e Isabel Pedrosa. De las paredes del despacho de Juan Abelló, que está en la segunda planta, cuelgan valiosas pinturas de su colección de arte. Por ejemplo, las bailarinas de Degas.

Como no podía ser menos en tan ilustre financiero, uno de los negocios estratégicos de su emporio es hoy en día el sector inmobiliario, donde se afianzó con la compra de un importante porcentaje en la constructora Vallehermoso y luego en Sacyr, adquiriendo de entrada el 13,76 por ciento y uniéndose de este modo a su amigo Luis del Rivero para alcanzar la vicepresidencia de esta cotizada empresa constructora.[16] Desde este puesto intentó el asalto frustrado al BBVA. El financiero se topó con la oportunidad de oro para hacerse de nuevo fuerte en el sector bancario, como cuando ocupó en 1987 la vicepresidencia ejecutiva de Banesto al lado de Mario Conde. Esta apuesta le costó sacrificar su cargo de consejero en el Santander de Emilio Botín, con cuya familia guarda una amistad de toda la vida. Hay que reseñar que fue con un crédito de Bankinter, de Jaime Botín, con el que Abelló logró el control y la presidencia de Antibióticos, de donde surgió su gran imperio financiero. Además, la familia Botín acude con frecuencia a las fincas del financiero, y con Ana Patricia, hija de Emilio Botín, compartió sillón en el consejo de la cadena de televisión mexicana Televisa, propiedad de la familia Azcárraga.

[16] Su nombre y el del presidente del SCH, Emilio Botín, compañero de cacerías, salía a la luz pública cuando en junio de 2002 el SCH vendía el 24,5 por ciento de la constructora Vallehermoso, la primera inmobiliaria española, a Sacyr por 568 millones de euros.

Este fallo estratégico en la mira de su escopeta de «cazaempresas» no era sino un borrón en su amplia lista de trofeos, ya que con anterioridad había penetrado con éxito en compañías como Abengoa (1999-2003) y Aguas de Barcelona (2004). En esta última operación se asoció con el empresario textil gallego, Amancio Ortega, para comprar el 11,64 por ciento de Agbar a Endesa. También se introdujo en el capital de las grandes bodegas españolas, como, por ejemplo, en la Compañía Vinícola del Norte de España (CVNE). Esta rentabilidad en sus métodos empresariales hizo que antes de que acabara el siglo XX se convirtiera en un reconocido intermediario de fusiones y absorciones, en las que actuaba en representación de sociedades como RTL, Televisa, Enron, la Unión de Bancos Suizos (UBS), etcétera. Juan Abelló estaba allí donde hubiera una operación especulativa que resolver. Pasó a ser la persona idónea para solucionar problemas, gracias a sus labrados contactos e influencias en el poder. Dicen sus colaboradores que lo ha logrado por ser «un hombre frío, independiente, y un avezado estratega». Aseguran que es fiel a sus amigos, a la caza, al arte, a los toros y al fútbol (ha sido vicepresidente del club del Real Madrid gracias a su amigo Florentino Pérez). Pero que, sobre todo, es un apasionado de los negocios.

Juan Abelló, asesorado por Ana Gamazo, siempre ha tenido olfato, intuición y buena puntería en todas sus «cacerías» empresariales. Dicen sus amigos que sabe esperar el momento oportuno para entrar de lleno en el capital de las empresas, lo que hace a través de su arma financiera más valiosa: la sociedad patrimonial Torreal. Y aunque ya ha situado a sus cuatro hijos en Torreal, como único futuro para ellos y para su herencia, a éstos aún les queda mucho por aprender para tomar la alternativa. Todos los que le conocen aseguran que su relevo generacional queda todavía muy lejos. Abelló, acostumbrado a aplicar el criterio cinegético a sus inversiones, y con seis décadas y media de vida a sus espaldas, no está dispuesto a abandonar el ajetreado rastreo de nuevos negocios. Por eso, no dejará de cazar hasta que no tenga balas en la recámara.

El recambio generacional todavía no ha llegado para ellos. Aún no es el momento adecuado para heredar el gran imperio económico de sus padres, aunque todos ellos están colocados y tienen acciones en las empresas de sus progenitores. Un personaje, Juan Abelló, que ha sido protagonista, junto a su callada mujer, de una próspera carrera que le ha llevado a participar en más de cuarenta sociedades en sectores tan diversos como el farmacéutico o el inmobiliario, pasando por el bancario y el de las telecomunicaciones; además de ser considerados como los primeros terratenientes españoles con fincas y terrenos que conforman unas 40.000 hectáreas repartidas por media península Ibérica, y sin olvidarnos de su importante y valiosa pinacoteca, la tercera de España.

Ahora bien, todo este inmenso patrimonio amasado y su etiqueta de gran cazador financiero, labrada a golpe de talón, no tiene todavía un heredero señalado. Dicen, quienes les conocen, que ninguno de sus cuatro hijos está todavía preparado. Aunque algunos de ellos ya se han situado convenientemente en el entorno del poder empresarial español. Por ejemplo, su primogénito Juan Claudio Abelló Gamazo, nacido en 1968, que estudió Empresariales en la universidad privada madrileña Antonio de Nebrija, está casado con Marta del Rey Guil (1967), una de las dos hijas de María José Guil Navarro, que contrajo segundas nupcias con Isidoro Álvarez Álvarez, propietario de El Corte Inglés.[17] María José Guil es administradora única de la sociedad M.J.C.M. Inmobiliaria y Gestora S.A., una inmobiliaria ubicada en el paseo marítimo de Marbella y con un capital social de 2.475.000 euros.

[17] Isidoro Álvarez nació en 1935 en Borondes (Asturias). Es sobrino lejano del fundador de El Corte Inglés, Ramón Areces. En 1957 se licenció en Económicas con premio extraordinario por la Universidad Complutense de Madrid.

El enlace entre dos sagas del gran poder se convirtió en el acontecimiento social de la temporada. El Príncipe de Asturias y los duques de Lugo actuaron como testigos. Entre los seiscientos invitados se encontraban las mismas personalidades de siempre del mundo empresarial, político y cultural, como la esposa del ex presidente José María Aznar, Ana Botella; el ex ministro de Asuntos Exteriores, Abel Matutes; empresarios como Fernando Fernández Tapias y su mujer, Nuria González; el editor Jesús de Polanco y su entonces esposa Mari Luz Barreiros; la propietaria de FCC, Esther Koplowitz; su ex cuñado, Alberto Cortina, y su mujer, Elena Cué.

La boda se celebró el 4 de marzo de 2000 en la finca Las Jarillas, de Madrid, el mismo lugar donde estudió el rey Juan Carlos cuando vino a España a los nueve años de edad.[18] Las Jarillas es el lugar donde más potentados se han casado. También celebró allí su enlace, entre otros, el segundo hijo de Alicia Koplowitz y Alberto Cortina.[19] La heredad —que hoy se alquila para bodas y banquetes— fue comprada en 1901 por el primer marqués de Urquijo, bisabuelo del actual dueño, José María Urquijo. Está situada a 17 kilómetros de Madrid. Su extensión actual es de 15 hectáreas y dispone de una casa de campo de dos plantas con capilla incluida y un patio andaluz añadido. El banquete fue servido por el restaurante Jockey en mesas decoradas con candelabros en forma de árbol, forradas con musgo, camelias enanas blancas y trozos de cristal tallado. La decoración corrió a cargo de Pascua Ortega y el traje de la novia, al igual que el de la madrina, Ana Gamazo, y el de la madre de la novia, María José Guil, estaban diseñados por la modista Belén Molinero.

La amistad de la pareja con el príncipe Felipe de Borbón fue correspondida con su invitación al enlace real con Letizia Ortiz

[18] Inicialmente estaba previsto que la boda se celebrase en la iglesia madrileña de San Ginés, donde están enterrados el padre de Juan Abelló y Ramón Areces, fundador de El Corte Inglés.

[19] Véase capítulo 1.

Rocasolano. El protocolo de la Casa Real les situó en la «Zona F1 Mesa/Fila: 05» durante el ágape que fue servido posteriormente en el Palacio Real. Compartían mesa con Clotilde Martínez Peinado, Iñaki Maestre López, Cristina Alcaine Hernández y José Manuel Martínez Ruiz, otros invitados cercanos a la Familia Real. Actualmente, la pareja tiene dos hijos. Él trabaja en Torreal, la sociedad patrimonial de la familia, junto a su padre Juan Abelló. Una de sus propiedades está situada en la calle de la Isla de Oza, número 20, de Madrid.

También al segundo hijo de Juan Abelló, Alejandro, de treinta y seis años, se le ha vinculado con otra familia aristocrática, los Chávarri. En concreto, con Isabel Chávarri, la hija mayor del ya fallecido embajador Tomás Chávarri,[20] nieta del marqués de Santo Floro y bisnieta del conde de Romanones. La relación de Alejandro Abelló con Isabel, seis años mayor que él, se formalizó en el verano de 1997 después de que ésta rompiera su matrimonio con Miguel Rosillo, con quien estuvo casada durante nueve años y con quien tuvo dos hijos gemelos, Marta y Miguel. Alejandro trabaja actualmente en Alcaliber, la única empresa que le queda a Abelló del antiguo grupo Antibióticos, cuya venta dio origen a la fortuna del empresario. La sede de Alcaliber se encuentra en el edificio anexo al palacete que ocupa la sociedad Torreal, en la madrileña calle Fortuny, y donde antiguamente se situaban las caballerizas de este palacio.

El tercer heredero de la saga Abelló Gamazo es Christian Pablo, el que más se parece a su padre en todos sus gustos. Es un gran cazador de ciervos y se perfila como el virtual sucesor al frente del *holding* familiar, Torreal. Desde el año 2001 tiene un puesto en el consejo de administración de una filial de éste, Torreal Sociedad de Capital Riesgo. Pero, también, tras hacerse su padre con la cadena de moda masculina Hackett y con la compañía Pepe Jeans, cuya participación del 43 por ciento compró a la

[20] Las otras dos hijas del fallecido embajador Tomás Chávarri son Marta y María.

sociedad de capital riesgo británica 3i por 50 millones de euros, Christian fue nombrado consejero de esta última empresa textil. Los Abelló han penetrado en firme en el sector de la distribución de ropa. Pero en la actualidad el activo más importante de la sociedad patrimonial Torreal es su participación en la constructora Sacyr Vallehermoso (SyV), donde aumentaron su poder tras adquirir un paquete de acciones a Fernando Martín, ex consejero de Sacyr, ex presidente del Real Madrid y dueño de la empresa inmobiliaria Martinsa.[21]

También Christian Abelló figura como representante de la familia en el consejo de administración de la Corporación Industrial y Financiera de Caja Castilla-La Mancha, que preside el ex diputado socialista Juan Pedro Hernández Moltó, y en cuyo consejo aparecen nombres tan significativos como el del marqués de Griñón, Carlos Falcó y Fernández de Córdova; el del ganadero Samuel Flores, en cuya finca de El Palomar (Albacete) cazan el rey Juan Carlos y Juan Abelló;[22] y el del ex rector de la Universidad de Castilla-La Mancha, Luis Arroyo. Precisamente, en esta universidad manchega, Christian ha sido invitado como ponente en los cursos de verano de 2005 celebrados en Ciudad Real, una provincia donde los Abelló tienen múltiples posesiones y terrenos.

A su vez, el tercer hijo del financiero está presente en el Patronato de la Fundación Deporte y Desafío, una institución cultural, privada y sin ánimo de lucro, cuyo objetivo principal es la integración social del discapacitado a través del fomento de deportes y actividades al aire libre. En su consejo rector figuran perso-

---

[21] Abelló vendió a Sacyr Vallehermoso el 5 por ciento que poseía en la Empresa Nacional de Autopistas.

[22] El Palomar, la finca de Samuel Romano López Flores, está en Povedilla (Albacete) y tiene más de 2.000 hectáreas. La propiedad está en su mitad sembrada y el resto es monte, con ganado bravo. Fue allí donde en enero de 2005 Abelló obtuvo un récord nacional al abatir un venado cuyas cuernas sumaban más puntos que los 223,72 que ostentaba el rey Juan Carlos, un récord que tenía desde el 21 de diciembre de 2004.

najes de las altas finanzas españolas como Javier Goyeneche Marsans o Teresa Entrecanales Azcárate, integrante de la familia propietaria del Grupo Acciona. Christian se casaba en el verano de 2006 con Paula Luengo, una joven que trabaja en el Museo Thyssen en el área de Pintura Moderna. La boda se celebró con el lujo esperado de tales familias en la finca familiar de Oropesa, en los Montes de Toledo. Paula y Christian fueron los primeros en hacer abuela a Ana Gamazo, mucho antes de contraer matrimonio oficial.

Y cierra la descendencia de los hermanos Abelló Gamazo, Miguel Carlos, quien estudió Derecho en el colegio privado Cardenal Cisneros, vinculado a la Universidad Complutense de Madrid. Actualmente está intentando ampliar sus conocimientos en Estados Unidos. Su padre lo ha situado en las empresas de la familia para encauzar su rumbo profesional. Sus amistades son variopintas e influyentes. Se codea, entre otros, con José María Aznar *junior* y con el hijo del dueño de Air Europa, Javier Hidalgo, quienes también son sus compañeros de ocio. Con el hijo de Aznar ha compartido estancia en Nueva York, en el barrio de Manhattan. De hecho, se les ha visto por la ciudad de los rascacielos compartiendo sus salidas de placer. El primogénito del ex presidente del Gobierno español vive en el centro financiero de Estados Unidos desde hace años, destinado allí como empleado de la internacional Boston Consulting Group (BCG). Por su parte, el hijo menor de Abelló pretende hacer sus primeras incursiones en la banca de inversión, al mismo tiempo que se ha convertido en un personaje habitual de los ambientes nocturnos de la Gran Manzana, donde suele alternar con todos los amigos que aterrizan por Nueva York. Uno de ellos es Javier Hidalgo, hijo del dueño de la compañía aérea Air Europa y de Halcón Viajes, José *Pepe* Hidalgo, un salmantino afincado en Mallorca que está casado con Eloísa Gutiérrez. Se trata de un joven al uso entre los *niños* recién llegados a la *beautiful people.* Su filosofía de vida es muy clara, como él mismo ha señalado reiteradas veces: «Evidentemente, soy quien soy y genero las envidias que genero».

Como también las generan la familia Gamazo-Abelló, permanentemente enchufada al poder gobernante. Con una tupida red de relaciones que la sitúan entre las sagas mejor relacionadas del panorama político-empresarial español. Su músculo radica en su dimensión para hacer frente a los tiempos de fusiones y concentraciones que se avecinan. Una empresa puramente familiar que domina el mapa de la Bolsa y las inversiones en España como nadie. Gracias a personajes como Ana Gamazo, el *glamour* perdido recupera esplendor. De esta manera su penuria endémica queda abandonada. Por ejemplo, cuando la ex primera dama norteamericana Hillary Clinton visitó Madrid, Ana fue una de las primeras mujeres invitadas a almorzar y a reunirse con la senadora. También hace unos años la mujer de Abelló recogía el Premio Labor Solidaria Top Glamour. Por eso, ya nadie duda que el poder y la influencia de determinadas mujeres en la sociedad continúa creciendo. Dicen los estudios que las mujeres en el año 2025 serán más ricas que los hombres. Pero Ana Gamazo ya lo es. Sus plusvalías en los mercados bursátiles así lo atestiguan. Solamente a través de su sociedad inversora Arbarin tenía acciones en Endesa valoradas en 2.330 millones de euros al cierre del ejercicio de 2006. Unas simples gotas en un mar de dinero y poder.

CUADRO PATRIMONIAL DE BIENES CONOCIDOS

ANA ISABEL GAMAZO DE HOHENLOHE-LANGENBURG

Título: mujer de Juan Abelló. Hija del fallecido Claudio Gamazo y Amús, marqués de Soto de Aller, y de la princesa María Francisca de Hohenlohe-Langenburg, marquesa de Belvis de las Navas. Nieta del príncipe Maximiliano de Hohenlohe.

→

Propiedades inmobiliarias

- Mansión familiar en Marbella, vendida y adquirida posteriormente a los multimillonarios Rothschild. Se trata de una sencilla construcción levantada junto al mar.
- Residencia familiar situada en el barrio madrileño de El Viso, un palacete que fuera propiedad de la marquesa de Casa Valdés.
- Palacio sede de Torreal, en la calle Fortuny de Madrid. Se trata de un palacio del siglo XX con 1.500 metros cuadrados repartidos en tres plantas.

  El listado de sus fincas cruza España desde Madrid hasta Cádiz, aunque casi la mitad de ellas se ubican en los alrededores de los Montes de Toledo. Éstas son algunas:
- Dehesa del Avellanar, que atraviesa tres provincias: Ciudad Real, Toledo y Badajoz.
- Postuero de las Navas, en el pueblo toledano de Los Yébenes. Se trata de un cortijo de 2.751 hectáreas.
- Los Torneros (Toledo), con 1.446 hectáreas.
- Las Sierpes (Toledo), con 1.376 hectáreas.
- Ballesteros (Toledo), con 2.291 hectáreas.
- La Garganta, en Almodóvar del Campo (Ciudad Real).
- El Lobillo, en Alhambra (Ciudad Real), con 4.000 hectáreas.
- El Quinto de la Tejera, en Ciudad Real, con más de 3.500 hectáreas.
- Renúñez, en Ciudad Real.
- Casa de la Muerte, en La Solana (Ciudad Real).
- Navalcaballo, en Montizón (Jaén).
- Corcicas, Lametón, La Madera y El Toscar, unas fincas que ocupan otras 4.000 hectáreas en la provincia de Jaén.
- Zanona, en Los Barrios (Cádiz), con 4.000 hectáreas.

Empresas

Ha figurado o figura al frente de las siguientes sociedades:

- Torreal, la matriz de sus inversiones.
- Nueva Compañía de Inversiones.
- Quintana del Jarama S.A., una empresa dedicada al cultivo de

cereales, que tiene un capital social de 894.288 euros y su domicilio social en la calle Fernando el Santo, número 23, de Madrid, una de las sedes empresariales de la familia Abelló.

- Inmobiliaria Padilla S.A. Una empresa de la familia Gamazo Hohenlohe, donde figura como consejera delegada.
- Inversiones Inmobiliarias Paher S.L.
- Oropesa Inversiones S.L.
- Inversiones Inmobiliarias Herpago S.L.
- Inversiones Abarca S.L.
- Ancheta Miravalles S.L., etc.

Nota: es decir, un verdadero entramado de sociedades.

Principales instrumentos financieros

Al igual que el resto de potentados, el instrumento que utiliza para mover sus inversiones son las Sicav (sociedades de inversión de capital variable).

- Naira.
- Mackerel.
- Arbarin, donde figura como presidenta y que cuenta con un patrimonio de 36 millones de euros.

Fundaciones

- Fundación Gamazo, a través de la cual financia hospitales y centros de día en Hispanoamérica y Tanzania.
- Fundación Anti Sida de España (FASE).
- Fundación Humanitaria AGH. Fue creada en el año 2001, con un capital inicial desembolsado de 300.506 euros, para ayudar a la asistencia social tanto en España como en el extranjero.

Inversiones en obras pictóricas

- Una de las cinco mejores colecciones privadas de España, con obras de Goya, Murillo, Berruguete, Ribera, El Greco, Nonell, Zabaleta, Cossío, Sorolla, Solana, Bacon, Chagall, Juan de Flandes, Braque y Antonio López.

12. El club de las chicas de hoy: Nuria González, Mar Flores, Gemma Ruiz

Todas ellas pertenecen a ese distinguido club de mujeres primeras, segundas o terceras esposas de poderosos empresarios, financieros o políticos, poseedores todos ellos de grandes fortunas. Hace tan sólo unos años, estas jóvenes no podían imaginar cómo les cambiaría la vida, ni las sorpresas que les depararía el destino. Ahora son más o menos ricas, más o menos famosas, y pertenecen al restringido club de mujeres de alto *standing*. Si la estabilidad era un componente que antes distinguía a los ricos de toda la vida, ahora, a los nuevos, se les conoce por el movimiento, entre ellos, el sentimental asociado a una nueva juventud. Y todo ello dentro de un escaparate perfecto de relaciones sociales.

Ése es el caso de Nuria González, una mujer cuya experiencia, hasta ese momento, provenía del mundo de la moda. Primero como modelo —llegó a desfilar en la Pasarela Cibeles— y luego como estilista, junto a Pedro Morago y Nacho Ruiz, con el que mantuvo un corto idilio. Se ocupaba de la parte comercial de sus colecciones de temporada para mujer. Pero nadie podía predecir que se convertiría en la tercera mujer de uno de los hombres más ricos de España, con una de las mayores fortunas, el empresario naviero Fernando Fernández Tapias, al que todos sus amigos conocen por el sobrenombre de *Fefé*, es decir, F. F. Dicen que Nuria nunca persiguió un destino así. Que no figuraba entre sus prioridades. Y que antes de conocer a su futuro marido, se ganaba un modesto sueldo como compradora de telas, colaborando con una fábrica textil situada en la localidad madrileña de Alcorcón y dedicada a la venta de trajes al por mayor.

Pero al final entró y conectó con el círculo de la alta sociedad y con los típicos personajes del *cuore*. Poco a poco comenzó a dejarse ver en diversos y escogidos ambientes de la capital de España. Logró hacerse un hueco y consiguió la compañía de conocidos y mediáticos toreros, como Rafi Camino, o de futbolistas como Raúl González, el eterno capitán del Real Madrid, con quien se le atribuyó incluso un efímero romance. Por entonces, ya, según ella, había ascendido en su escalafón social y se dedicaba al mundo de la alta costura. Su entrada en el club de las chicas de oro le llevó a conocer al maduro millonario Fefé. Y muy pronto lograría penetrar en sus redes, eso sí, con el apoyo logístico de su madre. Así se hacía realidad la máxima que rodea a casi todos estos potentados separados y divorciados: que sus nuevas mujeres sean mucho más jóvenes y guapas que ellos.

Nuria González Sánchez nació a finales de la década de los sesenta, la época conocida como la de *los chiripitifláuticos*. Pertenece a una familia sencilla, de padres separados, de la Castilla profunda, sin demasiados recursos económicos a sus espaldas. Su única etiqueta es ser hija de María Jesús Celinda Sánchez García, diputada nacional del PP por la provincia de Palencia. Una mujer que fue aspirante a la alcaldía de Palencia en las últimas elecciones municipales de 2007, en las que perdió ante el candidato socialista Heliodoro Gallego Cuesta, presidente de la Federación Española de Municipios y Provincias (FEMP) y que había obtenido ya la mayoría absoluta en las dos últimas citas electorales locales.[1]

La suegra de Fernández Tapias, la verdadera ideóloga de su hija, nació el 24 de diciembre de 1945 —siete años después que

---

[1] Celinda Sánchez sustituía a otra mujer, Rosa Cuesta Cofredes, como candidata popular en Palencia para intentar destronar al socialista Heliodoro Gallego.

su yerno— en Torremormojón (Palencia). Está separada y tiene seis hijos. Es empresaria y fue la fundadora de la Ejecutiva de OMEGA (Organización Nacional de Mujeres Empresarias y Gerencia Activa). Su carrera política empezó hace doce años, cuando Jesús Mañueco, histórico líder popular palentino, la llamó para ocupar una plaza en el Senado. Luego ha sido alcaldesa del Ayuntamiento de Venta de Baños y secretaria de la Comisión de Industria, Energía, Comercio y Turismo del Congreso de los Diputados; asimismo, fue vocal de la Comisión Mixta para la Igualdad de la Mujer. Dueña de una pequeña tienda especializada en la organización de eventos, Celinda y sus hijos fueron abriéndose camino en Valladolid, sede de la Junta de Castilla y León que siempre ha estado en manos del PP. La madre de Nuria, gracias a padrinos como el ex presidente autonómico y ex ministro, Juan José Lucas, consiguió llegar más allá de lo que su modesto currículo político podía aportar.

Para su última campaña electoral, logró ser arropada en un mitin por Alberto Ruiz-Gallardón, íntimo amigo de su yerno Fernando. «Se lo he pedido porque es un gran amigo mío, ha sido mi jefe en el Senado y tiene querencias con Palencia; la primera vez que se presentó como senador lo hizo por la provincia. Y él me ha dicho que no hay ningún problema». Con estas palabras, Celinda Sánchez justificaba la presencia el 14 de abril de 2007 en Palencia del alcalde de Madrid con el fin de apoyar su lista electoral. Las palabras de elogio para el amigo de Fefé no pararon de salir de su boca durante el mitin celebrado en el Teatro Cine Ortega, uno de los clásicos de la ciudad. «Me identifico mucho con él, el espacio de centro lo domina muy bien. He trabajado tres años con Alberto cuando era portavoz del PP en el Senado y ha dejado su impronta en mí, fueron tres años de rodaje. Ruiz-Gallardón es uno de los más leales del partido, si no Ana Botella no iría en el número tres de su candidatura». Para acudir a estos comicios, Celinda Sánchez García tuvo que renunciar a sus cargos en el Ayuntamiento de Venta de Baños, en donde ocupaba un puesto de concejal y la portavocía del grupo popular, tras haber perdido ella la alcaldía en las elecciones de 2003.

Fernando Fernández Tapias y Nuria González Sánchez —él tiene sesenta y ocho años y ella treinta y siete— iniciaron su relación formal en 1998. El naviero conoció a Nuria cuando éste salía con Mar Flores, de la que entonces Nuria era muy amiga y compañera de pasarela. Fue ella quien se lo presentó. Dicen que su romance comenzó cuando Fefé le mandó unas invitaciones para asistir a una corrida de toros de la Feria de San Isidro y ella le llamó para agradecérselas. Desde entonces no se han separado. Dicen que como consecuencia de su relación la joven dejó su profesión de modelo para trabajar como estilista y comentarista de moda en varios programas televisivos, pues los presentadores y directivos de la cadena eran amigos de Fernández Tapias. Por ejemplo, durante un cierto tiempo estuvo actuando como cronista especializada en moda en el programa que presentaba en la televisión pública Telemadrid su gran amiga Terelu Campos (también amiga de Fefé) y que se llamaba *Con T de tarde*.

Su afán por aparecer en público le ha movido siempre en sus primeros pasos. Eso hizo que pocos días antes de su boda, el 27 de septiembre de 2002, Fernando Fernández Tapias y Nuria González se dejaran ver por última vez antes de ser oficialmente marido y mujer, después de cuatro años de relación. Curiosamente, Nuria y Fefé asistían, antes de contraer ellos matrimonio, al enlace de uno de los hijos del empresario (Íñigo). Se rompía así el principio lógico de la vida.

La tercera boda de Fefé, una marca todavía muy poco vista en España, tuvo lugar la tarde del 14 de octubre de 2002 en la finca La Peñuela, propiedad del ganadero y rejoneador Fermín Bohórquez y de su esposa Mercedes Domecq. A diferencia de otras bodas, los invitados no fueron citados en el lugar del enlace, en la finca de Jerez de la Frontera, sino en el aeropuerto de Barajas, desde donde varios aviones privados les llevaron hasta la localidad gaditana. La ceremonia fue íntima, con la privacidad que les proporcionó celebrarla en la propiedad de unos amigos. Al no conseguir la anulación eclesiástica del primer matrimonio del naviero, la ceremonia fue civil. Un hecho que amargó, y mucho, a Nuria. «Mis convicciones y la forma en que me han educado me animan a casarme por la Iglesia. Practico los valores que aprendí desde niña», dijo. Al empresario le daba igual el tipo de ceremonia, máxime después del interminable proceso de divorcio que vivió con su segunda esposa, Juana García Courel.

Los novios llegaron a la cita en un carruaje de caballos. Y poco después de las siete de la tarde comenzó la celebración. Nuria había escogido un diseño del modista italiano Valentino, en tono crudo. La parte superior del traje estaba cubierta de encaje. El escote, redondo, seguía en la espalda y se cubría, asimismo, de encaje. Nuria llevaba una pequeña cola pero no velo, lo que, sin duda, daba más protagonismo al recogido realizado por Cheska. El ramo, por otra parte, era muy sencillo, de rosas blancas y rosas. Entre los cerca de trescientos invitados, los de siempre, el mismo círculo de poder, sus amigos más íntimos, Alberto Cortina y Elena Cué; Miguel Boyer e Isabel Preysler; Carlos Goyanes y Cari Lapique; Alfonso Cortina y Miriam Lapique; el torero Rivera Ordóñez y Eugenia Martínez de Irujo, que llegaron por separado; el rejoneador Rafael Peralta; el entonces ministro de Fomento, Álvarez Cascos y su todavía esposa Gemma Ruiz; y el hoy alcalde de Madrid, Alberto Ruiz-Gallardón, y su esposa, Mar Utrera. Fue Cari Lapique quien organizó la despedida de soltera de Nuria. Dicen que fue una fiesta discreta, en la que se reunieron sus mejores amigas: Elena Cué, Inés Sastre, Isabel Sartorius, Nieves Álvarez... La ceremonia fue oficiada por el entonces alcalde de Jerez, Pedro Pacheco, en una carpa instalada para la ocasión y que había sido adornada por Mati Romero de Solís, quien también se encargó de la ornamentación floral en la boda de Eugenia Martínez de Irujo y Francisco Rivera Ordóñez.

Tras la ceremonia, el restaurante Jockey de Madrid sirvió el cóctel y el banquete que se ofreció en el llamado Jardín de la

Parra. Tampoco faltó el marisco de Galicia (la tierra de Fernández Tapias) que se había traído *ex profeso* para la boda. En La Peñuela, los recién casados disfrutaron junto a sus invitados de una animada fiesta que se prolongó hasta altas horas de la madrugada y que fue amenizada por el omnipresente conjunto de sevillanas Siempre Así. Un baile que practican mucho los nuevos ricos.

Un día después de su boda, Fernando Fernández Tapias y Nuria González reunieron a todos sus invitados en la finca Fuenterrey, también propiedad de Fermín Bohórquez y Mercedes Domecq. A la una de la tarde, los selectos invitados comenzaron a salir del hotel Monte Castillo, de Jerez, en el que se habían alojado durante los días previos a la celebración de la boda del naviero. En la heredad de los Bohórquez degustaron un almuerzo servido por el restaurador Alfonso, en el que primaron los platos típicos andaluces y donde no faltó el tradicional tapeo. Tras la comida, todos participaron en una tienta en la plaza de toros de la finca, en la que la estrella fue el torero vallisoletano Manolo Sánchez. La celebración del evento duró dos días.

Aunque todo apuntaba a que antes de su boda Fefé conseguiría por parte del Tribunal de la Rota la anulación eclesiástica de su primer matrimonio, esto no fue así. Su caso fue llevado por la abogada matrimonialista Concha García Proust, quien adujo que Fernández Tapias sólo tenía veintidós años cuando se casó con Chiqui Riva, «con lo cual estaba muy lejos de tener la suficiente discreción de juicio para asumir los derechos y deberes inherentes al matrimonio». Es decir, argumentaba su «inmadurez psicológica», un aspecto que todos los famosos y ricos denunciantes aducen para lograr su fin. Se trata de aplicar el canon 1095, al que algunos expertos en derecho canónico llaman el «canon coladero» y que, por fin, el Vaticano parece decidido a suprimir. Por este canon consiguieron la nulidad de su matrimonio famosos como Marisol y Carlos Goyanes, Carmen Ordóñez y Francisco Rivera *Paquirri*, o la cantante Massiel. El canon 1095 incapacita para contraer matrimonio a «quienes carecen del suficiente uso de razón, tengan un grave defecto de discreción de juicio acerca de los derechos esenciales del matrimonio que mutuamente se han de dar y aceptar, y quienes no pueden asumir las obligaciones esenciales del matrimonio por causa de naturaleza psíquica».

El proceso de nulidad de Fefé comenzó a principios de esta década en el Tribunal Eclesiástico de Primera Instancia de Madrid, donde obtuvo sentencia afirmativa, declarando nulo el matrimonio del famoso empresario. El caso pasó en segunda instancia al Tribunal de la Rota, de Madrid, que no ratificó la sentencia emitida, ya que Chiqui Riva apeló por no estar de acuerdo con ella. Se da el caso de que este proceso de nulidad eclesial no es nada doloroso para el bolsillo de estos potentados. Al contrario, una ganga. Todo el proceso le pudo costar a Fefé unos 1.442 euros (240.000 pesetas): 480 euros por gastos de «litisexpensas» (las tasas habituales del tribunal eclesiástico de Madrid) y 240 euros que le pidió el perito, a las que hay que añadir las mismas cantidades cobradas por los jueces y por los peritos en el Tribunal de la Rota.[2] Lo único costoso son los honorarios del abogado defensor, que en este caso no logró su objetivo. Desgraciadamente para Nuria, la anhelada notificación de nulidad matrimonial entre Fernando Fernández Tapias y Chiqui Riva de Luna no llegó, por lo que la joven ex modelo no pudo ver cumplido su gran deseo de contraer matrimonio religioso. Se tuvo que conformar con una ceremonia civil. Y con un matrimonio oficializado con separación de bienes.

Antes de cumplirse un año de su boda, la pareja ya tenía descendencia. Fue en el mes de septiembre de 2003 cuando Nuria González fue mamá por primera vez. Dio a luz a un niño, al que pusieron de nombre Iván. Casi cuatro años más tarde, el 7 de junio de 2007, la pareja tenía su segundo hijo. Se trata de una niña a la que pusieron de nombre Alma Carlota. Dicen sus amigas que

---

[2] *El Mundo*, 17 de febrero de 2002.

Nuria ha llevado muy bien los partos (el segundo fue mediante cesárea). Que, incluso, los días anteriores, a punto de salir de cuentas, ha seguido con su vida habitual. Por ejemplo, en vísperas de ser mamá por primera vez, no dudó en salir a divertirse con su esposo. Así, la pareja asistió a una gran fiesta que organizó el empresario y abogado Ramón Hermosilla en su lujosa residencia madrileña de La Moraleja para celebrar la entrada del verano. Nuria acudió al evento con un diseño de pantalón y blusa de gasa en tonos anaranjados sobre el que destacaba su abultada barriga de embarazada. La habitual fiesta veraniega de los Hermosilla, en esta ocasión de estilo oriental, reunió como siempre a numerosos personajes de la llamada alta sociedad como Carlos Goyanes y Cari Lapique, Rafael Anson y su mujer Inmaculada, al *nietísimo* Francis Franco, a la relaciones públicas de Loewe, Marisa de Borbón, y a la mujer de un Nobel, Marina Castaño, que, como siempre, entró con la cabeza baja a la fiesta. También fechas antes del nacimiento de su segundo hijo, Nuria González acudió a la presentación de las nuevas tendencias de la firma de joyería Suárez. Y también a finales de abril de 2007 disfrutó de una fiesta sorpresa que por su cumpleaños le organizó su marido y a la que asistieron los matrimonios Cortina, Abelló y demás integrantes del clan endogámico. En dicha onomástica, Fefé regaló a su mujer unos pendientes de brillantes y oro blanco. Se trataba de un pequeño detalle.

Sin embargo, aseguran sus amigos que hoy en día la pareja prefiere evitar los actos públicos y que sólo acuden a aquellos que tienen relación con la actividad empresarial de Fernández Tapias. Dicen sus amigos que la gran diferencia de edad entre ambos —más de treinta años— no ha sido ni es un obstáculo en su relación. Que ambos comparten las mismas aficiones e intereses. Juntos han asistido a las barreras de la plaza de Las Ventas durante las corridas de la Feria de San Isidro, de Madrid. También Nuria ha acompañado a Fernández Tapias cuando tenía un sillón en el palco del Real Madrid, club del que fue vicepresidente bajo el mandato de su amigo Florentino Pérez. Dicen que Nuria se ha adaptado bien a la forma de vida del empresario. Aunque algunos afirman lo contrario, que es Fefé quien se ha plegado al ritmo que marca Nuria. Pero todos aseguran que el empresario ha agradecido la felicidad que Nuria le ha proporcionado en estos años. Por ejemplo, poniéndole a su impresionante yate, que estrenó el verano de 2001, el nombre de *Nufer*, formado por las primeras letras de los nombres de su chica y el suyo. Ya con anterioridad había bautizado a uno de los buques del grupo Naviera F. Tapias, antes de su venta, como *Nuria Tapias*. También algunos de sus barcos han adoptado el nombre de sus hijos y llevan en la chimenea los colores de la bandera de Vigo.

Si algo, definitivamente, distingue hoy en día a los famosos y potentados, es su tipo de yate. El poder económico de las grandes fortunas se mide ahora en metros de eslora. Y, de entre todos, el *Nufer* de Tapias parece ser la gran estrella con sus 48 metros de eslora. Por su cubierta han pasado todo tipo de personajes, desde Isabel Preysler y Miguel Boyer (que últimamente repiten cada verano) hasta Alejandro Agag y Anita Aznar (con quienes estuvieron de boda en la localidad italiana de Portofino), pasando por la inquieta nieta del general Franco, Carmen Martínez-Bordiú. Un yate que suele recorrer a menudo las aguas del Mediterráneo. Cubriendo, principalmente, el eje de las Baleares, el de las islas de Córcega y Cerdeña y el de la Costa Azul. Aunque, últimamente, el destino de moda para los millonarios que quieren pasar desapercibidos es Croacia y sus costas. Lo que sí es habitual en todos ellos es que nada más llegar a puerto su primera visita se destina a dejarse ver por los restaurantes más lujosos y de moda. Por ejemplo, en Ibiza, los locales preferidos de Nuria y Tapias son Amalur y Dos Lunas. A ella también le gusta disfrutar del ambiente de la discoteca Pachá. Así lo hizo durante la fiesta que cada verano organiza el relaciones públicas por excelencia de la isla, Carlos Martorell, que lleva treinta años en Ibiza, y que monta la denominada fiesta «Flower Power», el acontecimiento social más importante del agosto ibicenco. Junto a Nuria también suelen acudir personajes como Ana Aznar y su marido Alejandro Agag, las hermanas Cari y Miriam Lapique, Tamara Falcó Preysler, etcétera. Muchas de ellas acuden a la noche sin sus respectivos maridos o parejas.

En estos escogidos sitios coinciden los principales personajes del *cuore* junto a los herederos del gran poder, y con todos ellos el matrimonio Tapias mantiene buenas e interesadas relaciones. Casi todos suelen acudir a las fiestas que organiza —mejor, organizaba— la pareja, sobre todo a las de la onomástica de Fernando, donde se dan cita los mejores visones, las más cultivadas joyas, los más suaves terciopelos, las más sugerentes transparencias, etcétera, todo en un cóctel perfecto de poder, dinero e influencias. A su llamada acuden todos y todas, desde Isabel Preysler o Elena Cué hasta Ana Gamazo, pasando por Mari Luz Barreiros, otra mujer unida durante muchos años al gran poder, en este caso, como segunda esposa del editor ya fallecido Jesús Polanco, dueño del Grupo Prisa. Éste estuvo casado en primeras nupcias con Isabel Moreno Puncel, con la que tuvo sus cuatro hijos: Ignacio, Manuel, María Jesús e Isabel.

Y, como es evidente, este flujo migratorio tiene su contrapartida. Así, Nuria fue una de las invitadas a la fiesta de despedida de soltera de Anita Aznar, antes de su boda con el intermediario Alejandro Agag, celebrada en la discoteca madrileña Gabana con mucha expectación y, dicen algunos, con cierto *glamour*. No sería tampoco por falta de mujeres guapas y «famosas». Entre ellas, además de Nuria González, figuraban en la lista: Cristina Valls Taberner, hija del que fuera copresidente del Banco Popular; Alejandra Prat, hija del desaparecido presentador de televisión Joaquín Prat; la modelo Nieves Álvarez; la chica Don Algodón, Carla Goyanes; la modelo Inés Sastre... Su presencia en la despedida de solteros y en la boda fue la comidilla de los españoles durante muchas semanas. Este hecho permitió retratar a determinados personajes del papel *couché* que mantienen buenas relaciones con el partido que lidera Mariano Rajoy. Y en lo que muchos españoles coincidieron fue que con tanto aparente *glamour* los esfuerzos de algunos dirigentes del Partido Popular por apartarse de esa idea de que «dinero es igual a poder» quedaron cercenados. Pero también Nuria suele acudir, junto a su marido, a otras bodas de «ilustres», como la del hijo de Alfredo Fraile, antiguo representante del cantante Julio Iglesias, con Elena Hinojosa, hija del que fuera propietario del grupo de moda Cortefiel, Gonzalo Hinojosa. Como se observa, el círculo sigue estrechándose.

Pero al igual que acude a una boda, también lo hace a un sepelio. Como hizo acompañando a la Sacramental de San Isidro a su marido cuando falleció Margarita Vega-Penichet, esposa del financiero Manuel Guasch, vinculado en su día al emporio empresarial montado por el financiero catalán Javier de la Rosa. Al entierro también acudieron Isabel Preysler y el ex banquero Mario Conde, consuegro de Margarita Vega-Penichet, quien disfrutó de un permiso penitenciario para acudir al acto. Alejandra Conde, hija del ex presidente de Banesto, contrajo matrimonio en 2004 con Fernando Guasch Vega-Penichet. De nuevo, las relaciones endogámicas del clan centran la base de su éxito.

Sin embargo, a pesar de estas muestras de pujanza social, aseguran sus amigas que Nuria es discreta, elegante, guapa e inteligente. Que todavía se sigue enorgulleciendo de su carrera profesional. Que siempre va vestida impecablemente. Que suele llevar modelos de las hermanas Molinero, las modistas que durante años vistieron a la reina Sofía. Afirman que actualmente una de sus mejores amigas es Elena Cué, la esposa de Alberto Cortina, otro gran amigo de su marido. Que son muchas las veces que las dos parejas salen a cenar juntos o se van de vacaciones. Que también, en muchas ocasiones, son ellas dos las que salen de compras o quedan solas para ir a los restaurantes más caros de Madrid, como Horcher, Jockey, Zalacaín o Più di Prima. Que las dos confían plenamente una en la otra. Que al tener una edad muy similar, la treintena, tienen las mismas inquietudes e idénticas perspectivas de futuro. Algo que no comparten con la mayoría de las mujeres de los amigos de sus maridos, mucho mayores que ellas. Aseguran sus conocidos que Nuria pasa actualmente de la popularidad, que le sería muy fácil seguir manteniendo. Que hoy en día sus únicas y máximas preocupaciones son sus dos hijos. Que se ha convertido en una madraza y que le gusta quedarse en casa. Que se ha vuelto muy familiar y que ha arrastrado a ello a su marido, un gran noctámbulo. Y que no ha podido ver todavía cumplido su verdadero sueño: celebrar su matrimonio religioso.

Quizá para paliar este disgusto, Fefé le ha hecho accionista de muchas de sus sociedades, a las que ha llamado por sus iniciales, al igual que su yate *Nufer*. Así, figura o ha figurado como administradora en las empresas patrimoniales F. Tapias Desarrollos Empresariales S.L. y Tekay II Iberia S.L. La primera es la nueva denominación que ha tomado la antigua sociedad Nueva Nufer S.L. Su domicilio está situado en el cuartel general de Fefé en la calle Serrano, número 57, de Madrid. Su capital social es de casi siete millones de euros y su objeto es la «gestión de sociedades de cartera». La segunda es la nueva denominación de Nufer Iberia S.L. Una empresa con domicilio social en la calle Musgo, número 5, en la urbanización madrileña de La Florida. Su capital social es de 10,8 millones de euros y también se dedica a la gestión de las sociedades de cartera. Estas sociedades fueron constituidas al comienzo de esta década.

Pero también Nuria González figura como administradora, junto a su marido, de la sociedad Tanur Activos S.L., situada en la calle Lanzahita, número 8, de Madrid, otro de los habituales cuarteles generales del matrimonio. Su objeto social son los «servicios relativos a la propiedad inmobiliaria y a la propiedad industrial» y fue creada en el otoño de 2002. Nuria quiso en su día también crear su propia empresa, pero su ajetreada agenda de fiestas y cenas, y la llegada al mundo de sus hijos, no permitió que el proyecto cuajara. Curiosamente, el empresario gallego apenas tiene apoyo de sus hijos, con escasa vocación empresarial; sólo

Borja y Fernando figuran en algunas de sus empresas, como Viajes Sandras o BAC Negocios.

Pero ¿quién es este empresario, de buena apariencia física, con fama de encantador, que ha logrado cautivar a tantas mujeres? Fernando Fernández Tapias, hombre de negocios, líder empresarial y *bon vivant* consumado, nació en la ciudad de Vigo en noviembre de 1938. Pertenece a una familia numerosa gallega, con reminiscencias catalanas, de clase media y con doce hijos. Fue muy mal estudiante, por lo que a los quince años su padre decidió ponerlo a trabajar en la lonja marinera, donde comenzó a conocer el mundo de la empresa y del dinero. Entró a trabajar de fogonero en la fábrica de conservas de su progenitor. Tras pasar por diversos oficios en la compañía (auxiliar, administrativo y comprador de pescado), finalmente ascendería a director. Allí iniciaría el germen de su longeva carrera como comerciante. Mientras él trabajaba para lograr ser un gran empresario, algunos de sus hermanos tenían graves problemas con la Justicia. «No me llevo con ellos. Ni bien ni mal. Sencillamente, no me llevo», dijo. Por ejemplo, Francisco, de sesenta y dos años, con fama de haber comenzado en los años ochenta a trabajar en los mercados de contrabando de tabaco y alcohol, cayó en una redada organizada por el juez Garzón en 1998. Fue detenido y procesado por su presunta implicación en el transporte de 2.000 kilos de cocaína a bordo del buque *Dobell*. Joaquín, funcionario de la Seguridad Social en Vigo, fue detenido por fraude en la concesión de pensiones no contributivas.[3] Otro hermano, Ramón, ex director general de Pesca de la Xunta de Galicia, vio perjudicada su carrera política por los problemas de sus hermanos con la Justicia. Sin embargo, Fernando siguió su imparable ascensión. Desempeñó puestos ejecutivos dentro de sectores muy variados como: agencias de viajes, industrias de plástico, compañías pesqueras, negocios de importación y exportación, etc.

---

[3] *www.elmundo.es*, 29 de diciembre de 2001.

Con el paso del tiempo, aseguran que realizó un curso de gestión y que por eso ostenta la diplomatura por el Instituto Internacional de Empresas de la Universidad de Deusto, en Bilbao. A comienzos de los años sesenta se casó con Chiqui Riva de Luna, miembro de la alta sociedad asturiana. Fefé supo utilizar perfectamente su primer matrimonio para su lanzamiento profesional, ya que su suegro, un conocido naviero propietario de la compañía Vapores Suardíaz, contaba con muy buenas relaciones en el mundo económico y político. Era el patriarca de una familia que era la dueña de los antiguos Astilleros del Cantábrico. Gracias a su suegro, el almirante Ángel Riva Suardíaz, de quien da a entenderse que fue como su segundo padre, Fefé se inició en el entramado naviero, un sector muy restringido en su acceso. «Cuando yo llegué [mi suegro] solía decir que yo era un diamante en bruto y luego me enseñó casi todo lo que sé del negocio, me mandó a Bilbao a hacer un master —que me amuebló la cabeza—, de modo que, de no haber muerto, hoy mi vida sería distinta. Seguramente seguiría ahí», dijo.[4]

Su buen manejo de las relaciones públicas le sirvió para sacar provecho e iniciar una carrera imparable en los negocios. Dicen que desde entonces la religión que profesa es la de los negocios y que su único Dios es el dinero. Terminó por crear su propia compañía y concentrarse en la construcción de potentes buques, especializados en el transporte de combustibles. En la década de los setenta fundó su propia compañía: Interrol. Pocos años más tarde entró en el negocio del transporte de hidrocarburos con la sociedad Roda S.A. y con la Naviera Amura, que contaba por entonces con dos petroleros tipo «Suez-Max». En 1976 se separó definitivamente de su primera mujer, Chiqui Riva de Luna, para casarse de nuevo, esta vez por lo civil, con Juana García Courel. En 1978 ya botaba su primer barco y desde entonces no ha parado de lanzar barcos al mar y crear sociedades del sector. Quedó

[4] Revista *Dinero*, nº 878, 19 de abril de 2001.

imbuido por el deseo de coleccionar petroleros y gaseros.[5] Desde una patronal del sector naviero, la Asociación de Navieros Españoles (Anave), llegó a la Confederación Empresarial Independiente de Madrid (Ceim), que ha sido desde 1985 su buque insignia. Sustituyó en la jefatura al líder del Partido Liberal, José Antonio Segurado, y pasó a ocupar automáticamente la vicepresidencia de la CEOE, donde el jefe José María Cuevas nunca le dejó ascender más.

Sin embargo, desde esa atalaya siguió aumentando su imperio naviero con sociedades como: Fernández Tapias S.A., una empresa naval constituida en 1991; Conservas Portonovo S.A., dedicada al congelado y enlatado de mariscos y peces; la filial marítima del Bureau Veritas SAF, dedicada al control de calidad; y una agencia de viajes llamada Viajes Sandras S.A. A Fefé siempre le ha gustado diversificar sus actividades empresariales. Uno de sus principales retos fue apostar fuerte por las conservas de pescado, impulsando un *holding* conservero integrado por Conservas Peña (la empresa familiar), Thanaisie Provôté y Antonio Alonso.

Más tarde, en febrero de 2002, alcanzaría la presidencia de la Cámara de Comercio de Madrid, un entramado institucional que mueve más de 70 millones de euros al año, unos 11.000 millones de pesetas.[6] También ocuparía el cargo de consejero en Viajes Marsans, Océ-España, Unión Fenosa, Viajes Internacional Expreso, Construcciones OHL, Remolcanosa y en el Puerto de Valencia, entre otras sociedades. Su buen manejo de todo tipo de relaciones le ha permitido siempre cerrar acuerdos beneficiosos y entrar en muchos consejos de administración. Supo aprender mejor que nadie que cualquier palabra suya podía ser utilizada en su contra, bien que llegase manipulada a los oídos de un político o de uno de sus socios. Su época prodigiosa fue

[5] Alguno de sus barcos se construyeron en Corea.

[6] Años antes, en 1994, recibió el Premio al Empresario otorgado por la propia Cámara de Comercio e Industria de Madrid.

la de finales de la década de los noventa, que ahora parece tocar a su fin. Fueron varios años haciendo caja con la venta de sus empresas, daba igual el signo o sector, tanto navieras como conserveras o de transportes. Se deshizo en la primavera de 2004 del gran portaaviones de su *holding*, la Naviera Fernández Tapias (con cuatro gaseros, nueve petroleros y contratos de transporte hasta el 2025),[7] que vendió a la compañía marítima de capital canadiense Teekay Shipping Corporation, una sociedad con sede en el paraíso fiscal de Nassau (islas Bermudas) y que cotiza en la Bolsa de Nueva York. Por dicha operación percibió 675 millones de euros, de los cuales él y su socio Ladislao de Arriba Azcona, *Lalo Azcona*, habrían recibido —éste a través de su sociedad Doble A Promociones— alrededor de 220 millones netos en metálico.[8] Una buena operación que muchos intuyeron como un repliegue ordenado de la primera línea de batalla.

Pocos meses antes de cerrar la operación de la venta de la naviera a Teekay, Fernando Fernández Tapias escindió del grupo a sus dos empresas gallegas: Conservas Peña y Maniber. La primera es una conservera de Arousa perteneciente desde hace años a la familia Tapias.[9] Mientras que Maniber es una factoría de producción de bolsas de plástico situada en Orense. El empresario conservaba además un pequeño paquete de acciones en la compañía gallega Remolcanosa. Para organizar toda la operación de ingeniería financiera creó la sociedad patrimonial Nufer Iberia S.L., en la que figura como administrador su hombre de confianza en casi todas las operaciones, Andrés Luna Abella. Significativa-

[7] Fue creada en 1991, con sede en Madrid, y con un volumen de negocio en el momento de la venta de 120 millones de euros.

[8] Doble A Promociones S.A. es una compañía española con el domicilio social en Madrid, calle Claudio Coello, 14. Figura en el Registro Mercantil de Madrid, volumen 1878, hoja 199, hoja M-33754, representada por Ladislao de Arriba Azcona.

[9] En el 2002 invirtió 17 millones de euros para capitalizar la empresa, hacerse con el cien por cien e intentar una fusión con otras conserveras gallegas. En esta empresa tiene como socio al periodista y gourmet Rafael Anson.

mente, ninguno de sus hermanos participa en la gestión de las empresas del vigués.

Dicen que una de las razones fundamentales de su éxito ha sido su innata capacidad para hacer amigos, que se cuentan por docenas. Que cuando los ha necesitado nunca le han dejado tirado. Que jamás han dudado en adjudicarle una subcontrata o renegociar una línea de crédito. Desde Alfonso Escámez, que le abrió las puertas de Madrid, primero en el antiguo Banco Central y luego en la petrolera Cepsa,[10] hasta Jaime Terceiro cuando ocupaba la presidencia de Caja Madrid. Todo eran facilidades. Otro de sus fieles incondicionales es el alcalde de Madrid, Alberto Ruiz-Gallardón, con el que mantiene una vieja y larga amistad no exenta de choques puntuales. «Lo conocí ya que su tío, que era notario, trabajaba con nosotros». Al igual que también uno de sus más fieles servidores ha sido el ex periodista Lalo Azcona, que ha ejercido de mánager particular y con el que invirtió en negocios muy variados, desde emisoras de radio en Zaragoza hasta empresas de nuevas tecnologías y de comunicación.

También aseguran que si de algo puede presumir es de tener un salvavidas siempre cerca para salir a flote en los momentos más delicados: por ejemplo, durante su «lucha» por mantener la presidencia de la Cámara de Comercio de Madrid contra la presidenta de la Comunidad, Esperanza Aguirre (que bloqueó en 2005 la venta de tres inmuebles de la Cámara, una operación diseñada para intentar sanear sus números rojos). Fefé logró salir, a pesar de los indicios, por la puerta delantera. Y un año después dejaría paso en la institución a Gerardo Díaz Ferrán, hoy presidente de la CEOE.

En cuanto a su vida personal, se ha casado tres veces (Chiqui Riva de Luna, Juana García Courel y Nuria González) y se ha divorciado en dos. Tiene ocho hijos provenientes de los tres matri-

---

[10] Alfonso Escámez influyó en su decisión de hacerse con los tres viejos petroleros que tenía la firma Maersk en España y que trabajaban para Cepsa.

monios: cuatro del primero (Fernando, Borja, Íñigo y Bosco), dos del segundo (Sandra y Tito) y dos del tercero (Iván y Alma Carlota). Y, aun así, todavía dicen sus amigos que Tapias ha sido un hombre con vocación de pareja estable. Su nombre ha saltado del papel salmón al papel *couché* con la velocidad de quienes se prodigan en todos los *saraos*, desde empresariales a políticos, sin olvidar los sentimentales. Dicen que Fernández Tapias supo salir airoso de sus dos primeros matrimonios, que aun así le marcaron. El primero y con el final más oscuro, con Chiqui Riva de Luna, que puso a sus pies un emporio naval. Dicen que los problemas de carácter y personalidad de Chiqui hicieron casi imposible que la pareja funcionara. Afirman que el hecho de tener cuatro hijos de poca edad fue una de las razones que impidió que su matrimonio se rompiera antes. Pero todo son suposiciones, ya que existen pocos datos conocidos de la primera vida matrimonial de Fernández Tapias, que el empresario nunca ha querido airear y que tampoco figuran en ningún sumario judicial.

El segundo matrimonio fue con Juana García Courel, con una posterior y multimillonaria ruptura. Divorciarse de su segunda mujer, con quien tiene dos hijos, le costó en torno a 2.000 millones de pesetas. Un proceso que llevó, en representación de Juana, la abogada Concha Sierra, la misma letrada matrimonialista que divorció a Alicia Koplowitz de Alberto Cortina o Carmen Martínez-Bordiú, entre otros casos célebres. «Yo llevaba los intereses de Juana, pero reconozco que Fernández Tapias es un empresario inteligente: sabe ganar y perder. Se portó como un señorazo y fue enormemente generoso con su ex mujer».[11] Aquella disolución de bienes gananciales fue de récord. Desde entonces dicen que Tapias paga a su segunda ex mujer siete millones y medio de pesetas al mes. También tuvo que ceder a Juana la mitad de las acciones de un imperio económico que se cifraba entonces en 20.000 millones de pesetas, eso sin contar el patrimonio inmo-

[11] *El Mundo*, 17 de febrero de 2002.

biliario que también le cedió. Este tipo de acuerdos se cierran, por lo general, como auténticas operaciones de ingeniería financiera que son pactadas mediante reuniones privadas y que no pasan nunca por el Juzgado. Se trata, entre otras cosas, de escapar a los ojos de Hacienda.

Desde su segunda separación ha tenido tiempo para sonadas relaciones amorosas, como la protagonizada con la actriz y modelo Mar Flores, una guapa morena, por entonces con veintisiete años (treinta y un años de diferencia de edad con él), con la que pasaba las tardes de verano en Marbella degustando en su yate ostras traídas de Arçade (Galicia), además de realizar suntuosos viajes a la Costa Azul e irse a esquiar a Suiza junto al millonario Marc Rich, también amigo, pero aún más rico, más importante y mejor relacionado a nivel mundial.[12] Dicen que Fernando Fernández Tapias puso su imperio a los pies de la modelo, pero que ella lo tiró todo por la borda una noche de pasión en un hotel romano. El sonado episodio sentimental entre el millonario y la modelo, que duró cerca de un año, no pasó a más al descubrirse la relación paralela de Mar Flores con Alessandro Lequio, un personaje del *cuore* unido a la realeza y la aristocracia italiana, casado en primeras nupcias con la modelo Antonia Dell'Atte y posteriormente unido a la actriz Ana García Obregón (con cada una de ellas tiene un hijo).

La infidelidad de Mar quedó plasmada primero en unas fotografías que publicó la revista *Diez Minutos* y luego en unas instantáneas sacadas en la revista *Interviú* el año 1999 (unos tres años más tarde de lo acaecido) y que recogen a Alessandro y a Mar en la cama de un hotel de Roma abrazados y acaramelados. En una de estas fotografías se ve a la modelo riéndose mientras sostiene una revista en la que dice que quiere tener una hija con Tapias. En otra, aparece complaciente ante un fajo de billetes. Según un comunicado enviado entonces por Mar Flores, con estas

---

[12] Fernández Tapias llegó a solicitar el indulto para Marc Rich, mediante escrito, al presidente norteamericano, cuando fue condenado por varios delitos en Estados Unidos.

fotos no se pretendía extorsionar a Fernández Tapias: «Eran de ámbito privado y en ningún momento se pretendía comercializar con ellas». Todos los medios se hicieron eco de la noticia, y Mar sufrió una crisis nerviosa que la llevó al hospital.

María del Mar Flores, de ojos marrones expresivos y sonrisa marcada, nació el 11 de junio de 1969 en el madrileño barrio de Usera. Desde joven tenía claro que quería triunfar en la vida: «La ambición es una virtud, siempre y cuando para conseguir lo que se ambiciona no haya que pisar cabezas», ha dicho. Gracias a un concurso que organizó en Francia la revista *Elle*, denominado «El rostro de los 90», su imagen se dio a conocer para el gran público. A partir de ahí, empezó a dedicarse de lleno al mundo de la moda. Dicen que su físico tiene un aire semejante al de la actriz Sandra Bullock y que por la dulzura de sus facciones tiene un cierto parecido con Audrey Hepburn. Gracias a su *look* siempre ha querido emparentar con *la crème de la crème*. Algunos dicen que es frágil y melancólica; otros, que es fría y calculadora. Después de probar suerte en el mundo de la moda, Mar Flores dio el salto a la televisión. Y lo hizo de la mano de Emilio Aragón, que la fichó en 1990 para su programa titulado *Vip Noche*, en la recién inaugurada *cadena amiga* Tele 5. Dos años más tarde trabajaría de nuevo en la pequeña pantalla con el show *Bellezas en la nieve*, junto al presentador Andoni Ferreño y la modelo Maribel Sanz, quien no se había casado todavía con el cantante Sergio Dalma. El 22 de mayo de 1992, Mar se casaba con el conde italiano Carlo Constanza di Castiglione. El hijo de la pareja, el pequeño Carlo, nacería seis meses después.

Tras el embarazo y el posparto se dedicó a probar suerte en el mundo de la interpretación. Así, en 1994 empieza a trabajar en la serie *Canguros*, al lado de Maribel Verdú y Paula Vázquez, entre otras actrices. Y también con Lina Morgan y José Coronado. Aparece en la obra *Compuesta y sin novio*. Por aquel entonces, la relación con su marido ya no atravesaba su mejor momento. En 1994 se separa de Carlo. Una ruptura nada grata para ninguna de las partes implicadas. Tras su separación matrimonial, Mar Flores abrió una escuela de modelos con su amiga Sofía Mazagatos, que había sido Miss España. Pero los resultados del nuevo negocio no fueron los esperados; hubo quejas de algunas de las chicas que allí se apuntaron. Y, además, Mar y Sofía acabaron también muy mal sus relaciones. Desde entonces, su vida cambió radicalmente. Atrás quedaban ya olvidados su lánguido flequillo y los recatados recogidos que lucía. Ahora, y cada vez con más frecuencia, se la relacionaba con gente de alta alcurnia, de alto linaje o postín. Con maduros y jóvenes millonarios, todos ellos famosos. Pero el bombazo definitivo en la vida de Mar llegaría con su romance con el empresario Fernando Fernández Tapias. Ella, al principio, juraba y perjuraba que no le conocía, y puso de moda la coletilla: «Y nada más». Sin embargo, más tarde, para una conocida publicación llegó a afirmar que quería tener una hija con él.

Hay quien está convencido de que Mar sólo quería su dinero. Asimismo, hay quien sostiene que ella le dejó a él porque no quería ser retenida a cualquier precio. Lo que sí es evidente es que desde el punto de vista material, ella sacó un buen provecho mediático a esta relación, incluidos regalos, caprichos y joyas. Tras la ruptura, Mar hizo unas declaraciones relativas a su noviazgo con Fefé al diario *El Mundo*, en concreto, al periodista Fernando Múgica, en las que decía: «Estuvimos casi un año. Luego comenzaron los problemas. Todo era muy monótono. Sólo había cenas y más cenas, un café como mucho y a dormir. Además, comenzó a decepcionarme ese mundo en cuanto me di cuenta de los asuntos en los que estaban metidos... No voy a entrar en detalles. Nunca lo he hecho ni lo haré. Pero vi demasiado. Comencé a asustarme. Chanchullos, líos económicos y políticos, todo mezclado. Está claro que el poder tiene un precio. Tienes que pasar por encima de muchas cosas. En un momento dado comprendí que tenía más información de la que yo quería tener. Comencé a experimentar una clara sensación de peligro. Pensé que aquello podría acabar jodiéndome la vida, así que lo dejé».

Precisamente, durante el noviazgo del empresario naviero con Mar Flores ocurrió un hecho curioso, que vino a confirmar la fuerte amistad de éste con Ruiz-Gallardón. El por entonces presidente de la Comunidad madrileña envió una carta en 1997 al Tribunal de Justicia de Turín con ocasión del pleito que la ex modelo tenía con el que fue su marido, Carlo Constanza, por la custodia del hijo de ambos. Gallardón avaló a Mar Flores diciendo que era «una persona de reconocido prestigio profesional en Madrid y en España y que goza de buena consideración social y personal».

Sin embargo, lo único «reconocido» realizado por Mar Flores en el mundo de la interpretación, del cine y la televisión, fue su papel en la película *Resultado final*, del director Juan Antonio Bardem, cinta rodada en 1997 y que no fue bien acogida ni por el público ni por la crítica. Su segunda incursión en el mundo del cine vendría con *El coyote*, de Mario Camus, en 1998, donde recrea a Beatriz, hermana del protagonista, y donde en una secuencia puede verse a Mar semidesnuda. Tampoco cuajó.

Fue a partir de ese momento cuando la turbulencia entró con fuerza en la vida de Mar Flores, quien comenzó a vivir un infierno. Su mirada se volvió más dura. Aunque dicen algunos que le favoreció y que hasta el lunar de la cara, que le caracteriza, parecía más sexy. En esas fechas inició un sonado romance con Cayetano Martínez de Irujo Fitz-James. Y estuvo a punto de entrar en la Casa de Alba, pero se topó con la resistencia de la duquesa Grande de España. Mar y Cayetano rompieron, dicen las amigas de la modelo, porque él nunca dio la cara por ella y se dejó influir por la gente que le rodeaba. Una vez estabilizada en su vida, intentó de nuevo encauzar su carrera profesional presentando un programa de televisión titulado *La música es la pista*, emitido en la Comunidad Valenciana, y utilizando su imagen como marca de los vinos Solmayor.

Finalmente, Mar Flores, una de las mujeres de nuestro país sobre las que más rumores se han vertido, se casaría con el empresario de hostelería Javier Merino, con el que ya en 1995 había vivido un primer *affaire* amoroso. Es otro nuevo potentado, con yate incluido, bautizado como *Fortuny*, en referencia al nombre de la discoteca estrella que el hostelero posee en Madrid. Se trata de un velero dorado y con todos los avances tecnológicos, uno de los barcos más vistos por las costas de Baleares. El precio del barco ronda los seis millones de euros. Precisamente, la pareja celebró la oficialidad de su romance a bordo de un velero. Mar había obtenido a mediados de 2001 el divorcio y la nulidad por parte del Tribunal Eclesiástico de Carlo Constanza. Durante un tiempo Mar fue acusada por su ex marido públicamente de infidelidad y de tener contactos con miembros de las altas esferas. La ex modelo afirma que ése es el precio que ha tenido que pagar por ser famosa.

Durante el verano de 2007, Mar Flores ha rodado en Madrid una nueva película junto a Goya Toledo y Candela Peña. Se trata de *S,* un film de Félix Sabroso y Dunia Ayaso que trata del *boom* del cine de destape durante la Transición española, a través de tres actrices de la época. Dice que ahora lo que más le gusta es jugar al mus, que ya «ha leído *El Quijote*», y que siempre lleva consigo «alguna obra de Stanislavsky». Que el tabaco es algo que echa especialmente de menos, ya que dejó de fumar. Que le gusta la hípica, la vela y esquiar. Y que se enorgullece de llevar actualmente una vida ordenada, aunque en su existencia la estabilidad ha brillado por su ausencia. Sobre todo en lo que a amores se refiere. Precisamente, todo eso ha hecho que sea más conocida por su vida personal que profesional. Muy al contrario que su ex novio Fefé.

Porque Fernández Tapias no sólo ha triunfado en el campo empresarial, también ha sido un ganador en el mundo del fútbol y un señor con peso en el ruedo taurino. En el primero, apostó por Florentino Pérez cuando muy pocos pensaban que iba a alcanzar la presidencia del Real Madrid. Tras ganar el constructor la presidencia blanca, Fefé se convirtió en un habitual del influyente palco del Bernabéu compartiendo confidencias con sus amigos empresarios y miembros del Gobierno, incluso con la realeza española. No obstante, no fue invitado, ni él ni su actual mujer, al enlace nupcial del príncipe Felipe de Borbón con Letizia Ortiz en el año 2004.

En el mundo de los toros ha caminado triunfante junto con los conocidos hermanos y ganaderos Pablo, Eduardo y Manuel Lozano. Fue su socio en la sociedad Toresma II, empresa que gestionó durante varios años la madrileña plaza de toros de Las Ventas. Esta empresa, Toresma II, tuvo que crearse rápidamente ante los problemas que tenía Toresma I con la Hacienda municipal, lo que le perjudicaba a la hora de competir con otras ofertas. Sin embargo, la Comunidad de Madrid, propietaria del coso, y en manos del PP, se decidió por el binomio Lozano-Fernández Tapias alegando su «reconocida experiencia». Desde hace muchos años el empresario es un habitual de la Feria de San Isidro y de la de Farolillos en Sevilla, ocupando la mejor barrera, y casi siempre fumándose el puro más caro de la plaza. Su despacho oficial, en la calle Serrano, no se encuentra muy lejos del coso taurino madrileño. En la capital de España controla un selecto club de empresarios, llamado Vermilion, que se reúne periódicamente en el hotel Ritz en una cena con ilustres invitados. Por su mesa han pasado varios pesos pesados del PP, como José María Aznar, Rodrigo Rato o Eduardo Zaplana. También presume de llevarse bien con los socialistas, como en su día con el ex presidente madrileño Joaquín Leguina y ahora con el ministro Alfredo Pérez Rubalcaba.

Quien sí presume de llevarse bien con Nuria González, la mujer de Fefé, es Gemma Ruiz Cuadrado, otra integrante del club de las chicas de hoy. Esta cordobesa, nacida en 1974, se convirtió en la segunda mujer del ex vicepresidente del Gobierno, el popular Francisco Álvarez Cascos,[13] con quien tiene dos hijos

[13] Álvarez Cascos nació en Madrid en 1947.

(Íñigo y Alfonso). Dicen que durante su relación y posterior ruptura con Cascos hacía escapadas hasta la casa de los Tapias, en la elitista urbanización madrileña de Puerta de Hierro, para desahogarse con la depositaria de sus confidencias, que era Nuria González. Al igual que lo hacía con otra de sus íntimas amigas, también partícipe de este singular clan, la relaciones públicas Paloma Cuevas, mujer del torero Enrique Ponce.

Gemma Ruiz y Álvarez Cascos se casaron civilmente el 19 de octubre de 1996 en los Alcázares de Córdoba (ella tenía veintidós años, el político cuarenta y nueve, es decir, veintisiete años de diferencia). Para tal ocasión, en la que ejercieron de padrinos de honor José María Aznar y Ana Botella, ella lució un vestido de novia de seda y gazar diseñado por sus amigos Victorio y Lucchino. Para él, nada era nuevo, ya que venía de un primer matrimonio frustrado con Elisa Fernández Escandón Ortiz, con la que tuvo cuatro hijos (Pablo, Fernando, Icíar y Elena). Dicen que Cascos fue generoso en la separación de su primera mujer, a la que comenzó a pasar una pensión de unas 700.000 pesetas al mes, que le dejó la casa familiar de Gijón y el piso que compartían en la calle Velázquez, de Madrid, sobre el que pesaba una hipoteca. Por entonces, los cuatro hijos del matrimonio estaban a cargo de sus padres. Aseguran que las dos niñas que el ex ministro tuvo con su primera mujer no han querido nunca conocer a Gemma Ruiz. Por eso fueron años de alegrías y sinsabores para la nueva pareja.

Dicen sus amigas que la separación en el otoño de 2003 de Paco Cascos fue muy traumática para Gemma, que había conocido a su marido durante una campaña electoral. Que llevó muy mal que él se fuera enseguida a vivir a un piso cercano a la sede del PP en la calle Génova con su nuevo amor, la burgalesa María Porto, una señora de cuarenta años que dirigía la galería Marlborough. Que para olvidar las penas se puso a estudiar de nuevo. Que se dedicó a perfeccionar el Derecho Mercantil, porque pensó en ejercer como abogada, actividad que apenas ha realizado a pesar de estar licenciada por la Facultad de Derecho de la Universidad Complutense de Madrid. Aunque hasta cuarto de carrera lo realizó en su Córdoba natal.

Tras su mediática separación se convirtió en uno de los personajes más codiciados de la prensa rosa. A pesar de ser una chica activa, dicharachera, con muchas ganas de divertirse y de notoriedad pública, como ha podido observarse durante su participación en el show de Televisión Española *Mira quién baila*, apenas ejerció estas dotes durante su relación con el político del PP. No solía salir mucho fuera de su casa, un piso alquilado que tenían en el madrileño paseo de Rosales y por el que el Partido Popular pagaba entonces 1.500 euros al mes (250.000 pesetas). Aseguran que sus relaciones sociales eran prácticamente nulas. Dicen que a su ex marido no le gustaba nada que hiciera vida por su cuenta, ni que figurara en ningún tipo de acto público. Que los veranos los pasaba el matrimonio en un clima de absoluta tranquilidad paseando por las playas de Cantabria. Afirman que ella lo asumía todo con el único fin de tenerle contento. Pero, por el contrario, aseguran los conocidos del político que fue a Gemma a quien le cambió el carácter tras su matrimonio. Dicen que cuando se casó sabía que Paco era y es un hombre al que le gusta la caza, la pesca, la pintura (sobre todo, la moderna) y no la vida social, ni los diseños prefabricados, ni las marcas de lujo. Que con María Porto, cuyo carácter nada tiene que ver con la personalidad de esposa complaciente de Gemma Ruiz, se encuentra ahora bien. Dicen que la galerista es una mujer de fuerte personalidad, segura de sí misma y resuelta. Que mantiene una independencia económica, que le permite hacer lo que ella quiere. Que María Porto ha conectado bien con los hijos del político. De su primer matrimonio ella también tiene un hijo (Diego). Y que le da una gran libertad personal.

Esta nueva relación sentimental de Álvarez Cascos no pilló por sorpresa en el partido político de Aznar y Rajoy. Muchos casos similares se han producido dentro del PP, como la separación matrimonial del ex vicepresidente económico Rodrigo

Rato de Figaredo, luego nombrado dirigente del Fondo Monetario Internacional. Rato se separó en el año 2002 de su mujer, María Ángeles Alarcó Canosa, más conocida por *Gela*, con la que tiene tres hijos. Gela, que es íntima amiga de la teniente de alcalde de Madrid, Ana Botella, mujer del ex presidente del Gobierno José María Aznar, es una persona especialmente reacia a prodigarse en las páginas de sociedad. Durante su convivencia con el político del PP, la pareja no era una de las habituales a las cenas de *alto standing*. Sólo solían acudir a las organizadas por el matrimonio formado por Miriam Lapique y Alfonso Cortina, al que Rato situó al frente de la petrolera Repsol YPF.

Rodrigo Rato, nacido en Madrid el 18 de marzo de 1949 (cincuenta y ocho años), mantiene actualmente una relación sentimental con la periodista económica del canal CNN+, Alicia González, de treinta y cinco años. Según publicó el diario italiano *Corriere della Sera* el verdadero motivo de su inesperada decisión de dejar la presidencia del FMI se llama Alicia González. En un reportaje titulado *«Il capo del FMI lascia. Per amore»,* la periodista Monica Ricci Sargentini afirma que Rato «mantendría [con Alicia] una larga relación, conocida en círculos periodísticos, políticos y personales del dirigente, pero nunca divulgada abiertamente».[14] Ricci asegura que el todavía dirigente del FMI habría decidido dar «el gran paso» casándose en los próximos meses con la periodista, harto de ocultarse y de esquivar a los fotógrafos.

Libertad que también parece haber encontrado la ex mujer de su viejo amigo *Paco* Cascos, Gemma Ruiz, que vive todavía en el piso alquilado del paseo de Rosales, y cuya carrera amorosa es de nuevo prolífera. Durante un tiempo, desde el verano de 2006, ha estado relacionada sentimentalmente con el maduro empresario sevillano Rafael Leflet, con quien rompió su idilio en la primavera de 2007. Leflet, nacido en Coria del Río, estuvo casado durante muchos años y es padre de tres hijos, Rafael, Luis

[14] *Corriere della Sera*, 29 de junio de 2007.

y Ana. Tiene cementeras y empresas que fabrican estructuras para edificios. Gemma conoció al empresario a través de María José Suárez, compañera del programa *Mira quién baila*. La familia de la que fuera Miss España y la de Leflet se conocen desde hace años, ya que son naturales de la misma localidad sevillana.

Son las damas de la nueva gente guapa. Conforman el núcleo duro de esta novedosa *jet set,* expresión quizás algo anticuada, pero que define perfectamente a esta elite que viaja a bordo de aviones privados y veranea en yates de superlujo. Un registro que hace de ellas mujeres diferentes. Se pone fin a ese mundo en el que los grandes apellidos eran la envidia de sus contemporáneos. Los lugares ocupados por las grandes familias se abren a la ambición de estas jóvenes que llenan de juventud la vida de maduros empresarios o políticos que se dejan seducir por ellas.

CUADRO PATRIMONIAL DE BIENES CONOCIDOS

NURIA GONZÁLEZ SÁNCHEZ

Título: tercera mujer de Fernando Fernández Tapias, *Fefé*.

Propiedades inmobiliarias

- Mansión familiar en la urbanización Puerta de Hierro (Madrid).

Nota: otras muchas propiedades figuran a nombre de su marido o del grupo empresarial Fernández Tapias.

Empresas

Ha figurado o figura como administradora de las siguientes sociedades patrimoniales:

- F. Tapias Desarrollos Empresariales S.L., nueva denominación que

→

ha tomado la antigua sociedad Nueva Nufer S.L. Su domicilio está situado en el cuartel general de Fefé, en la calle Serrano, número 57, de Madrid. Su capital social es de casi siete millones de euros y su objeto es la «gestión de sociedades de cartera».

- Tekay II Iberia S.L., nueva denominación de Nufer Iberia S.L., una empresa con domicilio social en la calle Musgo, número 5, en la urbanización madrileña de La Florida. Su capital social es de 10,8 millones de euros y también se dedica a la gestión de las sociedades de cartera. Estas dos sociedades fueron constituidas al comienzo de esta década.
- Tanur Activos S.L., situada en la calle Lanzahíta, número 8, de Madrid, otro de los habituales cuarteles generales del matrimonio. Su objeto social son los «servicios relativos a la propiedad inmobiliaria y a la propiedad industrial» y fue creada en el otoño de 2002.

Yate

- *Nufer*, con 48 metros de eslora. Uno de los barcos más espectaculares que utiliza este grupo de poder.

Joyas

- Innumerables.

María del Mar Flores

Título: esposa de Javier Merino.

Inversiones

- Escuela de modelos.
- Negocios de hostelería.
- Proyectos cinematográficos.

13. Teresa Rivero, la unión de la familia

«Doña Teresa», como la conocen los trabajadores de la barriada madrileña de Vallecas, es hoy una de las figuras más populares de España. Su imagen aparece con frecuencia en anuncios de televisión, acompañada por alguno de sus numerosos nietos, y siempre promocionando productos de sus conocidas empresas familiares. Ella rezuma vitalidad, espontaneidad, sencillez, simpatía andaluza y un envidiable buen humor. Su nombre completo es María Teresa Rivero y Sánchez Romate. Una mujer que nació el 19 de mayo de 1935 en Jerez de la Frontera (Cádiz) en el seno de una familia acomodada. Su padre era abogado y su madre, como era habitual en esa época, no trabajaba. Ella es la menor de ocho hermanos. Su adolescencia fue la de una chica normal, sin lujos ni excesos. «Teníamos servicio, pero no nos librábamos de hacer camas, de coser o de planchar; por eso, cuando me casé sabía hacer de todo. Mi madre fue muy estricta con nuestra educación. A las diez de la noche teníamos que estar en casa para cenar, y si no llegábamos a esa hora nos caían unas broncas tremendas. A mí me tocó sufrir unas cuantas porque era muy animada»;[1] incluso llegó a ser elegida Dama de los Juegos Florales en Jerez. Cuando salía tenía que ir acompañada de un

[1] «Magazine» de *El Mundo,* nº 73, 18 de febrero de 2001.

hermano porque, de lo contrario, no la dejaban. «Yo no sé lo que es llegar de jovencita a las dos o tres de la mañana a casa. ¡Qué va, qué va!». En su juventud no cabían las relaciones prematrimoniales, de las que siempre se ha mostrado contraria. «Estoy convencida de que las relaciones prematrimoniales no son necesarias porque en un noviazgo ves claramente si el hombre te gusta o no».

Aunque le hubiese gustado estudiar medicina, el peso de su educación familiar la llevó a prepararse sólo para ser una buena esposa. En su biografía actualizada figura como actividad profesional: «labores caseras». Tuvo un novio marino mercante y otro militar, pero a los veintiún años conoció al que se convertiría en el hombre de su vida. «Yo solía ir a estudiar a casa de una amiga y esta chica tenía un hermano (José María) que de vez en cuando nos venía a ver. Lo típico, vamos. Él me piropeaba mucho y a mí al principio no me gustaba. He sido muy práctica en todos los aspectos de mi vida; no soy idealista ni fantasiosa, y cuando José María me decía alguna cosa bonita yo pensaba "menuda tontería". Pero poco a poco me fue ganando. Es una persona con un gran sentido del humor y, sobre todo, un galán, un perfecto caballero». Tras dos años de noviazgo, en 1958 contraía matrimonio con el empresario jerezano José María Ruiz-Mateos Jiménez de Tejada, marqués de Olivara, marqués de Montemayor y marqués de Campo Nublo, pero, sobre todo, creador del grupo Rumasa.[2] Desde ese señalado día se convirtió en una fiel ama de casa y en supernumeraria del Opus Dei. «Al principio trabajaba muchísimo y cuando estás recién casada te gusta salir y estar más con tu marido pero luego entiendes que eso no tiene importancia. Si tu marido es fenomenal, muy cariñoso y realmente está pendiente de ti, piensas que está haciendo una obra maravillosa, que está dando muchísimo trabajo y tienes que estar feliz».[3]

[2] José María Ruiz-Mateos nació el 11 de abril de 1931 en Rota, Cádiz, tres días antes de ser proclamada la II República.

[3] Revista *Diez Minutos,* 25 de febrero de 2000.

Tuvo un niño por año y cuatro abortos naturales. «Evidentemente, en un matrimonio hay momentos buenos y momentos malos, pero tienes que aprender a ceder, a darte... La gente se casa pensando que el matrimonio es una cosa temporal, pero no es así. Y que no me vengan con el cuento de que el amor se acaba; si eso sucede es que el amor nunca ha existido. La mujer tiene que dar estabilidad, ocuparse del marido y de los hijos» *(sic)*. Trece son los hijos fruto de este matrimonio, seis varones y siete chicas: Socorro, Zoilo, Begoña, José María, Rocío, Patricia, Almudena, Alfonso, Paloma, Pablo, Javier, Nuria y Álvaro. La casi totalidad de sus descendientes, a medida que iban terminando sus carreras universitarias, entraron a trabajar con su padre en la expansión de Nueva Rumasa, el *holding* que han construido paso a paso y que ya tiene bajo su control más de cien empresas radicadas en los más diversos campos de la vida social, económica y deportiva española.

La tenacidad, perseverancia, capacidad de resistencia y espíritu de sacrificio han sido los factores que Teresa Rivero y José María Ruiz-Mateos han inculcado en sus descendientes para lograr levantar un nuevo emporio empresarial. Fue un 23 de febrero de 1983 cuando el PSOE de Felipe González, con Miguel Boyer al frente de la cartera de Economía, expropió el *holding* estrella de los Ruiz-Mateos, conocido por Rumasa, que aglutinaba a más de setecientas empresas. Hoy, veinticuatro años después, la familia, compuesta por trece hijos y más de cincuenta nietos, ha levantado de nuevo el vuelo y exige al Estado el pago de tres billones de pesetas como justiprecio por la expropiación de sus empresas.

Pero si Rumasa se forjó en veintidós años, los transcurridos entre su fundación en 1961 y su expropiación en 1983, Nueva Rumasa tiene, oficialmente, una existencia que arranca el primero de abril de 1986. Al frente de todo, lo dice el Registro Mercantil, está Teresa Rivero y Sánchez Romate, flanqueada por sus hijos. Pero, al margen de los registros oficiales, realmente ha sido toda la familia quien ha cogido el mando y el testigo dejado por el empresario de Rota.[4] El hermetismo que les caracteriza no hace fácil responder a la pregunta de cómo se ha financiado la expansión de este nuevo grupo. De cómo pudieron levantarse y echar a andar. Teresa Rivero afirma que fue «gente afín a nosotros...». Ella no olvida al gran amigo de la familia, Jesús Solana, y su intermediación, por ejemplo, para conseguir la marca Dhul. O a Manolo Camba, «un ejecutivo de Rumasa [y ahora en Nueva Rumasa] que nos prestó dinero para que compráramos el chalet de El Buzo [urbanización de El Puerto de Santa María, Cádiz] porque también nos quitaron la casa de Jerez». Sólo se salvó de la expropiación la casa familiar de Madrid, en Somosaguas, a la que bautizaron con el nombre de Villa Rota, y porque poco antes el matrimonio había hecho separación de bienes. Desde aquel 23-F de 1983, lo único que les fue devuelto fueron los muebles que la familia tenía en la casa de Jerez, tras insistentes gestiones de Teresa Rivero ante el ya fallecido y por entonces popular juez Luis Lerga, y las 915.501 pesetas que Ruiz-Mateos llevaba consigo cuando fue detenido en Alemania en 1984. De su paso por las numerosas prisiones todavía le quedan secuelas al empresario. Por ejemplo, hace ya unos años fue intervenido quirúrgicamente debido a una trombosis vírica producida por su paso por las cárceles y por la que el doctor Enrique Moreno, Premio Príncipe de Asturias, le extirpó en la clínica madrileña de La Luz una parte de su intestino. Estas circunstancias hicieron que María Teresa Rivero, quien hasta la expropiación se había ocupado exclusivamente de asuntos domésticos, asumiera diversos cargos relacionados con los negocios de su marido. Pero cómo se inició la nueva vida de Teresa Rivero y su familia está escrito en una

[4] Según los datos registrales iniciales de Nueva Rumasa, la sociedad la preside Teresa Rivero y como vicepresidente figura el mayor de los varones del matrimonio, Zoilo. Su capital social desembolsado es de 661.113 euros y José María Ruiz-Mateos y Jiménez de Tejada sólo consta como accionista de la misma.

carta que, con fecha de 13 de marzo de 2001, su marido le hacía llegar al entonces presidente del Gobierno, José María Aznar:

> Después de tres años de durísimo exilio, múltiples y crueles vicisitudes, además de la mayor campaña de hostilidad y desprestigio jamás conocida contra una persona por parte de casi todos los poderes fácticos de la nación, el grupo Nueva Rumasa volvió a comenzar con cero pesetas (demostrable), administrando actualmente muchísimas empresas y contando con miles de trabajadores.[5]

El milagro de la refundación está asociado principalmente a las Bodegas José Soto y a dos marcas de vino, Tío Mateo y Fino Campero. Aunque el regreso triunfal de los Ruiz-Mateos a la ciudad de Jerez, «su ciudad», se retrasaría hasta 1996 con la recompra de Garvey. Ésta fue la bodega con la que pusieron de nuevo su primera pica en el negocio vinatero. «Sólo con oler el vino, mi marido ya sabe de qué tipo es, cuál es su antigüedad, etc.», dice su mujer. Ni siguiera su hijo Zoilo, el ideólogo de los negocios, sabe precisar si Bodegas Soto fue adquirida uno o dos años después de la expropiación, pero sí tiene la certeza de que fue el principio de todo. Después vinieron Dhul (1988), Trapa (1992), etc. La locomotora Nueva Rumasa empezaba a tomar velocidad. En anuncios de prensa ponían a las claras sus propósitos: «Nueva Rumasa S.A., grupo en expansión, interesada en estudiar negocios establecidos con una facturación superior a 500 millones de pesetas para la posible adquisición de un porcentaje minoritario cualquiera que sea el sector».

Aunque en el inicio de este nuevo *holding* de la abeja Teresa Rivero figuraba oficialmente al frente de todo, la realidad era muy distinta. La jerezana nunca se ha ocupado de los negocios fami-

[5] A veces, como en la página web de Internet de Nueva Rumasa, se dice que son 16.000 los empleados. Pero los hijos tratan de eludir siempre un número exacto o aproximado de empleados a su cargo.

liares. «La verdad es que yo nunca eché de menos trabajar porque, con trece hijos, tú me dirás». Ella se ha preocupado de la economía doméstica y de que todo estuviera en orden en el hogar. «La misión de la mujer es estar en casa cuidando a la familia. Trabajar fuera de casa todo el día no se puede compaginar con el matrimonio. El hombre no está capacitado para llevar una casa y Dios nos ha puesto a las mujeres para ocuparse de la familia y dar cariño a los hijos. Somos insustituibles... Hoy la mujer está mucho tiempo fuera y el hombre vuelve a casa y no encuentra un hogar. Cuando llega debe encontrar una casa arreglada, confortable, con la comida. Y eso lo hace la mujer, estamos ahí para hacerle la vida agradable al marido. Hoy en día falta sacrificio y generosidad. Ahora no se aguanta nada [...]. No estoy en contra de que la mujer trabaje, pero creo que el motivo es ése. La mujer trae dinero a casa, tiene una profesión y se encuentra en un plano de igualdad con el hombre. Entonces empiezan los reproches de por qué no ayudas en casa o de por qué no haces la comida. Los maridos deben ayudar, sobre todo ahora que la mujer trabaja, pero la casa es algo que va relacionado con nosotras».[6]

Sólo años más tarde y para salir de un estado de ansiedad y abatimiento que le perseguía, su marido decidió que ella se ocupara de una de las facetas más lúdicas del *holding* de la abeja: la del negocio del balompié. Ruiz-Mateos se lo comentó a sus hijos y determinaron que sería bueno que se encargara del equipo de fútbol de la popular barriada madrileña de Vallecas, porque así tendría algo de lo que ocuparse. «Ella no puede ir de pensionista jubilada. No puede estar más así. Viajar, las reuniones y ver los fichajes le entretendrá», sugirió el empresario a sus descendientes. Y así fue. Hoy es presidenta de la Sociedad Anónima Deportiva Rayo Vallecano. Fue en la temporada 1991/1992 cuando los Ruiz-Mateos entraron en el accionariado del equipo Rayo Vallecano, y aunque en ocasiones parecen ir de retirada,

[6] *El Mundo,* 8 de octubre de 2000.

dado lo deficitario de la inversión, nunca se cumple su premisa. Al final deciden que sólo por darle un placer a «Doña Teresa» el club no se vende. «Teresa quiere mucho a la barriada madrileña de Vallecas y para ella sería una tremenda decepción que nos fuéramos. En una ocasión, con el equipo ya vendido, tuvimos que dar marcha atrás y suplicarle al vendedor que nos permitiera regresar porque al enterarse Teresa entró en una terrible depresión. Hoy en día, el Rayo Vallecano forma parte de su vida», afirmó recientemente José María Ruiz-Mateos al autor del libro.

Fue en la primavera de 1991 cuando los Ruiz-Mateos se adentraron en el mundo del balompié, un campo farragoso y minado que desconocían. Por esas fechas, uno de los múltiples teléfonos que Teresa Rivero y su marido tienen repartidos por los tres pisos de su amplia casa madrileña de Somosaguas recibía la llamada de Pedro Ruiz Campos. El empresario de publicidad, que por entonces controlaba al Rayo Vallecano, necesitaba la imperiosa ayuda de la familia de la abeja. «José María, Vallecas te necesita. Harías una importante labor social. Además, se acerca el proceso de conversión del club en sociedad anónima y te puedes hacer con él», le dijo. «Me lo pensaré, pero antes tengo que consultarlo con varias personas», le contestó.

El empresario jerezano, ajeno al circo del fútbol, pidió ayuda a dos populares personajes por entonces de este mundillo: el periodista José María García y el propietario del Atlético de Madrid, el ya fallecido Jesús Gil y Gil. El que fuera alcalde de Marbella y Ruiz-Mateos se conocían desde 1977, cuando el constructor soriano visitaba con asiduidad la sede de Rumasa, en el entonces paseo de Calvo Sotelo de Madrid, en busca de ayuda por parte de uno de los buques insignias del *holding* de la abeja, Hispano Alemana de Construcciones, para levantar edificios en el complejo residencial de Los Ángeles de San Rafael. Desde entonces, Gil y Ruiz-Mateos mantenían una amistad intermitente. «Qué quieres que te diga, Vallecas es una barriada muy querida que te puede dar relieve social», le aconsejó Gil, «pero ándate con cuidado porque en el fútbol se pierde mucho dinero. Que te lo digo yo. Te calculo que perderás unos 200 millones al año». Y así sucedió: año tras año las cuentas han sido deficitarias.

Pero este dato no preocupaba en exceso a la familia Ruiz-Mateos, que desde que Miguel Boyer expropiara Rumasa había remontado con sudor, lágrimas y muchas excentricidades, un nuevo emporio empresarial. La familia se reunió, como es habitual, pero sus integrantes no lo dudaron mucho. Pocos días después, una de las empresas instrumentales de la Nueva Rumasa, Ardevins S.A., compraba la casi totalidad del capital social del popular «Rayito». El fútbol aunaba además a la familia jerezana con otros influyentes millonarios, como los hermanos Calvo, dueños del atún Calvo y propietarios del entonces boyante Sporting de Gijón. Los Calvo, a través de su empresa Publicidad Hizarco, pasaban a gestionar la publicidad estática del Estadio de Vallecas, hoy denominado Teresa Rivero[7] en honor a una mujer que desde el 12 de enero de 1994 abandonó la elitista barrera de las plazas de toros por el estruendoso y, a veces, maleducado palco de los estadios, pero, eso sí, sin olvidar a diario la misa de diez. Hasta entonces la esposa de Ruiz-Mateos sólo había visto un partido de fútbol en su vida. «Fue en Murcia, al poco de casarnos, y por compromiso; el partido tenía algo que ver con el banco de Rumasa, porque fuimos con el director de la sucursal. Fue un rollazo espantoso». Teresa Rivero, que por entonces pasaba por un pequeño hundimiento personal, recuerda todavía cómo su marido le propuso asumir la presidencia del club madrileño y sustituirle en el cargo: «Un día me dijo José María: "¿Quieres ser presidenta del Rayo?... Es muy fácil. Durante el partido estás en el palco, y

[7] En agosto de 1999 Teresa Rivero se convirtió en la primera mujer en dar nombre a un estadio de fútbol en España, después de que los abonados del equipo vallecano aprobaran que el Estadio de Vallecas pasara a denominarse Campo de Fútbol de Vallecas Teresa Rivero. La decisión, admitida por la Comunidad de Madrid, propietaria del estadio, fue aprobada por el 73,8 por ciento de los 764 votantes, mientras que un 25,3 por ciento se pronunció en contra (la participación fue del 27 por ciento).

cuando acaba te vienes a casa"». De esta manera se convirtió en una pionera en el mundo del fútbol, en la primera mujer mandataria.[8]

Dicen que al comienzo de su etapa presidencial no sabía en qué portería tenía que marcar su equipo, ni lo que era «un fuera de juego». Que se descalzaba en el palco, se ponía las zapatillas de estar por casa y se dormía. Cuando se despertaba gritaba «penalti, penalti...», lo que llevó a que le pusieran el apodo de «la Ochaíta», en referencia al líder del grupo Ultra Sur del Real Madrid. Con el paso del tiempo, la presidenta del Rayo comenzó a entusiasmarse con el fútbol y con su club. «Empecé a leer los diarios deportivos, a oír la radio, a ver la televisión, a hablar con la gente de fútbol. Y ahora estoy encantada [...]. Lo que sí es cierto es que el mundo del fútbol es un poco machista, y yo creo que no hay que ser machista, pero tampoco feminista». Quizá por ello no entra en los vestuarios. «Es por pudor. Creo que no es un sitio apropiado para que entre una mujer. Yo cuando salen vestidos, ay, con la colonia y tan guapos todos, les doy un beso y les digo que son unos fenómenos y que lo han hecho muy bien».[9] Pero no siempre ocurre así. Hace unos años, tras la derrota del Rayo ante el Español de Barcelona, «Doña Teresa», como le llaman también sus jugadores, se enfrentó al plantel, reacio al cese del entrenador Fernando Vázquez. «Lo que digan los jugadores me da igual. Ellos no tienen que opinar, sólo jugar. Además, no tienen motivos de protesta porque cobran puntualmente, algo que muchos otros no pueden decir de sus clubes».

Normalmente viaja con *los chicos*, que la ven como una madre, ya que les aplica idéntica filosofía que a la numerosa prole «que Dios le dio». Y, aunque en ocasiones sigue comportándose como una forofa en los palcos («A mí me altera mucho el fútbol, chi-

---

[8] Posteriormente, en el año 2006, otra mujer, la abogada Ana Urquijo, se convertiría en presidenta del Athletic de Bilbao.

[9] *elmundo.es,* 1 de febrero de 2001.

llo cosas fatales, y luego me arrepiento. Salgo siempre con el propósito de no volver a hacerlo, pero llego a Vallecas y me siento como en casa, y chillo»), su figura va indisolublemente asociada a la imagen del «Rayito».[10]

Un equipo que se convirtió en un juguete más dentro del nuevo emporio de la abeja, para disfrute y gloria durante varias temporadas de la barriada popular de Vallecas. En junio de 2000 el Rayo Vallecano resultó agraciado en el sorteo del Juego Limpio con una plaza para disputar la siguiente edición de la Copa de la UEFA. Era la primera vez en su historia y el conjunto franjirrojo realizó una histórica campaña europea, alcanzando los cuartos de final tras eliminar sucesivamente al Constelacio Esportiva de Andorra, Molde noruego, Viborg danés, Lokomotiv ruso y Girondins de Burdeos francés. Su verdugo fue el Alavés de Vitoria, quien llegaría posteriormente hasta la final.[11] Desde ese momento, María Teresa Rivero Sánchez Romate se convirtió en la nueva *marca* pública de la familia Ruiz-Mateos, además de seguir ejerciendo el control del hogar familiar madrileño, ciudad a la que se trasladó en 1967, y del de El Puerto de Santa María, «su tierra».

Dicen sus amigos, siempre fieles, que sus principales aficiones son las domésticas. Que le gusta planchar y cocinar. Que sólo ella plancha los trajes de su marido, aunque tiene varias *tatas*. Que suele ir al tinte, a la farmacia, al mercado, a las grandes superficies, es decir, a los recados ordinarios de una familia. Que le encanta la tauromaquia, por herencia familiar. Que en su juventud fue una fan de Antonio Bienvenida y de Antonio Ordóñez. Que sus ratos

[10] Teresa Rivero es también fundadora de un Centro Social con la finalidad de atender las necesidades sociales de los ciudadanos del Distrito Puente de Vallecas y socios del Rayo Vallecano, orientándolos hacia los recursos y prestaciones sociales existentes.

[11] El Rayo Vallecano subió a la Primera División del fútbol español en 1995 y en 1998. La temporada 2002-2003 significó el fin del ciclo más brillante del Rayo Vallecano en Primera División, puesto que el equipo descendió a Segunda División y, posteriormente, a Segunda B, donde actualmente permanece.

libres los dedica a hacer gimnasia, leer y escuchar música. Que por las tardes hay días que se reúne con las amigas para echar una partida de cartas o se va al cine o al teatro con alguna hija o a visitar las sedes de las peñas del Rayo. Que la puntualidad no es su punto fuerte. Que siempre llega tarde. Que se levanta sobre las ocho y media de la mañana. Que suele desayunar sola en la cocina. Que le gusta conducir su propio coche, un vehículo BMW. Que no le gusta ir excesivamente arreglada porque no es coqueta. Que lleva normalmente el pelo perfectamente cardado. «Con lo del Rayo, mis hijas me dicen que tengo que cuidarme pues me sacan en la prensa y en la tele y debo ir bien peinada. Así que no tengo más remedio que arreglarme».

Comentan también que le cuesta perder peso por los trece embarazos y los cuatro abortos que ha tenido. «Ésa ha sido una lucha con mi marido porque a él le encanta estar siempre bien y en el mismo peso. Me decía que debía comprarme ropa, ir a la peluquería, perder kilos, pero como siempre estaba embarazada, estaba cuadrada». Para ella «no es nada fácil aceptar que estás perdiendo facultades». Dicen que su vida es orden, disciplina y organización. Que ésa es la única forma de mantener una casa tan numerosa, de saber encontrar todo y a todos, de conseguir que la jornada acabe tranquila y sin grandes sobresaltos. Que los domingos que juega el Rayo se reúne con sus hijos y nietos a comer en su mansión de Somosaguas. Y que llena de caprichos a sus nietos.

Aseguran que no le da ningún reparo mostrarse al natural, sin necesidad de maquillajes ni envoltorios. Que se siente muy bien en el papel de madraza. Que para ella las mujeres son mejores jefes que los hombres («Somos más dulces y más inteligentes»). Que es muy difícil enfadarse con ella. Que las cosas que le gustan o sobre las que tiene responsabilidad le hacen vibrar. Que la injusticia le indigna. Que tiene un gran espíritu de sacrificio. Que es muy luchadora, «aunque menos que mi marido». Que es optimista. Que es divertida, simpática y refunfuñona, pero con gracia. Que nunca ha perdido su acento andaluz. Que reza mucho. Precisamente, por su fe en la Providencia, supo crecerse en aquellos momentos tan duros del expolio de la Rumasa de su marido. «He tenido mucha fe. Mis padres eran muy religiosos y en casa se rezaba siempre el rosario, se bendecía la mesa... Las costumbres que se tenían entonces y que si no se conservan hoy día es porque el mundo está desquiciado». Para ella el Opus Dei, del que nunca se ha alejado, es «un movimiento de la Iglesia que está para buscar a Dios en el mundo, cada uno en su profesión y para hacer más felices a la gente que les rodea». Quizá por ello, en su casa no se dan concesiones a la espectacularidad. Nunca ha apostado por fiestas consumistas o mundanas. Dicen que jamás ha tirado la casa por la ventana. Pero que es bastante machista: «Eso me dicen mis niñas, porque las obligo a hacer las cosas de la casa, y a los niños, no. Yo creo que ellas salen a trabajar porque les gusta más que estar en casa, pero el hombre, por muy bueno que sea, nunca va a lograr hacer bien las labores caseras: no tienen dulzura, les pides que hagan una cama y, ay, menudo mamarracho te dejan, fatal».[12] Sin embargo, todos aseguran que su gran mérito, por encima de otros, ha sido mantener a su familia siempre unida a pesar de los problemas de su marido; sin fisura alguna y «como una piña».

Hoy casi todas las empresas de la familia ya están en manos de sus hijos. Muchas de las ofertas empresariales les son presentadas directamente a ellos. Once de los hijos de Teresa Rivero trabajan directamente en el nuevo enjambre empresarial de la familia. Sólo Paloma, la más apartada de la familia y célebre por el tartazo al ex ministro socialista Miguel Boyer que cayó sobre el vestido de Isabel Preysler, no trabaja en el *holding*, como tampoco lo hace con asiduidad la primogénita de la familia Ruiz-Mateos, que es Socorro, que se dedica a sus «labores domésticas». Por su parte, Nuria, la más pequeña de las hermanas, vive en Sevilla tras su matrimonio en Jerez con el empresario Marcos Fer-

[12] «Crónica» de *El Mundo*, septiembre de 1999.

nández Halcón.[13] Por su parte, Patricia, que ejerce de consultora y tiene despacho en Londres, sí lo hace pero colaborando desde fuera. El verdadero ideólogo de los negocios familiares es Zoilo, que es el segundo hijo y el mayor de los varones, que lleva toda la tesorería de los nuevos negocios; junto a él está Álvaro, nombrado consejero delegado de Nueva Rumasa y encargado de todos los negocios internacionales, y a quien le ayuda el *benjamín* de la saga, Javier; y, por supuesto, José María hijo, el encargado de cerrar en última instancia todas las operaciones y de acompañar a su padre allá donde vaya. Este último es la viva imagen del empresario jerezano, con sus mismas expresiones y su mismo buen talante negociador. Para los negocios inmobiliarios figuran específicamente Pablo y Alfonso. Otra de sus hermanas, Rocío, es la que se encarga de cuidar la imagen pública del patriarca y de la familia a través de un pequeño gabinete de prensa que tiene montado en el garaje del mismo domicilio familiar de Somosaguas, donde también trabaja su hermana Almudena. En este garaje-oficina, donde se cuece el día a día de los Ruiz-Mateos, también colabora otra de las féminas de la saga, Begoña.

Todo el emporio que manejan los Ruiz-Mateos Rivero se mueve desde dos oficinas principales: una situada en el propio domicilio familiar, con un extenso jardín y una gran piscina incluida, sito en la calle Alondra de la urbanización de Somosaguas (Madrid); y, la otra, en pleno corazón del barrio madrileño de Argüelles, en la calle Pablo Iglesias. Dicen que ha sido «una ironía del destino» la responsable de que la oficina central de Nueva Rumasa esté situada en la avenida madrileña que lleva el nombre del fundador del socialismo español, Pablo Iglesias, y donde acuden muchos empresarios para ofrecer proyectos a los nuevos hombres de la abeja. Pero de las dos oficinas, el verda-

[13] La boda se celebró en el verano de 2001 en la iglesia de San Marcos de Jerez de la Frontera (Cádiz), con presencia de toda la familia Ruiz-Mateos. El ágape nupcial se celebró en Vistahermosa, en El Puerto de Santa María, y Birmania fue el lugar elegido para el viaje de bodas.

dero cuartel general de todas las estrategias y operaciones está en la casa familiar de Somosaguas, donde todos los hijos, que en su mayoría no habitan allí, terminan asomando en algún momento del día por un pasillo o tras una puerta de este siempre abarrotado y trepidante chalet, que dirige como buena madre de familia Teresa Rivero.

Todos los hijos acuden sin falta al domicilio a lo largo del día, saben que sus padres no pisan apenas sus domicilios conyugales. «No quiero ser la típica suegra pesada e imprudente. Saben que me tienen para cuando les haga falta, pero de ahí a estar en medio de los matrimonios…», afirma Teresa Rivero, a la que sus hijos además adoran por sus platos de arroz y su repostería, sobre todo, las tartas de chocolate y galletas. A la hora de la comida casi siempre hay hijos en la mesa, pero lo que no hacen es cenar. «Cada uno marcha a su casa y el que se queda coge lo que le apetece de la nevera, que cada quince días se llena al completo». Por eso, a la hora de almorzar, con la matriarca presidiendo siempre sin formalidades la mesa, es cuando el tránsito se hace más multitudinario: hijos vienen, hijas van..., nietos lloran, nietas ríen. Papeles van, dinero viene. Todo englobado en un ritmo frenético de idas y venidas.

Es allí, en este tipo de reuniones familiares, donde tanto Teresa Rivero, como sus hijos, aportan sus ideas al negocio. Sin embargo, todos viven por y para el padre. Su nombre, sus frases, su filosofía... no dejan de salir una y otra vez en cualquier conversación. Le veneran. Pero ya el marqués de Olivara apenas se deja ver públicamente. Ha delegado una gran parte de sus negocios en sus descendientes, aunque todavía supervisa casi todo y es quien al final firma los acuerdos comerciales. De esta manera continúa en la órbita empresarial, pero huye así definitivamente de la realidad pública. Hace ya tiempo que el enloquecedor circo de Ruiz-Mateos, con su inmenso ropero de disfraces (de supermán, de chulapo, de preso, de nazareno...), sus payasadas públicas de protesta y sus *dossieres* contra políticos y periodistas, pasó a mejor vida. Se quitó el disfraz de avispa, dejó de dar aguijonazos espectaculares a diestro y siniestro («Que te pego, leche») y prefiere que sean su esposa y sus descendientes la fachada de una nueva, y ya gigantesca, colmena de empresas: Nueva Rumasa, con más de un centenar de sociedades y más de 700 millones de euros de facturación al año.

En lo que también han cambiado es en su accesibilidad. Vuelven a ser inexpugnables para la prensa, como lo eran antes de la expropiación, en aquellos años en los que el patriarca compraba todo y no hablaba con nadie. Aquel empresario tímido, entre piadoso y *yuppie*, impecable e impertérrito, que estrenó unas nuevas formas de hacer empresa en la última década del régimen franquista. Aquel que celebraba sus reuniones en la primera planta de una de las rutilantes Torres de Colón recién inauguradas. Que gustaba de contar en su entorno con consejeros procedentes de la literatura, el arte y la política, a los que llevaba a comer a Zalacaín, en Madrid, o en avión privado de alquiler a Jerez, Briviesca o Rota, donde él había nacido. De su voracidad de entonces había hasta chistes complacientes, como éste que reproducía en 1975 el periódico *Arriba* del movimiento nacional: «Va a terminar comprando hasta la viña del Señor».

Actualmente los tentáculos de la familia Ruiz-Mateos se extienden desde el sector hotelero (Hotasa) hasta empresas inmobiliarias (Inmobiliarias Reunidas), bodegueras (Garvey, Campo Nublo), alimentarias (Dhul), deportivas (Rayo Vallecano), medios de comunicación (Radio Libertad), etc. Sólo les resta penetrar en el sector financiero, al que por el momento no desean entrar al considerarlo el verdadero causante de la expropiación de la vieja Rumasa. Precisamente, en la azarosa vida de Teresa Rivero y de su marido hay dos elementos claves para comprender tanto su caída como su auge: los bancos y el Opus Dei. La familia siempre ha mantenido un intenso contacto con la obra de monseñor Escrivá de Balaguer. A pesar de sus problemas con el Opus Dei durante la expropiación de Rumasa, los Ruiz-Mateos siguen perteneciendo a esta organización religiosa, de la que Teresa Rivero no se separó ni siquiera a pesar de las penas de su marido. «Yo soy muy creyente, bastante rezadora, y siempre he inculcado la fe a mis hijos, así como que sean honrados, trabajadores y tengan una buena vivencia con Dios», dice «doña Teresa», que considera que su marido también es muy creyente, «muy providencialista».

Por ejemplo, comenta Teresa Rivero, «cuando se enteró de la expropiación de Rumasa estaba en casa, con todos nosotros, y lo primero que hizo fue ir a rezarle una salve a la Virgen. Lo seguimos, desde luego, pero a mí no se me hubiera ocurrido hacer eso. Yo para esas cosas soy más mala. Lo de Rumasa me pone tan nerviosa que ahora mismo cogía a cualquiera de los que participaron en la expropiación y le pegaba una paliza. Claro, luego tendría que decir: "Dios mío, perdóname que estoy haciendo mal". Siento odio y eso no es bueno». Uno de los más palpables odios de su marido fue hacia el numerario del Opus Dei, Luis Valls Taberner, ya fallecido y copropietario junto a su hermano Javier del Banco Popular. Sin embargo, el tiempo pone paz y da tranquilidad y los negocios son los negocios. «Nueva Rumasa trabaja hoy con casi todos los bancos y las cajas de ahorro», detalla Zoilo Ruiz-Mateos. Se aprecia que los viejos problemas que mantuvo la familia Ruiz-Mateos con Emilio Botín (Santander) y las familias de Neguri (BBVA), además de con los Valls Taberner, se han aparcado ya. Y que de los pleitos judiciales han pasado a un entendimiento fructífero para ambos lados.

Por eso afirman los más allegados a los Ruiz-Mateos que éstos no pretenden ajustar cuentas con el pasado en su nueva etapa de éxito, en la que se han hecho acompañar de muchos hombres que ya estuvieron a sus órdenes en Rumasa (Joaquín Yvancos, Manuel Camba, José Álvarez, Humberto Otero, Adolfo Martitegui, Adolfo Lafuente...). Nunca Teresa Rivero ni su marido han mantenido un especial apego sentimental por ninguna empresa. Dicen que si han recomprado algunas que pertenecieron a Rumasa es porque se las ofrecieron en crisis y vieron factible reflotarlas (Garvey y Trapa). También han rescatado para sí la histórica marca del licor Calisay. Ahí acaba toda conexión entre la vieja y la nueva Rumasa. Aseguran que los Ruiz-Mateos son empresarios supernacionalistas. Que les gusta que todo reinvierta en España. Sus negocios son todos «para y por España».

Actualmente, después de ser despojados hace más de dos décadas de su imperio Rumasa (1961-1983), en el que contaban con casi 700 empresas, 21 bancos y 65.000 empleados en nómina, la familia jerezana vuelve a estar al frente de un emporio empresarial que, salvo en banca, tiene raíces en más de una decena de sectores productivos. Han vuelto a ser abeja. Y todo se comenzó a fraguar en la primera penitencia carcelaria del cabeza de familia en la prisión alemana de Fráncfort, en 1984 (éste fue el principio de un rosario de prisiones, hasta doce penales). Allí, en Alemania, en una misiva escrita entre rejas, Ruiz-Mateos animaba a su mujer y a sus hijos a levantar un nuevo *holding*. Y le obedecieron. Y comenzaron la tarea a partir del negocio del vino, como había hecho en su día el abuelo, don Zoilo, que llegó a ser alcalde de Rota (Cádiz), y en cuyo honor su hijo abrió en febrero de 2005 un Museo Histórico en esta localidad y a quien quiere beatificar al coste que sea. Para ello, como ha ratificado al autor del libro, ya ha iniciado los trámites necesarios aportando al obispo de Jerez, monseñor Juan del Río, testimonios de su caridad y «milagros», como también lo ha hecho con el arzobispo de Madrid, el cardenal Antonio María Rouco Varela.

Pero para arrancarle a Teresa Rivero y a sus hijos cómo comenzó su pesadilla y cómo se desarrolla la historia de esta segunda etapa hay que extraerles las palabras con sacacorchos. Están *quemados* de su etapa anterior, de lo que sufrieron y soportaron. Recientemente, también han llevado muy mal el último encarcelamiento del patriarca. Fue el 25 de junio de 2007 cuando José María Ruiz-Mateos entró en la prisión madrileña de Alcalá Meco (Madrid II) para cumplir una condena de tres años que tenía pendiente por los delitos de insolvencia punible y alzamiento de bienes, a través de la compra de la agencia de viajes Mundo Joven. La Audiencia Provincial de Madrid había condenado al empresario en octubre de 2005, dando por bueno el informe de la Fiscalía que acusó a Ruiz-Mateos de ponerse de acuerdo con otras tres personas para obtener un beneficio ilícito, adquiriendo en diciembre de 1998 la empresa Mundo Joven a un precio simbólico, pese a que tenía un pasivo superior a los 4,2 millones de euros.[14] Sin embargo, la presión pública de Teresa Rivero y sus hijos, con una campaña mediática muy bien llevada en este caso, logró sacar al empresario de la cárcel en menos de quince días. Estos avatares judiciales y extraempresariales han conseguido que la familia jerezana se una más y que la idea de unión familiar, de clan, de la que siempre hablan y hablan, la hayan trasladado a sus negocios.

Por eso, de las cifras del negocio nadie dice nada. Argumentan que, tras estos problemas, no les cabe más estrategia de comunicación que el silencio y la prudencia. Sólo confirman que son propietarios de alguna nueva empresa cuando la noticia trasciende por alguna razón ajena a sus deseos. Si no es así, callan. *Ora et labora*, ya lo decían los clásicos.

Sus adquisiciones son múltiples y diversas. Venden y compran. Compran y venden. Pero lo principal de la familia es comprar. Se han convertido en especialistas en el reflote de empresas en apuros. La Nueva Rumasa parece tener vocación negociante de séptimo de caballería. Cada ejercicio cierran con una media de más de diez incorporaciones al nuevo grupo. Negocios que van desde la compra de una bodega en el Penedés (Cavas Hill), que se dice que adquirieron por unos cinco millones de euros, hasta la venta de Caves Montesquius (vendida por 9,7 millones). Fue en 1997 cuando los Ruiz-Mateos volvieron a la zona catalana del cava después de haber sido desposeídos de Freixenet (una de las

---

[14] Junto al empresario jerezano también fueron condenados a dos años de prisión y multa de 4.800 euros las otras tres personas: Enrique Coca, Carlos Solana y Antonio Sánchez.

grandes firmas expropiadas), marca que fue a parar a manos del empresario Josep Ferrer i Sala, patriarca de otra importante saga familiar que, por tan sólo 350.000 pesetas, se quedó con la bodega cuando su valor era por entonces de 15.000 millones.[15] Hoy, los Ruiz-Mateos mantienen la firma Robert J. Mur y una comercializadora que lleva el nombre de Sant Sadurní. Es lo que, en términos empresariales, se suele denominar sinergias: huevos vallisoletanos de Hibramer (los enriquecidos con Omega 3) viajan a Granada para hacer flanes Dhul, y el brandy Espléndido de Garvey se utiliza para relleno en chocolates Trapa. La unión hace la fuerza.

Pero el lanzamiento familiar, su *renacimiento* (nombre que lleva también el brandy más caro del mundo, que lanzaron en la Navidad de 2004 al mercado, al precio de 240 euros la botella), es anterior a su incursión en el negocio del cava y se asienta sobre sectores tan diversos como los vinos (con las empresas Sandeman y Grupo Garvey, sociedad que les perteneció y recompraron en 1996, cuando la firma jerezana pasaba por una profunda crisis); el negocio de los huevos (con Dhul y las granjas vallisoletanas Hibramer);[16] los chocolates (Trapa y Elgorriaga); los helados (Flash y Neiss); los dulces y turrones (Imperial); los caramelos (los riojanos de Aldusa); las cervezas (la asturiana Águila Negra); los azulejos (Trevi); las industrias conserveras (Hijos de Nieto Sáinz); las fábricas de muebles (Claucama); las aseguradoras (Unión Condal e Iberia); sociedades inmobiliarias (Que te pego Leche y Velázquez); o medios de comunicación como la emisora Radio

---

[15] Josep Ferrer, el gran patriarca del negocio familiar de Freixenet, se benefició de la reprivatización de Rumasa llevándose, entre otras marcas, los cavas Segura Viudas, Castellblanch, Conde de Caralt, Canals y Nubiola; y los vinos René Barbier.

[16] Esta empresa, con un millón de gallinas, es la mayor productora de huevos en España en instalaciones propias. Produce 25 millones de docenas de huevos/año. Su comercialización la realiza bajo las marcas Matines y Colma. También para las grandes cadenas de distribución y venta lo hace bajo las marcas blancas Super (Grupo Unigro), La Receta (Cadena Día) y Carrefour y Champion (Grupo Carrefour).

Libertad,[17] por citar algunos de los más diversos campos sectoriales. También las hay referidas al sector hotelero (Hotasa, con hoteles por toda la geografía española),[18] al negocio de la confección de camisas a medida (Jarrater) y a los servicios de pedagogía y ocio para niños (Todo Niños).

Pero, sobre todo, siempre al lado de los Ruiz-Mateos no puede faltar el vino, hasta siete denominaciones de origen (Rioja, Toro, Ribera del Duero, Rueda, Penedés, Oporto, La Mancha). Así, en La Rioja poseen las bodegas Campo Burgo y Marqués de Campo Nuble; en Toro, las de Valdeví y Marqués de Olivara; en Oporto, la bodega Dlava; en el Penedés, Cavas y Vinos Hill. Y en Argentina tuvieron las bodegas Graffigna. Por eso, para que todo funcione dentro de un mismo engranaje, Nueva Rumasa adquirió en 2004 la distribuidora de vinos y licores Los Conejos, la primera empresa de este sector en España, con un fuerte poder de venta en la hostelería y restauración y con unos ingresos de más de 65 millones de euros.

Para introducirse en todos ellos, el matrimonio y sus hijos, que como buenos economistas y consultores manejan muy bien la llamada ingeniería financiera, han creado una multitud de empresas instrumentales, donde figuran los llamados testaferros como Ardevins, Inversiones Ruiz-Mateos, Berlax, Ferre, etc., así hasta un sinfín de pequeñas empresas a las que han salvado de la suspensión de pagos.[19] Y aunque el negocio inmobiliario no es lo

---

[17] Esta emisora ha sido alquilada recientemente por los Ruiz-Mateos al grupo Vocento, que gestiona la cadena de emisoras Punto Radio y el diario *ABC*.

[18] La sociedad Hotasa Nuevos Hoteles Agrupados S.L. posee y gestiona hoteles en Tenerife, Huelva, Mijas, Benicasim, Marbella, Málaga…

[19] Estas son las principales empresas que conforman el nuevo *holding* de la familia Ruiz-Mateos: A) *Inmobiliarias:* Nueva Rumasa S.L., Inversiones Rumasa S.L., Inversiones Ruiz-Mateos S.A., Nystur S.A., Rumanota S.A., María Teresa Rivero S.A., José María Ruiz-Mateos S.A., Arabigas S.L.; Inversiones Ancarias S.A., Celinda S.A., Pyrus S.A., Que te pego leche S.L., Edificaciones Tirgu 3000 S.L., Dartro S.L., Novo Divertur S.L., Asir S.L., Promociones Guapai 1000 S.L., Promociones Monarch Cook S.L., Galán Arn y Nathan Inversiones S.L., Bamingo Canarias S.L., Ciminver S.A.; B) *Inversiones Industriales:* Activos Palentinos S.L., Cur-

que más les preocupe en la actualidad, sí que se han introducido en la especulación del ladrillo para aprovechar el *boom* inmobiliario que vive España. Primero, de la mano de la quebrada Jotsa, antes propiedad de la familia García Obregón, de la que consiguieron su cartera de clientes, y últimamente han constituido la empresa constructora Velázquez Internacional, con la que pretenden llegar a ser lo que en su día fue la constructora Hispano Alemana para la vieja Rumasa. Sin embargo, esta compañía arrastra hoy serios problemas que han obligado a los Ruiz-Mateos a esconderse detrás de supuestos testaferros.[20] Hay que significar que en la calle Velázquez, de Madrid, se encuentra también la sede del partido político Agrupación Ruiz-Mateos.[21]

Normalmente, compran todo a plazos, «aunque a la gente no le gusta vender así». Ya han sido varios los empresarios que han dicho «no» a las ofertas de la familia Ruiz-Mateos. Entre ellos, los González-Byass que no admitieron una oferta por su bodega de 200 millones de euros. Como tampoco inicialmente los italianos de Parmalat, aunque más tarde sucumbieron a sus encantos. Fue en la primavera de 2007 cuando los Ruiz-Mateos compra-

---

vae S.L., Gawain, Promociones Inmobiliarias S.L., Prince Valiant Promociones S.L., Activos Asturianos S.L.; C) *Vinos:* Zoilo Ruiz-Mateos S.L. (Bodegas Sandeman); Robert J. Mur S.A.; Virnax S.A.; Grupo Garvey; Cavas Sant Sadurní S.L.; D) *Alimentación:* Grupo Dhul, Hibramer S.A.; Distribuidora Hispania S.L.; Coleosa S.L.; E) *Fútbol:* Rayo Vallecano S.A.D.; Ardevins S.A.; F) *Medios de Comunicación:* Radio Cadena Libertad de Chinchón S.L.; Agencia de Noticias Libertad S.L.; G) *Otros:* Agropecuaria Española S.L. (compra-venta de fincas); Biacado S.L. (Inversión en activos); Sinume S.L. (Intermediación y servicios de hospedaje en hoteles y moteles); Instituto Superior de Gestión y Dirección S.L. (organización de cursillos de formación); Tongrés S.L. (construcción); Jarrater S.L. (confección a medida de camisas y complementos de vestir); Todo Niños S.L. (servicio de pedagogía y ocio para niños); Hotasa Nuevos Hoteles Agrupados S.L. (cadena hotelera); Claucama S.L. (muebles)...

[20] Velázquez Internacional es la división constructora de los Ruiz-Mateos, que cuenta con más de 20 sociedades inmobiliarias, entre ellas la que da nombre al grupo familiar, Nueva Rumasa S.A. Velázquez se quedó con la cartera de clientes de la quebrada Jotsa, lo que les ha reportado serios problemas judiciales.

[21] La Agrupación Ruiz-Mateos está situada en el número 19, 4° dcha, de la calle Velázquez, de Madrid.

ron definitivamente la empresa láctea Clesa a la italiana Parmalat por 188 millones de euros en efectivo, haciéndose con todos los activos inmobiliarios de Clesa (siete fábricas y ochenta delegaciones comerciales), así como con todas sus marcas y el fondo de comercio.[22]

Para rubricar esta nueva adquisición, José María Ruiz-Mateos volvió de nuevo a la escena pública para fotografiarse junto a Pier Luigi de Angelis, director de Parmalat, y rodeado de sus hijos y de su mujer Teresa Rivero. Era una foto histórica. Un sueño que el patriarca tenía desde hacía ya ocho años. «Ha sido una operación muy dura y reñida, pero hemos sido muy perseverantes y tenaces. Estoy entusiasmado. Siempre he querido comprar Clesa, pero ya desde los tiempos en que mi amigo Arturo Gil tenía la empresa», comentó por entonces José María Ruiz-Mateos. Para cerrar la operación, el empresario jerezano realizó entre quince y veinte viajes a Milán junto a su hijo José María, que es quien llevó verdaderamente todo el peso de la operación. Con esta compra reforzaban su presencia en el sector de la alimentación, donde ya están presentes con marcas como Chocolates Elgorriaga, los bombones Trapa y los flanes y helados Dhul. El grupo Nueva Rumasa se sitúa así entre las cinco primeras empresas de alimentación en España, con una facturación global que espera superar en breve los 1.200 millones de euros.

La aparición pública de «don José María», después de meses en el anonimato (su última fotografía publicada databa del 5 de octubre de 2005 de la mano de su inseparable abogado, el penalista Marcos García Montes, con motivo del juicio que se llevaba en la Audiencia Provincial de Madrid contra él y que supuso posteriormente su entrada en la prisión de Alcalá Meco al ser

[22] Ya en el otoño de 2005, la familia Ruiz-Mateos presentó una oferta para comprar el cien por cien de las acciones de Clesa, filial española de la multinacional italiana Parmalat, por 180 millones de euros. En esas fechas la operación no cuajó, como tampoco ha fructificado, por ahora, la compra del 45 por ciento del capital social de la cadena Bancotel por unos 37 millones de euros.

condenado), lograba romper con todos los rumores de una supuesta enfermedad. «Estoy estupendamente y afortunadamente muy bien. Ya sabes lo que dice el refrán: "Bicho malo nunca muere"», afirmaba al autor del libro el marqués de Olivara, marqués de Montemayor y marqués de Campo Nublo.

Para Teresa Rivero todo este ajetreo es como una vuelta a empezar. A su familia le crecen de nuevo las nuevas empresas y, por ende, su economía doméstica es mayor. La familia ha recobrado el ritmo. Apartados de los focos, dedican sus días enteros a hacer empresa. Cualquier miembro de la familia Ruiz-Mateos tiene encendido las veinticuatro horas sus diversos móviles, por orden expresa de su padre, quien se suele acostar relativamente temprano para levantarse de madrugada, al contrario que su mujer, que se queda hasta muy tarde viendo los *reality shows* de televisión y escuchando la radio. «En mi familia no se conoce lo que es tener un yate, ni las vacaciones, ni los sábados ni los domingos. No hay *hobbies* raros, ni se juega al golf...», afirma la jefa de la saga. «¿Jubilarse mi marido? No, por Dios, sería horroroso, no podríamos vivir ninguno a su alrededor. Es incansable y no conoce otra cosa que no sea el trabajo». Aún se recuerda por Jerez la anécdota acaecida en 1958 cuando se realizó la primera operación empresarial de la vieja Rumasa. Por entonces, Ruiz-Mateos, que acababa de comenzar su viaje de novios, hizo regresar a su entonces reciente mujer, Teresa Rivero, para firmar un contrato con los ingleses de Garvey y pasar a ser los suministradores en España de estas bodegas inglesas. Se firmaba el mayor contrato de la historia del vino de Jerez bajo la atenta supervisión de su padre, Zoilo Ruiz-Mateos. Tanta era la vigilancia del «abuelo» que, una vez firmado el contrato, volvieron al viaje de novios pero por Inglaterra, por tierras de Bristol, con los ingleses y con don Zoilo de carabina. A pesar de todo este cúmulo de excentricidades, grandes compras societarias y apariciones celestiales, «nunca», insiste su mujer, «José María ha perdido la cabeza, ni siquiera tras la expropiación».

En lo que sí se ratifica es en que su vida cambió. «Y mucho. Primero estuvimos en Londres. Luego en Fráncfort. Mi hijo pequeño tenía seis años y la mayor se iba a casar. Fue una situación difícil que no esperábamos.Ves a tu marido difamado, calumniado, con todo el mundo en su contra. Eso no se lo deseo a nadie. Fue terrible ¿Fallaron los amigos?... Los amigos de verdad no te fallan nunca, pero hay tantísima gente alrededor de una empresa tan grande y en la que trabajan tantos... Ahí se ven los que te quieren y los que no. Tampoco es que te coja de sorpresa. Sabes que eso pasa en la vida y cuentas con ello».[23] Para ella lo más duro fue salir de España y abandonar su hogar. Y la peor época fue la de Fráncfort, «porque sólo estábamos los dos. Cuando yo tenía que venir a España a ver cómo estaban los niños, mis dos hijas mayores se iban con su padre hasta que yo regresaba. Esa época fue terrible. Yo rezaba, iba a misa y me daba unos hartones de llorar increíbles, pero Dios me dio fuerzas porque, si no, no hubiera podido seguir».

Fue una etapa en la que los rumores sobre una posible separación matrimonial de Teresa Rivero y su marido saltaron a los medios de comunicación. El matrimonio apenas se veía. Se hablaba de los nuevos amoríos del empresario jerezano, quien siempre iba acompañado por su entonces secretaria personal, Pino Riesco Manrique de Lara, quien no se separaba de él ni un solo instante. Las revistas de esa época así lo atestiguan. Por ejemplo, el ya desaparecido semanario *Panorama*, en su número 134 de diciembre de 1989 afirmaba:

> Pino le despierta, le cuelga la ropa y decide con quién va el empresario, cada vez más alejado de su mujer, de la que es posible que se separe en breve. Este alejamiento de Ruiz-Mateos de su esposa comenzó en el mes de agosto, tras el presunto envenenamiento que le tuvo ingresado en la madrileña clínica La Luz durante el comienzo

[23] Revista *Diez Minutos,* 25 de febrero de 2000.

del verano. Desde entonces la separación es un hecho. Primero, las elecciones legislativas; luego, las autonómicas. Los viajes y las estancias fuera del domicilio conyugal, junto a su secretaria, han sido constantes.

Pino Riesco Manrique de Lara conoció a Ruiz-Mateos en un viaje que realizó el empresario a la Costa del Sol. En Marbella, en una célebre discoteca, esta guapa canaria de nacimiento ejercía de relaciones públicas. El colaborador de Ruiz-Mateos, Carlos Manzano, fue el celestino. Posteriormente, un viaje que realizó el empresario a Las Palmas de Gran Canaria en el otoño de 1986, poco después de hacer efectiva la fianza de trescientos millones de pesetas que le puso el juez Luis Lerga, hizo el resto. Pino Riesco pasó a formar parte del equipo femenino de Ruiz-Mateos. Desde entonces comenzó una lucha a muerte por sacar de la pista a sus competidoras. Primero cayó Concha Marina García-Varona, a la que Ruiz-Mateos conoció en la primavera de 1983 en Londres; en la misma iglesia donde el empresario iba diariamente a escuchar misa y a rezar el rosario. Luego llegaron *las chicas de Fráncfort*: Lucrecia King-Hedinger, ex esposa del joyero Aldano, y la escritora Carmen Posadas, más tarde mujer del que fuera gobernador del Banco de España Mariano Rubio. Ambas conocieron a Ruiz-Mateos en el hotel Intercontinental de la ciudad alemana en la primavera de 1985. Pero, una vez llegada Pino a Madrid, la influencia de Lucrecia y Carmen desapareció.

También logró *echar* del ámbito del empresario a Cuca García de Vinuesa, la que fuera relaciones públicas del hotel Miguel Ángel. Otra de *sus chicas*, bautizadas todas como las *reinas de la colmena*, fue Lourdes Toral, a la que Pino Riesco descalificó públicamente. Muchas han sido las que han caído en esta carrera de féminas: Eva Huerte de Samaranch, Encarnación Solana de Aguilar, Aureliana de Ibancos, Susana Uribarri y María Asunción Saavedra, entre otras.

La irresistible ascensión de Pino Riesco llegó a tal extremo que era la única persona que podía utilizar la tarjeta bancaria del empresario (una Visa Oro del Banco Español de Crédito). Dicen, incluso, que fue la inductora, junto a Concha Marina García Varona, de la operación de cirugía estética (estiramiento de la piel) que José María Ruiz-Mateos se practicó en julio de 1988 en la clínica Ruber Internacional de Mirasierra (Madrid).

Sin embargo, la fidelidad del empresario jerezano hacia la figura de su mujer fue algo notorio en el periodo 1958-1983. Así lo indicaba en una carta-confesión que dirigió (como es obligación en los miembros supernumerarios del Opus Dei) al padre superior Álvaro del Portillo. En esta carta, no sujeta al secreto de confesión, venía a decir que se acusaba de «mirar a las mujeres». Sin embargo, el año 1983, fecha de la expropiación del *holding* de la abeja, fue el revulsivo del cambio total. A partir de ahí, quizá por el golpe tan duro recibido, dicen que las mujeres se convirtieron en una obsesión para José María Ruiz-Mateos. Un hecho que ocasionaba los constantes celos de Teresa Rivero. «Sí; mi marido dice que soy celosísima. Pero es que él es muy piropeador y a las mujeres nos gusta que nos digan cosas bonitas. Un fin de año salimos a tomar una copa y una chica que se sentaba enfrente de nosotros le decía que saltara por encima de la mesa para ponerse a su lado. Esas cosas me dan coraje».[24] Ante una pregunta de un informador sobre si su marido se iba por ahí «de picos pardos», respondía riéndose: «A los hombres nunca se les conoce del todo, pero él es una persona piadosa, con mucha fe y que adora a su familia; no lo creo».[25]

Finalmente las aguas volvieron a su cauce y esta situación extrema unió todavía más al matrimonio y a su familia. «Unen, porque ves que tienes que estar al lado de tu marido, apoyándole y luchando por la misma causa. Hay casos en que las fami-

---

[24] *Ibídem.*

[25] *El Mundo*, 8 de octubre de 2000.

lias se disuelven pero nosotros hemos permanecidos muy unidos. Los hijos también se hicieron cargo de lo que pasaba. Entonces el pequeño sólo tenía seis años y la mayor, Socorro, veinticuatro», afirmaba por entonces Teresa Rivero, para quien su marido «sigue siendo el mismo, aunque tiene otra vida completamente distinta. Es un hombre trabajador, generoso, con mucho corazón y con una voluntad de hierro. Tiene muy buenas cosas. Es un buen padre y un buen marido. Sus cualidades y sus defectos son los mismos, pero la vida ya no es igual. Mi marido es muy independiente y en casa no es un hombre pesado. No es de los que te complica con las comidas. No es latoso. El tiempo que está en casa se mete en su despacho y trabaja, porque siempre tiene muchísimas ideas. Pero es un hombre que no se mete en nada de lo que tú hagas».[26]

Todavía hoy, transcurridos ya casi veinticinco años, el caso Rumasa sale a la luz en cualquier conversación con Teresa Rivero. Un problema que aún se sustancia en los tribunales. No todo acabó cuando el Tribunal Constitucional, en dos ocasiones, declaró constitucional una medida que los socialistas fundamentaron en el riesgo de quiebra que presentaba el *holding*, con auditorías que apuntaron un agujero (déficit patrimonial) en sus cuentas de 259.000 millones de pesetas. Una vez conseguida la absolución del *pater familias* por la Audiencia Nacional y por el Tribunal Supremo (fue procesado por falsificación de documentos y estafa), los Ruiz-Mateos están a la espera de la que consideran la última sentencia del caso sobre Rumasa Holding (los anteriores fallos judiciales, más de doscientos, sobre otros tantos grupos de empresas y su justiprecio, siempre los ganaron). Un nuevo fallo del Supremo favorable a sus intereses, están convencidos, abriría definitivamente las puertas a una negociación con el Gobierno de turno. ¿Y cuánto podrían reclamar de indemnización por la expropiación forzosa? Los últimos cálculos barajados reflejan cifras, en pesetas, que rondarían los tres billones.

---

[26] Revista *Diez Minutos,* 25 de febrero de 2000.

El único borrón familiar serio que ha sufrido Teresa Rivero ha sido el de su hija Begoña, que es la que más quebraderos de cabeza ha dado a su madre, debido a su separación traumática del que fuera su marido Carlos Perrau de Pinnick, en su día uno de los líderes de la Agrupación Ruiz-Mateos, partido político con el que llegaron a conseguir en las elecciones de 1989 dos escaños en el Parlamento europeo (uno de ellos fue precisamente para el ex yerno del empresario jerezano).[27] Éste se ha manifestado alguna vez ante la puerta del Congreso de los Diputados solicitando la custodia de sus tres hijos. Y a veces los problemas han ido a mayores, con serios disgustos. Atrás quedaban las imágenes de la boda de Begoña con Carlos, celebrada en junio de 1988, donde la «jet» familiar funcionó a tope, ya que la saga vivía sus peores momentos económicos y de aislamiento social, y todos se unieron para este enlace.

La matriarca de los Ruiz-Mateos ha llegado a decir que «aunque yo soy de la Obra, no exijo nada, respeto la libertad de mis hijos. Mi marido y yo hemos procurado darles una buena formación y no nos ha salido ninguna *oveja negra*, aunque siempre hay alguno que te da más quehacer que otro. Afortunadamente se han ido casando todos, y ninguno ha optado por formar una pareja de hecho. No me hubiera gustado, la verdad... y si alguno decide formar una pareja de hecho la solución para mí pasaría por rezar más y encomendarle a Dios para que obre de una manera adecuada [...]. Sé que mis hijos se iban con sus novias los fines de semana, pero confío en ellos y creo que se van a portar como se tienen que portar. ¡Hay que estar en el mundo, no les voy a colocar ahora una tata para vigilarlos!». No obstante, también otro miembro de la familia, Paloma, la octava en el escalafón, la célebre del tartazo a los Boyer, tuvo problemas en su primer

[27] Consiguió 609.171 votos. También se había presentado en 1987 a las elecciones, pero sólo obtuvo 116.761 votos, un 0,60 por ciento y no logró escaño. Invirtió en ello 52 millones de pesetas.

matrimonio y se separó de su marido, el empresario alemán Stephan Shoeppe, del que tiene tres hijos (Sandra, Carlota y Patricio). Paloma luego se casaría con el empresario jerezano Juan García Jarana en noviembre de 1994, con el que también tiene hijos. La pareja se instaló a vivir en Málaga.

Los descendientes de Ruiz-Mateos siempre se han entremezclado con familias de abolengo y pedigrí. Por ejemplo, Patricia, la cuarta en el escalafón, se unió en 1990 a Joaquín Bohórquez, hijo del empresario jerezano José Bohórquez Mora-Figueroa y de Pilar Crespi de Valdelldura, marquesa de Las Palmas, y sobrino del conocido rejoneador y ganadero Fermín Bohórquez.[28] Zoilo, el ideólogo de la familia, está casado con Carmen Durán y José María con Cristina Figueroa, hija de Agustín Figueroa y Magdalena del Alcázar. Es, por tanto, sobrina del cantante Raphael y de Natalia Figueroa Gamboa y, a su vez, prima de Marta Chávarri. Así, la mujer de José María Ruiz-Mateos Rivero es nieta de los marqueses de Santo Floro y descendiente de la saga del conde de Romanones.[29] De nuevo se comprueba cómo todas las familias de abolengo y poder se interrelacionan y se entremezclan.

También Alfonso, el noveno de la saga, contrajo matrimonio con Alejandra Cruz-Conde, abogada e integrante de una de las familias andaluzas más solventes y poderosas, los Cruz-Conde, muy vinculados a la entidad financiera de la Iglesia católica Caja Sur y también propietarios del palacio cordobés Torre Cabrera.[30] Allí se celebró en el verano de 2002 el ágape del enlace entre

---

[28] El matrimonio entre Patricia Ruiz-Mateos y Joaquín Bohórquez tiene varios hijos, pero en mayo de 1996 sufrió un momento muy doloroso con el fallecimiento de su hijo Pedro, con tan sólo tres meses de vida, a causa de una dolencia cardiaca.

[29] Natalia Figueroa y su hermano Agustín mantuvieron duros litigios judiciales por el título del marquesado de Santo Floro. Aunque inicialmente el título lo ostentaba Agustín Figueroa, finalmente los tribunales de Justicia dieron por dos veces la razón a su hermana Natalia, quien hoy lo ostenta.

[30] El padre de Alejandra, Rabel Cruz-Conde, ejerce de abogado en negocios urbanísticos, uno de ellos es la urbanización Sotogrande, en Cádiz.

Alfonso y Alejandra, tras asistir a la ceremonia religiosa en el convento califal de los Capuchinos, en una misa oficiada por el tío paterno de la novia. Entre los asistentes, la *crème de la crème* andaluza, como María León y Castillejo, hija de los marqueses de la Cañada, que en un determinado momento fue señalada como amiga íntima del príncipe Felipe de Borbón. Para tal ilustre ocasión, los más conocidos modistos hicieron *su agosto*, como bodas de tanta alcurnia dicen que se merecen. Así, la novia vistió un modelo del mismo diseñador que utilizó la infanta Cristina en su boda, Lorenzo Caprile, mientras que la madrina, Teresa Rivero, lució un vestido del diseñador Eduardo Ladrón de Guevara.

En tres ocasiones y en menos de un año Teresa Rivero ejerció de madrina, ya que en ese periodo se le casaron tres hijos. Además de Alfonso, lo hizo Javier, undécimo en el escalafón, que contrajo nupcias en el otoño de 2001 en Jerez con Lavinia Mateos Bonilla, su novia durante más de cuatro años; y Pablo, el décimo de los hijos, que se casó en septiembre de 2002 con Mara Castillo Lapetra. También en ese mismo periodo lo hizo la más pequeña de la saga, Nuria, que se casó en el verano de 2001 con Marcos Fernández Halcón, con el que llevaba ya nueve años de noviazgo. Y lo hizo como les gusta a los Ruiz-Mateos, en Jerez de la Frontera, en la iglesia de San Marcos. El control mediático de todos estos acontecimientos sociales, ágapes, eventos y, por ende, toda la agenda familiar comunicativa lo lleva Rocío, la quinta en el escalafón, que está casada con Luis Ojeda, y que es madre de varios niños. A los Ruiz-Mateos sólo les falta por casar al benjamín de la saga, Álvaro, a quien ya se le conocen varios romances.

En casa de Teresa Rivero, una mujer que le tiene miedo a la muerte, prima el dicho de que «la familia tiene que estar por encima de la empresa», ya que, en los momentos difíciles, es la que te defiende. El propio José María Ruiz-Mateos así lo reconoce. «Yo no hubiese podido hacer Rumasa si no hubiese tenido una maravillosa mujer que ha cuidado de mis hijos. Ha sido la gerente de la familia. Conozco muchos empresarios competentes que han fracasado en la familia porque no la han cuidado. Si no hubiese tenido la familia que tengo, me hubiese deprimido, desesperado o muerto. La mujer es la base». Dicen que a la familia Ruiz-Mateos le gusta sumar y no volver la vista atrás. Que forman una casta emprendedora con un gran sentido de la austeridad. Que, juntos, en una transacción generacional ejemplar, dirigida por la matriarca de la saga, han construido un nuevo enjambre que da mucha y muy buena miel.

CUADRO PATRIMONIAL DE BIENES CONOCIDOS

MARÍA TERESA RIVERO Y SÁNCHEZ ROMATE

Título: mujer de José María Ruiz-Mateos, marqués de Olivara, marqués de Montemayor y marqués de Campo Nublo.

Propiedades inmobiliarias

- Chalet en la urbanización El Buzo, en el El Puerto de Santa María (Cádiz).
- Mansión familiar en la calle Alondra, en Somosaguas (Madrid), a la que bautizaron con el nombre de Villa Rota. Consta de tres alturas, piscina y jardín.
- Sede empresarial en la calle Pablo Iglesias, en el barrio madrileño de Argüelles.

Empresas

- Inmobiliarias: Nueva Rumasa S.L., Inversiones Rumasa S.L., Inversiones Ruiz-Mateos S.A., Nystur S.A., Rumanota S.A., María Teresa Rivero S.A., José María Ruiz-Mateos S.A., Arábigas S.L., Inversiones Ancarias S.A., Celinda S.A., Pyrus S.A., Que te pego leche S.L., Edificaciones Tirgu 3000 S.L., Dartro S.L.,

→

Novo Divertur S.L., Asir S.L., Promociones Guapai 1000 S.L., Promociones Monarch Cook S.L., Galán Arn y Nathan Inversiones S.L., Bamingo Canarias S.L., Ciminver S.A.

- Inversiones industriales: Activos Palentinos S.L., Curvae S.L., Gawain Promociones Inmobiliarias S.L., Prince Valiant Promociones S.L., Activos Asturianos S.L.
- Vinos: Zoilo Ruiz-Mateos S.L. (Bodegas Sandeman), Robert J. Mur S.A., Virnax S.A., Grupo Garvey, Cavas Sant Sadurní S.L.
- Alimentación: Grupo Clesa, Grupo Dhul, Hibramer S.A., Distribuidora Hispania S.L., Coleosa S.L.
- Fútbol: Rayo Vallecano S.A.D.
- Medios de comunicación: Radio Cadena Libertad de Chinchón S.L., Agencia de Noticias Libertad.
- Otros: Agropecuaria Española S.L. (compraventa de fincas), Biacado S.L. (inversión en activos), Sinume S.L. (intermediación y servicios de hospedaje en hoteles y moteles), Instituto Superior de Gestión y Dirección S.L. (organización de cursillos de formación), Tongrés S.L. (construcción), Jarrater S.L. (confección a medida de camisas y complementos de vestir), Todo Niños S.L. (servicio de pedagogía y ocio para niños), Hotasa Nuevos Hoteles Agrupados S.L. (cadena hotelera), Claucama S.L. (muebles), Ardevins S.A. (agricultura).

Inversiones

- Presidenta del Grupo Nueva Rumasa.
- Presidenta del Rayo Vallecano S.A.D.

ÍNDICE ONOMÁSTICO

Abarca Corrales, Jaime, 138-139
Abascal, Nati, 130, 270
Abascal López Cisneros, Adriana, 23, 38-41, 66
Abelló Gallo, Beatriz, 44, 400
Abelló Gallo, Juan, 24, 49, 57, 89, 127-128, 142, 145, 380, 395-422
Abelló Gallo, María Teresa, 400
Abelló Gallo, María Victoria, 400
Abelló Gallo, Nieves, 400
Abelló Gamazo, Alejandro, 57, 395, 417
Abelló Gamazo, Christian, 395, 417-419
Abelló Gamazo, Juan Claudio, 395, 415-417
Abelló Gamazo, Miguel Carlos, 395, 419
Abelló Pascual, Juan, 409
Abramovich, Roman, 23
Abril, Alfonso, 158
Acosta, Toni, 219
Adelson, Sheldon, 87
Aga Khan, 46, 48
Agag, Alejandro, 25, 37, 41, 45, 48, 55, 247, 431-432
Agramunt, Pedro, 241
Aguilar, Alfonso, 140
Aguilera, José, 264
Aguirre, Esperanza, 380, 439
Aguirre, José Ignacio, 347
Alarcó Canosa, María Ángeles, 449
Albert, Alejandro, 142
Alberti, Rafael, 331, 357
Alberti León, Aitana, 357-358
Alberto de Mónaco, 49
Alcaine Hernández, Cristina, 417
Alcaraz, Juan Manuel, 387
Alcocer Koplowitz, Alicia, 55
Alcocer Koplowitz, Carmen, 55
Alcocer Koplowitz, Esther, 55
Alcocer Torra, Alberto, 21, 27, 31, 42, 50-55, 58-62, 65, 69, 373, 378, 397
Alcocer Torra, José Luis, 55, 62, 63
Alfonso, restaurador, 427
Alhucemas, marqués de, 263
Alierta, César, 100
Allen, Woody, 13

Almodóvar, Pedro, 121, 303
Almodóvar Barceló, Agustín, 246
Alonso, Alejandro, 218, 227
Alonso Allende Aguirre, Pilar, 142
Altaba, Christian, 301
Altaba Iglesias, Alejandro, 301
Altolaguirre, Paloma, 293
Álvarez, Isidoro, 44, 61, 85, 415
Álvarez, José, 468
Álvarez, José Luis, 126
Álvarez, Nieves, 427, 432
Álvarez Cascos, Francisco, 27, 343, 427, 446-449
Álvarez Fernández, Elena, 447
Álvarez Fernández, Fernando, 447
Álvarez Fernández, Icíar, 447
Álvarez Fernández, Pablo, 447
Álvarez Ossorio, Óscar, 159
Álvarez Rendueles, José Ramón, 136
Álvarez Ruiz, Alfonso, 447
Álvarez Ruiz, Íñigo, 447
Alvariño, Concepción, 340
Amor Pérez, Gema, 244-245
Amorim, Américo, 96
Amusátegui, José María, 36, 142, 282
Anson, Rafael, 430
Antoñanzas, Javier, 125
Aparicio López, Juan, 349
Aparicios, Aquiles, 320
Araco, Rosa, 284
Aragón, Emilio, 442
Arango Arias, Plácido, 15, 49, 89, 111-113, 116-117, 123, 127, 360, 397, 406
Arango García Urtiaga, Francisco, 119
Arango García Urtiaga, Mayte, 49, 119
Arango García Urtiaga, Plácido, 119
Areal, Maite, 247
Areces, familia, 61
Arenzana, Álvaro, 219
Arespacochaga, Juan de, 370
Arguiñano, Karlos, 183
Arias, José María, 95
Arias y Díaz de Rábago, Carmela (condesa de Fenosa) 95, 103-105
Arias Mosquera, José María, 95
Arman, Giorgio, 293
Arnau Sierra, José, 93
Arnault, Bernard, 87
Arnedo Soriano, Elena, 276-278
Arrastia, José, 258
Arrastia Reynares, Betty, 258-259, 268
Arrastia Reynares, Tessy, 262
Arregui, Pilar de, 166
Arriba Azcona, Ladislao de, 438-439
Arrospe, Álvaro, 53
Arroyo, Lourdes, 126
Arroyo, Luis, 418
Arroyo Gómez, Miguel Ángel, 380
Asensio, Antonio 411-412
Assir, Abdul Rahman el, 62
Astete, Elsa Helena, 359
Asúa Álvarez, Fernando de, 142
Aub, Max, 349
Austria, Luis Salvador de, 122
Ávalos, Juan de, 189-190
Ayaso, Dunia, 445
Ayesa, Julio, 263
Azcárate, Álvaro, 219

Azcárraga Milmo, Emilio, 39, 66
Aznar, José María, 25, 41-42, 48, 207, 231, 240-241, 246-249, 289, 304, 403, 412, 416, 446-449, 457
Aznar Botella, José María, 419
Aznar Botella, Ana, 41-42, 55, 431-432
Azúa, Luis, 133

Bacon, Francis, 405, 407, 422
Báez, *Litri,* Miguel, 297
Balcells Segelá, Carmen, 340
Ballvé, Fernando, 115, 121, 123-124
Ballvé, Pedro, 123
Balmaseda Cabanyes, Inés, 44
Balmaseda, Godofredo (conde de Cumbres Altas), 44
Báñez, Javier, 180
Bañuelos, Enrique, 88, 96
Baquero, Manuel, 166
Barceló Martorell, Ángela María, 231, 244-246
Barceló Martorell, Rosa María, 17, 25, 231-256
Barceló Pérez, Miguel, 231, 236, 240, 242, 254
Bárcenas Fitz-James Stuart, Fernando, 124
Bardem, familia, 180
Bardem, Juan Antonio, 444
Barker, Christopher L., 154
Barker, Lex, 149, 151-154, 156, 164, 172, 188
Barreda, José María, 218
Barreiros, Mari Luz, 127-128, 302, 416, 432
Barrié de la Maza, Pedro, 104
Barros, José Luis, 341
Batthyany, Ivan, 170
Batuecas Torrego, Alejandro, 389
Becerril, Soledad, 240
Beckham, David, 319, 374
Bellucci, Monica, 134
Benarroch, Elena, 133, 135, 294, 303
Benavides, Luis Javier, 212
Benjumea, José Ignacio, 52
Berbell, Carlos, 20
Bergman, Ingmar, 369
Bermúdez de Castro, familia, 90
Bernabéu, Santiago, 374-375
Berne, Eric, 13, 16
Besteiro, Otero, 341
Bienvenida, Antonio, 462
Binstock, Josy, 159
Blahnik, Manolo, 48, 224, 291, 306
Blanco, José, 218
Blanco Balín, Ramón, 60
Blesa, Miguel, 378
Boada, Claudio, 126, 143
Bofill Levi, Ricardo, 184, 297
Bofill Maggiora, Ricardo, 297-298
Bohórquez, Fermín, 426-427, 481
Bohórquez, Joaquín, 481
Bohórquez Mora-Figueroa, José, 481
Bonder, Mathias, 297
Bono, Ana, *véase* Rodríguez Mosquera, Ana María
Bono Martínez, José, 16, 95, 183, 195-218, 221-229, 241, 252, 318
Bono Pretel, José, 209
Bono Rodríguez, Ana, 218-219, 228

Bono Rodríguez, Amelia, 199, 208, 218-219, 228
Bono Rodríguez, José, 94-95, 218, 220
Bono Rodríguez, Sofía, 218, 220-221
Borbón, Marisa de, 49, 55, 123, 430
Borbón y Battenberg, Juan de (conde de Barcelona), 184, 186
Borbón y Borbón, Pilar de (duquesa de Badajoz), 129, 184-186
Borbón Dampierre, Alfonso de (duque de Cádiz), 267
Borbón Dos Sicilias, Inés de, 398
Borbón y Grecia, Cristina de, 52, 482
Borbón y Grecia, Elena de, 35, 49, 52, 67, 403, 416
Borbón y Grecia, Felipe de (Príncipe de Asturias), 38, 124, 143, 183, 246, 398-399, 402, 416, 446, 482
Borga Calibrese, Ernesto, 155
Borges, Jorge Luis, 331, 358-359
Bornemisza, Margarita, 168
Bosé, Lucía, 138
Bosé, Miguel, 225
Botella Serrano, Ana, 25, 41, 55, 248, 403, 416, 425, 447, 449
Botero, Pedro, 145-146
Botín, Ana Patricia, 26, 413
Botín, Emilio, 18, 53, 121, 399, 413, 468
Botín, Jaime, 413
Bourgeois, Louise, 118
Boyer Arnedo, Laura, 276, 290-291
Boyer Arnedo, Miguel, 276, 291
Boyer Monsalve, Carlos, 285
Boyer Preysler, Ana, 283, 288, 299, 301-303
Boyer Salvador, Miguel, 27, 35, 123, 127-129, 139, 141, 175, 275-291, 295, 298, 300, 302, 305, 427, 431, 455, 460, 464
Boyra, Elena, 343, 403-404
Braque, 405, 422
Brass, Barbara, 112
Bravo, Nino, 309
Briatore, Flavio, 37, 45, 48
Brown, Iona, 142
Brueghel, Jan, *el Viejo*, 172, 193
Buezas García, María Gloria, 385
Buffet, Warren, 87
Bukowski, Charles, 346
Bullock, Sandra, 442
Bustos, Pascuala, 309-310
Buxarrais, Ramón, 299

Caballería Gómez, Juan Carlos, 243
Caballero Álvarez, Emilia, 232
Caballero Bonald, José Manuel, 347
Cabanillas Alonso, Pío, 304
Caicedo, marqueses de, 402
Calvo, Carmen, 181
Camba, Manuel, 456, 468
Camerini, Jean-Louis, 294
Camino, Rafi, 424
Campbell, Naomi, 48
Campbell-Walter, Fiona, 161, 171
Campillo, Manuel, 210
Campoamor, Jesús, 341
Campos, José, 134
Campos, Terelu, 426
Camps, Francisco, 237, 247
Camus, Mario, 444
Canaletto, 172, 193

Canet, Ramón, 114
Cano, Carlos, 318
Cano, José María, 59
Canyelles, pintor, 114
Cañego Muñoz, Pablo, 199, 208
Cañizares, Antonio, 222
Caparrós, Joana, 120
Capellà, Miguel, 342
Caprile, Lorenzo, 482
Caramelo, José, 89
Carbonero, pintor, 114
Carlés, Ricardo María, 298
Caroli, Michelli, 398
Carolina de Mónaco, 129
Carredano, Juan, 140
Carvajal, José Federico de, 343, 403-404
Carvajal González, José Federico de, 403
Carvajal González, Gador de, 403
Carvajal González, Pablo de, 403
Casal, Pancho, 84
Casanova, Genoveva, 92, 228
Casas, Marisol, 387
Casas, Natividad de las, 157
Caso, padre, 212
Casona, Alejandro, 368
Castanedo Gutiérrez, Ascensión, 32, 60
Castaño López, Marina, 14, 23, 36, 55, 57, 131, 134, 331-365, 430
Castaño Barca, Gerardo, 332
Castedo, Fernando, 341-342
Castellano, Nicolás, 221
Castellano Ríos, José María, 95, 99
Castellví, José María, 267
Castellví, Inmaculada, 299
Castelo d'Ortega y Cortes, Isabel, 103
Castillejo de Oriol, José María, 146
Castillo Lapetra, Mara, 482
Castro, Antón, 348
Castro Quintás, familia, 71, 73
Catalá, Bertoméu, 131
Catalán Chana, Manuel, 241
Cedillo, Víctor, 333-334
Cela Conde, Camilo José, 337, 341, 351-352, 355, 346
Cela Marty, Camila, 351
Cela Trulock, Ana, 343, 353
Cela Trulock, Camilo José, 15, 27, 36, 131, 331, 334-365
Cela Trulock, Jorge, 353
Cela Trulock, José Luis, 340, 343, 353
Cela Trulock, Juan Carlos, 353
Cela Trulock, María Ramona, 343
Cela Trulock, Maruxa, 353
Cencillo y González Campo, Maritín, 146
Cendal, Julio, 385
Cerezo, Manuel, 380
Cervera, Guadalupe Sabina, 182
Cervera, María del Carmen, 182
Cervera Fernández, Carmen, 15, 22, 24, 149-193, 284
Cervera Fernández, Guillermo, 150
Chagall, 405, 422
Chams, Christian, 293
Chapártegui Ormedo, Bárbara, 43
Chávarri, Carlos, 125
Chávarri, Cristina, 124
Chávarri, Fernando, 124-125
Chávarri, Gonzalo, 57, 124
Chávarri, Isabel, 57, 124, 417
Chávarri, María, 57, 124-125
Chávarri, Marta, 23, 31, 34-36, 38, 42, 47, 54, 55-57, 63, 67, 124,

129, 131, 143, 163, 281, 396-397, 481
Chávarri de Rivero, Tomás, 57, 124-125, 417
Chelala, Nelsy, 127
Chico de Guzmán y Girón, Javier, 146
Chico de Guzmán March, Ana María, 146
Chico de Guzmán March, Javier, 146
Chillida, Eduardo, 118
Choo, Jimmy, 48
Cierva y Moreno de Arteaga, Fátima de la, 49, 275
Cierva y Moreno de Arteaga, Teresa de la, 275
Císcar, Consuelo, 120
Cisneros, Diego, 126
Cisneros, Gustavo, 126, 128, 287
Cisneros, Oswaldo, 126
Cisneros Fontanals, Claudia Susana, 126
Cisneros Rendiles, Ricardo, 126-128, 408
Clayton, Jack, 13
Cleef, Lee Van, 155
Clinton, Bill, 111, 130
Clinton, Chelsea, 130
Clinton, Hillary, 120, 420
Clooney, George, 293, 303
Coberó, Xavier, 114
Coello de Portugal, Francisco, 53
Coleridge, Paul, 186
Coll, pintor, 114
Coloma Gallegos, Juan, 309
Colón de Carvajal y Gorosabel, Cristóbal (marqués de Jamaica y duque de Veragua), 104, 215
Comenge, Alberto (padre), 302
Comenge Barreiros, Alberto, 302
Comenge Barreiros, Cristina, 302
Concha, Manuel de la, 135, 139-142, 287, 293
Concha Giménez-Altolaguirre, Beatriz de la, 140
Concha Giménez-Altolaguirre, Cristina de la, 140
Concha Giménez-Altolaguirre, Elena de la, 140
Concha Giménez-Altolaguirre, Manuel de la, 140
Concha Giménez-Altolaguirre, Paloma de la, 140
Conde, Alejandra, 433
Conde, Arcadio, 337
Conde, Mario, 126, 158, 408-411, 413, 433
Conde Picabea, Mª del Rosario, 337-338, 341-343, 347, 355-356
Conío, Mario, 413
Constable, 193
Constanza di Castiglione, Carlo, 442, 444-445
Contreras Fernández, Filomena, 307-308, 317
Corberó, Xavier, 114
Corella, Ángel, 166, 187
Coronado, José, 442
Corot, 172, 193
Corrales, Verónica, 125
Corrías Franchetti, Alexandro, 49
Cortés, Dolores, 177
Cortés, padre, 210
Cortina, Alberto, 42-45, 51,
Cortina, Alfonso, 36, 44, 60, 63, 64, 127, 427, 440, 449

Cortina de Alcocer, Alberto, 21, 24, 27, 31-38, 41-51, 54, 56-57, 59, 61-63, 65, 67, 69, 143, 319, 373, 375-376, 378, 396-397, 416, 427, 430, 433
Cortina Cué, Alejandra, 42, 45, 48
Cortina Koplowitz, Alberto, 42, 44-45
Cortina Koplowitz, Pedro, 42-44
Cortina Koplowitz, Pelayo, 42, 44-45
Cortina Mauri, Pedro, 35
Costa, 114
Coy, padre, 212
Cranach, Lucas, 406
Crane, Steve, 153
Crespi de Valdelldura, Pilar, 481
Crespo, Félix, 240
Crichlow, William Henry, 152
Cruz, Penélope, 182
Cruz-Conde, Alejandra, 481-482
Cué Castanedo, Elena Estefanía, 24, 32-38, 40-42, 45-51, 55, 59-60, 65, 319, 416, 427, 432
Cué Castanedo, Rubén Argos, 33
Cué Gutiérrez, Francisco Javier, 32, 60
Cuesta, Blanca, 177-180
Cueva, Charo de la, 265, 300
Cuevas, José María, 437
Cuevas, Paloma, 306, 447

Dahl, Arlene, 153
Dalí, Salvador, 118, 357
Dalma, Sergio, 442
Dalmau, Custo, 81
Danko, Marina, 163
Dayan, general, 308
Degas, Edgar, 166, 407
Delgado Roses, María del Carmen, 144-145
Dell'Atte, Antonia, 441
Deng, Wendi, 48
Di Stefano, Alfredo, 375, 381
Díaz, Maruja, 157
Díaz Ferrán, Gerardo, 249, 381, 439
Dicenta, Paula, 125
Dior, Christian, 37, 155, 188, 261, 293
Disney, Walt, 174
Domecq, Mercedes, 426-427
Domingo, Plácido, 187
Domínguez, Roberto, 137-138
Dominguín, Luis Miguel, 158
Dominguín, Mariví, 158
Douglas, Kirk, 111, 130
Douglas, Michael, 122, 130
Duato, Nacho, 130
Duettmann, Hans, 132
Dufy, 172, 193
Dupin, Jacques, 355-356
Durán, Carmen, 481
Dyer, Nina, 161

Echevarría, Carlos, 297
Encinar Rodríguez, Jesús, 388
Entrecanales Azcárate, Teresa, 419
Escámez, Alfonso, 439
Escrivá de Balaguer, Josemaría, 223, 467
Espinosa, Sonsoles, 25
Esquinas Álvarez, Juliana, 386

Falabella García, Isabel, 140-142
Falcó Chávarri, Álvaro, 56

Falcó de la Cierva, Aldara, 275
Falcó de la Cierva, Duarte, 275
Falcó Escandón, Manuel, 269
Falcó y Fernández de Córdova, Carlos (marqués de Griñón y de Castel-Moncayo), 49, 127, 143, 418, 269-282, 295, 300, 305, 418
Falcó y Fernández de Córdova, Fernando (marqués de Cubas), 35, 56, 67, 143, 271, 281
Falcó y Fernández de Córdova, Rocío (marquesa de Berantevilla), 271
Falcó Girod, Alejandra, 270
Falcó Girod, Manuel, 270
Falcó Preysler, Tamara, 94, 273, 279, 283, 293, 301-303, 432
Fanjul, Óscar, 43
Felipe, Pedro de, 267, 296
Fellini, Federico, 152, 369
Fenollera Roca, Miguel, 222
Fernández, Carmen, 174
Fernández, Elvira, 247
Fernández, Santiago, 333
Fernández García, Íñigo, 426
Fernández Albor, Gerardo, 335
Fernández Campo, Sabino, 122
Fernández de Córdova, Fernando, 143
Fernández de Córdova, Gonzalo (duque de Arión), 271
Fernández de Córdova, Hilda (duquesa de Montellano), 269, 271, 281
Fernández de Córdova, Joaquín, 143
Fernández de Córdova y Hohenlohe, Marina (marquesa de Bay), 143
Fernández Escandón Ortiz, Elisa, 447
Fernández Ganoso, Julio, 85
Fernández García, Sandra, 440
Fernández García, Tito, 440
Fernández González, Alma Carlota, 429, 440
Fernández González, Iván, 429, 440
Fernández Halcón, Marcos, 465, 482
Fernández-Longoria, Beba, 55, 62-63
Fernández-Longoria, Carlos, 62
Fernández-Longoria, María, 62-63
Fernández Palacios, María Victoria, 304
Fernández Riva, Borja, 440
Fernández Riva, Bosco, 440
Fernández Riva, Fernando, 440
Fernández Riva, Iñigo, 426, 440
Fernández Sastrón, José Miguel, 49
Fernández Sousa Faro, José María, 84
Fernández Tapias, Fernando, 27, 36, 38, 41, 127, 175, 284, 343, 380, 407, 416, 423, 426-443, 445-446, 450
Fernández Tapias, Francisco, 435
Fernández Tapias, Ramón, 435
Fernández de Torrijos, Vivian, 120
Fernández de la Vega, María Teresa, 218, 224
Ferré, Gianfranco, 188
Ferreño, Andoni, 442
Ferrer, Vicente, 221
Ferretti, Alberta, 50, 224
Ferrusola Llados, Marta, 26
Fidalgo, José María, 218
Fierro Lopera, Alfonso, 147

Fierro March, Alfonso, 147
Fierro March, Bartolomé, 147
Fierro March, Bibiana, 147
Fierro March, Juan, 147
Figueroa, Cristina, 481
Figueroa, Natalia, 124-125, 218-219, 397, 481
Figueroa, Sofía, 124
Figueroa Gamboa, Matilde, 57, 125
Fitz-James Stuart, Cayetana (duquesa de Alba), 163, 403
Flandes, Juan de, 405, 422
Flores, Lola, 263
Flores, Mar, 426, 441-446, 451
Flores, Pepa, 64, 428
Flores, Samuel, 126, 363, 384-385, 418
Fonda, Henry, 50
Fonseca, Juan José, 287
Fontanals, Ella, 126
Ford, Henry, 161
Formoso, Carmen, 346
Fraga Iribarne, Manuel, 308, 334, 368
Fraile, Alfredo, 267, 433
Franchetti, Afidera, 50
Franco, Francis, 270, 430
Franco Bahamonde, Francisco, 162, 196, 210, 263, 267, 308, 339, 349, 383, 431
Franco Polo, Carmen, 263, 267
Freud, Sigmund, 17, 81
Fuejo, Donato, 212
Fuentes, Carlos, 130
Fuster, Pablo, 296

Gala, Antonio, 218
Galatas, Patty, 143
Galdón, Eduardo, 412
Gallego Cuesta, Heliodoro, 424
Gamazo, Claudio, 269
Gamazo, Sandra, 269
Gamazo y Amús, Claudio (marqués de Soto de Aller), 396, 420
Gamazo Hohenlohe-Langenburg, Alexandra, 396, 400
Gamazo Hohenlohe-Langenburg, Ana Isabel, 18, 24, 57, 127-128, 142, 145, 395-422, 432
Gamazo Hohenlohe-Langenburg, Clara, 396, 400
Gamazo Hohenlohe-Langenburg, Germán Manuel, 396, 400
Gamazo Sourdeau, Diego, 396
Gamazo Sourdeau, Manuel Claudio, 396
Gaona Hernández, Josefa, 72, 74
García, Celso, 401
García, José María, 459
García Berlanga, Luis, 121
García Courel, Juana, 427, 436, 439-440
García Díez, Juan Antonio, 142
García Gil, Miguel, 204
García-Herrera, Francisco, 201
García Jarana, Juan, 481
García Lorca, Federico, 344
García Marquina, Francisco, 336, 338, 341
García Montes, Marcos, 474
García Moreno, Carmen, 341
García Obregón, Ana, 441
García Obregón, familia, 473
García Proust, Concha, 428
García Trevijano, Pablo, 52
García Urtiaga, Teresa, 119
García de Vinuesa, Cuca, 477

Garrigues, Antonio (hijo), 295
Garrigues Walker, Antonio, 277, 295, 371
Garrigues Walker, Joaquín, 236
Garrigues Walker, José Miguel, 129
Garzón, Baltasar, 117, 218, 435
Gates, Hill, 319
Gauguin, Paul, 164, 166, 172, 193
Gaya, padre, 210
Gemio, Isabel, 183
Getty, Anne, 161, 172, 189
Gil, Arturo, 474
Gil, Vicente, 224
Gil y Gil, Jesús, 157, 280, 338, 459
Giménez Altolaguirre, Paloma, 140-141
Giordano, Luca, 172, 193
Girod, Jeanine, 269, 341
Goizueta, Esperanza, 278
Goizueta, Roberto, 130
Gómez, Antonio, 32
Gómez, Pablo, 78
Gómez-Acebo, Luis (duque de Badajoz), 161, 172, 184-186, 189
Gómez-Acebo, Simoneta, 49
Gómez Baeza, Pedro, 49
Gómez Llorente, Luis, 276
Gómez-Montejano Arroyo, Luis, 380
Gómez Pintado, Santiago, 379
Gonsálves, Jorge, 271
González, Alicia, 449
González, Marcelo, 222
González, Carlos, 296
González, Francisco, 115, 116, 130
González, Matilde, 403
González, Raúl, 424
González Armas, Antonio, 291
González Laxe, Fernando, 335
González Márquez, Felipe, 25, 63, 111, 128-129, 135, 163, 165, 182, 185, 204, 214, 224, 275-277, 279, 337, 403, 455
González Sánchez, Nuria, 14, 23, 36, 38, 41, 127, 343, 416, 423-435, 439, 446-447, 450-451
Goya, Francisco de, 118, 172, 407, 422
Goyanes, Carla, 432
Goyanes, Carlos, 36, 64, 127, 428, 430
Goyeneche Marsans, Javier, 419
Goyeneche Ordovás, Alfonso, 296
Graf, familia, 320
Graves, Peter, 156
Griffith, Aline (condesa de Romanones), 376-377
Grijalbo, Juan, 184
Guasch, Manuel, 280, 283, 433
Guasch Vega-Penichet, Fernando, 433
Guerra, Alfonso, 129, 182, 197, 214, 215, 406
Guevara, Ernesto, *Che*, 308
Guil Navarro, María José, 415
Guillén, Pedro, 348
Guillén Moreno, Santiago, 209
Guinovart, 118
Gutiérrez, Eloisa, 419

Habsburgo, Carlos de, 171
Habsburgo, Maxi, 125
Halffter, Cristóbal, 142
Harari, familia, 46
Haya de Jordania, 92
Hepburn, Audrey, 442

Hermosilla, Inés, 41
Hermosilla, Ramón, 430
Hernández, Miguel, 349
Hernández Moltó, Juan Pedro, 418
Hernández Núñez, Cristina, 53
Hernández Núñez, Margarita, 51-55, 58-59, 65
Hernández Serrano, Marciano, 52-53
Hernando, Francisco (nieto), 314
Hernando, Isabel, 314
Hernando Contreras, *el Pocero*, Francisco, 18-19, 205-207, 228, 252-253, 307-327
Hernando Contreras, Guillermo, 311
Hernando Sanz, Pedro, 317
Hernando del Saz, Audena, 307, 312-313, 315, 320
Hernando del Saz, Eduardo, 312, 314-315
Hernando del Saz, Francisco, 312-315, 320
Hernando del Saz, Mónica, 307, 312, 314-315
Herrera, Carlos, 318
Herrera, Carolina, 224
Herrero, Ignacio, 145
Herrero, María, 145
Herrero, Nieves, 340
Herzigova, Eva, 49
Hidalgo, Javier, 419
Hidalgo, José, 419
Hinojosa, familia, 309-310
Hinojosa, Elena, 433
Hitler, Adolf, 168
Hoaglan, Jim, 130-131
Hohenlohe, Alfonso de, 402
Hohenlohe, Beatriz de, 271
Hohenlohe, Bonnie, 402
Hohenlohe, Maximiliano de, 396, 420
Hohenlohe, Pablo de, 295, 401
Hohenlohe, Pimpinella, 269
Hohenlohe-Langenburg, María Francisca (marquesa de Belvis de las Navas), 396, 420
Horn, Rebecca, 132
Horowitz, Manfred, 160-161
Hudson, Richard, 57, 131, 359
Huerte de Samaranch, Eva, 477

Ibancos, Aureliana de, 477
Igartiburu, Anne, 183
Iglesias, Cristina, 118
Iglesias, Julio, 14, 237-238, 263-270, 272, 294, 296, 300, 305
Iglesias Preysler, Chábeli, 265, 280, 283, 294-301
Iglesias Preysler, Enrique, 266, 301
Iglesias Preysler, Julio José, 266, 301
Iglesias Puga, Julio, 265, 294, 298, 300-301
Imedio, Luis, 290
Ireland, John, 155
Isabel II de Inglaterra, 165
Isla Álvarez de Tejera, Pablo, 99-101

Jackson, Michael, 301
Jakober, Ben, 114, 132
Jiménez, Mona, 277
Jiménez, Trinidad, 217, 276, 380
Jiménez García-Herrera, José, 217
Jiménez Quesada, Juan Cristóbal, 185
Jolie, Angelina, 120
Jove Capellán, Manuel, 101

Jove Santos, Felipa, 103-104
Jove Santos, Manuel, 104
Jove Santos, María José, 104
Juan, María Antonia, 145
Juan Carlos I, 20, 42, 118, 126, 129, 165, 183-186, 189, 273, 350, 363, 384, 398, 418
Juan Pablo II, 217, 223
Juárez, José Miguel, 379
Jumblat, Walid, 359
Junot, Philippe, 57, 129
Jurado, Rocío, 183, 226, 319-320, 326
Jürgen, Curd, 156
Juste, Jorge, 57

Kalaw, Juny, 261
Kamprad, Ingvar, 87
Ka-shing, Li, 87
Keith, Ronna, 300
Keller, Patricia, 132
Kennedy, Kerry, 120
Kerkorian, Kirk, 155
Khashoggi, Adnan, 62, 164
Khashoggi, Samira, 62
King-Hedinger, Lucrecia, 477
Kodama, María, 358-359
Koplowitz, Carlos, 44
Koplowitz, Ernesto, 55
Koplowitz Romero de Juseu, Alicia (marquesa de Bellavista), 21, 28, 31, 34-35, 38, 42-45, 56, 61, 69, 88-89, 96, 106, 121, 176, 293, 397, 402, 406, 416, 440
Koplowitz Romero de Juseu, Esther, 21, 28, 31, 43-44, 51, 55, 58, 61, 69, 83, 88-89, 106, 281, 283, 289, 293, 402, 416
Kournikova, Anna, 301
Kroll, Luisa, 76
Kurkova, Carolina, 120

Lacroix, Christian, 38
Ladrón de Guevara, Eduardo, 224, 482
Lafitte, Jean, 113
Lafuente, Adolfo, 468
Lamas, Fernando, 153
Lamas, Lorenzo, 153
Langes Svarovski, Diana, 143
Lapique, Cari, 36, 55, 64, 127, 397, 402, 427, 430, 432
Lapique, Miriam, 36, 44, 64, 127, 402, 427, 432, 449
Lara, Cayo, 206
Lasarte de Hokanson, Mercedes, 172
Lastra, Conchita de la, 145
Leal, Eugenio, 297
Leflet, Rafael, 449
Leguina, Joaquín, 323, 446
Lemus, Silvia, 130
León, Amalia de, 36
León, María Teresa, 358
León y Castillejo, María, 482
Leonardo, peluquero, 293
Lequio, Alessandro, 441
Lerga, Luis, 456, 477
Leyte Verdejo, José Francisco, 83
Liari, Dimitra, 23
Linde, Alwin van der, 360
Lippe-Weissenfeld, Teresa de, 161, 171
Lizón, Arturo, 232
Llera, Carmen, 358-359
Llerena, Charo, 163

Llopis, Rodolfo, 214
Llorente, María Jesús, 406
Loewe, Enrique, 293
Lollobrigida, Gina, 306
López, Antonio, 405, 422
López, Feliciano, 387
López Cisneros, Nieves, 40
López Jiménez, Pedro, 372
López Mancisidor Gordillo, Cristina (viuda de Macaya), 15, 111-148, 359, 397
López Rodríguez, Mª Luz, 332, 340
López de Silanes, José Luis, 290
Losantos, Mario, 83
Lozano, Eduardo, 446
Lozano, Manuel, 446
Lozano, Pablo, 446
Lucas, Juan José, 425
Ludendorff, Erich, 168
Luengo, Paula, 419
Lugo, duques de, 403, 416
Luna Abella, Andrés, 438

Macarrón, Ricardo, 172
Macaya, Cristina, *véase* López Mancisidor Gordillo, Cristina
Macaya, Javier, 112, 121, 126
Macaya, María, 121
Macaya, Sandra, 115, 121, 123-125
Macías Arias, María de la Esperanza, 243
Macías Nguema, Francisco, 368
Madonna, 182
Maeso, Miguel, 251
Maestre López, Iñaki, 417
Maggiora Vergano, Serena, 297
Mandaluniz y Castro, Isabel de, 104
Manzano, Carlos, 477
Mañueco, Jesús, 425
Marañón, Patricia, 125
March, Carmen, 371
March, Marita, 127
March Cencillo, Juan, 146
March Cencillo, Leonor, 146
March Cencillo, Manuel, 146
March Cencillo, Marita, 146
March Delgado, Carlos, 144-145, 371
March Delgado, Gloria, 144-145
March Delgado, Juan, 144-145
March Delgado, Leonor, 144-145
March Juan, Carmen, 145
March Juan, Catalina, 145
March Juan, Juan, 145
March Juan, Leonor, 145
March Juan, María, 145
March Lastra, Carlos, 145
March Lastra, Gadea, 145
March Lastra, Juan, 145
March Ordinas, Juan, 144
March Servera, Bartolomé, 146
March Servera, Juan, 144
Marcos, Ferdinand, 261
Marcos, Imelda, 261, 294
Marichalar, Jaime de, 35-36, 67, 403, 416
Marín Rodríguez, Leocadio, 120
Marina García-Varona, Concha, 477-478
Marlborough, duquesa de, 161
Marone Borbón, Giovanna, 129
Marsiaj, Gregorio, 49
Martí, pintor, 114
Martín, Fernando, 101, 418
Martín Álvarez, Fernando, 380
Martín Berrocal, José Luis, 384
Martín Buezas, Jesús, 384

Martín Jiménez, José Luis, 324-326
Martín Pérez, Florentina, 385
Martínez, Pilar, 307, 321-324
Martínez-Bordiú, Carmen, 134, 263-264, 266-267, 271, 293, 431, 440
Martínez-Bordiú, Cristóbal (marqués de Villaverde), 49, 267
Martínez de Irujo Fitz-James Stuart, Carlos (duque de Huéscar), 128
Martínez de Irujo Fitz-James Stuart, Cayetano (conde de Salvatierra) 92, 228, 444
Martínez de Irujo Fitz-James Stuart, Eugenia (duquesa de Montoro), 125, 199, 402, 427
Martínez de Irujo Fitz-James Stuart, Fernando (marqués de San Vicente del Barco), 124
Martínez Gómez, Francisco, 323
Martínez Peinado, Clotilde, 417
Martínez Ruiz, José Manuel, 417
Martínez Soria, Amelia, 211
Martínez Soria, Paco, 156
Martitegui, Adolfo, 468
Martorell, Carlos, 431
Martorell, Joaquín Domingo, 294
Martorell Llorca, Dolores, 231-232, 235, 242, 255
Martorell Llorca, Miguel, 232
Martos Figueroa, Alejandra, 219
Martos Figueroa, Jacobo, 219
Martos Figueroa, Manuel, 219
Marty, Giselle, 351
Mas, Artur, 387
Masaveu, Cristina, 26
Mascó, Judith, 183
Massiel, 428
Mata, Leticia, 388
Mata Gorostizaga, Enrique de la, 120
Mata López, Ernesto Gerardo, 388-389
Matas, Jaume, 133, 246-247, 251, 318, 379
Mateo, Mª Asunción, 357
Mateos, Petra, 278
Mateos Bonilla, Lavinia, 482
Mateu, Carmen, 351
Matisse, Henri, 166
Mato Rodríguez, Juan Luis, 33
Matutes, Abel, 416
May, Fred, 153
Mazagatos, Sofía, 443
McCartney, Paul, 46
McCausland, Violy, 121
Medina, Eva, 157
Medina y Fernández de Córdova, Ana, 402
Medina Sidonia, Pilar, 49
Medinaceli, duquesa de, 402
Méndez, Cándido, 218, 379
Mendi, 114
Mendoza, Ramón, 141, 269, 340, 379
Menéndez Rojas, pintor, 114
Mera Goyenechea, Rosalía, 15, 18, 24, 28, 69-87, 90, 106-107
Meran, conde von, 165
Meran, Katherina von, 165
Merino, Javier, 445, 451
Michael de Kent, 130
Mielgo, padre, 212
Milgran, profesor, 24
Miller, Irene, 102
Miller, Marie Chantal, 46
Mingote, Antonio, 343
Miró, Joan, 350, 355

Mittal, Lakshmi, 87
Mohedano, José María, 130
Mohedano, Rocío, 326
Molinero, Belén, 124, 416
Molinuevo, María José, 36
Mollinedo, María José, 383, 385
Monedero, Urbano, 388
Moneo, Rafael, 166, 187
Monet, Claude, 166, 172, 193
Montalvo Llanos, Francisco Javier, 202, 208
Montejo, Nacho, 212
Montes, Claudio, 270
Montes Tallón, José Luis, 233
Montiel, Sara, 183
Montijo, Eugenia de, 124
Monzón, Javier, 59
Moore, Henry, 118
Morago, Pedro, 423
Morales, Pin, 121
Moratinos, Miguel Ángel, 218
Moravia, Alberto, 331, 358
Morell, Gonzalo, 240
Moreno, Enrique, 456
Moreno Puncel, Isabel, 432
Morgan, Lina, 442
Morodo, Raúl, 212-213, 215
Morrison, Van, 130
Mozart, Wolfgang Amadeus, 142
Mudarres, Fhadi, 296-297, 300
Múgica, Enrique, 340
Múgica, Fernando, 443
Mulls de Valls Taberner, Cristina, 36
Muls Delassue, Christina, 122
Muñoz, Juan, 118
Muñoz Peirats, Joaquín, 236
Murdoch, Rupert, 48
Murillo, Bartolomé Esteban, 118, 405, 422

Nachón Herrera, José Ramón, 116
Nadal, Rafael, 49
Nakachian, Melodie, 294
Nakachian, Raymond, 294
Narbona, Cristina, 206
Naschy, Paul, 156
Naseiro, Rosendo, 242
Nasser, líder egipcio, 308
Navajo, Ymelda, 29
Navarro, Ginés, 372
Navas Barchino, Ramón, 208
Neufeld, Ana, 297
Nicholson, Jack, 111, 130
Nicolau, Pere, 129
Norton, Edward, 134
Noyer, Marco, 302
Núñez, José Luis, 387
Núñez, Margarita, 52

Obrador, Toni, 114
Ojeda, Luis, 482
Olaso, Fernando, 124
Olazábal Echeandía, Pedro, 284
Olivares, Elvira, 301
Oliver, Vitorio, 217
Olmedilla, Juan, 263
Onassis, Aristóteles, 161
Oneto, Pepe, 318
Ordóñez, Antonio, 462
Ordóñez, Carmen, 428
Oreja, Marcelino, 278
Oriol, Íñigo, 85
Oriol Porta, Rosa, 199-201
Ortega, Pascua, 416
Ortega Cano, José, 183, 226, 319-320, 326

Ortega Gaona, Amancio, 15, 18-19, 22, 24, 69-78, 83, 87-93, 95, 97-103, 106, 220, 302, 399, 414
Ortega Gaona, Antonio, 72-74, 100
Ortega Gaona, Josefa, 72-74, 91
Ortega y Gasset, José, 349
Ortega Mera, Marcos, 72, 76-77
Ortega Mera, Sandra, 72, 78-79
Ortega Pérez, Marta, 18, 91, 92-95, 97, 101-102, 106, 220, 302
Ortega Renedo, Mª Dolores, 100, 101
Ortega Rodríguez, Amancio, 72
Ortiz-Echagüe Laffita, Fernando, 285
Ortiz Rocasolano, Letizia (Princesa de Asturias), 183, 246, 398-399, 416-417, 446
Ortiz Urdiain, Elena, 390
Osácar, Concha, 97
Osborne, Bertín, 239
Osorio, Johannes, 270
Otero, Humberto, 468

Pacheco, Pedro, 427
Palacio, Loyola de, 84
Palacio, Miguel, 224
Palacio de la Fuente, Perfecto, 247-249
Palazuela, Teresa, 139
Palop, Salvador, 241-242
Papandreu, Andreas, 23
Pantoja, Isabel, 183
Pardo, Juan, 264
Parlade, Jaime, 402
Pascual Arias, Gonzalo, 249, 381
Pastor, Manuel, 159
Pastor, Paz, 159
Patuel, Vicente, 376
Paz, Carlos, 248
Paz, Octavio, 358
Peces-Barba, Gregorio, 219, 276
Pedrosa, Isabel, 413
Peña, Candela, 445
Peñaranda, duque de, 124
Peralta, Rafael, 427
Perdomo, Carlos, 186
Peretti, Elsa, 120
Pérez, Carlos Andrés, 128, 287
Pérez, María Teresa, 310
Pérez, Patricia, 125
Pérez, Pedro, 39
Pérez Marcote, Flora, 18, 90-93, 97-99, 101, 106, 108-109, 220
Pérez Marcote, Jorge, 101
Pérez Marcote, Óscar, 101
Pérez Rodríguez, Florentino, 17-19, 34, 47, 59, 145, 367-370, 372-390, 407, 414, 431, 445
Pérez Rubalcaba, Alfredo, 379, 446
Pérez Rubio, Miguel, 262, 271
Pérez Sandoval, Eduardo, 370, 390
Pérez Sandoval, Florentino, 370, 377, 388-389
Pérez Sandoval, María Ángeles, 370, 374, 384-386
Perrau de Pinnick, Carlos, 480
Phelps, Patricia, 128
Picabea, Ignacia, 338
Picasso, Pablo, 118, 166, 350, 356-357
Pidal, Ágatha, 145
Pino, Eva del, 125
Pino, Rafael del, 88
Pinto-Coelho, Pedro, 297, 300
Piñón, Nélida, 120
Piqué, Josep, 64

Piqueras, Pedro, 141
Pla, Francesc, 166
Pogorelich, Ivo, 142
Polanco, Jesús de, 127-128, 302, 416, 432
Polo, Carmen, 267
Ponce, Enrique, 363, 447
Portabella, Pere, 298
Portillo, Álvaro del, 478
Portillo, Luis, 83
Porto, María, 447-448
Posadas, Luis, 137
Posadas Mañé, Carmen, 56, 123, 135-139, 142, 477
Posadas Mañé, Dolores, 138
Prat, Alejandra, 374, 385-387, 432
Prat, Joaquín, 114, 386
Prat, Joaquín (hijo), 387
Preysler, Carlos, 258, 268
Preysler, Fausto, 258
Preysler, José María, 262
Preysler Arrastia, Beatriz, 259, 272
Preysler Arrastia, Carlos, 259
Preysler Arrastia, Enrique, 259
Preysler Arrastia, Isabel, 14, 22, 35, 42, 94, 123, 127-129, 139-141, 143, 175-176, 257-306, 427, 431, 464
Preysler Arrastia, Joaquín, 259
Preysler Arrastia, Victoria, 259, 272
Puebla, Antonio, 250
Pujol i Soley, Jordi, 26, 184

Quintás, José Luis, 71

Rahola, Pilar, 183
Rajoy, Mariano, 231, 246-247, 407, 433, 448
Ramírez, Pedro J., 218, 226, 251
Rania de Jordania, 120
Raphael, 124, 218-219, 397, 481
Rato, Rodrigo, 63, 446, 448-449
Redford, Robert, 274
Redondo, María Paz, 139
Regás, Oriol, 184
Regoyos, Darío de, 405
Reiff, Christine, 275
Renedo, Manuel, 155
Renedo Oliveros, Primitiva, 73-74
Rendir, Pierre-Auguste, 166
Renta, Óscar de la, 121
Requena, conde de, 124
Retondo, Jaime, 186, 190-191
Revilla, Emiliano, 123
Revoredo Delvecchio, Helena, 26
Rey Guil, Marta del, 415
Reynares, Teodorica, 258
Ribera, Pedro de, 405, 422
Ricci Sargentini, Monica, 449
Rich, Marc, 280, 441
Ridruejo, Esperanza, *Pitita,* 294
Riesco Manrique de Lara, Pino, 476-478
Rijnsburger, Miranda, 300
Rikyel, Sonia, 188
Ripoll, José Joaquín, 244-245
Ritchie, Guy, 182
Riu Güell, Carmen, 26, 144
Riva de Luna, Chiqui, 428-429, 436, 439-440
Riva Suardíaz, Ángel, 436
Rivas Vila, Marta, 63
Rivera, Diego, 118
Rivera, Francisco, *Paquirri*, 428
Rivera Ordóñez, Cayetano, 303
Rivera Ordóñez, Francisco, 239, 427

Rivero Asensio, Luis del, 380, 413
Rivero y Sánchez Romate, Teresa, 453-484
Roa Baltar, Jesús, 372
Roberto Carlos, 374
Robinat, Jordi, 132
Roca, Miguel, 371
Roch, Jordi, 142
Rodés Castañé, Leopoldo, 121, 123, 130, 141
Rodés Vilà, Fernando, 121-122
Rodin, Auguste, 167
Rodríguez, Ángel, 353
Rodríguez, Gerardo, 335
Rodríguez, Humildad, 272
Rodríguez, Miguel Ángel, 207, 315
Rodríguez, Pedro, 264
Rodríguez Cebrián, Juan Carlos, 100-101
Rodríguez Ibarra, Juan Carlos, 218
Rodríguez Mosquera, Ana María, 14, 16, 25, 95, 195-208, 219-221, 223-230
Rodríguez Piñón, Alberto, 251
Rodríguez Zapatero, José Luis, 26, 203, 206, 210, 218, 226
Roig, Enrique, 242
Romanones, conde de, 57, 67, 125, 281, 417, 481
Romero, Antonio, 217
Romero, Carmen, 129, 185
Romero, Emilio, 309
Romero López, Carmen, 25
Romero de Solís, Mati, 427
Ronaldo, 374
Ronda, Raúl, 385
Rosa Martí, Javier de la, 51-53, 433
Rosa Maura, Javier de la, 53
Rosal, Bernardo del, 232
Rosillo, Miguel, 57, 417
Rosillo Chávarri, Marta, 417
Rosillo Chávarri, Miguel, 417
Rostropovich, Mstislav, 142
Rothschild, Emond, 184
Rothschild, Evelyn, 130-131
Rotondo Russo, Jaime, 190-191
Rouco Varela, Antonio María, 218, 343, 469
Roussel Onassis, Athina, 92
Roy Pérez, Jorge, 386
Royer Ruiz-Fernández, Maya, 146
Rozalén, Cristóbal, 217
Rubio, Paulina, 125
Rubio Jiménez, Mariano, 56, 117, 135-136, 138-142, 287, 477
Ruiz, Nacho, 423
Ruiz Campos, Pedro, 459
Ruiz de Castilla, condes de, 296
Ruiz Cuadrado, Gemma, 343, 427, 446-450
Ruiz de Cueto, Rafael, 136-137, 139
Ruiz de Cueto Posadas, Jimena, 137, 139
Ruiz de Cueto Posadas, Sofía, 137-139
Ruiz-Gallardón, Alberto, 36, 180, 207, 224, 241, 307, 321, 425, 427, 439, 444
Ruiz Garrido, Julián, 304
Ruiz-Giménez, Joaquín, 213-214
Ruiz-Mateos, Alfonso, 455, 465, 481-482
Ruiz-Mateos, Almudena, 455, 465
Ruiz-Mateos, Álvaro, 455, 465, 482
Ruiz-Mateos, Begoña, 455, 465, 480
Ruiz-Mateos, Javier, 455, 465, 482

Ruiz-Mateos, José María, 455, 465, 474, 481
Ruiz-Mateos, Nuria, 455, 464, 482
Ruiz-Mateos, Pablo, 455, 465, 482
Ruiz-Mateos, Paloma, 287, 455, 464, 480
Ruiz-Mateos, Patricia, 455, 465, 481
Ruiz-Mateos, Rocío, 455, 465, 482
Ruiz-Mateos, Socorro, 455, 464
Ruiz-Mateos, Zoilo, 455, 457, 465, 481
Ruiz-Mateos Jiménez de Tejada, José María, 128, 137, 286-287, 454-459, 467-470, 474-475, 477-478, 481-483
Ruiz Pontones, Ofelia, 340

Saavedra, María Asunción, 477
Sabina, Joaquín, 115
Sabroso, Félix, 445
Sainz de Vicuña, Juan Manuel, 263
Saiz Pardo, Manuel, 271
Salaberri, Javier, 57
Salama, Beatriz, 140
Salama, Cristina, 141
Salama Ubago, José, 140-141
Salazar Abrisqueta, José, 343
Salinas, Pedro, 349
Salvador, María Rosa, 283, 294
Sánchez, Carlos, 105
Sánchez, José Antonio, 327
Sánchez, Manolo, 428
Sánchez Bernal, José, 380
Sánchez Dragó, Fernando, 140-141
Sánchez García, María Jesús Celinda, 424-425
Sánchez González, Enrique, 380
Sánchez Merlo, Luis, 129
Sánchez Quintáns, José, 85
Sánchez Trujillo, Maruja, 241
Sanchís, Ángel, 242
Sand di Falco, juez, 155
Sandberg, Cecil, 114
Sandberg, Marianne, 114
Sandoval, Mario, 47
Sandoval Montero, María de los Ángeles, 17-18, 367-393
Sandoval Montero, Mercedes, 383
Sansalvador, padre, 210
Santiago, Bonifacio de, 327
Santo Floro, marqués de, 57, 125
Santoni, Espartaco, 155-158, 163
Santoni, Paola, 157
Santos, Maria Edite, 266
Santos Raposo, Javier, 266
Sanz, Alejandro, 225
Sanz, Lorenzo, 380
Sanz, Maribel, 442
Sanz Carro, Andrés, 377
Sanz Martín, Felipe, 324
Sarasola Lerchundi, Enrique, 63
Sartorius, Isabel, 37-38, 41, 49, 57, 124, 402, 427
Sartorius Cabeza de Vaca, Vicente (marqués de Mariño), 124
Sastre, Inés, 41, 49, 427, 432
Sauquillo, Paquita, 212
Saura, Antonio, 357
Saz, Gabriel del, 309-310
Saz Bustos, María Audena del, 307-311, 314-315, 319-320, 325-328
Sebastián, Pablo, 341
Segimón, José, 140
Segrelles, Paloma, 139
Segura, Manuel, 158-159, 164

Segurado, José Antonio, 437
Seijo, María de los Ángeles, 157
Semprún, Jorge, 337
Séneca, Lucio, 309-310, 312-313
Serra, Eduardo, 142, 412
Serra, Narcís, 215
Serra, Pedro, 338
Serrat, Juan Manuel, 225
Sevilla, Carmen, 376
Shakira, 120
Shaw, Artie, 153
Shoeppe, Stephan, 481
Shorto, Denisse, 161-162, 172
Siciliano, Mario, 155
Sierra, Concha, 440
Silva y Fernández-Durán, Buenaventura de, 35
Silva y Fernández-Durán, Francisco de, 35
Silva y Fernández-Durán, Luis Fernando de, 35
Silva y Fernández-Durán, Paloma de, 35
Silva Muñoz, Federico, 307
Simarro Belmonte, Luis, 316
Simón, Gabriel, 297
Sirvent, pintor, 114
Sisdell, Gigi, 155
Siso Behrens, Anabella, 127
Siza, Álvaro, 181
Slim Helu, Carlos, 87, 128
Sofía de Grecia, 142, 186, 273, 433
Solana, Javier, 181
Solana, Jesús, 456
Solana, Luis, 277
Solana de Aguirre, Encarnación, 477
Soria Mompó, Noelia, 240
Soriano, Elena, 290
Soriano, Irma, 199
Sorolla, Joaquín, 405, 422
Soros, George, 132
Soto, Hernando, 124
Soto, Javier, 57, 124
Soto Aguirre, Fernando de, 124
Soto Fernández de Córdova, Beltrán, 143
Soto Fernández de Córdova, Miguel, 143
Soto López-Dóriga, Fernando, 124
Soto López-Dóriga, Jaime, 135, 139, 142-143, 287
Soto López-Dóriga, José, 124
Sourdeau Conadau, Isabelle, 396
Steiger, Walter, 48
Stein, David, 114, 131, 132
Stilianopoulos Estella, Jose Manuel, 294
Suanzes Fernández, Elvira, 237-238
Suárez, Adolfo, 111, 129-130, 213-214
Suárez, Gonzalo, 121, 152
Suárez, María José, 450
Suárez, Mariló, 318
Suelves, Blanca (duquesa de Alburquerque), 41, 270
Suelves, María, 270

Tablada, Vivian, 163
Tallada, Concha, 38, 41
Tamayo, Rufino, 118
Tàpies, Antoni, 118, 356, 406
Taubman, matrimonio, 161
Tejero Molina, Antonio, 214
Terán, Fernando, 276
Terceiro, Jaime, 439

Testa Ornat, Gonzalo, 94, 220
Thatcher, Margaret, 41, 181
Thomson, David, 87-88
Thyssen, Alexander, 171
Thyssen, Francesca, 170-171
Thyssen, Fritz, 168
Thyssen, Georg Heinrich, 165, 169-171
Thyssen, Heinrich, 168
Thyssen, Lorne, 171
Thyssen, Simon, 165
Thyssen-Bornemisza, Borja, 159-160, 166, 172-180, 182, 191
Thyssen-Bornemisza, Hans Heinrich, 160-193
Thyssen-Hütte, August, 167-168
Tierno Galván, Enrique, 196, 213-214
Tieu, Carolina, 125
Toledo, Goya, 445
Toledo, José, 49
Toledo, Pedro de, 117
Tomey, Francisco, 341
Toral, Lourdes, 477
Torres, Juan, 372
Torres, Manuel, 299
Torres, Tino, 94
Torrubia Arenas, Andrés, 233
Torv, Anna, 48
Tous Oriol, Alba, 200
Tous Oriol, Laura, 200
Tous Oriol, Marta, 200
Tous Oriol, Rosa, 200, 223
Tous Ponsa, Salvador, 199-201
Trianin, María José, 358
Trías, Jorge, 357
Trillo, Federico, 36, 343
Trujillo, Lita, 297
Trujillo, Ramsés, 297, 300
Trulock, Nina, 344
Turner, Lana, 153

Umbral, Francisco, 345, 348, 362
Úrculo, Eduardo, 356, 406
Uriarte Díaz de Guereña, Eloy, *señor Robles*, 294
Uribarri, Susana, 477
Uribe, Álvaro, 371
Urquijo, José María, 416
Utrera, Mar, 36, 427
Utrera Patuel, Dolores, 376

Valbuena de la Fuente, Felicísimo, 20
Valderrábanos, marqués de, 124
Valenzuela, Laura, 163
Vallejo-Nágera, Nicolás, 125
Valls Taberner, Cristina, 37,139, 432
Valls Taberner, Javier, 96, 122, 468
Valls Taberner, Luis, 96, 468
Varela, José Enrique, 270
Varela Saavedra, Antonio, 90
Várez Fisa, José Luis, 406
Vargas, Manuela, 263
Vázquez, Fernando, 461
Vázquez, Francisco, 218
Vázquez, Paula, 442
Vázquez de Parga, Juan Antonio, 100
Vega-Penichet y López, Margarita Graciela, 283, 433
Velasco, Concha, 218
Velázquez, Tere, 157
Verdú, Maribel, 442
Verger, Joan, 249
Verstrynge, Jorge, 52

Vicens, Bartolomé, 298
Vidaurreta, María, 52, 163
Vila San-Juan, José Luis, 260, 263, 274
Vilardell March, Carmen, 145
Vilardell March, Javier, 145
Vilardell March, Mercedes, 145
Vilardell Viñas, Francisco, 145
Villacastín, Rosa, 228
Villalonga, Juan, 27, 38-41, 60, 66
Villalonga Abascal, Diego, 40
Villalonga Abascal, Jimena, 40
Villalonga Abascal, Paulina, 38, 40
Villalonga Jáudenes, Ignacio, 145
Villalonga March, Álvaro, 145
Villalonga March, Ignacio, 145
Villalonga March, Juan Carlos, 145
Villalonga Tallada, Andrea, 38
Villalonga Tallada, Jaime, 38
Villalonga Tallada, Juan, 38
Villamayor, Jesús, 353
Villamiranda, vizcondes de, 64
Villanueva, Darío, 353
Villanueva, Maituca, 401
Viola, Manuel, 356
Viraz, Lola, 293
Vissers, Herbert, 184
Vu, Yannick, 132

Wahl Havas, Philippe, 122
Walters, Barbara, 130-131
Windmarck, Robert, 155

Ybarra, Emilio, 127, 145
Ybarra, Jesús, 61
Yébenes, Maribel, 293
Yeltsin, Boris, 23
Yvancos, Joaquín, 468

Zambrano, María, 349
Zamora Vicente, Alonso, 349
Zapata, Carolina, 157
Zaplana Barceló, Eduardo, 239
Zaplana Barceló, María, 239
Zaplana Barceló, Rosa, 239
Zaplana Hernández-Soro, Eduardo, 17, 25, 207, 226, 231-254, 318, 379, 446
Zaplana Hernández-Soro, Mari Carmen, 245
Zelva, Francisco, 204
Zeta-Jones, Catherine, 122
Zholova, Daria, 23
Zidane, Zinedine, 374
Zimerman, Krystian, 142
Zuloaga, Daniel, 357
Zuloaga, Ignacio, 172, 193
Zulueta, 271
Zurbarán, Francisco de, 118, 172, 193

Este libro se terminó de imprimir
en el mes de septiembre
de 2007